第二次全国残疾人抽样调查资料

湖北卷

湖北省第二次全国残疾人抽样调查办公室 编

中国统计出版社
China Statistics Press

(京)新登字041号

图书在版编目（CIP）数据

第二次全国残疾人抽样调查资料. 湖北卷 / 湖北省第二次全国残疾人抽样调查办公室编.
—北京：中国统计出版社，2007.12

ISBN 978-7-5037-5296-4

Ⅰ. 第…
Ⅱ. 湖…
Ⅲ. 残疾人－抽样调查－统计资料－湖北省
Ⅳ. D669.69

中国版本图书馆CIP数据核字（2007）第158104号

第二次全国残疾人抽样调查资料—湖北卷

作　　者 / 湖北省第二次全国残疾人抽样调查办公室
责任编辑 / 许立舫
封面设计 / 杨燕超
出版发行 / 中国统计出版社
通信地址 / 北京市西城区月坛南街57号
邮政编码 / 100826
办公地址 / 北京市丰台区西三环南路甲6号
网　　址 / www.stats.gov.cn/tjshujia
电　　话 / 邮购（010）63376907　书店（010）68783172
印　　刷 / 河北天普润印刷厂
经　　销 / 新华书店
开　　本 / 880×1230毫米　1/16
字　　数 / 1590千字
印　　张 / 50.75　3插页
版　　别 / 2007年12月第1版
版　　次 / 2007年12月第1次印刷
书　　号 / ISBN 978-7-5037-5296-4/D·177
定　　价 / 350.00元

本书附同版本CD-ROM一张，光盘内容以书面文字为准。

《第二次全国残疾人抽样调查资料》
（湖北卷）

编 辑 人 员

总 编 辑：陈火文

副总编辑：江传曾　王平安

编　　辑：夏克金　唐利娟　任小中　郭雪娜
　　　　　曾京哲　江传明　任杰军

湖北省第二次全国残疾人抽样调查样本市、县、区分布图

审图号：鄂S(2007)43号

编 辑 说 明

我国以2006年4月1日零时为标准时间进行了第二次全国残疾人抽样调查，这是1987年第一次全国残疾人抽样调查19年后进行的又一次全国范围内大规模的残疾人专项调查。在省委、省政府的领导下，在有关部门、社会各方面的大力支持配合下，按照第二次全国残疾人抽样调查领导小组的统一部署，历时两个月的时间，对抽中的31县、市、市辖区，124个乡、镇、街道的248个调查小区进行了入户调查和残疾评定。调查获得了丰富翔实的资料。为了满足政府部门、科研单位和社会各方面的需要，现将经计算机汇总处理的数据资料编辑出版。

为方便读者准确地使用本资料，现将有关情况说明如下:

一、调查的对象是具有中华人民共和国国籍，并在被抽中调查小区内常住的人（指自然人，下同）。调查采用按常住人口登记的原则，以户为单位填报，只调查家庭户，不调查集体户。此次不调查中国人民解放军现役军人和武装警察（包括军队管理的离退休干部）。

应当在本调查小区进行登记的人包括:

1. 居住本调查小区，户口在本乡、镇、街道;

2. 居住本调查小区半年以上，户口在外乡、镇、街道;

3. 居住本调查小区不满半年，离开户口所在地半年以上;

4. 居住本调查小区，户口待定。

二、第二次全国残疾人抽样调查使用三种调查表，一是《住户调查表》,二是《残疾人调查表》，三是《社区调查表》。调查项目共有52个，包括调查样本人群的家庭及其个人的状况，重点调查残疾人的致残原因、生活状况及其主要需求。

三、本资料是按照现场调查登记直接汇总的数据，未作任何调整。请读者在使用本资料时，特别是推算总体时，对以下因素予以充分注意:

1. 本资料不含调查漏登的人口数;

2. 本资料数据抽样比为1.78 ‰;

3. 作为一次多指标的抽样调查，有些分组较细的指标，代表性相对较低。

四、本次调查的城乡划分口径为: 城镇包括街道和镇的居委会，农村包括乡和镇的村委会。

五、本资料中空项表示无该项数据。

六、由于计算机运算中采取四舍五入的处理，个别汇总表分栏数据之和与合计数存在微小的差别，不影响对数据的使用。

七、为帮助读者准确使用本资料，附录中编印了《湖北省第二次全国残疾人抽样调查主要数据公报》、《第二次全国残疾人抽样调查方案》、《第二次全国残疾人抽样调查残疾标准》、《第二次全国残疾人抽样调查住户调查表》和填写说明、《第二次全国残疾人抽样调查残疾人调查表》和填写说明、《第二次全国残疾人抽样调查社区调查表》和填写说明、《湖北省第二次全国残疾人抽样调查抽样实施方案》等。

编 者

2007 年 9 月

编辑说明

目　　录

第一部分　调查人口的基本状况

第二部分　残疾人口的基本状况

第五部分　社区和住户基本情况

附　录

第一部分　调查人口的基本状况

1－1 各地区调查样本基本情况

单位：人

地 区	调查县(市、区)数(个)	调查乡(镇、街道)数(个)	调查小区数(个)	调查户数(户)	调查人口			调查残疾人		
					小计	男	女	小计	男	女
总 计	**31**	**124**	**248**	**31153**	**101674**	**52272**	**49402**	**6749**	**3547**	**3202**
黄陂区	1	4	8	966	3239	1658	1581	172	83	89
武昌区	1	4	8	1140	3240	1578	1662	154	75	79
黄石市	1	4	8	1155	3284	1641	1643	116	61	55
江夏区	1	4	8	1118	3409	1751	1658	163	83	80
硚口区	1	4	8	1170	3244	1651	1593	163	85	78
丹江口市	1	4	8	1046	3248	1662	1586	305	154	151
江汉区	1	4	8	1111	3257	1599	1658	142	76	66
仙桃市	1	4	8	1015	3283	1702	1581	232	107	125
汉川市	1	4	8	957	3242	1692	1550	191	100	91
鄂州市	1	4	8	959	3227	1620	1607	143	66	77
大冶市	1	4	8	938	3260	1688	1572	212	115	97
武穴市	1	4	8	1054	3225	1693	1532	232	121	111
宜昌市	1	4	8	1060	3355	1655	1700	223	130	93
枝江市	1	4	8	1013	3217	1606	1611	165	73	92
天门市	1	4	8	854	3271	1741	1530	237	118	119
曾都区	1	4	8	1049	3215	1615	1600	206	99	107
襄阳区	1	4	8	1049	3420	1751	1669	216	114	102
广水市	1	4	8	940	3087	1588	1499	145	68	77
利川市	1	4	8	946	3342	1728	1614	244	134	110
咸安区	1	4	8	919	3240	1700	1540	202	90	112
巴东县	1	4	8	1041	3226	1629	1597	250	140	110
竹溪县	1	4	8	951	3365	1842	1523	345	209	136
神农架林区	1	4	8	1064	3482	1889	1593	427	255	172
红安县	1	4	8	909	3236	1719	1517	196	99	97
南漳县	1	4	8	962	3296	1709	1587	269	173	96
通城县	1	4	8	899	3246	1624	1622	183	105	78
监利县	1	4	8	860	3286	1718	1568	202	103	99
黄梅县	1	4	8	908	3323	1751	1572	212	111	101
江陵县	1	4	8	843	3219	1671	1548	165	85	80
蕲春县	1	4	8	1098	3332	1742	1590	428	220	208
京山县	1	4	8	1159	3358	1659	1699	209	95	114

1-2 分年龄、性别的人口

单位：人，%

年 龄	调查人口				调查残疾人			
	合计	男	女	性别比	合计	男	女	性别比
总 计	**101674**	**52272**	**49402**	**106**	**6749**	**3547**	**3202**	**111**
0-4	**4794**	**2713**	**2081**	**130**	**78**	**49**	**29**	**169**
0岁	990	540	450	120	14	12	2	600
1岁	1025	587	438	134	18	8	10	80
2岁	979	565	414	136	12	6	6	100
3岁	880	499	381	131	14	10	4	250
4岁	920	522	398	131	20	13	7	186
5-9	**4758**	**2739**	**2019**	**136**	**80**	**54**	**26**	**208**
5岁	939	553	386	143	20	16	4	400
6岁	827	458	369	124	12	8	4	200
7岁	991	582	409	142	15	14	1	1400
8岁	967	581	386	151	16	6	10	60
9岁	1034	565	469	120	17	10	7	143
10-14	**9082**	**4960**	**4122**	**120**	**137**	**76**	**61**	**125**
10岁	1277	701	576	122	28	14	14	100
11岁	1541	850	691	123	17	10	7	143
12岁	1916	1017	899	113	32	17	15	113
13岁	2135	1173	962	122	35	22	13	169
14岁	2213	1219	994	123	25	13	12	108
15-19	**9269**	**4995**	**4274**	**117**	**191**	**116**	**75**	**155**
15岁	2437	1295	1142	113	38	25	13	192
16岁	2187	1172	1015	115	27	14	13	108
17岁	1817	959	858	112	44	25	19	132
18岁	1607	923	684	135	43	26	17	153
19岁	1221	646	575	112	39	26	13	200
20-24	**5400**	**2606**	**2794**	**93**	**156**	**94**	**62**	**152**
20岁	1060	525	535	98	26	17	9	189
21岁	1091	524	567	92	27	13	14	93
22岁	1069	523	546	96	33	20	13	154
23岁	1114	513	601	85	41	24	17	141
24岁	1066	521	545	96	29	20	9	222
25-29	**5090**	**2581**	**2509**	**103**	**142**	**92**	**50**	**184**
25岁	899	454	445	102	26	17	9	189

1－2 续表 1

单位：人，%

年 龄	调查人口				调查残疾人			
	合计	男	女	性别比	合计	男	女	性别比
26岁	1077	561	516	109	22	16	6	267
27岁	1009	500	509	98	32	17	15	113
28岁	1018	521	497	105	31	20	11	182
29岁	1087	545	542	101	31	22	9	244
30-34	**7256**	**3570**	**3686**	**97**	**249**	**154**	**95**	**162**
30岁	1176	571	605	94	36	24	12	200
31岁	1268	611	657	93	38	23	15	153
32岁	1365	660	705	94	49	31	18	172
33岁	1682	836	846	99	46	28	18	156
34岁	1765	892	873	102	80	48	32	150
35-39	**9710**	**4847**	**4863**	**100**	**370**	**226**	**144**	**157**
35岁	1731	865	866	100	65	37	28	132
36岁	1924	945	979	97	49	31	18	172
37岁	2326	1154	1172	98	95	62	33	188
38岁	1863	942	921	102	74	45	29	155
39岁	1866	941	925	102	87	51	36	142
40-44	**10183**	**5114**	**5069**	**101**	**490**	**271**	**219**	**124**
40岁	1925	974	951	102	62	43	19	226
41岁	1946	961	985	98	108	56	52	108
42岁	2344	1203	1141	105	126	76	50	152
43岁	2261	1151	1110	104	99	49	50	98
44岁	1707	825	882	94	95	47	48	98
45-49	**7428**	**3768**	**3660**	**103**	**470**	**267**	**203**	**132**
45岁	863	438	425	103	48	28	20	140
46岁	1197	581	616	94	67	37	30	123
47岁	1592	807	785	103	93	51	42	121
48岁	2051	1033	1018	101	146	80	66	121
49岁	1725	909	816	111	116	71	45	158
50-54	**8086**	**4138**	**3948**	**105**	**636**	**353**	**283**	**125**
50岁	1663	850	813	105	94	53	41	129
51岁	1821	956	865	111	141	80	61	131
52岁	1662	887	775	114	129	70	59	119
53岁	1589	797	792	101	153	81	72	113
54岁	1351	648	703	92	119	69	50	138

1-2 续表 2

单位：人，%

年 龄	调查人口				调查残疾人			
	合计	男	女	性别比	合计	男	女	性别比
55-59	**6197**	**3217**	**2980**	**108**	**642**	**347**	**295**	**118**
55岁	1248	640	608	105	132	74	58	128
56岁	1303	693	610	114	135	75	60	125
57岁	1193	641	552	116	109	59	50	118
58岁	1295	656	639	103	137	71	66	108
59岁	1158	587	571	103	129	68	61	111
60-64	**4589**	**2394**	**2195**	**109**	**606**	**317**	**289**	**110**
60岁	1009	526	483	109	131	67	64	105
61岁	999	536	463	116	119	65	54	120
62岁	917	484	433	112	120	69	51	135
63岁	829	403	426	95	119	47	72	65
64岁	835	445	390	114	117	69	48	144
65-69	**3465**	**1761**	**1704**	**103**	**594**	**305**	**289**	**106**
65岁	843	438	405	108	143	81	62	131
66岁	614	291	323	90	94	46	48	96
67岁	653	338	315	107	109	60	49	122
68岁	671	337	334	101	121	51	70	73
69岁	684	357	327	109	127	67	60	112
70-74	**3052**	**1439**	**1613**	**89**	**697**	**325**	**372**	**87**
70岁	697	342	355	96	130	67	63	106
71岁	671	317	354	90	148	66	82	80
72岁	735	345	390	88	158	68	90	76
73岁	518	229	289	79	142	65	77	84
74岁	431	206	225	92	119	59	60	98
75-79	**1856**	**833**	**1023**	**81**	**603**	**270**	**333**	**81**
75岁	447	212	235	90	134	74	60	123
76岁	390	178	212	84	122	53	69	77
77岁	367	169	198	85	117	49	68	72
78岁	342	143	199	72	123	52	71	73
79岁	310	131	179	73	107	42	65	65
80-84	**1017**	**442**	**575**	**77**	**396**	**159**	**237**	**67**
80岁	268	123	145	85	105	48	57	84
81岁	238	97	141	69	90	33	57	58
82岁	223	88	135	65	83	26	57	46
83岁	152	74	78	95	65	30	35	86
84岁	136	60	76	79	53	22	31	71
85+	**442**	**155**	**287**	**54**	**212**	**72**	**140**	**51**

1－2a 城镇分年龄、性别的人口

单位：人，%

年　龄	调查人口				调查残疾人			
	合计	男	女	性别比	合计	男	女	性别比
总　计	**32782**	**16418**	**16364**	**100**	**1541**	**793**	**748**	**106**
0-4	**1231**	**676**	**555**	**122**	**10**	**5**	**5**	**100**
0岁	228	116	112	104	2	2		
1岁	253	140	113	124	2		2	
2岁	253	136	117	116	3	1	2	50
3岁	242	134	108	124	1	1		
4岁	255	150	105	143	2	1	1	100
5-9	**1439**	**816**	**623**	**131**	**14**	**9**	**5**	**180**
5岁	249	140	109	128	1	1		
6岁	260	143	117	122	3	1	2	50
7岁	308	176	132	133	3	3		
8岁	296	180	116	155	3	2	1	200
9岁	326	177	149	119	4	2	2	100
10-14	**2382**	**1291**	**1091**	**118**	**28**	**19**	**9**	**211**
10岁	385	203	182	112	7	5	2	250
11岁	429	240	189	127	4	2	2	100
12岁	489	258	231	112	8	6	2	300
13岁	558	309	249	124	6	3	3	100
14岁	521	281	240	117	3	3		
15-19	**2501**	**1300**	**1201**	**108**	**34**	**18**	**16**	**113**
15岁	584	322	262	123	7	4	3	133
16岁	563	286	277	103	8	5	3	167
17岁	543	269	274	98	7	3	4	75
18岁	479	268	211	127	5	2	3	67
19岁	332	155	177	88	7	4	3	133
20-24	**1914**	**895**	**1019**	**88**	**29**	**17**	**12**	**142**
20岁	335	164	171	96	4	3	1	300
21岁	329	160	169	95	5	2	3	67
22岁	401	195	206	95	4	4		
23岁	448	183	265	69	9	3	6	50
24岁	401	193	208	93	7	5	2	250
25-29	**1998**	**952**	**1046**	**91**	**34**	**19**	**15**	**127**
25岁	333	162	171	95	8	4	4	100

1－2a 续表 1

单位：人，%

年 龄	调查人口				调查残疾人			
	合计	男	女	性别比	合计	男	女	性别比
26岁	392	184	208	88	6	4	2	200
27岁	403	183	220	83	5	2	3	67
28岁	397	196	201	98	8	4	4	100
29岁	473	227	246	92	7	5	2	250
30-34	**2712**	**1299**	**1413**	**92**	**48**	**34**	**14**	**243**
30岁	470	219	251	87	8	5	3	167
31岁	453	211	242	87	5	4	1	400
32岁	512	241	271	89	9	6	3	200
33岁	602	283	319	89	11	7	4	175
34岁	675	345	330	105	15	12	3	400
35-39	**3407**	**1658**	**1749**	**95**	**85**	**55**	**30**	**183**
35岁	642	312	330	95	11	7	4	175
36岁	733	356	377	94	15	11	4	275
37岁	841	409	432	95	26	18	8	225
38岁	608	293	315	93	13	7	6	117
39岁	583	288	295	98	20	12	8	150
40-44	**3632**	**1832**	**1800**	**102**	**117**	**69**	**48**	**144**
40岁	637	326	311	105	10	6	4	150
41岁	673	332	341	97	23	13	10	130
42岁	902	467	435	107	32	21	11	191
43岁	828	435	393	111	23	13	10	130
44岁	592	272	320	85	29	16	13	123
45-49	**2717**	**1377**	**1340**	**103**	**123**	**84**	**39**	**215**
45岁	337	164	173	95	12	9	3	300
46岁	508	250	258	97	25	20	5	400
47岁	567	303	264	115	32	21	11	191
48岁	710	359	351	102	23	13	10	130
49岁	595	301	294	102	31	21	10	210
50-54	**2631**	**1316**	**1315**	**100**	**145**	**70**	**75**	**93**
50岁	606	304	302	101	21	12	9	133
51岁	616	309	307	101	36	19	17	112
52岁	520	282	238	118	28	12	16	75
53岁	462	237	225	105	33	15	18	83
54岁	427	184	243	76	27	12	15	80

1－2a 续表 2

单位：人，%

年龄	调查人口				调查残疾人			
	合计	男	女	性别比	合计	男	女	性别比
55-59	**1929**	**966**	**963**	**100**	**135**	**71**	**64**	**111**
55岁	383	201	182	110	23	15	8	188
56岁	417	211	206	102	34	17	17	100
57岁	385	203	182	112	22	10	12	83
58岁	391	184	207	89	28	15	13	115
59岁	353	167	186	90	28	14	14	100
60-64	**1278**	**676**	**602**	**112**	**115**	**59**	**56**	**105**
60岁	288	153	135	113	18	8	10	80
61岁	287	157	130	121	24	16	8	200
62岁	253	140	113	124	27	15	12	125
63岁	228	114	114	100	23	5	18	28
64岁	222	112	110	102	23	15	8	188
65-69	**1001**	**470**	**531**	**89**	**136**	**65**	**71**	**92**
65岁	243	128	115	111	34	19	15	127
66岁	160	61	99	62	19	5	14	36
67岁	187	87	100	87	27	12	15	80
68岁	196	97	99	98	25	13	12	108
69岁	215	97	118	82	31	16	15	107
70-74	**955**	**416**	**539**	**77**	**166**	**75**	**91**	**82**
70岁	191	89	102	87	28	12	16	75
71岁	233	99	134	74	37	15	22	68
72岁	242	105	137	77	46	20	26	77
73岁	158	68	90	76	35	19	16	119
74岁	131	55	76	72	20	9	11	82
75-79	**570**	**292**	**278**	**105**	**130**	**66**	**64**	**103**
75岁	137	70	67	104	32	14	18	78
76岁	118	66	52	127	27	18	9	200
77岁	114	58	56	104	22	11	11	100
78岁	102	51	51	100	27	14	13	108
79岁	99	47	52	90	22	9	13	69
80-84	**316**	**131**	**185**	**71**	**112**	**36**	**76**	**47**
80岁	85	35	50	70	27	11	16	69
81岁	69	25	44	57	25	5	20	25
82岁	69	27	42	64	23	7	16	44
83岁	44	24	20	120	19	8	11	73
84岁	49	20	29	69	18	5	13	38
85+	**169**	**55**	**114**	**48**	**80**	**22**	**58**	**38**

1－2b 农村分年龄、性别的人口

单位：人，%

年龄	调查人口				调查残疾人			
	合计	男	女	性别比	合计	男	女	性别比
总 计	**68892**	**35854**	**33038**	**109**	**5208**	**2754**	**2454**	**112**
0-4	**3563**	**2037**	**1526**	**133**	**68**	**44**	**24**	**183**
0岁	762	424	338	125	12	10	2	500
1岁	772	447	325	138	16	8	8	100
2岁	726	429	297	144	9	5	4	125
3岁	638	365	273	134	13	9	4	225
4岁	665	372	293	127	18	12	6	200
5-9	**3319**	**1923**	**1396**	**138**	**66**	**45**	**21**	**214**
5岁	690	413	277	149	19	15	4	375
6岁	567	315	252	125	9	7	2	350
7岁	683	406	277	147	12	11	1	1100
8岁	671	401	270	149	13	4	9	44
9岁	708	388	320	121	13	8	5	160
10-14	**6700**	**3669**	**3031**	**121**	**109**	**57**	**52**	**110**
10岁	892	498	394	126	21	9	12	75
11岁	1112	610	502	122	13	8	5	160
12岁	1427	759	668	114	24	11	13	85
13岁	1577	864	713	121	29	19	10	190
14岁	1692	938	754	124	22	10	12	83
15-19	**6768**	**3695**	**3073**	**120**	**157**	**98**	**59**	**166**
15岁	1853	973	880	111	31	21	10	210
16岁	1624	886	738	120	19	9	10	90
17岁	1274	690	584	118	37	22	15	147
18岁	1128	655	473	138	38	24	14	171
19岁	889	491	398	123	32	22	10	220
20-24	**3486**	**1711**	**1775**	**96**	**127**	**77**	**50**	**154**
20岁	725	361	364	99	22	14	8	175
21岁	762	364	398	91	22	11	11	100
22岁	668	328	340	96	29	16	13	123
23岁	666	330	336	98	32	21	11	191
24岁	665	328	337	97	22	15	7	214
25-29	**3092**	**1629**	**1463**	**111**	**108**	**73**	**35**	**209**
25岁	566	292	274	107	18	13	5	260

1－2b 续表 1

单位：人，%

年 龄	调查人口				调查残疾人			
	合计	男	女	性别比	合计	男	女	性别比
26岁	685	377	308	122	16	12	4	300
27岁	606	317	289	110	27	15	12	125
28岁	621	325	296	110	23	16	7	229
29岁	614	318	296	107	24	17	7	243
30-34	**4544**	**2271**	**2273**	**100**	**201**	**120**	**81**	**148**
30岁	706	352	354	99	28	19	9	211
31岁	815	400	415	96	33	19	14	136
32岁	853	419	434	97	40	25	15	167
33岁	1080	553	527	105	35	21	14	150
34岁	1090	547	543	101	65	36	29	124
35-39	**6303**	**3189**	**3114**	**102**	**285**	**171**	**114**	**150**
35岁	1089	553	536	103	54	30	24	125
36岁	1191	589	602	98	34	20	14	143
37岁	1485	745	740	101	69	44	25	176
38岁	1255	649	606	107	61	38	23	165
39岁	1283	653	630	104	67	39	28	139
40-44	**6551**	**3282**	**3269**	**100**	**373**	**202**	**171**	**118**
40岁	1288	648	640	101	52	37	15	247
41岁	1273	629	644	98	85	43	42	102
42岁	1442	736	706	104	94	55	39	141
43岁	1433	716	717	100	76	36	40	90
44岁	1115	553	562	98	66	31	35	89
45-49	**4711**	**2391**	**2320**	**103**	**347**	**183**	**164**	**112**
45岁	526	274	252	109	36	19	17	112
46岁	689	331	358	92	42	17	25	68
47岁	1025	504	521	97	61	30	31	97
48岁	1341	674	667	101	123	67	56	120
49岁	1130	608	522	116	85	50	35	143
50-54	**5455**	**2822**	**2633**	**107**	**491**	**283**	**208**	**136**
50岁	1057	546	511	107	73	41	32	128
51岁	1205	647	558	116	105	61	44	139
52岁	1142	605	537	113	101	58	43	135
53岁	1127	560	567	99	120	66	54	122
54岁	924	464	460	101	92	57	35	163

1－2b 续表 2

单位：人，%

年 龄	调查人口				调查残疾人			
	合计	男	女	性别比	合计	男	女	性别比
55-59	**4268**	**2251**	**2017**	**112**	**507**	**276**	**231**	**119**
55岁	865	439	426	103	109	59	50	118
56岁	886	482	404	119	101	58	43	135
57岁	808	438	370	118	87	49	38	129
58岁	904	472	432	109	109	56	53	106
59岁	805	420	385	109	101	54	47	115
60-64	**3311**	**1718**	**1593**	**108**	**491**	**258**	**233**	**111**
60岁	721	373	348	107	113	59	54	109
61岁	712	379	333	114	95	49	46	107
62岁	664	344	320	108	93	54	39	138
63岁	601	289	312	93	96	42	54	78
64岁	613	333	280	119	94	54	40	135
65-69	**2464**	**1291**	**1173**	**110**	**458**	**240**	**218**	**110**
65岁	600	310	290	107	109	62	47	132
66岁	454	230	224	103	75	41	34	121
67岁	466	251	215	117	82	48	34	141
68岁	475	240	235	102	96	38	58	66
69岁	469	260	209	124	96	51	45	113
70-74	**2097**	**1023**	**1074**	**95**	**531**	**250**	**281**	**89**
70岁	506	253	253	100	102	55	47	117
71岁	438	218	220	99	111	51	60	85
72岁	493	240	253	95	112	48	64	75
73岁	360	161	199	81	107	46	61	75
74岁	300	151	149	101	99	50	49	102
75-79	**1286**	**541**	**745**	**73**	**473**	**204**	**269**	**76**
75岁	310	142	168	85	102	60	42	143
76岁	272	112	160	70	95	35	60	58
77岁	253	111	142	78	95	38	57	67
78岁	240	92	148	62	96	38	58	66
79岁	211	84	127	66	85	33	52	63
80-84	**701**	**311**	**390**	**80**	**284**	**123**	**161**	**76**
80岁	183	88	95	93	78	37	41	90
81岁	169	72	97	74	65	28	37	76
82岁	154	61	93	66	60	19	41	46
83岁	108	50	58	86	46	22	24	92
84岁	87	40	47	85	35	17	18	94
85+	**273**	**100**	**173**	**58**	**132**	**50**	**82**	**61**

1-3 调查家庭户类别

单位：户

家庭户规模	合计	一代户	二代户	三代户	四代户及以上
总　计	**31153**	**7829**	**17015**	**6072**	**237**
一人户	2295	2295			
二人户	6922	5402	1520		
三人户	9637	91	9266	280	
四人户	7242	27	5118	2090	7
五人户	3318	4	920	2347	47
六人户	1261	8	159	987	107
七人户	324		23	243	58
八人户	154	2	9	125	18
九人户					

1-4 各地区分性别、户口登记状况的人口

单位：人

地 区	调查人口			住本调查小区，户口在本乡、镇、街道		
	合计	男	女	小计	男	女
总 计	**101674**	**52272**	**49402**	**94001**	**48451**	**45550**
黄陂区	3239	1658	1581	3201	1639	1562
武昌区	3240	1578	1662	2343	1178	1165
黄石市	3284	1641	1643	2683	1355	1328
江夏区	3409	1751	1658	3262	1676	1586
硚口区	3244	1651	1593	2273	1163	1110
丹江口市	3248	1662	1586	2939	1505	1434
江汉区	3257	1599	1658	2295	1129	1166
仙桃市	3283	1702	1581	3255	1688	1567
汉川市	3242	1692	1550	3217	1681	1536
鄂州市	3227	1620	1607	2787	1413	1374
大冶市	3260	1688	1572	2695	1377	1318
武穴市	3225	1693	1532	3094	1620	1474
宜昌市	3355	1655	1700	2973	1470	1503
枝江市	3217	1606	1611	3014	1508	1506
天门市	3271	1741	1530	3270	1740	1530
曾都区	3215	1615	1600	3151	1588	1563
襄阳区	3420	1751	1669	3271	1672	1599
广水市	3087	1588	1499	2959	1521	1438
利川市	3342	1728	1614	3316	1709	1607
咸安区	3240	1700	1540	2553	1357	1196
巴东县	3226	1629	1597	3179	1605	1574
竹溪县	3365	1842	1523	3356	1838	1518
神农架林区	3482	1889	1593	3448	1869	1579
红安县	3236	1719	1517	3044	1612	1432
南漳县	3296	1709	1587	3235	1676	1559
通城县	3246	1624	1622	3103	1554	1549
监利县	3286	1718	1568	3248	1699	1549
黄梅县	3323	1751	1572	3212	1691	1521
江陵县	3219	1671	1548	3213	1669	1544
蕲春县	3332	1742	1590	3247	1691	1556
京山县	3358	1659	1699	3165	1558	1607

1-4 续表

单位：人

地　区	住本调查小区半年以上，户口在外乡、镇、街道			住本调查小区不满半年，离开户口所在地半年以上			住本调查小区，户口待定		
	小计	男	女	小计	男	女	小计	男	女
总　计	**7101**	**3516**	**3585**	**226**	**113**	**113**	**346**	**192**	**154**
黄陂区	36	18	18	1	1		1		1
武昌区	862	381	481	33	18	15	2	1	1
黄石市	555	263	292	37	20	17	9	3	6
江夏区	140	71	69				7	4	3
硚口区	961	483	478	10	5	5			
丹江口市	302	154	148	5	1	4	2	2	
江汉区	914	448	466	38	16	22	10	6	4
仙桃市	28	14	14						
汉川市	23	10	13	1		1	1	1	
鄂州市	363	165	198				77	42	35
大冶市	533	293	240	1		1	31	18	13
武穴市	84	45	39				47	28	19
宜昌市	357	173	184	23	11	12	2	1	1
枝江市	192	92	100				11	6	5
天门市	1	1							
曾都区	64	27	37						
襄阳区	125	64	61				24	15	9
广水市	126	65	61				2	2	
利川市	26	19	7						
咸安区	626	313	313				61	30	31
巴东县	41	20	21				6	4	2
竹溪县	9	4	5						
神农架林区	30	18	12				4	2	2
红安县	178	100	78				14	7	7
南漳县	56	31	25				5	2	3
通城县	138	66	72				5	4	1
监利县	36	18	18				2	1	1
黄梅县	39	22	17	69	36	33	3	2	1
江陵县	6	2	4						
蕲春县	73	44	29	2	2		10	5	5
京山县	177	92	85	6	3	3	10	6	4

1－5 各地区分户口登记状况、户口性质的人口

单位：人

地 区	合计			住本调查小区户口在本乡、镇、街道		
	合计	农业	非农业	小计	农业	非农业
总 计	**101328**	**77311**	**24017**	**94001**	**73667**	**20334**
黄陂区	3238	3193	45	3201	3171	30
武昌区	3238	225	3013	2343	1	2342
黄石市	3275	194	3081	2683	12	2671
江夏区	3402	3026	376	3262	2935	327
硚口区	3244	501	2743	2273	11	2262
丹江口市	3246	2351	895	2939	2165	774
江汉区	3247	511	2736	2295	7	2288
仙桃市	3283	2880	403	3255	2854	401
汉川市	3241	3214	27	3217	3200	17
鄂州市	3150	1951	1199	2787	1760	1027
大冶市	3229	2630	599	2695	2430	265
武穴市	3178	3074	104	3094	3041	53
宜昌市	3353	1423	1930	2973	1302	1671
枝江市	3206	2217	989	3014	2094	920
天门市	3271	3258	13	3270	3258	12
曾都区	3215	2711	504	3151	2658	493
襄阳区	3396	3306	90	3271	3234	37
广水市	3085	2498	587	2959	2397	562
利川市	3342	3283	59	3316	3267	49
咸安区	3179	2438	741	2553	2003	550
巴东县	3220	3067	153	3179	3051	128
竹溪县	3365	3274	91	3356	3271	85
神农架林区	3478	3009	469	3448	2988	460
红安县	3222	2588	634	3044	2456	588
南漳县	3291	2857	434	3235	2826	409
通城县	3241	2597	644	3103	2503	600
监利县	3284	2759	525	3248	2742	506
黄梅县	3320	3206	114	3212	3133	79
江陵县	3219	3205	14	3213	3205	8
蕲春县	3322	3258	64	3247	3209	38
京山县	3348	2607	741	3165	2483	682

1－5 续表

单位：人

地 区	住本调查小区半年以上户口在外乡、镇、街道			住本调查小区不满半年，离开户口所在地半年以上		
	小计	农业	非农业	小计	农业	非农业
总 计	**7101**	**3486**	**3615**	**226**	**158**	**68**
黄陂区	36	22	14	1		1
武昌区	862	217	645	33	7	26
黄石市	555	162	393	37	20	17
江夏区	140	91	49			
硚口区	961	485	476	10	5	5
丹江口市	302	181	121	5	5	
江汉区	914	474	440	38	30	8
仙桃市	28	26	2			
汉川市	23	14	9	1		1
鄂州市	363	191	172			
大冶市	533	200	333	1		1
武穴市	84	33	51			
宜昌市	357	104	253	23	17	6
枝江市	192	123	69			
天门市	1		1			
曾都区	64	53	11			
襄阳区	125	72	53			
广水市	126	101	25			
利川市	26	16	10			
咸安区	626	435	191			
巴东县	41	16	25			
竹溪县	9	3	6			
神农架林区	30	21	9			
红安县	178	132	46			
南漳县	56	31	25			
通城县	138	94	44			
监利县	36	17	19			
黄梅县	39	6	33	69	67	2
江陵县	6		6			
蕲春县	73	47	26	2	2	
京山县	177	119	58	6	5	1

1－6 6岁及以上人口分年龄、性别的受教育程度

单位：人

年龄	调查人口			不识字			未上过学		
	合计	男	女	小计	男	女	小计	男	女
总计	**95941**	**49006**	**46935**	**12603**	**3049**	**9554**	**543**	**227**	**316**
6-9岁	**3819**	**2186**	**1633**	**90**	**48**	**42**	**20**	**12**	**8**
6岁	827	458	369	76	39	37	12	6	6
7岁	991	582	409	6	6		2	1	1
8岁	967	581	386	1		1	3	2	1
9岁	1034	565	469	7	3	4	3	3	
10-14	**9082**	**4960**	**4122**	**40**	**20**	**20**	**9**	**5**	**4**
10岁	1277	701	576	6	4	2	3	2	1
11岁	1541	850	691	3	3		1	1	
12岁	1916	1017	899	13	5	8	4	1	3
13岁	2135	1173	962	11	6	5	1	1	
14岁	2213	1219	994	7	2	5			
15-19	**9269**	**4995**	**4274**	**83**	**44**	**39**	**9**	**2**	**7**
15岁	2437	1295	1142	15	8	7	4	1	3
16岁	2187	1172	1015	11	4	7	2		2
17岁	1817	959	858	21	11	10			
18岁	1607	923	684	17	8	9	1		1
19岁	1221	646	575	19	13	6	2	1	1
20-24	**5400**	**2606**	**2794**	**79**	**38**	**41**			
20岁	1060	525	535	15	9	6			
21岁	1091	524	567	17	10	7			
22岁	1069	523	546	17	5	12			
23岁	1114	513	601	18	8	10			
24岁	1066	521	545	12	6	6			
25-29	**5090**	**2581**	**2509**	**72**	**29**	**43**	**7**	**4**	**3**
25岁	899	454	445	11	6	5	1	1	
26岁	1077	561	516	11	6	5	1	1	
27岁	1009	500	509	20	7	13	3	1	2
28岁	1018	521	497	14	2	12			
29岁	1087	545	542	16	8	8	2	1	1
30-34	**7256**	**3570**	**3686**	**174**	**54**	**120**	**7**	**2**	**5**
30岁	1176	571	605	26	14	12			

1-6 续表 1

单位：人

年 龄	调查人口			不识字			未上过学		
	合计	男	女	小计	男	女	小计	男	女
31岁	1268	611	657	32	9	23	1	1	
32岁	1365	660	705	28	8	20			
33岁	1682	836	846	52	14	38	2		2
34岁	1765	892	873	36	9	27	4	1	3
35-39	**9710**	**4847**	**4863**	**373**	**105**	**268**	**18**	**6**	**12**
35岁	1731	865	866	47	21	26	3	1	2
36岁	1924	945	979	53	12	41	4	2	2
37岁	2326	1154	1172	79	29	50	1	1	
38岁	1863	942	921	85	20	65	3	1	2
39岁	1866	941	925	109	23	86	7	1	6
40-44	**10183**	**5114**	**5069**	**595**	**117**	**478**	**33**	**7**	**26**
40岁	1925	974	951	93	22	71	7	1	6
41岁	1946	961	985	87	22	65	5	3	2
42岁	2344	1203	1141	135	27	108	7	2	5
43岁	2261	1151	1110	132	23	109	6	1	5
44岁	1707	825	882	148	23	125	8		8
45-49	**7428**	**3768**	**3660**	**952**	**160**	**792**	**39**	**10**	**29**
45岁	863	438	425	77	13	64	4		4
46岁	1197	581	616	116	17	99	3	1	2
47岁	1592	807	785	184	23	161	9	3	6
48岁	2051	1033	1018	311	55	256	13	2	11
49岁	1725	909	816	264	52	212	10	4	6
50-54	**8086**	**4138**	**3948**	**1664**	**314**	**1350**	**52**	**11**	**41**
50岁	1663	850	813	265	44	221	10	2	8
51岁	1821	956	865	353	65	288	7		7
52岁	1662	887	775	326	69	257	12	3	9
53岁	1589	797	792	395	76	319	13	4	9
54岁	1351	648	703	325	60	265	10	2	8
55-59	**6197**	**3217**	**2980**	**1582**	**354**	**1228**	**62**	**20**	**42**
55岁	1248	640	608	301	64	237	14	1	13
56岁	1303	693	610	315	73	242	14	4	10
57岁	1193	641	552	313	80	233	11	5	6
58岁	1295	656	639	321	66	255	10	4	6

1-6 续表 2

单位：人

年 龄	调查人口			不识字			未上过学		
	合计	男	女	小计	男	女	小计	男	女
59岁	1158	587	571	332	71	261	13	6	7
60-64	**4589**	**2394**	**2195**	**1490**	**344**	**1146**	**60**	**27**	**33**
60岁	1009	526	483	291	62	229	12	4	8
61岁	999	536	463	281	71	210	12	5	7
62岁	917	484	433	307	79	228	13	6	7
63岁	829	403	426	304	62	242	12	7	5
64岁	835	445	390	307	70	237	11	5	6
65-69	**3465**	**1761**	**1704**	**1523**	**386**	**1137**	**85**	**37**	**48**
65岁	843	438	405	331	80	251	27	12	15
66岁	614	291	323	264	57	207	8	3	5
67岁	653	338	315	288	72	216	15	6	9
68岁	671	337	334	327	94	233	15	6	9
69岁	684	357	327	313	83	230	20	10	10
70-74	**3052**	**1439**	**1613**	**1678**	**459**	**1219**	**67**	**39**	**28**
70岁	697	342	355	362	102	260	14	12	2
71岁	671	317	354	358	98	260	16	8	8
72岁	735	345	390	414	122	292	17	9	8
73岁	518	229	289	307	68	239	7	5	2
74岁	431	206	225	237	69	168	13	5	8
75-79	**1856**	**833**	**1023**	**1174**	**307**	**867**	**43**	**29**	**14**
75岁	447	212	235	269	72	197	7	6	1
76岁	390	178	212	240	56	184	10	9	1
77岁	367	169	198	231	62	169	12	7	5
78岁	342	143	199	225	59	166	10	5	5
79岁	310	131	179	209	58	151	4	2	2
80+	**1459**	**597**	**862**	**1034**	**270**	**764**	**32**	**16**	**16**

1-6 续表 3

单位：人

年龄	小学			初中			高中		
	小计	男	女	小计	男	女	小计	男	女
总 计	**31425**	**15914**	**15511**	**34510**	**19862**	**14648**	**10219**	**6150**	**4069**
6-9岁	**3701**	**2120**	**1581**	**8**	**6**	**2**			
6岁	738	412	326	1	1				
7岁	981	573	408	2	2				
8岁	963	579	384						
9岁	1019	556	463	5	3	2			
10-14	**4723**	**2552**	**2171**	**4277**	**2364**	**1913**	**27**	**16**	**11**
10岁	1264	693	571	4	2	2			
11岁	1480	809	671	57	37	20			
12岁	1284	689	595	615	322	293			
13岁	505	274	231	1616	890	726	2	2	
14岁	190	87	103	1985	1113	872	25	14	11
15-19	**681**	**285**	**396**	**5063**	**2707**	**2356**	**2847**	**1644**	**1203**
15岁	137	58	79	1970	1059	911	269	149	120
16岁	115	42	73	1213	670	543	729	387	342
17岁	128	53	75	667	340	327	868	484	384
18岁	154	68	86	620	341	279	668	425	243
19岁	147	64	83	593	297	296	313	199	114
20-24	**788**	**286**	**502**	**2946**	**1466**	**1480**	**467**	**272**	**195**
20岁	170	57	113	551	285	266	133	77	56
21岁	155	48	107	651	322	329	94	58	36
22岁	146	61	85	591	302	289	83	40	43
23岁	158	58	100	579	278	301	87	53	34
24岁	159	62	97	574	279	295	70	44	26
25-29	**1006**	**417**	**589**	**2487**	**1318**	**1169**	**444**	**260**	**184**
25岁	154	55	99	482	259	223	65	39	26
26岁	205	87	118	514	289	225	101	59	42
27岁	211	82	129	470	251	219	89	51	38
28岁	207	93	114	489	256	233	99	58	41
29岁	229	100	129	532	263	269	90	53	37
30-34	**2062**	**799**	**1263**	**3548**	**1899**	**1649**	**584**	**338**	**246**
30岁	301	123	178	574	283	291	93	52	41

1－6 续表 4

单位：人

年龄	小学			初中			高中		
	小计	男	女	小计	男	女	小计	男	女
31岁	347	131	216	623	331	292	98	55	43
32岁	389	134	255	673	361	312	113	74	39
33岁	510	206	304	818	450	368	124	71	53
34岁	515	205	310	860	474	386	156	86	70
35-39	**3162**	**1256**	**1906**	**4600**	**2598**	**2002**	**825**	**465**	**360**
35岁	532	208	324	824	446	378	172	98	74
36岁	645	258	387	885	499	386	166	86	80
37岁	785	309	476	1095	610	485	197	111	86
38岁	610	251	359	910	524	386	139	84	55
39岁	590	230	360	886	519	367	151	86	65
40-44	**2434**	**847**	**1587**	**4446**	**2530**	**1916**	**1992**	**1187**	**805**
40岁	559	205	354	952	552	400	192	117	75
41岁	504	177	327	918	488	430	289	178	111
42岁	533	191	342	1042	616	426	453	264	189
43岁	462	148	314	921	528	393	584	353	231
44岁	376	126	250	613	346	267	474	275	199
45-49	**2113**	**838**	**1275**	**2265**	**1465**	**800**	**1698**	**1047**	**651**
45岁	216	88	128	268	158	110	245	145	100
46岁	301	103	198	358	212	146	354	200	154
47岁	450	175	275	493	312	181	388	248	140
48岁	600	234	366	637	428	209	410	258	152
49岁	546	238	308	509	355	154	301	196	105
50-54	**3146**	**1613**	**1533**	**2086**	**1450**	**636**	**753**	**494**	**259**
50岁	574	264	310	493	341	152	252	150	102
51岁	669	344	325	471	340	131	219	146	73
52岁	653	333	320	431	307	124	160	118	42
53岁	667	360	307	366	254	112	76	50	26
54岁	583	312	271	325	208	117	46	30	16
55-59	**2858**	**1651**	**1207**	**1200**	**851**	**349**	**214**	**154**	**60**
55岁	542	294	248	295	211	84	47	37	10
56岁	593	338	255	288	210	78	46	34	12
57岁	553	331	222	206	154	52	42	26	16
58岁	660	379	281	207	141	66	39	29	10

1-6 续表 5

单位：人

年 龄	小学			初中			高中		
	小计	男	女	小计	男	女	小计	男	女
59岁	510	309	201	204	135	69	40	28	12
60-64	**1846**	**1138**	**708**	**840**	**637**	**203**	**162**	**122**	**40**
60岁	428	265	163	195	134	61	34	27	7
61岁	436	257	179	202	159	43	33	22	11
62岁	348	211	137	194	148	46	22	18	4
63岁	309	180	129	132	104	28	41	31	10
64岁	325	225	100	117	92	25	32	24	8
65-69	**1229**	**873**	**356**	**356**	**257**	**99**	**108**	**85**	**23**
65岁	305	205	100	103	77	26	32	27	5
66岁	222	152	70	77	46	31	18	15	3
67岁	240	180	60	59	41	18	25	20	5
68岁	213	146	67	66	54	12	19	12	7
69岁	249	190	59	51	39	12	14	11	3
70-74	**924**	**654**	**270**	**244**	**192**	**52**	**44**	**33**	**11**
70岁	238	170	68	48	36	12	8	7	1
71岁	210	147	63	58	45	13	5	3	2
72岁	208	138	70	62	52	10	14	10	4
73岁	142	108	34	36	29	7	13	10	3
74岁	126	91	35	40	30	10	4	3	1
75-79	**450**	**348**	**102**	**99**	**83**	**16**	**36**	**22**	**14**
75岁	132	100	32	23	22	1	4	3	1
76岁	96	76	20	21	19	2	9	5	4
77岁	84	71	13	18	12	6	11	8	3
78岁	72	53	19	19	15	4	3	2	1
79岁	66	48	18	18	15	3	9	4	5
80+	**302**	**237**	**65**	**45**	**39**	**6**	**18**	**11**	**7**

1-6 续表 6

单位：人

年龄	中专			大学专科			大学本科			研究生		
	小计	男	女	小计	男	女	小计	男	女	小计	男	女
总 计	**2933**	**1637**	**1296**	**2402**	**1414**	**988**	**1171**	**657**	**514**	**135**	**96**	**39**
6-9岁												
6岁												
7岁												
8岁												
9岁												
10-14	**6**	**3**	**3**									
10岁												
11岁												
12岁												
13岁												
14岁	6	3	3									
15-19	**466**	**264**	**202**	**78**	**30**	**48**	**42**	**19**	**23**			
15岁	42	20	22									
16岁	115	68	47	2	1	1						
17岁	129	69	60	3	1	2	1	1				
18岁	109	63	46	28	12	16	10	6	4			
19岁	71	44	27	45	16	29	31	12	19			
20-24	**457**	**229**	**228**	**362**	**192**	**170**	**292**	**120**	**172**	**9**	**3**	**6**
20岁	74	38	36	77	46	31	40	13	27			
21岁	56	31	25	57	25	32	61	30	31			
22岁	91	47	44	72	39	33	68	29	39	1		1
23岁	109	48	61	82	39	43	77	29	48	4		4
24岁	127	65	62	74	43	31	46	19	27	4	3	1
25-29	**561**	**297**	**264**	**324**	**154**	**170**	**177**	**96**	**81**	**12**	**6**	**6**
25岁	100	57	43	46	22	24	40	15	25			
26岁	136	65	71	70	33	37	33	19	14	6	2	4
27岁	112	56	56	70	33	37	30	16	14	4	3	1
28岁	113	66	47	62	24	38	33	21	12	1	1	
29岁	100	53	47	76	42	34	41	25	16	1		1
30-34	**325**	**179**	**146**	**371**	**196**	**175**	**157**	**87**	**70**	**28**	**16**	**12**
30岁	75	41	34	74	41	33	29	15	14	4	2	2

1－6 续表 7

单位：人

年 龄	中专			大学专科			大学本科			研究生		
	小计	男	女	小计	男	女	小计	男	女	小计	男	女
31岁	66	32	34	60	35	25	32	12	20	9	5	4
32岁	48	29	19	77	31	46	32	19	13	5	4	1
33岁	61	34	27	78	43	35	34	18	16	3		3
34岁	75	43	32	82	46	36	30	23	7	7	5	2
35-39	**206**	**119**	**87**	**337**	**183**	**154**	**152**	**86**	**66**	**37**	**29**	**8**
35岁	44	27	17	70	38	32	33	21	12	6	5	1
36岁	53	30	23	80	39	41	29	13	16	9	6	3
37岁	47	27	20	80	40	40	34	20	14	8	7	1
38岁	30	13	17	52	30	22	28	14	14	6	5	1
39岁	32	22	10	55	36	19	28	18	10	8	6	2
40-44	**176**	**91**	**85**	**327**	**202**	**125**	**148**	**106**	**42**	**32**	**27**	**5**
40岁	26	16	10	59	35	24	32	22	10	5	4	1
41岁	39	24	15	63	34	29	31	25	6	10	10	
42岁	42	16	26	87	57	30	39	26	13	6	4	2
43岁	43	17	26	72	49	23	34	26	8	7	6	1
44岁	26	18	8	46	27	19	12	7	5	4	3	1
45-49	**119**	**77**	**42**	**188**	**134**	**54**	**48**	**31**	**17**	**6**	**6**	
45岁	14	5	9	32	24	8	6	4	2	1	1	
46岁	21	16	5	34	26	8	9	5	4	1	1	
47岁	20	12	8	34	25	9	13	8	5	1	1	
48岁	26	18	8	38	26	12	13	9	4	3	3	
49岁	38	26	12	50	33	17	7	5	2			
50-54	**185**	**111**	**74**	**157**	**118**	**39**	**37**	**21**	**16**	**6**	**6**	
50岁	29	20	9	28	20	8	10	7	3	2	2	
51岁	49	28	21	39	26	13	12	5	7	2	2	
52岁	39	27	12	30	24	6	9	4	5	2	2	
53岁	36	21	15	32	28	4	4	4				
54岁	32	15	17	28	20	8	2	1	1			
55-59	**173**	**101**	**72**	**89**	**73**	**16**	**19**	**13**	**6**			
55岁	27	16	11	19	16	3	3	1	2			
56岁	30	21	9	13	10	3	4	3	1			
57岁	44	24	20	23	20	3	1	1				
58岁	37	20	17	14	12	2	7	5	2			

1-6 续表 8

单位：人

年 龄	中专			大学专科			大学本科			研究生		
	小计	男	女	小计	男	女	小计	男	女	小计	男	女
59岁	35	20	15	20	15	5	4	3	1			
60-64	**111**	**68**	**43**	**55**	**39**	**16**	**25**	**19**	**6**			
60岁	28	17	11	16	13	3	5	4	1			
61岁	18	10	8	12	8	4	5	4	1			
62岁	21	13	8	9	7	2	3	2	1			
63岁	20	13	7	7	4	3	4	2	2			
64岁	24	15	9	11	7	4	8	7	1			
65-69	**85**	**59**	**26**	**44**	**37**	**7**	**35**	**27**	**8**			
65岁	25	19	6	11	11		9	7	2			
66岁	14	9	5	5	4	1	6	5	1			
67岁	14	11	3	6	5	1	6	3	3			
68岁	13	9	4	10	9	1	8	7	1			
69岁	19	11	8	12	8	4	6	5	1			
70-74	**41**	**21**	**20**	**37**	**29**	**8**	**16**	**12**	**4**	**1**		**1**
70岁	13	5	8	8	6	2	6	4	2			
71岁	12	7	5	10	8	2	2	1	1			
72岁	7	4	3	10	8	2	2	2		1		1
73岁	5	3	2	6	4	2	2	2				
74岁	4	2	2	3	3		4	3	1			
75-79	**17**	**13**	**4**	**23**	**19**	**4**	**12**	**11**	**1**	**2**	**1**	**1**
75岁	2	1	1	8	6	2	1	1		1	1	
76岁	8	7	1	5	5		1	1				
77岁	4	2	2	3	3		4	4				
78岁	2	2		6	4	2	4	3	1	1		1
79岁	1	1		1	1		2	2				
80+	**5**	**5**		**10**	**8**	**2**	**11**	**9**	**2**	**2**	**2**	

1－7 15岁及以上分年龄、性别的文盲人口

单位：人，%

年龄	调查人口			文盲人口			文盲人口占调查人口的比例		
	合计	男	女	小计	男	女	总比例	男	女
总 计	**83040**	**41860**	**41180**	**12473**	**2981**	**9492**	**15.02**	**7.12**	**23.05**
15-19	**9269**	**4995**	**4274**	**83**	**44**	**39**	**0.9**	**0.88**	**0.91**
15岁	2437	1295	1142	15	8	7	0.62	0.62	0.61
16岁	2187	1172	1015	11	4	7	0.5	0.34	0.69
17岁	1817	959	858	21	11	10	1.16	1.15	1.17
18岁	1607	923	684	17	8	9	1.06	0.87	1.32
19岁	1221	646	575	19	13	6	1.56	2.01	1.04
20-24	**5400**	**2606**	**2794**	**79**	**38**	**41**	**1.46**	**1.46**	**1.47**
20岁	1060	525	535	15	9	6	1.42	1.71	1.12
21岁	1091	524	567	17	10	7	1.56	1.91	1.23
22岁	1069	523	546	17	5	12	1.59	0.96	2.2
23岁	1114	513	601	18	8	10	1.62	1.56	1.66
24岁	1066	521	545	12	6	6	1.13	1.15	1.1
25-29	**5090**	**2581**	**2509**	**72**	**29**	**43**	**1.41**	**1.12**	**1.71**
25岁	899	454	445	11	6	5	1.22	1.32	1.12
26岁	1077	561	516	11	6	5	1.02	1.07	0.97
27岁	1009	500	509	20	7	13	1.98	1.4	2.55
28岁	1018	521	497	14	2	12	1.38	0.38	2.41
29岁	1087	545	542	16	8	8	1.47	1.47	1.48
30-34	**7256**	**3570**	**3686**	**174**	**54**	**120**	**2.4**	**1.51**	**3.26**
30岁	1176	571	605	26	14	12	2.21	2.45	1.98
31岁	1268	611	657	32	9	23	2.52	1.47	3.5
32岁	1365	660	705	28	8	20	2.05	1.21	2.84
33岁	1682	836	846	52	14	38	3.09	1.67	4.49
34岁	1765	892	873	36	9	27	2.04	1.01	3.09

1-7 续表 1

单位：人，%

年 龄	调查人口			文盲人口			文盲人口占调查人口的比例		
	合计	男	女	小计	男	女	总比例	男	女
35-39	**9710**	**4847**	**4863**	**373**	**105**	**268**	**3.84**	**2.17**	**5.51**
35岁	1731	865	866	47	21	26	2.72	2.43	3
36岁	1924	945	979	53	12	41	2.75	1.27	4.19
37岁	2326	1154	1172	79	29	50	3.4	2.51	4.27
38岁	1863	942	921	85	20	65	4.56	2.12	7.06
39岁	1866	941	925	109	23	86	5.84	2.44	9.3
40-44	**10183**	**5114**	**5069**	**595**	**117**	**478**	**5.84**	**2.29**	**9.43**
40岁	1925	974	951	93	22	71	4.83	2.26	7.47
41岁	1946	961	985	87	22	65	4.47	2.29	6.6
42岁	2344	1203	1141	135	27	108	5.76	2.24	9.47
43岁	2261	1151	1110	132	23	109	5.84	2	9.82
44岁	1707	825	882	148	23	125	8.67	2.79	14.17
45-49	**7428**	**3768**	**3660**	**952**	**160**	**792**	**12.82**	**4.25**	**21.64**
45岁	863	438	425	77	13	64	8.92	2.97	15.06
46岁	1197	581	616	116	17	99	9.69	2.93	16.07
47岁	1592	807	785	184	23	161	11.56	2.85	20.51
48岁	2051	1033	1018	311	55	256	15.16	5.32	25.15
49岁	1725	909	816	264	52	212	15.3	5.72	25.98
50-54	**8086**	**4138**	**3948**	**1664**	**314**	**1350**	**20.58**	**7.59**	**34.19**
50岁	1663	850	813	265	44	221	15.94	5.18	27.18
51岁	1821	956	865	353	65	288	19.38	6.8	33.29
52岁	1662	887	775	326	69	257	19.61	7.78	33.16
53岁	1589	797	792	395	76	319	24.86	9.54	40.28
54岁	1351	648	703	325	60	265	24.06	9.26	37.7
55-59	**6197**	**3217**	**2980**	**1582**	**354**	**1228**	**25.53**	**11**	**41.21**
55岁	1248	640	608	301	64	237	24.12	10	38.98
56岁	1303	693	610	315	73	242	24.17	10.53	39.67
57岁	1193	641	552	313	80	233	26.24	12.48	42.21
58岁	1295	656	639	321	66	255	24.79	10.06	39.91
59岁	1158	587	571	332	71	261	28.67	12.1	45.71
60-64	**4589**	**2394**	**2195**	**1490**	**344**	**1146**	**32.47**	**14.37**	**52.21**
60岁	1009	526	483	291	62	229	28.84	11.79	47.41

1-7 续表 2

单位：人，%

年 龄	调查人口			文盲人口			文盲人口占调查人口的比例		
	合计	男	女	小计	男	女	总比例	男	女
61岁	999	536	463	281	71	210	28.13	13.25	45.36
62岁	917	484	433	307	79	228	33.48	16.32	52.66
63岁	829	403	426	304	62	242	36.67	15.38	56.81
64岁	835	445	390	307	70	237	36.77	15.73	60.77
65-69	**3465**	**1761**	**1704**	**1523**	**386**	**1137**	**43.95**	**21.92**	**66.73**
65岁	843	438	405	331	80	251	39.26	18.26	61.98
66岁	614	291	323	264	57	207	43	19.59	64.09
67岁	653	338	315	288	72	216	44.1	21.3	68.57
68岁	671	337	334	327	94	233	48.73	27.89	69.76
69岁	684	357	327	313	83	230	45.76	23.25	70.34
70-74	**3052**	**1439**	**1613**	**1678**	**459**	**1219**	**54.98**	**31.9**	**75.57**
70岁	697	342	355	362	102	260	51.94	29.82	73.24
71岁	671	317	354	358	98	260	53.35	30.91	73.45
72岁	735	345	390	414	122	292	56.33	35.36	74.87
73岁	518	229	289	307	68	239	59.27	29.69	82.7
74岁	431	206	225	237	69	168	54.99	33.5	74.67
75-79	**1856**	**833**	**1023**	**1174**	**307**	**867**	**63.25**	**36.85**	**84.75**
75岁	447	212	235	269	72	197	60.18	33.96	83.83
76岁	390	178	212	240	56	184	61.54	31.46	86.79
77岁	367	169	198	231	62	169	62.94	36.69	85.35
78岁	342	143	199	225	59	166	65.79	41.26	83.42
79岁	310	131	179	209	58	151	67.42	44.27	84.36
80-84	**1017**	**442**	**575**	**690**	**190**	**500**	**67.85**	**42.99**	**86.96**
80岁	268	123	145	167	48	119	62.31	39.02	82.07
81岁	238	97	141	168	43	125	70.59	44.33	88.65
82岁	223	88	135	165	44	121	73.99	50	89.63
83岁	152	74	78	96	29	67	63.16	39.19	85.9
84岁	136	60	76	94	26	68	69.12	43.33	89.47
85+	**442**	**155**	**287**	**344**	**80**	**264**	**77.83**	**51.61**	**91.99**

1－7a 城镇15岁及以上分年龄、性别的文盲人口

单位：人，%

年龄	调查人口			文盲人口			文盲人口占调查人口的比例		
	合计	男	女	小计	男	女	总比例	男	女
总计	**27730**	**13635**	**14095**	**1758**	**347**	**1411**	**6.34**	**2.54**	**10.01**
15-19	**2501**	**1300**	**1201**	**12**	**6**	**6**	**0.48**	**0.46**	**0.5**
15岁	584	322	262	2	1	1	0.34	0.31	0.38
16岁	563	286	277	1		1	0.18		0.36
17岁	543	269	274	2	1	1	0.37	0.37	0.36
18岁	479	268	211	4	2	2	0.84	0.75	0.95
19岁	332	155	177	3	2	1	0.9	1.29	0.56
20-24	**1914**	**895**	**1019**	**12**	**7**	**5**	**0.63**	**0.78**	**0.49**
20岁	335	164	171	3	2	1	0.9	1.22	0.58
21岁	329	160	169	3	2	1	0.91	1.25	0.59
22岁	401	195	206	1	1		0.25	0.51	
23岁	448	183	265	1		1	0.22		0.38
24岁	401	193	208	4	2	2	1	1.04	0.96
25-29	**1998**	**952**	**1046**	**10**	**5**	**5**	**0.5**	**0.53**	**0.48**
25岁	333	162	171	1	1		0.3	0.62	
26岁	392	184	208	1	1		0.26	0.54	
27岁	403	183	220	4	1	3	0.99	0.55	1.36
28岁	397	196	201	1		1	0.25		0.5
29岁	473	227	246	3	2	1	0.63	0.88	0.41
30-34	**2712**	**1299**	**1413**	**20**	**11**	**9**	**0.74**	**0.85**	**0.64**
30岁	470	219	251	5	4	1	1.06	1.83	0.4
31岁	453	211	242	2	2		0.44	0.95	
32岁	512	241	271	5	1	4	0.98	0.41	1.48
33岁	602	283	319	7	3	4	1.16	1.06	1.25
34岁	675	345	330	1	1		0.15	0.29	
35-39	**3407**	**1658**	**1749**	**29**	**8**	**21**	**0.85**	**0.48**	**1.2**
35岁	642	312	330	2	1	1	0.31	0.32	0.3
36岁	733	356	377	2	1	1	0.27	0.28	0.27

1－7a 续表 1

单位：人，%

年 龄	调查人口			文盲人口			文盲人口占调查人口的比例		
	合计	男	女	小计	男	女	总比例	男	女
37岁	841	409	432	11	4	7	1.31	0.98	1.62
38岁	608	293	315	4	1	3	0.66	0.34	0.95
39岁	583	288	295	10	1	9	1.72	0.35	3.05
40-44	**3632**	**1832**	**1800**	**33**	**9**	**24**	**0.91**	**0.49**	**1.33**
40岁	637	326	311	3		3	0.47		0.96
41岁	673	332	341	5	1	4	0.74	0.3	1.17
42岁	902	467	435	4	2	2	0.44	0.43	0.46
43岁	828	435	393	8	3	5	0.97	0.69	1.27
44岁	592	272	320	13	3	10	2.2	1.1	3.13
45-49	**2717**	**1377**	**1340**	**80**	**12**	**68**	**2.94**	**0.87**	**5.07**
45岁	337	164	173	4		4	1.19		2.31
46岁	508	250	258	12	2	10	2.36	0.8	3.88
47岁	567	303	264	16		16	2.82		6.06
48岁	710	359	351	19	4	15	2.68	1.11	4.27
49岁	595	301	294	29	6	23	4.87	1.99	7.82
50-54	**2631**	**1316**	**1315**	**178**	**31**	**147**	**6.77**	**2.36**	**11.18**
50岁	606	304	302	28	7	21	4.62	2.3	6.95
51岁	616	309	307	30	4	26	4.87	1.29	8.47
52岁	520	282	238	41	8	33	7.88	2.84	13.87
53岁	462	237	225	38	5	33	8.23	2.11	14.67
54岁	427	184	243	41	7	34	9.6	3.8	13.99
55-59	**1929**	**966**	**963**	**165**	**34**	**131**	**8.55**	**3.52**	**13.6**
55岁	383	201	182	25	7	18	6.53	3.48	9.89
56岁	417	211	206	45	8	37	10.79	3.79	17.96
57岁	385	203	182	30	10	20	7.79	4.93	10.99
58岁	391	184	207	30	5	25	7.67	2.72	12.08
59岁	353	167	186	35	4	31	9.92	2.4	16.67
60-64	**1278**	**676**	**602**	**167**	**33**	**134**	**13.07**	**4.88**	**22.26**
60岁	288	153	135	26	3	23	9.03	1.96	17.04
61岁	287	157	130	31	7	24	10.8	4.46	18.46
62岁	253	140	113	32	9	23	12.65	6.43	20.35

1－7a 续表 2

单位：人，%

年龄	调查人口			文盲人口			文盲人口占调查人口的比例		
	合计	男	女	小计	男	女	总比例	男	女
63岁	228	114	114	36	6	30	15.79	5.26	26.32
64岁	222	112	110	42	8	34	18.92	7.14	30.91
65-69	**1001**	**470**	**531**	**237**	**40**	**197**	**23.68**	**8.51**	**37.1**
65岁	243	128	115	40	6	34	16.46	4.69	29.57
66岁	160	61	99	39	6	33	24.38	9.84	33.33
67岁	187	87	100	46	9	37	24.6	10.34	37
68岁	196	97	99	53	11	42	27.04	11.34	42.42
69岁	215	97	118	59	8	51	27.44	8.25	43.22
70-74	**955**	**416**	**539**	**314**	**54**	**260**	**32.88**	**12.98**	**48.24**
70岁	191	89	102	45	11	34	23.56	12.36	33.33
71岁	233	99	134	84	16	68	36.05	16.16	50.75
72岁	242	105	137	76	10	66	31.4	9.52	48.18
73岁	158	68	90	64	9	55	40.51	13.24	61.11
74岁	131	55	76	45	8	37	34.35	14.55	48.68
75-79	**570**	**292**	**278**	**229**	**51**	**178**	**40.18**	**17.47**	**64.03**
75岁	137	70	67	54	12	42	39.42	17.14	62.69
76岁	118	66	52	42	9	33	35.59	13.64	63.46
77岁	114	58	56	42	6	36	36.84	10.34	64.29
78岁	102	51	51	42	10	32	41.18	19.61	62.75
79岁	99	47	52	49	14	35	49.49	29.79	67.31
80-84	**316**	**131**	**185**	**153**	**24**	**129**	**48.42**	**18.32**	**69.73**
80岁	85	35	50	36	7	29	42.35	20	58
81岁	69	25	44	40	5	35	57.97	20	79.55
82岁	69	27	42	36	5	31	52.17	18.52	73.81
83岁	44	24	20	14	2	12	31.82	8.33	60
84岁	49	20	29	27	5	22	55.1	25	75.86
85+	**169**	**55**	**114**	**119**	**22**	**97**	**70.41**	**40**	**85.09**

1－7b 农村15岁及以上分年龄、性别的文盲人口

单位：人，%

年 龄	调查人口			文盲人口			文盲人口占调查人口的比例		
	合计	男	女	小计	男	女	总比例	男	女
总 计	**55310**	**28225**	**27085**	**10715**	**2634**	**8081**	**19.37**	**9.33**	**29.84**
15-19	**6768**	**3695**	**3073**	**71**	**38**	**33**	**1.05**	**1.03**	**1.07**
15岁	1853	973	880	13	7	6	0.7	0.72	0.68
16岁	1624	886	738	10	4	6	0.62	0.45	0.81
17岁	1274	690	584	19	10	9	1.49	1.45	1.54
18岁	1128	655	473	13	6	7	1.15	0.92	1.48
19岁	889	491	398	16	11	5	1.8	2.24	1.26
20-24	**3486**	**1711**	**1775**	**67**	**31**	**36**	**1.92**	**1.81**	**2.03**
20岁	725	361	364	12	7	5	1.66	1.94	1.37
21岁	762	364	398	14	8	6	1.84	2.2	1.51
22岁	668	328	340	16	4	12	2.4	1.22	3.53
23岁	666	330	336	17	8	9	2.55	2.42	2.68
24岁	665	328	337	8	4	4	1.2	1.22	1.19
25-29	**3092**	**1629**	**1463**	**62**	**24**	**38**	**2.01**	**1.47**	**2.6**
25岁	566	292	274	10	5	5	1.77	1.71	1.82
26岁	685	377	308	10	5	5	1.46	1.33	1.62
27岁	606	317	289	16	6	10	2.64	1.89	3.46
28岁	621	325	296	13	2	11	2.09	0.62	3.72
29岁	614	318	296	13	6	7	2.12	1.89	2.36
30-34	**4544**	**2271**	**2273**	**154**	**43**	**111**	**3.39**	**1.89**	**4.88**
30岁	706	352	354	21	10	11	2.97	2.84	3.11
31岁	815	400	415	30	7	23	3.68	1.75	5.54
32岁	853	419	434	23	7	16	2.7	1.67	3.69
33岁	1080	553	527	45	11	34	4.17	1.99	6.45
34岁	1090	547	543	35	8	27	3.21	1.46	4.97
35-39	**6303**	**3189**	**3114**	**344**	**97**	**247**	**5.46**	**3.04**	**7.93**
35岁	1089	553	536	45	20	25	4.13	3.62	4.66
36岁	1191	589	602	51	11	40	4.28	1.87	6.64
37岁	1485	745	740	68	25	43	4.58	3.36	5.81
38岁	1255	649	606	81	19	62	6.45	2.93	10.23
39岁	1283	653	630	99	22	77	7.72	3.37	12.22

1-7b 续表 1

单位：人，%

年 龄	调查人口			文盲人口			文盲人口占调查人口的比例		
	合计	男	女	小计	男	女	总比例	男	女
40-44	**6551**	**3282**	**3269**	**562**	**108**	**454**	**8.58**	**3.29**	**13.89**
40岁	1288	648	640	90	22	68	6.99	3.4	10.63
41岁	1273	629	644	82	21	61	6.44	3.34	9.47
42岁	1442	736	706	131	25	106	9.08	3.4	15.01
43岁	1433	716	717	124	20	104	8.65	2.79	14.5
44岁	1115	553	562	135	20	115	12.11	3.62	20.46
45-49	**4711**	**2391**	**2320**	**872**	**148**	**724**	**18.51**	**6.19**	**31.21**
45岁	526	274	252	73	13	60	13.88	4.74	23.81
46岁	689	331	358	104	15	89	15.09	4.53	24.86
47岁	1025	504	521	168	23	145	16.39	4.56	27.83
48岁	1341	674	667	292	51	241	21.77	7.57	36.13
49岁	1130	608	522	235	46	189	20.8	7.57	36.21
50-54	**5455**	**2822**	**2633**	**1486**	**283**	**1203**	**27.24**	**10.03**	**45.69**
50岁	1057	546	511	237	37	200	22.42	6.78	39.14
51岁	1205	647	558	323	61	262	26.8	9.43	46.95
52岁	1142	605	537	285	61	224	24.96	10.08	41.71
53岁	1127	560	567	357	71	286	31.68	12.68	50.44
54岁	924	464	460	284	53	231	30.74	11.42	50.22
55-59	**4268**	**2251**	**2017**	**1417**	**320**	**1097**	**33.2**	**14.22**	**54.39**
55岁	865	439	426	276	57	219	31.91	12.98	51.41
56岁	886	482	404	270	65	205	30.47	13.49	50.74
57岁	808	438	370	283	70	213	35.02	15.98	57.57
58岁	904	472	432	291	61	230	32.19	12.92	53.24
59岁	805	420	385	297	67	230	36.89	15.95	59.74
60-64	**3311**	**1718**	**1593**	**1323**	**311**	**1012**	**39.96**	**18.1**	**63.53**
60岁	721	373	348	265	59	206	36.75	15.82	59.2
61岁	712	379	333	250	64	186	35.11	16.89	55.86

1－7b 续表 2

单位：人，%

年 龄	调查人口			文盲人口			文盲人口占调查人口的比例		
	合计	男	女	小计	男	女	总比例	男	女
62岁	664	344	320	275	70	205	41.42	20.35	64.06
63岁	601	289	312	268	56	212	44.59	19.38	67.95
64岁	613	333	280	265	62	203	43.23	18.62	72.5
65-69	**2464**	**1291**	**1173**	**1286**	**346**	**940**	**52.19**	**26.8**	**80.14**
65岁	600	310	290	291	74	217	48.5	23.87	74.83
66岁	454	230	224	225	51	174	49.56	22.17	77.68
67岁	466	251	215	242	63	179	51.93	25.1	83.26
68岁	475	240	235	274	83	191	57.68	34.58	81.28
69岁	469	260	209	254	75	179	54.16	28.85	85.65
70-74	**2097**	**1023**	**1074**	**1364**	**405**	**959**	**65.05**	**39.59**	**89.29**
70岁	506	253	253	317	91	226	62.65	35.97	89.33
71岁	438	218	220	274	82	192	62.56	37.61	87.27
72岁	493	240	253	338	112	226	68.56	46.67	89.33
73岁	360	161	199	243	59	184	67.5	36.65	92.46
74岁	300	151	149	192	61	131	64	40.4	87.92
75-79	**1286**	**541**	**745**	**945**	**256**	**689**	**73.48**	**47.32**	**92.48**
75岁	310	142	168	215	60	155	69.35	42.25	92.26
76岁	272	112	160	198	47	151	72.79	41.96	94.38
77岁	253	111	142	189	56	133	74.7	50.45	93.66
78岁	240	92	148	183	49	134	76.25	53.26	90.54
79岁	211	84	127	160	44	116	75.83	52.38	91.34
80-84	**701**	**311**	**390**	**537**	**166**	**371**	**76.6**	**53.38**	**95.13**
80岁	183	88	95	131	41	90	71.58	46.59	94.74
81岁	169	72	97	128	38	90	75.74	52.78	92.78
82岁	154	61	93	129	39	90	83.77	63.93	96.77
83岁	108	50	58	82	27	55	75.93	54	94.83
84岁	87	40	47	67	21	46	77.01	52.5	97.87
85+	**273**	**100**	**173**	**225**	**58**	**167**	**82.42**	**58**	**96.53**

1－8　15岁及以上人口分年龄、性别的婚姻状况

单位：人

年龄	调查人口			未婚			初婚有配偶		
	合计	男	女	小计	男	女	小计	男	女
总　计	**83040**	**41860**	**41180**	**15254**	**9274**	**5980**	**59499**	**29403**	**30096**
15-19	**9269**	**4995**	**4274**	**9192**	**4973**	**4219**	**74**	**21**	**53**
15岁	2437	1295	1142	2432	1293	1139	5	2	3
16岁	2187	1172	1015	2181	1166	1015	5	5	
17岁	1817	959	858	1805	955	850	11	4	7
18岁	1607	923	684	1592	921	671	15	2	13
19岁	1221	646	575	1182	638	544	38	8	30
20-24	**5400**	**2606**	**2794**	**3492**	**2092**	**1400**	**1901**	**513**	**1388**
20岁	1060	525	535	922	506	416	137	18	119
21岁	1091	524	567	815	493	322	276	31	245
22岁	1069	523	546	687	417	270	381	106	275
23岁	1114	513	601	593	354	239	520	159	361
24岁	1066	521	545	475	322	153	587	199	388
25-29	**5090**	**2581**	**2509**	**1075**	**824**	**251**	**3959**	**1735**	**2224**
25岁	899	454	445	272	193	79	619	258	361
26岁	1077	561	516	297	226	71	773	332	441
27岁	1009	500	509	200	156	44	798	339	459
28岁	1018	521	497	164	134	30	841	382	459
29岁	1087	545	542	142	115	27	928	424	504
30-34	**7256**	**3570**	**3686**	**428**	**381**	**47**	**6605**	**3077**	**3528**
30岁	1176	571	605	105	91	14	1051	472	579
31岁	1268	611	657	88	78	10	1144	518	626
32岁	1365	660	705	90	76	14	1233	564	669
33岁	1682	836	846	71	66	5	1549	735	814
34岁	1765	892	873	74	70	4	1628	788	840
35-39	**9710**	**4847**	**4863**	**285**	**266**	**19**	**9051**	**4376**	**4675**
35岁	1731	865	866	64	60	4	1614	775	839

1-8 续表 1

单位：人

年龄	调查人口			未婚			初婚有配偶		
	合计	男	女	小计	男	女	小计	男	女
36岁	1924	945	979	62	58	4	1787	842	945
37岁	2326	1154	1172	73	68	5	2161	1044	1117
38岁	1863	942	921	50	45	5	1731	853	878
39岁	1866	941	925	36	35	1	1758	862	896
40-44	**10183**	**5114**	**5069**	**180**	**168**	**12**	**9476**	**4686**	**4790**
40岁	1925	974	951	31	30	1	1813	900	913
41岁	1946	961	985	37	31	6	1815	888	927
42岁	2344	1203	1141	42	39	3	2169	1095	1074
43岁	2261	1151	1110	40	40		2088	1039	1049
44岁	1707	825	882	30	28	2	1591	764	827
45-49	**7428**	**3768**	**3660**	**124**	**122**	**2**	**6788**	**3397**	**3391**
45岁	863	438	425	17	17		787	391	396
46岁	1197	581	616	21	21		1099	519	580
47岁	1592	807	785	19	18	1	1459	745	714
48岁	2051	1033	1018	34	33	1	1880	937	943
49岁	1725	909	816	33	33		1563	805	758
50-54	**8086**	**4138**	**3948**	**153**	**147**	**6**	**7188**	**3673**	**3515**
50岁	1663	850	813	21	20	1	1524	770	754
51岁	1821	956	865	45	43	2	1629	843	786
52岁	1662	887	775	35	33	2	1474	789	685
53岁	1589	797	792	30	29	1	1377	689	688
54岁	1351	648	703	22	22		1184	582	602
55-59	**6197**	**3217**	**2980**	**125**	**114**	**11**	**5333**	**2773**	**2560**
55岁	1248	640	608	33	30	3	1091	546	545
56岁	1303	693	610	25	22	3	1132	601	531
57岁	1193	641	552	24	24		1022	552	470
58岁	1295	656	639	23	19	4	1105	568	537
59岁	1158	587	571	20	19	1	983	506	477

1-8 续表 2

单位：人

年龄	调查人口			未婚			初婚有配偶		
	合计	男	女	小计	男	女	小计	男	女
60-64	**4589**	**2394**	**2195**	**83**	**81**	**2**	**3665**	**1990**	**1675**
60岁	1009	526	483	19	19		847	449	398
61岁	999	536	463	20	20		799	437	362
62岁	917	484	433	16	16		732	404	328
63岁	829	403	426	11	9	2	664	348	316
64岁	835	445	390	17	17		623	352	271
65-69	**3465**	**1761**	**1704**	**55**	**53**	**2**	**2436**	**1371**	**1065**
65岁	843	438	405	15	14	1	626	363	263
66岁	614	291	323	10	10		446	232	214
67岁	653	338	315	9	9		455	254	201
68岁	671	337	334	11	10	1	463	255	208
69岁	684	357	327	10	10		446	267	179
70-74	**3052**	**1439**	**1613**	**38**	**36**	**2**	**1850**	**1040**	**810**
70岁	697	342	355	11	11		445	253	192
71岁	671	317	354	7	7		419	230	189
72岁	735	345	390	11	11		460	250	210
73岁	518	229	289	6	4	2	291	163	128
74岁	431	206	225	3	3		235	144	91
75-79	**1856**	**833**	**1023**	**16**	**11**	**5**	**807**	**506**	**301**
75岁	447	212	235	5	5		222	139	83
76岁	390	178	212	1	1		166	112	54
77岁	367	169	198	5	3	2	158	101	57
78岁	342	143	199	2	1	1	144	85	59
79岁	310	131	179	3	1	2	117	69	48
80-84	**1017**	**442**	**575**	**8**	**6**	**2**	**296**	**202**	**94**
80岁	268	123	145	4	4		91	60	31
81岁	238	97	141	2	1	1	79	49	30
82岁	223	88	135	1	1		58	42	16
83岁	152	74	78				34	29	5
84岁	136	60	76	1		1	34	22	12
85+	**442**	**155**	**287**				**70**	**43**	**27**

1－8 续表 3

单位：人

年 龄	再婚有配偶			离婚			丧偶		
	小计	男	女	小计	男	女	小计	男	女
总 计	**1658**	**783**	**875**	**755**	**530**	**225**	**5874**	**1870**	**4004**
15-19	**1**		**1**	**2**	**1**	**1**			
15岁									
16岁				1	1				
17岁	1		1						
18岁									
19岁				1		1			
20-24	**3**	**1**	**2**	**4**		**4**			
20岁	1	1							
21岁									
22岁				1		1			
23岁	1		1						
24岁	1		1	3		3			
25-29	**29**	**2**	**27**	**22**	**18**	**4**	**5**	**2**	**3**
25岁	5	1	4	3	2	1			
26岁	2		2	4	3	1	1		1
27岁	5		5	6	5	1			
28岁	7		7	4	4		2	1	1
29岁	10	1	9	5	4	1	2	1	1
30-34	**103**	**31**	**72**	**81**	**61**	**20**	**39**	**20**	**19**
30岁	7	1	6	12	7	5	1		1
31岁	19	6	13	13	8	5	4	1	3
32岁	23	7	16	10	8	2	9	5	4
33岁	27	7	20	24	21	3	11	7	4
34岁	27	10	17	22	17	5	14	7	7
35-39	**168**	**72**	**96**	**136**	**93**	**43**	**70**	**40**	**30**
35岁	27	11	16	16	13	3	10	6	4

1-8 续表 4

单位：人

年龄	再婚有配偶			离婚			丧偶		
	小计	男	女	小计	男	女	小计	男	女
36岁	34	17	17	29	21	8	12	7	5
37岁	37	12	25	33	19	14	22	11	11
38岁	37	16	21	31	19	12	14	9	5
39岁	33	16	17	27	21	6	12	7	5
40-44	**245**	**111**	**134**	**155**	**102**	**53**	**127**	**47**	**80**
40岁	36	18	18	24	18	6	21	8	13
41岁	52	19	33	21	16	5	21	7	14
42岁	56	28	28	42	27	15	35	14	21
43岁	58	30	28	44	29	15	31	13	18
44岁	43	16	27	24	12	12	19	5	14
45-49	**220**	**98**	**122**	**117**	**82**	**35**	**179**	**69**	**110**
45岁	25	8	17	16	12	4	18	10	8
46岁	35	16	19	21	15	6	21	10	11
47岁	47	20	27	29	17	12	38	7	31
48岁	66	27	39	28	21	7	43	15	28
49岁	47	27	20	23	17	6	59	27	32
50-54	**267**	**126**	**141**	**91**	**64**	**27**	**387**	**128**	**259**
50岁	50	27	23	15	13	2	53	20	33
51岁	58	26	32	24	16	8	65	28	37
52岁	57	30	27	21	11	10	75	24	51
53岁	58	27	31	16	14	2	108	38	70
54岁	44	16	28	15	10	5	86	18	68
55-59	**170**	**91**	**79**	**62**	**46**	**16**	**507**	**193**	**314**
55岁	33	20	13	15	12	3	76	32	44
56岁	34	18	16	14	12	2	98	40	58
57岁	37	17	20	13	9	4	97	39	58
58岁	35	20	15	10	6	4	122	43	79
59岁	31	16	15	10	7	3	114	39	75

1-8 续表 5

单位：人

年龄	再婚有配偶			离婚			丧偶		
	小计	男	女	小计	男	女	小计	男	女
60-64	**159**	**83**	**76**	**36**	**26**	**10**	**646**	**214**	**432**
60岁	30	18	12	12	10	2	101	30	71
61岁	38	19	19	5	3	2	137	57	80
62岁	31	18	13	8	5	3	130	41	89
63岁	28	10	18	5	5		121	31	90
64岁	32	18	14	6	3	3	157	55	102
65-69	**104**	**56**	**48**	**20**	**17**	**3**	**850**	**264**	**586**
65岁	25	11	14	7	7		170	43	127
66岁	14	9	5	1		1	143	40	103
67岁	10	6	4	4	4		175	65	110
68岁	30	18	12	5	4	1	162	50	112
69岁	25	12	13	3	2	1	200	66	134
70-74	**92**	**55**	**37**	**18**	**10**	**8**	**1054**	**298**	**756**
70岁	25	17	8	1	1		215	60	155
71岁	23	13	10	2	2		220	65	155
72岁	16	9	7	7	2	5	241	73	168
73岁	18	9	9	4	3	1	199	50	149
74岁	10	7	3	4	2	2	179	50	129
75-79	**70**	**36**	**34**	**6**	**5**	**1**	**957**	**275**	**682**
75岁	15	10	5	1	1		204	57	147
76岁	22	12	10	3	3		198	50	148
77岁	10	2	8				194	63	131
78岁	12	6	6				184	51	133
79岁	11	6	5	2	1	1	177	54	123
80-84	**24**	**19**	**5**	**3**	**3**		**686**	**212**	**474**
80岁	5	3	2	1	1		167	55	112
81岁	5	3	2				152	44	108
82岁	6	5	1				158	40	118
83岁	6	6		2	2		110	37	73
84岁	2	2					99	36	63
85+	**3**	**2**	**1**	**2**	**2**		**367**	**108**	**259**

1－9 15岁及以上人口分性别、受教育程度的婚姻状况

单位：人

受教育程度	调查人口			未婚			初婚有配偶		
	合计	男	女	小计	男	女	小计	男	女
总 计	**83040**	**41860**	**41180**	**15254**	**9274**	**5980**	**59499**	**29403**	**30096**
不识字	12473	2981	9492	702	610	92	7905	1683	6222
未上过学	514	210	304	14	7	7	375	160	215
小 学	23001	11242	11759	1743	1133	610	18957	8808	10149
初 中	30225	17492	12733	7412	4406	3006	21556	12337	9219
高 中	10192	6134	4058	3379	2015	1364	6348	3866	2482
中 专	2927	1634	1293	991	587	404	1820	995	825
大学专科	2402	1414	988	559	306	253	1733	1039	694
大学本科	1171	657	514	431	198	233	700	436	264
研究生	135	96	39	23	12	11	105	79	26

1－9 续表

单位：人

受教育程度	再婚有配偶			离婚			丧偶		
	小计	男	女	小计	男	女	小计	男	女
总 计	**1658**	**783**	**875**	**755**	**530**	**225**	**5874**	**1870**	**4004**
不识字	386	92	294	52	34	18	3428	562	2866
未上过学	18	7	11	7	4	3	100	32	68
小 学	513	253	260	190	161	29	1598	887	711
初 中	482	264	218	266	194	72	509	291	218
高 中	164	100	64	155	93	62	146	60	86
中 专	37	26	11	25	9	16	54	17	37
大学专科	40	29	11	42	25	17	28	15	13
大学本科	17	11	6	12	6	6	11	6	5
研究生	1	1		6	4	2			

1－10 分年龄、性别的经济活动人口

单位：人

年 龄	调查人口			在业人口			不在业人口		
	合计	男	女	小计	男	女	小计	男	女
总 计	**83040**	**41860**	**41180**	**58359**	**31582**	**26777**	**24681**	**10278**	**14403**
15-19	**9269**	**4995**	**4274**	**2731**	**1336**	**1395**	**6538**	**3659**	**2879**
15岁	2437	1295	1142	220	94	126	2217	1201	1016
16岁	2187	1172	1015	464	227	237	1723	945	778
17岁	1817	959	858	580	279	301	1237	680	557
18岁	1607	923	684	715	363	352	892	560	332
19岁	1221	646	575	752	373	379	469	273	196
20-24	**5400**	**2606**	**2794**	**4225**	**2109**	**2116**	**1175**	**497**	**678**
20岁	1060	525	535	762	372	390	298	153	145
21岁	1091	524	567	832	408	424	259	116	143
22岁	1069	523	546	822	425	397	247	98	149
23岁	1114	513	601	902	439	463	212	74	138
24岁	1066	521	545	907	465	442	159	56	103
25-29	**5090**	**2581**	**2509**	**4469**	**2401**	**2068**	**621**	**180**	**441**
25岁	899	454	445	770	413	357	129	41	88
26岁	1077	561	516	943	523	420	134	38	96
27岁	1009	500	509	885	457	428	124	43	81
28岁	1018	521	497	912	496	416	106	25	81
29岁	1087	545	542	959	512	447	128	33	95
30-34	**7256**	**3570**	**3686**	**6548**	**3386**	**3162**	**708**	**184**	**524**
30岁	1176	571	605	1056	544	512	120	27	93
31岁	1268	611	657	1134	574	560	134	37	97
32岁	1365	660	705	1228	626	602	137	34	103
33岁	1682	836	846	1537	794	743	145	42	103
34岁	1765	892	873	1593	848	745	172	44	128
35-39	**9710**	**4847**	**4863**	**8872**	**4642**	**4230**	**838**	**205**	**633**
35岁	1731	865	866	1596	838	758	135	27	108
36岁	1924	945	979	1744	903	841	180	42	138
37岁	2326	1154	1172	2105	1093	1012	221	61	160
38岁	1863	942	921	1705	901	804	158	41	117
39岁	1866	941	925	1722	907	815	144	34	110

1-10 续表

单位：人

年龄	调查人口			在业人口			不在业人口		
	合计	男	女	小计	男	女	小计	男	女
40-44	**10183**	**5114**	**5069**	**9140**	**4809**	**4331**	**1043**	**305**	**738**
40岁	1925	974	951	1779	928	851	146	46	100
41岁	1946	961	985	1750	908	842	196	53	143
42岁	2344	1203	1141	2101	1125	976	243	78	165
43岁	2261	1151	1110	2021	1075	946	240	76	164
44岁	1707	825	882	1489	773	716	218	52	166
45-49	**7428**	**3768**	**3660**	**6265**	**3398**	**2867**	**1163**	**370**	**793**
45岁	863	438	425	744	399	345	119	39	80
46岁	1197	581	616	989	521	468	208	60	148
47岁	1592	807	785	1354	727	627	238	80	158
48岁	2051	1033	1018	1754	940	814	297	93	204
49岁	1725	909	816	1424	811	613	301	98	203
50-54	**8086**	**4138**	**3948**	**6470**	**3629**	**2841**	**1616**	**509**	**1107**
50岁	1663	850	813	1372	769	603	291	81	210
51岁	1821	956	865	1497	852	645	324	104	220
52岁	1662	887	775	1326	767	559	336	120	216
53岁	1589	797	792	1245	686	559	344	111	233
54岁	1351	648	703	1030	555	475	321	93	228
55-59	**6197**	**3217**	**2980**	**4427**	**2551**	**1876**	**1770**	**666**	**1104**
55岁	1248	640	608	928	511	417	320	129	191
56岁	1303	693	610	951	566	385	352	127	225
57岁	1193	641	552	847	509	338	346	132	214
58岁	1295	656	639	911	515	396	384	141	243
59岁	1158	587	571	790	450	340	368	137	231
60-64	**4589**	**2394**	**2195**	**2772**	**1646**	**1126**	**1817**	**748**	**1069**
60岁	1009	526	483	661	368	293	348	158	190
61岁	999	536	463	626	382	244	373	154	219
62岁	917	484	433	546	335	211	371	149	222
63岁	829	403	426	478	270	208	351	133	218
64岁	835	445	390	461	291	170	374	154	220
65+	**9832**	**4630**	**5202**	**2440**	**1675**	**765**	**7392**	**2955**	**4437**

1－11 人口分年龄、性别的职业状况

单位：人

年 龄	在业人口			国家机关、党群组织、企业、事业单位负责人			专业技术人员			办事人员和有关人员		
	合计	男	女	小计	男	女	小计	男	女	小计	男	女
总 计	**58359**	**31582**	**26777**	**503**	**403**	**100**	**2004**	**1058**	**946**	**1864**	**1226**	**638**
15-19	2731	1336	1395				32	12	20	56	30	26
20-24	4225	2109	2116	8	6	2	188	70	118	164	89	75
25-29	4469	2401	2068	25	13	12	267	110	157	206	129	77
30-34	6548	3386	3162	45	34	11	310	132	178	265	160	105
35-39	8872	4642	4230	87	66	21	342	174	168	292	184	108
40-44	9140	4809	4331	127	99	28	335	177	158	351	215	136
45-49	6265	3398	2867	87	69	18	228	146	82	247	173	74
50-54	6470	3629	2841	88	81	7	173	115	58	186	156	30
55-59	4427	2551	1876	30	29	1	93	86	7	79	73	6
60-64	2772	1646	1126	5	5		23	23		12	12	
65+	2440	1675	765	1	1		13	13		6	5	1

1－11 续表

单位：人

年 龄	商业、服务业人员			农、林、牧、渔、水利业生产人员			生产、运输设备操作人员及有关人员			不便分类的其他从业人员		
	小计	男	女	小计	男	女	小计	男	女	小计	男	女
总 计	**6438**	**3031**	**3407**	**36666**	**18046**	**18620**	**10882**	**7817**	**3065**	**2**	**1**	**1**
15-19	415	165	250	875	434	441	1352	695	657	1		1
20-24	757	292	465	1710	749	961	1398	903	495			
25-29	759	328	431	1919	917	1002	1292	903	389	1	1	
30-34	931	404	527	3343	1452	1891	1654	1204	450			
35-39	1107	493	614	5152	2301	2851	1892	1424	468			
40-44	1086	529	557	5655	2566	3089	1586	1223	363			
45-49	594	311	283	4279	2020	2259	830	679	151			
50-54	430	267	163	5009	2492	2517	584	518	66			
55-59	202	131	71	3825	2051	1774	198	181	17			
60-64	70	46	24	2603	1505	1098	59	55	4			
65+	87	65	22	2296	1559	737	37	32	5			

1－12 人口分性别、受教育程度的职业状况

单位：人

受教育程度	在业人口			国家机关、党群组织、企业、事业单位负责人			专业技术人员			办事人员和有关人员		
	合计	男	女	合计	男	女	合计	男	女	合计	男	女
总　计	**58359**	**31582**	**26777**	**503**	**403**	**100**	**2004**	**1058**	**946**	**1864**	**1226**	**638**
不识字	6467	1710	4757							6	5	1
未上过学	298	121	177				2	1	1	2	1	1
小学	18833	9329	9504	16	12	4	26	20	6	67	47	20
初中	22958	14087	8871	110	89	21	245	153	92	406	290	116
高中	5429	3711	1718	139	111	28	342	183	159	457	309	148
中专	1751	1052	699	37	29	8	369	196	173	220	139	81
大学专科	1740	1038	702	125	97	28	572	273	299	475	281	194
大学本科	769	448	321	59	49	10	364	172	192	219	145	74
研究生	114	86	28	17	16	1	84	60	24	12	9	3

1－12 续表

单位：人

受教育程度	商业、服务业人员			农、林、牧、渔、水利业生产人员			生产、运输设备操作人员及有关人员			不便分类的其他从业人员		
	合计	男	女	合计	男	女	合计	男	女	合计	男	女
总　计	**6438**	**3031**	**3407**	**36666**	**18046**	**18620**	**10882**	**7817**	**3065**	**2**	**1**	**1**
不识字	167	45	122	6106	1540	4566	188	120	68			
未上过学	16	4	12	262	105	157	16	10	6			
小学	965	373	592	15501	7349	8152	2258	1528	730			
初中	3158	1477	1681	12837	7651	5186	6201	4427	1774	1		1
高中	1304	695	609	1752	1267	485	1435	1146	289			
中专	463	208	255	186	114	72	475	365	110	1	1	
大学专科	290	184	106	21	19	2	257	184	73			
大学本科	74	44	30	1	1		52	37	15			
研究生	1	1										

1－13　分年龄、性别的未工作人口

单位：人

年　龄	未工作人口			在校学生			离退休		
	合计	男	女	小计	男	女	小计	男	女
总　计	**24681**	**10278**	**14403**	**6294**	**3484**	**2810**	**4379**	**2069**	**2310**
15-19	**6538**	**3659**	**2879**	**5851**	**3257**	**2594**			
15岁	2217	1201	1016	2071	1118	953			
16岁	1723	945	778	1561	852	709			
17岁	1237	680	557	1096	604	492			
18岁	892	560	332	764	472	292			
19岁	469	273	196	359	211	148			
20-24	**1175**	**497**	**678**	**412**	**206**	**206**			
20岁	298	153	145	173	91	82			
21岁	259	116	143	109	57	52			
22岁	247	98	149	80	34	46			
23岁	212	74	138	33	18	15			
24岁	159	56	103	17	6	11			
25-29	**621**	**180**	**441**	**25**	**17**	**8**			
25岁	129	41	88	15	10	5			
26岁	134	38	96	7	4	3			
27岁	124	43	81	1	1				
28岁	106	25	81	2	2				
29岁	128	33	95						
30-34	**708**	**184**	**524**	**3**	**2**	**1**	**2**		**2**
30岁	120	27	93	1	1				
31岁	134	37	97	2	1	1	1		1
32岁	137	34	103						
33岁	145	42	103				1		1
34岁	172	44	128						
35-39	**838**	**205**	**633**	**1**	**1**		**2**	**1**	**1**
35岁	135	27	108						
36岁	180	42	138				1		1

1－13 续表 1

单位：人

年龄	未工作人口			在校学生			离退休		
	合计	男	女	小计	男	女	小计	男	女
37岁	221	61	160	1	1				
38岁	158	41	117						
39岁	144	34	110				1	1	
40-44	**1043**	**305**	**738**				**21**	**5**	**16**
40岁	146	46	100				3	1	2
41岁	196	53	143				1	1	
42岁	243	78	165				7	2	5
43岁	240	76	164				4		4
44岁	218	52	166				6	1	5
45-49	**1163**	**370**	**793**				**231**	**25**	**206**
45岁	119	39	80				12	2	10
46岁	208	60	148				35	3	32
47岁	238	80	158				44	5	39
48岁	297	93	204				66	8	58
49岁	301	98	203				74	7	67
50-54	**1616**	**509**	**1107**				**711**	**144**	**567**
50岁	291	81	210				131	15	116
51岁	324	104	220				158	30	128
52岁	336	120	216				144	38	106
53岁	344	111	233				129	28	101
54岁	321	93	228				149	33	116
55-59	**1770**	**666**	**1104**	**2**	**1**	**1**	**825**	**348**	**477**
55岁	320	129	191	1	1		157	62	95
56岁	352	127	225				163	65	98
57岁	346	132	214				170	73	97
58岁	384	141	243				167	69	98
59岁	368	137	231	1		1	168	79	89
60-64	**1817**	**748**	**1069**				**755**	**478**	**277**

1－13　续表 2

单位：人

年 龄	未工作人口			在校学生			离退休		
	合计	男	女	小计	男	女	小计	男	女
60岁	348	158	190				169	106	63
61岁	373	154	219				154	94	60
62岁	371	149	222				148	100	48
63岁	351	133	218				139	88	51
64岁	374	154	220				145	90	55
65–69	**1981**	**772**	**1209**				**629**	**365**	**264**
65岁	428	170	258				152	96	56
66岁	336	113	223				105	56	49
67岁	378	152	226				115	67	48
68岁	408	156	252				132	77	55
69岁	431	181	250				125	69	56
70–74	**2325**	**913**	**1412**				**629**	**335**	**294**
70岁	474	180	294				126	62	64
71岁	512	205	307				146	76	70
72岁	557	222	335				158	85	73
73岁	422	157	265				111	63	48
74岁	360	149	211				88	49	39
75–79	**1664**	**699**	**965**				**360**	**238**	**122**
75岁	393	172	221				87	58	29
76岁	342	141	201				80	55	25
77岁	330	143	187				78	50	28
78岁	308	124	184				57	39	18
79岁	291	119	172				58	36	22
80–84	**985**	**419**	**566**				**155**	**96**	**59**
80岁	254	112	142				51	30	21
81岁	232	94	138				32	19	13
82岁	216	83	133				27	15	12
83岁	148	71	77				23	18	5
84岁	135	59	76				22	14	8
85+	**437**	**152**	**285**				**59**	**34**	**25**

1-13 续表 3

单位：人

年 龄	料理家务			丧失劳动能力			毕业后未工作			因单位原因失去原工作		
	小计	男	女	小计	男	女	小计	男	女	小计	男	女
总 计	**5754**	**613**	**5141**	**4992**	**2245**	**2747**	**845**	**540**	**305**	**1662**	**899**	**763**
15-19	**61**	**10**	**51**	**99**	**55**	**44**	**446**	**292**	**154**	**1**		**1**
15岁	14	4	10	16	9	7	95	57	38			
16岁	17	4	13	12	6	6	120	76	44			
17岁	10	1	9	23	11	12	89	55	34	1		1
18岁	7	1	6	23	12	11	82	68	14			
19岁	13		13	25	17	8	60	36	24			
20-24	**273**	**4**	**269**	**96**	**54**	**42**	**289**	**180**	**109**	**7**	**1**	**6**
20岁	32	1	31	14	6	8	62	42	20	1		1
21岁	54	1	53	21	11	10	57	40	17			
22岁	59		59	23	13	10	70	43	27	1		1
23岁	65	1	64	20	11	9	65	32	33	3		3
24岁	63	1	62	18	13	5	35	23	12	2	1	1
25-29	**324**	**8**	**316**	**60**	**39**	**21**	**79**	**46**	**33**	**51**	**23**	**28**
25岁	57		57	11	8	3	23	11	12	4	1	3
26岁	72	1	71	13	9	4	20	12	8	7	4	3
27岁	60	2	58	15	9	6	14	12	2	13	7	6
28岁	62	4	58	8	5	3	11	4	7	10	3	7
29岁	73	1	72	13	8	5	11	7	4	17	8	9
30-34	**397**	**11**	**386**	**92**	**62**	**30**	**14**	**10**	**4**	**122**	**57**	**65**
30岁	71	2	69	14	10	4	4	3	1	16	4	12
31岁	75	4	71	19	14	5	6	5	1	17	6	11
32岁	87		87	18	13	5	2	1	1	19	12	7
33岁	68	3	65	19	10	9	2	1	1	32	18	14
34岁	96	2	94	22	15	7				38	17	21
35-39	**403**	**9**	**394**	**120**	**77**	**43**	**5**	**4**	**1**	**237**	**79**	**158**
35岁	71	1	70	16	12	4	1		1	37	10	27
36岁	88	2	86	26	16	10	2	2		49	16	33

1－13 续表 4

单位：人

年 龄	料理家务			丧失劳动能力			毕业后未工作			因单位原因失去原工作		
	小计	男	女	小计	男	女	小计	男	女	小计	男	女
37岁	109	2	107	30	23	7				62	26	36
38岁	72	3	69	27	15	12	2	2		44	15	29
39岁	63	1	62	21	11	10				45	12	33
40-44	**402**	**23**	**379**	**133**	**69**	**64**	**5**	**4**	**1**	**394**	**154**	**240**
40岁	66	3	63	15	10	5	1	1		45	21	24
41岁	76	2	74	28	12	16	2	1	1	72	28	44
42岁	81	7	74	34	15	19	1	1		95	41	54
43岁	92	5	87	30	19	11				95	38	57
44岁	87	6	81	26	13	13	1	1		87	26	61
45-49	**331**	**26**	**305**	**105**	**58**	**47**	**3**	**3**		**438**	**229**	**209**
45岁	38	1	37	10	5	5				54	27	27
46岁	51	3	48	14	5	9				98	43	55
47岁	65	5	60	19	12	7				97	51	46
48岁	90	6	84	34	18	16	1	1		96	57	39
49岁	87	11	76	28	18	10	2	2		93	51	42
50-54	**459**	**36**	**423**	**165**	**89**	**76**	**3**	**1**	**2**	**230**	**199**	**31**
50岁	75	5	70	27	16	11				50	38	12
51岁	77	6	71	27	13	14	1	1		44	40	4
52岁	86	5	81	42	23	19	1		1	54	45	9
53岁	116	10	106	41	23	18	1		1	49	44	5
54岁	105	10	95	28	14	14				33	32	1
55-59	**527**	**52**	**475**	**244**	**122**	**122**				**129**	**118**	**11**
55岁	84	7	77	42	25	17				30	30	
56岁	101	7	94	47	23	24				31	26	5
57岁	105	11	94	36	21	15				25	23	2
58岁	122	18	104	66	30	36				21	19	2
59岁	115	9	106	53	23	30				22	20	2
60-64	**657**	**79**	**578**	**357**	**158**	**199**				**22**	**16**	**6**

1-13 续表 5

单位：人

年龄	料理家务			丧失劳动能力			毕业后未工作			因单位原因失去原工作		
	小计	男	女	小计	男	女	小计	男	女	小计	男	女
60岁	103	13	90	64	31	33				7	4	3
61岁	140	21	119	70	34	36				3	3	
62岁	151	16	135	66	29	37				2	1	1
63岁	120	11	109	78	25	53				6	4	2
64岁	143	18	125	79	39	40				4	4	
65-69	**698**	**101**	**597**	**613**	**275**	**338**	**1**		**1**	**16**	**13**	**3**
65岁	154	17	137	114	52	62				4	2	2
66岁	140	12	128	81	38	43				5	4	1
67岁	138	20	118	115	57	58	1		1	3	3	
68岁	136	22	114	136	53	83				1	1	
69岁	130	30	100	167	75	92				3	3	
70-74	**681**	**125**	**556**	**978**	**429**	**549**				**9**	**6**	**3**
70岁	158	26	132	176	82	94				4	3	1
71岁	153	33	120	207	92	115				2	1	1
72岁	155	32	123	241	103	138				1	1	
73岁	114	13	101	190	77	113				2	1	1
74岁	101	21	80	164	75	89						
75-79	**365**	**92**	**273**	**919**	**361**	**558**				**3**	**1**	**2**
75岁	104	25	79	195	85	110				2	1	1
76岁	81	21	60	176	62	114						
77岁	64	16	48	187	76	111						
78岁	58	13	45	187	72	115				1		1
79岁	58	17	41	174	66	108						
80-84	**136**	**33**	**103**	**684**	**287**	**397**				**2**	**2**	
80岁	36	8	28	164	74	90						
81岁	47	10	37	151	64	87				1	1	
82岁	26	7	19	163	61	102						
83岁	13	3	10	111	49	62						
84岁	14	5	9	95	39	56				1	1	
85+	**40**	**4**	**36**	**327**	**110**	**217**				**1**	**1**	

1－13 续表 6

单位：人

年 龄	因本人原因失去原工作			承包土地被征用			其他		
	小计	男	女	小计	男	女	小计	男	女
总 计	**298**	**170**	**128**	**68**	**31**	**37**	**389**	**227**	**162**
15-19	**17**	**8**	**9**	**2**	**1**	**1**	**61**	**36**	**25**
15岁	1		1				20	13	7
16岁	2	1	1	1	1		10	5	5
17岁	6	3	3				12	6	6
18岁	6	3	3	1		1	9	4	5
19岁	2	1	1				10	8	2
20-24	**46**	**22**	**24**	**5**	**3**	**2**	**47**	**27**	**20**
20岁	3	3					13	10	3
21岁	11	4	7	1		1	6	3	3
22岁	6	3	3	2	2		6	3	3
23岁	14	8	6	1		1	11	4	7
24岁	12	4	8	1	1		11	7	4
25-29	**37**	**26**	**11**	**5**	**2**	**3**	**40**	**19**	**21**
25岁	10	7	3	3	1	2	6	3	3
26岁	7	3	4				8	5	3
27岁	9	8	1	1		1	11	4	7
28岁	7	5	2				6	2	4
29岁	4	3	1	1	1		9	5	4
30-34	**38**	**20**	**18**	**8**	**4**	**4**	**32**	**18**	**14**
30岁	7	4	3	1		1	6	3	3
31岁	6	2	4	3	2	1	5	3	2
32岁	8	5	3				3	3	
33岁	12	6	6	1		1	10	4	6
34岁	5	3	2	3	2	1	8	5	3
35-39	**31**	**15**	**16**	**7**	**2**	**5**	**32**	**17**	**15**
35岁	6	2	4	1		1	3	2	1
36岁	8	4	4	3		3	3	2	1

1-13 续表 7

单位：人

年 龄	因本人原因失去原工作			承包土地被征用			其他		
	小计	男	女	小计	男	女	小计	男	女
37岁	5	3	2	1	1		13	5	8
38岁	5	2	3	1		1	7	4	3
39岁	7	4	3	1	1		6	4	2
40-44	**37**	**21**	**16**	**5**	**2**	**3**	**46**	**27**	**19**
40岁	6	3	3	1	1		9	6	3
41岁	6	4	2	1		1	10	5	5
42岁	15	7	8	2		2	8	5	3
43岁	8	6	2	1	1		10	7	3
44岁	2	1	1				9	4	5
45-49	**34**	**19**	**15**	**2**	**1**	**1**	**19**	**9**	**10**
45岁	2	1	1	1	1		2	2	
46岁	5	4	1				5	2	3
47岁	9	6	3	1		1	3	1	2
48岁	6	2	4				4	1	3
49岁	12	6	6				5	3	2
50-54	**16**	**13**	**3**	**7**	**4**	**3**	**25**	**23**	**2**
50岁	4	3	1				4	4	
51岁	5	5		3	1	2	9	8	1
52岁	2	2		1	1		6	6	
53岁	4	3	1	3	2	1	1	1	
54岁	1		1				5	4	1
55-59	**15**	**10**	**5**	**13**	**6**	**7**	**15**	**9**	**6**
55岁	3	1	2	2	2		1	1	
56岁	3	2	1	4	2	2	3	2	1
57岁	1	1		4		4	5	3	2
58岁	2	2		3	2	1	3	1	2
59岁	6	4	2				3	2	1
60-64	**9**	**8**	**1**	**7**	**3**	**4**	**10**	**6**	**4**

1-13 续表 8

单位：人

年龄	因本人原因失去原工作			承包土地被征用			其他		
	小计	男	女	小计	男	女	小计	男	女
60岁	1	1		1		1	3	3	
61岁	2	1	1				4	1	3
62岁	2	2		2	1	1			
63岁	2	2		3	1	2	3	2	1
64岁	2	2		1	1				
65-69	**6**	**3**	**3**	**2**		**2**	**16**	**15**	**1**
65岁				1		1	3	3	
66岁	2	1	1	1		1	2	2	
67岁	2	1	1				4	4	
68岁							3	3	
69岁	2	1	1				4	3	1
70-74	**5**	**4**	**1**	**5**	**3**	**2**	**18**	**11**	**7**
70岁	1	1		2	2		7	4	3
71岁							4	3	1
72岁							2	1	1
73岁	2	2		1		1	2	1	1
74岁	2	1	1	2	1	1	3	2	1
75-79	**3**		**3**				**14**	**7**	**7**
75岁							5	3	2
76岁							5	3	2
77岁							1	1	
78岁	3		3				2		2
79岁							1		1
80-84	**4**	**1**	**3**				**4**		**4**
80岁	1		1				2		2
81岁	1		1						
82岁									
83岁	1	1							
84岁	1		1				2		2
85+							**10**	**3**	**7**

1－14 分年龄、性别的未工作者主要生活来源

单位：人

年龄	未工作人口			离退休金			领取基本生活费		
	合计	男	女	小计	男	女	小计	男	女
总　计	**24681**	**10278**	**14403**	**4351**	**2057**	**2294**	**1231**	**692**	**539**
15-19	**6538**	**3659**	**2879**				**27**	**16**	**11**
15岁	2217	1201	1016				8	6	2
16岁	1723	945	778				7	2	5
17岁	1237	680	557				4	4	
18岁	892	560	332				3	1	2
19岁	469	273	196				5	3	2
20-24	**1175**	**497**	**678**				**21**	**12**	**9**
20岁	298	153	145				4	2	2
21岁	259	116	143				2	1	1
22岁	247	98	149				7	4	3
23岁	212	74	138				4	2	2
24岁	159	56	103				4	3	1
25-29	**621**	**180**	**441**				**18**	**10**	**8**
25岁	129	41	88				3	1	2
26岁	134	38	96				5	4	1
27岁	124	43	81				4	2	2
28岁	106	25	81				6	3	3
29岁	128	33	95						
30-34	**708**	**184**	**524**	**2**		**2**	**51**	**24**	**27**
30岁	120	27	93				6	2	4
31岁	134	37	97	1		1	4	2	2
32岁	137	34	103				10	5	5
33岁	145	42	103	1		1	14	6	8
34岁	172	44	128				17	9	8
35-39	**838**	**205**	**633**	**2**	**1**	**1**	**95**	**44**	**51**
35岁	135	27	108				10	5	5

1-14 续表 1

单位：人

年龄	未工作人口			离退休金			领取基本生活费		
	合计	男	女	小计	男	女	小计	男	女
36岁	180	42	138	1		1	17	8	9
37岁	221	61	160				28	12	16
38岁	158	41	117				20	9	11
39岁	144	34	110	1	1		20	10	10
40-44	**1043**	**305**	**738**	**23**	**6**	**17**	**188**	**81**	**107**
40岁	146	46	100	3	1	2	16	6	10
41岁	196	53	143	1	1		34	16	18
42岁	243	78	165	7	2	5	38	20	18
43岁	240	76	164	6	1	5	54	27	27
44岁	218	52	166	6	1	5	46	12	34
45-49	**1163**	**370**	**793**	**229**	**25**	**204**	**263**	**150**	**113**
45岁	119	39	80	12	2	10	30	20	10
46岁	208	60	148	35	3	32	51	25	26
47岁	238	80	158	44	5	39	66	37	29
48岁	297	93	204	65	8	57	55	33	22
49岁	301	98	203	73	7	66	61	35	26
50-54	**1616**	**509**	**1107**	**704**	**141**	**563**	**153**	**110**	**43**
50岁	291	81	210	131	15	116	28	22	6
51岁	324	104	220	157	30	127	39	25	14
52岁	336	120	216	143	37	106	27	18	9
53岁	344	111	233	125	26	99	33	26	7
54岁	321	93	228	148	33	115	26	19	7
55-59	**1770**	**666**	**1104**	**818**	**344**	**474**	**107**	**82**	**25**
55岁	320	129	191	158	63	95	18	15	3
56岁	352	127	225	161	63	98	31	24	7
57岁	346	132	214	168	72	96	20	14	6
58岁	384	141	243	167	68	99	19	15	4
59岁	368	137	231	164	78	86	19	14	5

1－14 续表 2

单位：人

年 龄	未工作人口			离退休金			领取基本生活费		
	合计	男	女	小计	男	女	小计	男	女
60-64	**1817**	**748**	**1069**	**750**	**476**	**274**	**49**	**28**	**21**
60岁	348	158	190	169	106	63	7	7	
61岁	373	154	219	154	93	61	10	5	5
62岁	371	149	222	146	100	46	5	1	4
63岁	351	133	218	137	88	49	10	5	5
64岁	374	154	220	144	89	55	17	10	7
65-69	**1981**	**772**	**1209**	**626**	**364**	**262**	**56**	**34**	**22**
65岁	428	170	258	150	95	55	14	7	7
66岁	336	113	223	105	56	49	11	8	3
67岁	378	152	226	116	68	48	11	6	5
68岁	408	156	252	132	76	56	9	6	3
69岁	431	181	250	123	69	54	11	7	4
70-74	**2325**	**913**	**1412**	**626**	**334**	**292**	**79**	**47**	**32**
70岁	474	180	294	127	63	64	19	13	6
71岁	512	205	307	147	77	70	15	10	5
72岁	557	222	335	154	82	72	24	12	12
73岁	422	157	265	111	63	48	7	3	4
74岁	360	149	211	87	49	38	14	9	5
75-79	**1664**	**699**	**965**	**359**	**237**	**122**	**61**	**27**	**34**
75岁	393	172	221	86	57	29	14	10	4
76岁	342	141	201	81	56	25	9	4	5
77岁	330	143	187	76	48	28	15	5	10
78岁	308	124	184	58	40	18	13	3	10
79岁	291	119	172	58	36	22	10	5	5
80-84	**985**	**419**	**566**	**154**	**95**	**59**	**43**	**20**	**23**
80岁	254	112	142	52	30	22	15	6	9
81岁	232	94	138	31	19	12	8	3	5
82岁	216	83	133	27	15	12	6	2	4
83岁	148	71	77	23	18	5	8	6	2
84岁	135	59	76	21	13	8	6	3	3
85+	**437**	**152**	**285**	**58**	**34**	**24**	**20**	**7**	**13**

1－14 续表 3

单位：人

年 龄	家庭其他成员供养			财产性收入			保险收入			其他		
	小计	男	女	小计	男	女	小计	男	女	小计	男	女
总 计	**18353**	**7112**	**11241**	**93**	**45**	**48**	**14**	**5**	**9**	**639**	**367**	**272**
15-19	**6481**	**3623**	**2858**	**3**	**2**	**1**				**27**	**18**	**9**
15岁	2202	1191	1011							7	4	3
16岁	1709	938	771	3	2	1				4	3	1
17岁	1228	673	555							5	3	2
18岁	882	554	328							7	5	2
19岁	460	267	193							4	3	1
20-24	**1130**	**476**	**654**	**6**	**3**	**3**				**18**	**6**	**12**
20岁	288	146	142	1	1					5	4	1
21岁	253	114	139	1		1				3	1	2
22岁	240	94	146									
23岁	196	70	126	2	1	1				10	1	9
24岁	153	52	101	2	1	1						
25-29	**568**	**153**	**415**	**4**	**1**	**3**				**31**	**16**	**15**
25岁	117	36	81	3	1	2				6	3	3
26岁	124	32	92							5	2	3
27岁	109	35	74	1		1				10	6	4
28岁	97	22	75							3		3
29岁	121	28	93							7	5	2
30-34	**609**	**135**	**474**	**3**	**1**	**2**				**43**	**24**	**19**
30岁	107	20	87							7	5	2
31岁	119	29	90	2	1	1				8	5	3
32岁	122	26	96							5	3	2
33岁	116	30	86	1		1				13	6	7
34岁	145	30	115							10	5	5
35-39	**680**	**131**	**549**	**8**	**3**	**5**				**53**	**26**	**27**
35岁	117	20	97	1		1				7	2	5

1－14 续表 4

单位：人

年龄	家庭其他成员供养			财产性收入			保险收入			其他		
	小计	男	女	小计	男	女	小计	男	女	小计	男	女
36岁	150	27	123	1	1					11	6	5
37岁	174	39	135	3	2	1				16	8	8
38岁	128	26	102	1		1				9	6	3
39岁	111	19	92	2		2				10	4	6
40-44	**715**	**157**	**558**	**14**	**7**	**7**				**103**	**54**	**49**
40岁	113	30	83							14	9	5
41岁	135	23	112	7	3	4				19	10	9
42岁	172	44	128	3	3					23	9	14
43岁	153	33	120	3	1	2				24	14	10
44岁	142	27	115	1		1				23	12	11
45-49	**567**	**136**	**431**	**15**	**10**	**5**	**2**		**2**	**87**	**49**	**38**
45岁	65	10	55	2	1	1				10	6	4
46岁	96	18	78	4	3	1				22	11	11
47岁	108	29	79	2	1	1				18	8	10
48岁	154	39	115	3	2	1	1		1	19	11	8
49岁	144	40	104	4	3	1	1		1	18	13	5
50-54	**686**	**202**	**484**	**7**	**6**	**1**	**2**	**1**	**1**	**64**	**49**	**15**
50岁	113	31	82	1	1					18	12	6
51岁	117	39	78							11	10	1
52岁	145	49	96	1	1					20	15	5
53岁	175	50	125	2	2		2	1	1	7	6	1
54岁	136	33	103	3	2	1				8	6	2
55-59	**783**	**198**	**585**	**11**	**5**	**6**	**3**	**1**	**2**	**48**	**36**	**12**
55岁	126	38	88	2	2		1		1	15	11	4
56岁	150	34	116	3	2	1				7	4	3
57岁	146	39	107	1		1	1		1	10	7	3
58岁	187	51	136	3		3	1	1		7	6	1
59岁	174	36	138	2	1	1				9	8	1

1－14　续表 5

单位：人

年龄	家庭其他成员供养			财产性收入			保险收入			其他		
	小计	男	女	小计	男	女	小计	男	女	小计	男	女
60-64	**986**	**225**	**761**	**3**	**2**	**1**	**2**	**2**		**27**	**15**	**12**
60岁	169	44	125							3	1	2
61岁	199	49	150				2	2		8	5	3
62岁	213	44	169	2	1	1				5	3	2
63岁	197	36	161							7	4	3
64岁	208	52	156	1	1					4	2	2
65-69	**1247**	**347**	**900**	**4**		**4**	**3**	**1**	**2**	**45**	**26**	**19**
65岁	252	64	188	1		1	1		1	10	4	6
66岁	210	45	165	1		1	1	1		8	3	5
67岁	246	73	173							5	5	
68岁	257	67	190				1		1	9	7	2
69岁	282	98	184	2		2				13	7	6
70-74	**1570**	**507**	**1063**	**10**	**2**	**8**	**1**		**1**	**39**	**23**	**16**
70岁	316	98	218							12	6	6
71岁	342	113	229	1		1	1		1	6	5	1
72岁	364	119	245	4	2	2				11	7	4
73岁	296	88	208	2		2				6	3	3
74岁	252	89	163	3		3				4	2	2
75-79	**1209**	**417**	**792**	**4**	**3**	**1**	**1**		**1**	**30**	**15**	**15**
75岁	287	100	187	1	1					5	4	1
76岁	242	77	165	1	1					9	3	6
77岁	231	85	146	1	1		1		1	6	4	2
78岁	230	78	152	1		1				6	3	3
79岁	219	77	142							4	1	3
80-84	**768**	**296**	**472**	**1**		**1**				**19**	**8**	**11**
80岁	183	73	110							4	3	1
81岁	189	71	118							4	1	3
82岁	181	66	115							2		2
83岁	113	45	68							4	2	2
84岁	102	41	61	1		1				5	2	3
85+	**354**	**109**	**245**							**5**	**2**	**3**

第二部分　残疾人口的基本状况

2－1　各地区分性别、残疾类别的残疾人

单位：人

地　区	残疾人			视力残疾人			听力残疾人			言语残疾人		
	合计	男	女	小计	男	女	小计	男	女	小计	男	女
总　计	**6749**	**3547**	**3202**	**1142**	**496**	**646**	**1475**	**791**	**684**	**106**	**67**	**39**
黄陂区	172	83	89	13	6	7	28	9	19			
武昌区	154	75	79	38	16	22	35	17	18			
黄石市	116	61	55	20	9	11	28	17	11	1		1
江夏区	163	83	80	19	5	14	29	13	16	2	2	
硚口区	163	85	78	49	18	31	18	8	10	2	1	1
丹江口市	305	154	151	59	25	34	51	29	22	1		1
江汉区	142	76	66	17	6	11	29	13	16			
仙桃市	232	107	125	57	26	31	48	16	32	4	2	2
汉川市	191	100	91	47	14	33	51	29	22	4	3	1
鄂州市	143	66	77	34	7	27	19	7	12	3	3	
大冶市	212	115	97	34	19	15	37	20	17	1	1	
武穴市	232	121	111	23	10	13	82	43	39	1	1	
宜昌市	223	130	93	29	8	21	63	45	18	1	1	
枝江市	165	73	92	17	4	13	59	24	35	1		1
天门市	237	118	119	45	22	23	66	31	35	5	4	1
曾都区	206	99	107	40	17	23	54	28	26	3	2	1
襄阳区	216	114	102	25	13	12	45	30	15	6	4	2
广水市	145	68	77	9	4	5	45	25	20	2	1	1
利川市	244	134	110	30	14	16	40	22	18	2	1	1
咸安区	202	90	112	40	13	27	44	20	24	5	2	3
巴东县	250	140	110	41	25	16	53	34	19	5	2	3
竹溪县	345	209	136	70	38	32	61	36	25	8	3	5
神农架林区	427	255	172	35	19	16	126	76	50	18	12	6
红安县	196	99	97	28	12	16	26	13	13	9	6	3
南漳县	269	173	96	17	8	9	49	29	20	11	9	2
通城县	183	105	78	59	31	28	20	13	7	2	1	1
监利县	202	103	99	26	13	13	62	32	30			
黄梅县	212	111	101	55	16	39	39	29	10	2	2	
江陵县	165	85	80	35	18	17	25	12	13	2		2
蕲春县	428	220	208	84	41	43	82	45	37	5	4	1
京山县	209	95	114	47	19	28	61	26	35			

2-1 续表

单位：人

地区	肢体残疾人			智力残疾人			精神残疾人			多重残疾人		
	小计	男	女	小计	男	女	小计	男	女	小计	男	女
总　计	**1881**	**1094**	**787**	**612**	**348**	**264**	**541**	**248**	**293**	**992**	**503**	**489**
黄陂区	84	42	42	14	7	7	18	10	8	15	9	6
武昌区	39	21	18	10	6	4	19	9	10	13	6	7
黄石市	23	11	12	6	5	1	7	4	3	31	15	16
江夏区	51	30	21	21	8	13	16	7	9	25	18	7
硚口区	55	34	21	5	3	2	22	14	8	12	7	5
丹江口市	70	37	33	40	22	18	26	12	14	58	29	29
江汉区	66	42	24	7	3	4	14	8	6	9	4	5
仙桃市	60	32	28	15	8	7	22	14	8	26	9	17
汉川市	37	24	13	26	15	11	10	5	5	16	10	6
鄂州市	40	20	20	17	10	7	10	6	4	20	13	7
大冶市	76	50	26	23	9	14	17	6	11	24	10	14
武穴市	44	27	17	26	14	12	10	4	6	46	22	24
宜昌市	80	46	34	12	8	4	18	11	7	20	11	9
枝江市	38	21	17	13	6	7	10	3	7	27	15	12
天门市	41	22	19	28	19	9	17	7	10	35	13	22
曾都区	30	16	14				35	18	17	44	18	26
襄阳区	68	39	29	24	13	11	20	8	12	28	7	21
广水市	50	25	25	6	2	4	20	6	14	13	5	8
利川市	118	61	57	28	18	10	10	6	4	16	12	4
咸安区	47	25	22	30	23	7	12	3	9	24	4	20
巴东县	69	34	35	27	16	11	19	8	11	36	21	15
竹溪县	91	67	24	30	18	12	8	5	3	77	42	35
神农架林区	116	72	44	17	11	6	22	10	12	93	55	38
红安县	64	32	32	31	19	12	21	9	12	17	8	9
南漳县	114	82	32	21	13	8	15	8	7	42	24	18
通城县	59	40	19	15	9	6	20	7	13	8	4	4
监利县	55	32	23	20	7	13	18	8	10	21	11	10
黄梅县	43	24	19	11	7	4	28	14	14	34	19	15
江陵县	39	21	18	36	17	19	9	5	4	19	12	7
蕲春县	51	32	19	45	26	19	35	10	25	126	62	64
京山县	63	33	30	8	6	2	13	3	10	17	8	9

2－2　分年龄、性别、残疾类别的残疾人口

单位：人

年龄	残疾人			视力残疾人			听力残疾人			言语残疾人		
	合计	男	女	小计	男	女	小计	男	女	小计	男	女
总　计	**6749**	**3547**	**3202**	**1142**	**496**	**646**	**1475**	**791**	**684**	**106**	**67**	**39**
0-4	**78**	**49**	**29**	**2**		**2**	**2**	**2**		**1**	**1**	
0岁	14	12	2									
1岁	18	8	10									
2岁	12	6	6	2		2	2	2				
3岁	14	10	4									
4岁	20	13	7							1	1	
5-9	**80**	**54**	**26**	**3**	**3**					**3**	**3**	
5岁	20	16	4	1	1							
6岁	12	8	4							1	1	
7岁	15	14	1	2	2					1	1	
8岁	16	6	10									
9岁	17	10	7							1	1	
10-14	**137**	**76**	**61**	**5**	**1**	**4**	**10**	**4**	**6**	**5**	**5**	
10岁	28	14	14	2	1	1	2		2			
11岁	17	10	7				1	1		1	1	
12岁	32	17	15	2		2	1	1				
13岁	35	22	13	1		1	4	1	3	4	4	
14岁	25	13	12				2	1	1			
15-19	**191**	**116**	**75**	**12**	**8**	**4**	**14**	**9**	**5**	**4**	**2**	**2**
15岁	38	25	13	3	1	2	5	3	2	1		1
16岁	27	14	13	1	1		2	1	1			
17岁	44	25	19	1		1	4	2	2	1	1	
18岁	43	26	17	7	6	1	3	3		1		1
19岁	39	26	13							1	1	
20-24	**156**	**94**	**62**	**7**	**4**	**3**	**5**	**4**	**1**	**4**	**4**	
20岁	26	17	9				1	1		1	1	
21岁	27	13	14	1		1				1	1	
22岁	33	20	13	3	2	1	3	2	1			
23岁	41	24	17	2	1	1	1	1		1	1	
24岁	29	20	9	1	1					1	1	
25-29	**142**	**92**	**50**	**5**	**3**	**2**	**3**	**2**	**1**	**3**	**2**	**1**
25岁	26	17	9	1	1							

2-2 续表 1

单位：人

年龄	残疾人			视力残疾人			听力残疾人			言语残疾人		
	合计	男	女	小计	男	女	小计	男	女	小计	男	女
26岁	22	16	6							1		1
27岁	32	17	15	1		1						
28岁	31	20	11	2	1	1	1	1		2	2	
29岁	31	22	9	1	1		2	1	1			
30-34	**249**	**154**	**95**	**23**	**15**	**8**	**18**	**6**	**12**	**7**	**6**	**1**
30岁	36	24	12	3	2	1	1		1			
31岁	38	23	15	2	2		4		4	3	2	1
32岁	49	31	18	8	5	3	2	1	1			
33岁	46	28	18	3	3		3	3		1	1	
34岁	80	48	32	7	3	4	8	2	6	3	3	
35-39	**370**	**226**	**144**	**30**	**17**	**13**	**30**	**15**	**15**	**9**	**7**	**2**
35岁	65	37	28	6	2	4	4	1	3	3	2	1
36岁	49	31	18	4	4		2	2		1	1	
37岁	95	62	33	8	4	4	9	3	6	2	2	
38岁	74	45	29	4	2	2	6	5	1	2	1	1
39岁	87	51	36	8	5	3	9	4	5	1	1	
40-44	**490**	**271**	**219**	**50**	**23**	**27**	**48**	**25**	**23**	**15**	**11**	**4**
40岁	62	43	19	8	6	2	5	3	2	1	1	
41岁	108	56	52	5	1	4	13	6	7	1	1	
42岁	126	76	50	13	5	8	15	8	7	6	5	1
43岁	99	49	50	11	5	6	5	3	2	5	3	2
44岁	95	47	48	13	6	7	10	5	5	2	1	1
45-49	**470**	**267**	**203**	**47**	**25**	**22**	**57**	**25**	**32**	**7**	**6**	**1**
45岁	48	28	20	3	1	2	3		3	2	2	
46岁	67	37	30	11	6	5	3		3			
47岁	93	51	42	9	4	5	11	6	5	2	1	1
48岁	146	80	66	10	7	3	21	10	11			
49岁	116	71	45	14	7	7	19	9	10	3	3	
50-54	**636**	**353**	**283**	**91**	**44**	**47**	**127**	**67**	**60**	**18**	**8**	**10**
50岁	94	53	41	7	2	5	16	9	7	3	1	2
51岁	141	80	61	17	10	7	30	15	15	5	2	3
52岁	129	70	59	22	10	12	22	12	10	3	2	1
53岁	153	81	72	25	12	13	26	15	11	5	2	3
54岁	119	69	50	20	10	10	33	16	17	2	1	1

2－2 续表 2

单位：人

年 龄	残疾人			视力残疾人			听力残疾人			言语残疾人		
	合计	男	女	小计	男	女	小计	男	女	小计	男	女
55-59	**642**	**347**	**295**	**122**	**60**	**62**	**127**	**80**	**47**	**8**	**3**	**5**
55岁	132	74	58	26	14	12	25	17	8	1		1
56岁	135	75	60	15	8	7	23	16	7	2	1	1
57岁	109	59	50	18	12	6	21	11	10	2	1	1
58岁	137	71	66	37	14	23	19	13	6	1		1
59岁	129	68	61	26	12	14	39	23	16	2	1	1
60-64	**606**	**317**	**289**	**125**	**58**	**67**	**148**	**89**	**59**	**9**	**3**	**6**
60岁	131	67	64	30	16	14	35	17	18	3	2	1
61岁	119	65	54	24	11	13	21	16	5	4	1	3
62岁	120	69	51	21	11	10	36	23	13	2		2
63岁	119	47	72	23	10	13	27	13	14			
64岁	117	69	48	27	10	17	29	20	9			
65-69	**594**	**305**	**289**	**144**	**59**	**85**	**185**	**109**	**76**	**4**	**2**	**2**
65岁	143	81	62	29	13	16	48	32	16	2		2
66岁	94	46	48	20	9	11	30	19	11	1	1	
67岁	109	60	49	31	14	17	28	15	13			
68岁	121	51	70	35	11	24	31	16	15	1	1	
69岁	127	67	60	29	12	17	48	27	21			
70-74	**697**	**325**	**372**	**183**	**79**	**104**	**252**	**128**	**124**	**5**	**1**	**4**
70岁	130	67	63	24	10	14	44	23	21	2	1	1
71岁	148	66	82	44	19	25	53	23	30			
72岁	158	68	90	44	19	25	50	23	27	1		1
73岁	142	65	77	40	16	24	55	30	25	2		2
74岁	119	59	60	31	15	16	50	29	21			
75-79	**603**	**270**	**333**	**168**	**58**	**110**	**216**	**124**	**92**	**4**	**3**	**1**
75岁	134	74	60	30	12	18	51	37	14	2	1	1
76岁	122	53	69	35	13	22	45	25	20			
77岁	117	49	68	33	12	21	39	22	17			
78岁	123	52	71	38	11	27	41	22	19			
79岁	107	42	65	32	10	22	40	18	22	2	2	
80-84	**396**	**159**	**237**	**88**	**33**	**55**	**149**	**65**	**84**			
80岁	105	48	57	23	11	12	42	20	22			
81岁	90	33	57	31	10	21	32	11	21			
82岁	83	26	57	9	5	4	34	11	23			
83岁	65	30	35	15	6	9	17	9	8			
84岁	53	22	31	10	1	9	24	14	10			
85+	**212**	**72**	**140**	**37**	**6**	**31**	**84**	**37**	**47**			

2-2 续表 3

单位：人

年龄	肢体残疾人			智力残疾人			精神残疾人			多重残疾人		
	小计	男	女	小计	男	女	小计	男	女	小计	男	女
总　计	**1881**	**1094**	**787**	**612**	**348**	**264**	**541**	**248**	**293**	**992**	**503**	**489**
0-4	**4**	**1**	**3**	**52**	**35**	**17**				**17**	**10**	**7**
0岁				12	10	2				2	2	
1岁				16	8	8				2		2
2岁	1		1	7	4	3						
3岁	1		1	9	7	2				4	3	1
4岁	2	1	1	8	6	2				9	5	4
5-9	**10**	**5**	**5**	**34**	**24**	**10**				**30**	**19**	**11**
5岁				10	8	2				9	7	2
6岁	1	1		4	3	1				6	3	3
7岁	2	2		7	6	1				3	3	
8岁	5	2	3	5	2	3				6	2	4
9岁	2		2	8	5	3				6	4	2
10-14	**27**	**18**	**9**	**61**	**30**	**31**	**2**	**1**	**1**	**27**	**17**	**10**
10岁	5	3	2	13	7	6				6	3	3
11岁	5	3	2	6	1	5				4	4	
12岁	5	3	2	14	6	8				10	7	3
13岁	6	5	1	15	10	5	1		1	4	2	2
14岁	6	4	2	13	6	7	1	1		3	1	2
15-19	**46**	**27**	**19**	**49**	**30**	**19**	**23**	**11**	**12**	**43**	**29**	**14**
15岁	8	6	2	14	11	3	3	1	2	4	3	1
16岁	8	3	5	7	4	3	3	1	2	6	4	2
17岁	14	7	7	10	7	3	4	2	2	10	6	4
18岁	5	5		12	5	7	4	1	3	11	6	5
19岁	11	6	5	6	3	3	9	6	3	12	10	2
20-24	**29**	**18**	**11**	**40**	**20**	**20**	**34**	**23**	**11**	**37**	**21**	**16**
20岁	4	4		8	5	3	6	2	4	6	4	2
21岁	6	2	4	7	3	4	5	3	2	7	4	3
22岁	8	5	3	8	3	5	7	5	2	4	3	1
23岁	6	3	3	10	4	6	8	7	1	13	7	6
24岁	5	4	1	7	5	2	8	6	2	7	3	4
25-29	**42**	**32**	**10**	**37**	**20**	**17**	**36**	**24**	**12**	**16**	**9**	**7**
25岁	6	4	2	12	7	5	4	3	1	3	2	1

2-2 续表 4

单位：人

年龄	肢体残疾人			智力残疾人			精神残疾人			多重残疾人		
	小计	男	女	小计	男	女	小计	男	女	小计	男	女
26岁	7	6	1	5	3	2	5	4	1	4	3	1
27岁	10	6	4	5	1	4	10	7	3	6	3	3
28岁	9	8	1	7	5	2	8	3	5	2		2
29岁	10	8	2	8	4	4	9	7	2	1	1	
30-34	**79**	**50**	**29**	**41**	**27**	**14**	**59**	**37**	**22**	**22**	**13**	**9**
30岁	10	5	5	10	7	3	5	3	2	7	7	
31岁	8	5	3	9	6	3	11	8	3	1		1
32岁	16	11	5	6	5	1	12	8	4	5	1	4
33岁	17	10	7	7	4	3	12	6	6	3	1	2
34岁	28	19	9	9	5	4	19	12	7	6	4	2
35-39	**136**	**91**	**45**	**53**	**33**	**20**	**71**	**37**	**34**	**41**	**26**	**15**
35岁	18	11	7	10	9	1	16	6	10	8	6	2
36岁	15	11	4	11	4	7	12	6	6	4	3	1
37岁	38	24	14	13	11	2	17	13	4	8	5	3
38岁	32	22	10	8	5	3	14	7	7	8	3	5
39岁	33	23	10	11	4	7	12	5	7	13	9	4
40-44	**182**	**122**	**60**	**48**	**25**	**23**	**71**	**30**	**41**	**76**	**35**	**41**
40岁	19	15	4	5	4	1	13	6	7	11	8	3
41岁	43	29	14	16	9	7	15	6	9	15	4	11
42岁	49	37	12	9	5	4	11	5	6	23	11	12
43岁	32	19	13	16	7	9	16	8	8	14	4	10
44岁	39	22	17	2		2	16	5	11	13	8	5
45-49	**207**	**134**	**73**	**45**	**23**	**22**	**53**	**20**	**33**	**54**	**34**	**20**
45岁	18	13	5	6	3	3	8	3	5	8	6	2
46岁	33	20	13	7	3	4	6	3	3	7	5	2
47岁	40	30	10	10	3	7	11	3	8	10	4	6
48岁	69	38	31	13	8	5	16	5	11	17	12	5
49岁	47	33	14	9	6	3	12	6	6	12	7	5
50-54	**196**	**131**	**65**	**45**	**28**	**17**	**54**	**22**	**32**	**105**	**53**	**52**
50岁	38	25	13	8	5	3	6	2	4	16	9	7
51岁	48	31	17	8	5	3	14	9	5	19	8	11
52岁	36	27	9	11	4	7	11	4	7	24	11	13
53岁	46	27	19	9	7	2	15	3	12	27	15	12
54岁	28	21	7	9	7	2	8	4	4	19	10	9

2-2 续表 5

单位：人

年龄	肢体残疾人			智力残疾人			精神残疾人			多重残疾人		
	小计	男	女	小计	男	女	小计	男	女	小计	男	女
55-59	**208**	**122**	**86**	**42**	**22**	**20**	**41**	**15**	**26**	**94**	**45**	**49**
55岁	41	24	17	7	4	3	12	6	6	20	9	11
56岁	55	32	23	11	6	5	11	4	7	18	8	10
57岁	32	18	14	8	3	5	4	1	3	24	13	11
58岁	46	29	17	8	5	3	5	2	3	21	8	13
59岁	34	19	15	8	4	4	9	2	7	11	7	4
60-64	**160**	**90**	**70**	**34**	**20**	**14**	**37**	**9**	**28**	**93**	**48**	**45**
60岁	26	16	10	8	4	4	10	2	8	19	10	9
61岁	34	19	15	7	4	3	5	1	4	24	13	11
62岁	36	19	17	8	5	3	4	2	2	13	9	4
63岁	31	12	19	5	2	3	10	3	7	23	7	16
64岁	33	24	9	6	5	1	8	1	7	14	9	5
65-69	**162**	**85**	**77**	**10**	**1**	**9**	**24**	**10**	**14**	**65**	**39**	**26**
65岁	33	17	16	2		2	8	4	4	21	15	6
66岁	30	11	19	1		1	3	1	2	9	5	4
67岁	32	22	10	2		2	6	3	3	10	6	4
68岁	37	18	19	4	1	3	3	1	2	10	3	7
69岁	30	17	13	1		1	4	1	3	15	10	5
70-74	**162**	**78**	**84**	**13**	**7**	**6**	**13**	**4**	**9**	**69**	**28**	**41**
70岁	37	21	16	5	4	1	5	1	4	13	7	6
71岁	34	17	17				2	1	1	15	6	9
72岁	40	18	22	6	2	4	3	1	2	14	5	9
73岁	32	15	17				1	1		12	3	9
74岁	19	7	12	2	1	1	2		2	15	7	8
75-79	**108**	**45**	**63**	**5**	**2**	**3**	**12**	**3**	**9**	**90**	**35**	**55**
75岁	25	12	13	2	1	1	4	2	2	20	9	11
76岁	20	9	11				1		1	21	6	15
77岁	19	5	14	1		1	5	1	4	20	9	11
78岁	23	9	14	1	1		2		2	18	9	9
79岁	21	10	11	1		1				11	2	9
80-84	**80**	**30**	**50**	**2**	**1**	**1**	**7**	**1**	**6**	**70**	**29**	**41**
80岁	20	10	10				1		1	19	7	12
81岁	16	7	9							11	5	6
82岁	25	6	19				2		2	13	4	9
83岁	10	5	5	2	1	1	4	1	3	17	8	9
84岁	9	2	7							10	5	5
85+	**43**	**15**	**28**	**1**		**1**	**4**	**1**	**3**	**43**	**13**	**30**

2－2a 城镇分年龄、性别、残疾类别的残疾人

单位：人

年龄	残疾人			视力残疾人			听力残疾人			言语残疾人		
	合计	男	女	小计	男	女	小计	男	女	小计	男	女
总　计	**1541**	**793**	**748**	**263**	**105**	**158**	**318**	**163**	**155**	**15**	**10**	**5**
0-4	**10**	**5**	**5**	**2**		**2**						
0岁	2	2										
1岁	2		2									
2岁	3	1	2	2		2						
3岁	1	1										
4岁	2	1	1									
5-9	**14**	**9**	**5**									
5岁	1	1										
6岁	3	1	2									
7岁	3	3										
8岁	3	2	1									
9岁	4	2	2									
10-14	**28**	**19**	**9**	**2**	**1**	**1**	**2**	**1**	**1**			
10岁	7	5	2	1	1							
11岁	4	2	2									
12岁	8	6	2	1		1	1	1				
13岁	6	3	3				1		1			
14岁	3	3										
15-19	**34**	**18**	**16**	**2**	**1**	**1**	**1**		**1**			
15岁	7	4	3									
16岁	8	5	3	1	1							
17岁	7	3	4				1		1			
18岁	5	2	3	1		1						
19岁	7	4	3									
20-24	**29**	**17**	**12**	**3**	**2**	**1**				**1**	**1**	
20岁	4	3	1							1	1	
21岁	5	2	3									
22岁	4	4		1	1							
23岁	9	3	6	2	1	1						
24岁	7	5	2									
25-29	**34**	**19**	**15**	**1**	**1**					**2**	**1**	**1**
25岁	8	4	4									

2－2a 续表 1

单位：人

年 龄	残疾人			视力残疾人			听力残疾人			言语残疾人		
	合计	男	女	小计	男	女	小计	男	女	小计	男	女
26岁	6	4	2							1		1
27岁	5	2	3									
28岁	8	4	4							1	1	
29岁	7	5	2	1	1							
30-34	**48**	**34**	**14**	**5**	**5**		**3**	**2**	**1**	**1**	**1**	
30岁	8	5	3									
31岁	5	4	1	1	1							
32岁	9	6	3	3	3							
33岁	11	7	4				1	1				
34岁	15	12	3	1	1		2	1	1	1	1	
35-39	**85**	**55**	**30**	**7**	**5**	**2**	**3**	**1**	**2**	**3**	**3**	
35岁	11	7	4	3	2	1	1		1			
36岁	15	11	4									
37岁	26	18	8	2	2					1	1	
38岁	13	7	6	1		1	1	1		1	1	
39岁	20	12	8	1	1		1		1	1	1	
40-44	**117**	**69**	**48**	**13**	**6**	**7**	**8**	**6**	**2**	**1**	**1**	
40岁	10	6	4	3	3		1	1				
41岁	23	13	10	2		2	1		1			
42岁	32	21	11	3	1	2	3	2	1	1	1	
43岁	23	13	10	2	1	1	1	1				
44岁	29	16	13	3	1	2	2	2				
45-49	**123**	**84**	**39**	**15**	**9**	**6**	**8**	**4**	**4**	**1**		**1**
45岁	12	9	3	1	1							
46岁	25	20	5	6	4	2	1		1			
47岁	32	21	11	1	1					1		1
48岁	23	13	10				3	1	2			
49岁	31	21	10	7	3	4	4	3	1			
50-54	**145**	**70**	**75**	**22**	**6**	**16**	**23**	**10**	**13**	**1**		**1**
50岁	21	12	9	2		2	3	2	1			
51岁	36	19	17	5	1	4	6	2	4			
52岁	28	12	16	4	2	2	4	2	2			
53岁	33	15	18	5	2	3	3	3				
54岁	27	12	15	6	1	5	7	1	6	1		1
55-59	**135**	**71**	**64**	**25**	**12**	**13**	**16**	**9**	**7**			

2－2a 续表 2

单位：人

年龄	残疾人			视力残疾人			听力残疾人			言语残疾人		
	合计	男	女	小计	男	女	小计	男	女	小计	男	女
55岁	23	15	8	4	3	1	1		1			
56岁	34	17	17	3	2	1	6	4	2			
57岁	22	10	12	4	3	1	3	1	2			
58岁	28	15	13	8	3	5	3	2	1			
59岁	28	14	14	6	1	5	3	2	1			
60-64	**115**	**59**	**56**	**29**	**14**	**15**	**23**	**15**	**8**	**2**	**1**	**1**
60岁	18	8	10	7	4	3	5	1	4			
61岁	24	16	8	6	4	2	2	2		2	1	1
62岁	27	15	12	6	3	3	8	6	2			
63岁	23	5	18	3	1	2	2	1	1			
64岁	23	15	8	7	2	5	6	5	1			
65-69	**136**	**65**	**71**	**25**	**9**	**16**	**41**	**20**	**21**	**1**	**1**	
65岁	34	19	15	6	1	5	9	6	3			
66岁	19	5	14	2	1	1	5	1	4			
67岁	27	12	15	8	2	6	6	2	4			
68岁	25	13	12	6	3	3	7	4	3	1	1	
69岁	31	16	15	3	2	1	14	7	7			
70-74	**166**	**75**	**91**	**39**	**15**	**24**	**62**	**31**	**31**			
70岁	28	12	16	5	1	4	9	4	5			
71岁	37	15	22	11	4	7	13	4	9			
72岁	46	20	26	14	6	8	12	6	6			
73岁	35	19	16	5	3	2	18	10	8			
74岁	20	9	11	4	1	3	10	7	3			
75-79	**130**	**66**	**64**	**33**	**13**	**20**	**52**	**31**	**21**	**2**	**1**	**1**
75岁	32	14	18	5	1	4	12	7	5	1		1
76岁	27	18	9	9	5	4	11	8	3			
77岁	22	11	11	4	1	3	11	7	4			
78岁	27	14	13	7	1	6	12	6	6			
79岁	22	9	13	8	5	3	6	3	3	1	1	
80-84	**112**	**36**	**76**	**26**	**5**	**21**	**44**	**20**	**24**			
80岁	27	11	16	5	2	3	11	5	6			
81岁	25	5	20	13	1	12	9	3	6			
82岁	23	7	16	2	1	1	8	4	4			
83岁	19	8	11	4	1	3	8	4	4			
84岁	18	5	13	2		2	8	4	4			
85+	**80**	**22**	**58**	**14**	**1**	**13**	**32**	**13**	**19**			

2－2a 续表 3

单位：人

年 龄	肢体残疾人			智力残疾人			精神残疾人			多重残疾人		
	小计	男	女	小计	男	女	小计	男	女	小计	男	女
总 计	**545**	**306**	**239**	**93**	**54**	**39**	**148**	**76**	**72**	**159**	**79**	**80**
0-4				**4**	**3**	**1**				**4**	**2**	**2**
0岁				2	2							
1岁				1		1				1		1
2岁				1	1							
3岁										1	1	
4岁										2	1	1
5-9	**1**	**1**		**7**	**5**	**2**				**6**	**3**	**3**
5岁										1	1	
6岁				1		1				2	1	1
7岁	1	1		2	2							
8岁				2	2					1		1
9岁				2	1	1				2	1	1
10-14	**9**	**5**	**4**	**8**	**7**	**1**				**7**	**5**	**2**
10岁	4	2	2	1	1					1	1	
11岁	3	1	2							1	1	
12岁	1	1		3	3					2	1	1
13岁				3	2	1				2	1	1
14岁	1	1		1	1					1	1	
15-19	**15**	**8**	**7**	**4**	**3**	**1**	**3**	**1**	**2**	**9**	**5**	**4**
15岁	4	3	1	1	1		1		1	1		1
16岁	4	2	2	1		1	1	1		1	1	
17岁	3	1	2	1	1					2	1	1
18岁				1	1					3	1	2
19岁	4	2	2				1		1	2	2	
20-24	**6**	**2**	**4**	**9**	**4**	**5**	**3**	**3**		**7**	**5**	**2**
20岁				3	2	1						
21岁	2		2							3	2	1
22岁				1	1		1	1		1	1	
23岁	2	1	1	3		3				2	1	1
24岁	2	1	1	2	1	1	2	2		1	1	
25-29	**8**	**5**	**3**	**10**	**4**	**6**	**10**	**7**	**3**	**3**	**1**	**2**
25岁	2	1	1	5	2	3	1	1				

2－2a 续表 4

单位：人

年 龄	肢体残疾人			智力残疾人			精神残疾人			多重残疾人		
	小计	男	女	小计	男	女	小计	男	女	小计	男	女
26岁	1	1		1	1		2	1	1	1	1	
27岁	1		1	1		1	2	2		1		1
28岁	2	2		1		1	3	1	2	1		1
29岁	2	1	1	2	1	1	2	2				
30-34	**17**	**10**	**7**	**8**	**6**	**2**	**12**	**9**	**3**	**2**	**1**	**1**
30岁	2		2	3	3		2	1	1	1	1	
31岁	2	1	1				2	2				
32岁	4	2	2				1	1		1		1
33岁	4	3	1	3	1	2	3	2	1			
34岁	5	4	1	2	2		4	3	1			
35-39	**37**	**23**	**14**	**8**	**5**	**3**	**23**	**14**	**9**	**4**	**4**	
35岁	3	2	1	2	2		2	1	1			
36岁	5	4	1	4	2	2	4	3	1	2	2	
37岁	12	6	6	1	1		9	7	2	1	1	
38岁	5	3	2				4	1	3	1	1	
39岁	12	8	4	1		1	4	2	2			
40-44	**51**	**34**	**17**	**6**	**3**	**3**	**30**	**15**	**15**	**8**	**4**	**4**
40岁	3	1	2				2		2	1	1	
41岁	9	7	2	2	2		7	4	3	2		2
42岁	16	13	3				7	3	4	2	1	1
43岁	8	4	4	3	1	2	7	5	2	2	1	1
44岁	15	9	6	1		1	7	3	4	1	1	
45-49	**69**	**50**	**19**	**8**	**5**	**3**	**13**	**9**	**4**	**9**	**7**	**2**
45岁	7	6	1	2	1	1	2	1	1			
46岁	13	11	2	2	2		2	2		1	1	
47岁	21	15	6	1		1	4	2	2	4	3	1
48岁	15	9	6	2	1	1	2	1	1	1	1	
49岁	13	9	4	1	1		3	3		3	2	1
50-54	**58**	**39**	**19**	**7**	**3**	**4**	**21**	**7**	**14**	**13**	**5**	**8**
50岁	10	7	3	1	1		3	1	2	2	1	1
51岁	15	9	6	1	1		5	4	1	4	2	2
52岁	10	6	4	2		2	6	1	5	2	1	1
53岁	12	8	4	3	1	2	6		6	4	1	3
54岁	11	9	2				1	1		1		1
55-59	**67**	**36**	**31**	**2**		**2**	**14**	**7**	**7**	**11**	**7**	**4**

2－2a 续表 5

单位：人

年 龄	肢体残疾人			智力残疾人			精神残疾人			多重残疾人		
	小计	男	女	小计	男	女	小计	男	女	小计	男	女
55岁	11	7	4				5	4	1	2	1	1
56岁	18	8	10	1		1	5	2	3	1	1	
57岁	8	4	4	1		1	1		1	5	2	3
58岁	15	9	6				1		1	1	1	
59岁	15	8	7				2	1	1	2	2	
60-64	**39**	**20**	**19**	**3**	**3**		**5**	**1**	**4**	**14**	**5**	**9**
60岁	4	2	2	1	1					1		1
61岁	10	7	3				1		1	3	2	1
62岁	7	3	4	1	1		1		1	4	2	2
63岁	13	3	10				1		1	4		4
64岁	5	5		1	1		2	1	1	2	1	1
65-69	**44**	**21**	**23**	**5**	**1**	**4**	**4**	**2**	**2**	**16**	**11**	**5**
65岁	13	8	5	1		1	2	1	1	3	3	
66岁	9	2	7							3	1	2
67岁	5	3	2	2		2	1	1		5	4	1
68岁	9	4	5	2	1	1						
69岁	8	4	4				1		1	5	3	2
70-74	**47**	**25**	**22**	**2**	**1**	**1**	**5**	**1**	**4**	**11**	**2**	**9**
70岁	9	5	4	1	1		3	1	2	1		1
71岁	11	6	5							2	1	1
72岁	13	8	5	1		1	1		1	5		5
73岁	9	5	4							3	1	2
74岁	5	1	4				1		1			
75-79	**27**	**13**	**14**	**2**	**1**	**1**	**1**		**1**	**13**	**7**	**6**
75岁	7	3	4	1		1				6	3	3
76岁	5	3	2							2	2	
77岁	4	3	1				1		1	2		2
78岁	5	4	1	1	1					2	2	
79岁	6		6							1		1
80-84	**29**	**9**	**20**				**2**		**2**	**11**	**2**	**9**
80岁	7	3	4							4	1	3
81岁	3	1	2									
82岁	10	2	8							3		3
83岁	4	3	1				2		2	1		1
84岁	5		5							3	1	2
85+	**21**	**5**	**16**				**2**		**2**	**11**	**3**	**8**

2－2b　农村分年龄、性别、残疾类别的残疾人

单位：人

年　龄	残疾人			视力残疾人			听力残疾人			言语残疾人		
	合计	男	女	小计	男	女	小计	男	女	小计	男	女
总　计	**5208**	**2754**	**2454**	**879**	**391**	**488**	**1157**	**628**	**529**	**91**	**57**	**34**
0-4	**68**	**44**	**24**				**2**	**2**		**1**	**1**	
0岁	12	10	2									
1岁	16	8	8									
2岁	9	5	4				2	2				
3岁	13	9	4									
4岁	18	12	6							1	1	
5-9	**66**	**45**	**21**	**3**	**3**					**3**	**3**	
5岁	19	15	4	1	1							
6岁	9	7	2							1	1	
7岁	12	11	1	2	2					1	1	
8岁	13	4	9									
9岁	13	8	5							1	1	
10-14	**109**	**57**	**52**	**3**		**3**	**8**	**3**	**5**	**5**	**5**	
10岁	21	9	12	1		1	2		2			
11岁	13	8	5				1	1		1	1	
12岁	24	11	13	1		1						
13岁	29	19	10	1		1	3	1	2	4	4	
14岁	22	10	12				2	1	1			
15-19	**157**	**98**	**59**	**10**	**7**	**3**	**13**	**9**	**4**	**4**	**2**	**2**
15岁	31	21	10	3	1	2	5	3	2	1		1
16岁	19	9	10				2	1	1			
17岁	37	22	15	1		1	3	2	1	1	1	
18岁	38	24	14	6	6		3	3		1		1
19岁	32	22	10							1	1	
20-24	**127**	**77**	**50**	**4**	**2**	**2**	**5**	**4**	**1**	**3**	**3**	
20岁	22	14	8				1	1				
21岁	22	11	11	1		1				1	1	
22岁	29	16	13	2	1	1	3	2	1			
23岁	32	21	11				1	1		1	1	
24岁	22	15	7	1	1					1	1	
25-29	**108**	**73**	**35**	**4**	**2**	**2**	**3**	**2**	**1**	**1**	**1**	
25岁	18	13	5	1	1							
26岁	16	12	4									

2－2b 续表 1

单位：人

年龄	残疾人			视力残疾人			听力残疾人			言语残疾人		
	合计	男	女	小计	男	女	小计	男	女	小计	男	女
27岁	27	15	12	1		1						
28岁	23	16	7	2	1	1	1	1		1	1	
29岁	24	17	7				2	1	1			
30-34	**201**	**120**	**81**	**18**	**10**	**8**	**15**	**4**	**11**	**6**	**5**	**1**
30岁	28	19	9	3	2	1	1		1			
31岁	33	19	14	1	1		4		4	3	2	1
32岁	40	25	15	5	2	3	2	1	1			
33岁	35	21	14	3	3		2	2		1	1	
34岁	65	36	29	6	2	4	6	1	5	2	2	
35-39	**285**	**171**	**114**	**23**	**12**	**11**	**27**	**14**	**13**	**6**	**4**	**2**
35岁	54	30	24	3		3	3	1	2	3	2	1
36岁	34	20	14	4	4		2	2		1	1	
37岁	69	44	25	6	2	4	9	3	6	1	1	
38岁	61	38	23	3	2	1	5	4	1	1		1
39岁	67	39	28	7	4	3	8	4	4			
40-44	**373**	**202**	**171**	**37**	**17**	**20**	**40**	**19**	**21**	**14**	**10**	**4**
40岁	52	37	15	5	3	2	4	2	2	1	1	
41岁	85	43	42	3	1	2	12	6	6	1	1	
42岁	94	55	39	10	4	6	12	6	6	5	4	1
43岁	76	36	40	9	4	5	4	2	2	5	3	2
44岁	66	31	35	10	5	5	8	3	5	2	1	1
45-49	**347**	**183**	**164**	**32**	**16**	**16**	**49**	**21**	**28**	**6**	**6**	
45岁	36	19	17	2		2	3		3	2	2	
46岁	42	17	25	5	2	3	2		2			
47岁	61	30	31	8	3	5	11	6	5	1	1	
48岁	123	67	56	10	7	3	18	9	9			
49岁	85	50	35	7	4	3	15	6	9	3	3	
50-54	**491**	**283**	**208**	**69**	**38**	**31**	**104**	**57**	**47**	**17**	**8**	**9**
50岁	73	41	32	5	2	3	13	7	6	3	1	2
51岁	105	61	44	12	9	3	24	13	11	5	2	3
52岁	101	58	43	18	8	10	18	10	8	3	2	1
53岁	120	66	54	20	10	10	23	12	11	5	2	3
54岁	92	57	35	14	9	5	26	15	11	1	1	
55-59	**507**	**276**	**231**	**97**	**48**	**49**	**111**	**71**	**40**	**8**	**3**	**5**
55岁	109	59	50	22	11	11	24	17	7	1		1

2－2b 续表 2

单位：人

年龄	残疾人			视力残疾人			听力残疾人			言语残疾人		
	合计	男	女	小计	男	女	小计	男	女	小计	男	女
56岁	101	58	43	12	6	6	17	12	5	2	1	1
57岁	87	49	38	14	9	5	18	10	8	2	1	1
58岁	109	56	53	29	11	18	16	11	5	1		1
59岁	101	54	47	20	11	9	36	21	15	2	1	1
60-64	**491**	**258**	**233**	**96**	**44**	**52**	**125**	**74**	**51**	**7**	**2**	**5**
60岁	113	59	54	23	12	11	30	16	14	3	2	1
61岁	95	49	46	18	7	11	19	14	5	2		2
62岁	93	54	39	15	8	7	28	17	11	2		2
63岁	96	42	54	20	9	11	25	12	13			
64岁	94	54	40	20	8	12	23	15	8			
65-69	**458**	**240**	**218**	**119**	**50**	**69**	**144**	**89**	**55**	**3**	**1**	**2**
65岁	109	62	47	23	12	11	39	26	13	2		2
66岁	75	41	34	18	8	10	25	18	7	1	1	
67岁	82	48	34	23	12	11	22	13	9			
68岁	96	38	58	29	8	21	24	12	12			
69岁	96	51	45	26	10	16	34	20	14			
70-74	**531**	**250**	**281**	**144**	**64**	**80**	**190**	**97**	**93**	**5**	**1**	**4**
70岁	102	55	47	19	9	10	35	19	16	2	1	1
71岁	111	51	60	33	15	18	40	19	21			
72岁	112	48	64	30	13	17	38	17	21	1		1
73岁	107	46	61	35	13	22	37	20	17	2		2
74岁	99	50	49	27	14	13	40	22	18			
75-79	**473**	**204**	**269**	**135**	**45**	**90**	**164**	**93**	**71**	**2**	**2**	
75岁	102	60	42	25	11	14	39	30	9	1	1	
76岁	95	35	60	26	8	18	34	17	17			
77岁	95	38	57	29	11	18	28	15	13			
78岁	96	38	58	31	10	21	29	16	13			
79岁	85	33	52	24	5	19	34	15	19	1	1	
80-84	**284**	**123**	**161**	**62**	**28**	**34**	**105**	**45**	**60**			
80岁	78	37	41	18	9	9	31	15	16			
81岁	65	28	37	18	9	9	23	8	15			
82岁	60	19	41	7	4	3	26	7	19			
83岁	46	22	24	11	5	6	9	5	4			
84岁	35	17	18	8	1	7	16	10	6			
85+	**132**	**50**	**82**	**23**	**5**	**18**	**52**	**24**	**28**			

2－2b 续表 3

单位：人

年 龄	肢体残疾人			智力残疾人			精神残疾人			多重残疾人		
	小计	男	女	小计	男	女	小计	男	女	小计	男	女
总 计	**1336**	**788**	**548**	**519**	**294**	**225**	**393**	**172**	**221**	**833**	**424**	**409**
0-4	**4**	**1**	**3**	**48**	**32**	**16**				**13**	**8**	**5**
0岁				10	8	2				2	2	
1岁				15	8	7				1		1
2岁	1		1	6	3	3						
3岁	1		1	9	7	2				3	2	1
4岁	2	1	1	8	6	2				7	4	3
5-9	**9**	**4**	**5**	**27**	**19**	**8**				**24**	**16**	**8**
5岁				10	8	2				8	6	2
6岁	1	1		3	3					4	2	2
7岁	1	1		5	4	1				3	3	
8岁	5	2	3	3		3				5	2	3
9岁	2		2	6	4	2				4	3	1
10-14	**18**	**13**	**5**	**53**	**23**	**30**	**2**	**1**	**1**	**20**	**12**	**8**
10岁	1	1		12	6	6				5	2	3
11岁	2	2		6	1	5				3	3	
12岁	4	2	2	11	3	8				8	6	2
13岁	6	5	1	12	8	4	1		1	2	1	1
14岁	5	3	2	12	5	7	1	1		2		2
15-19	**31**	**19**	**12**	**45**	**27**	**18**	**20**	**10**	**10**	**34**	**24**	**10**
15岁	4	3	1	13	10	3	2	1	1	3	3	
16岁	4	1	3	6	4	2	2		2	5	3	2
17岁	11	6	5	9	6	3	4	2	2	8	5	3
18岁	5	5		11	4	7	4	1	3	8	5	3
19岁	7	4	3	6	3	3	8	6	2	10	8	2
20-24	**23**	**16**	**7**	**31**	**16**	**15**	**31**	**20**	**11**	**30**	**16**	**14**
20岁	4	4		5	3	2	6	2	4	6	4	2
21岁	4	2	2	7	3	4	5	3	2	4	2	2
22岁	8	5	3	7	2	5	6	4	2	3	2	1
23岁	4	2	2	7	4	3	8	7	1	11	6	5
24岁	3	3		5	4	1	6	4	2	6	2	4
25-29	**34**	**27**	**7**	**27**	**16**	**11**	**26**	**17**	**9**	**13**	**8**	**5**
25岁	4	3	1	7	5	2	3	2	1	3	2	1
26岁	6	5	1	4	2	2	3	3		3	2	1

2-2b 续表 4

单位：人

年龄	肢体残疾人			智力残疾人			精神残疾人			多重残疾人		
	小计	男	女	小计	男	女	小计	男	女	小计	男	女
27岁	9	6	3	4	1	3	8	5	3	5	3	2
28岁	7	6	1	6	5	1	5	2	3	1		1
29岁	8	7	1	6	3	3	7	5	2	1	1	
30-34	**62**	**40**	**22**	**33**	**21**	**12**	**47**	**28**	**19**	**20**	**12**	**8**
30岁	8	5	3	7	4	3	3	2	1	6	6	
31岁	6	4	2	9	6	3	9	6	3	1		1
32岁	12	9	3	6	5	1	11	7	4	4	1	3
33岁	13	7	6	4	3	1	9	4	5	3	1	2
34岁	23	15	8	7	3	4	15	9	6	6	4	2
35-39	**99**	**68**	**31**	**45**	**28**	**17**	**48**	**23**	**25**	**37**	**22**	**15**
35岁	15	9	6	8	7	1	14	5	9	8	6	2
36岁	10	7	3	7	2	5	8	3	5	2	1	1
37岁	26	18	8	12	10	2	8	6	2	7	4	3
38岁	27	19	8	8	5	3	10	6	4	7	2	5
39岁	21	15	6	10	4	6	8	3	5	13	9	4
40-44	**131**	**88**	**43**	**42**	**22**	**20**	**41**	**15**	**26**	**68**	**31**	**37**
40岁	16	14	2	5	4	1	11	6	5	10	7	3
41岁	34	22	12	14	7	7	8	2	6	13	4	9
42岁	33	24	9	9	5	4	4	2	2	21	10	11
43岁	24	15	9	13	6	7	9	3	6	12	3	9
44岁	24	13	11	1		1	9	2	7	12	7	5
45-49	**138**	**84**	**54**	**37**	**18**	**19**	**40**	**11**	**29**	**45**	**27**	**18**
45岁	11	7	4	4	2	2	6	2	4	8	6	2
46岁	20	9	11	5	1	4	4	1	3	6	4	2
47岁	19	15	4	9	3	6	7	1	6	6	1	5
48岁	54	29	25	11	7	4	14	4	10	16	11	5
49岁	34	24	10	8	5	3	9	3	6	9	5	4
50-54	**138**	**92**	**46**	**38**	**25**	**13**	**33**	**15**	**18**	**92**	**48**	**44**
50岁	28	18	10	7	4	3	3	1	2	14	8	6
51岁	33	22	11	7	4	3	9	5	4	15	6	9
52岁	26	21	5	9	4	5	5	3	2	22	10	12
53岁	34	19	15	6	6		9	3	6	23	14	9
54岁	17	12	5	9	7	2	7	3	4	18	10	8
55-59	**141**	**86**	**55**	**40**	**22**	**18**	**27**	**8**	**19**	**83**	**38**	**45**
55岁	30	17	13	7	4	3	7	2	5	18	8	10

2－2b 续表 5

单位：人

年龄	肢体残疾人			智力残疾人			精神残疾人			多重残疾人		
	小计	男	女	小计	男	女	小计	男	女	小计	男	女
56岁	37	24	13	10	6	4	6	2	4	17	7	10
57岁	24	14	10	7	3	4	3	1	2	19	11	8
58岁	31	20	11	8	5	3	4	2	2	20	7	13
59岁	19	11	8	8	4	4	7	1	6	9	5	4
60-64	**121**	**70**	**51**	**31**	**17**	**14**	**32**	**8**	**24**	**79**	**43**	**36**
60岁	22	14	8	7	3	4	10	2	8	18	10	8
61岁	24	12	12	7	4	3	4	1	3	21	11	10
62岁	29	16	13	7	4	3	3	2	1	9	7	2
63岁	18	9	9	5	2	3	9	3	6	19	7	12
64岁	28	19	9	5	4	1	6		6	12	8	4
65-69	**118**	**64**	**54**	**5**		**5**	**20**	**8**	**12**	**49**	**28**	**21**
65岁	20	9	11	1		1	6	3	3	18	12	6
66岁	21	9	12	1		1	3	1	2	6	4	2
67岁	27	19	8				5	2	3	5	2	3
68岁	28	14	14	2		2	3	1	2	10	3	7
69岁	22	13	9	1		1	3	1	2	10	7	3
70-74	**115**	**53**	**62**	**11**	**6**	**5**	**8**	**3**	**5**	**58**	**26**	**32**
70岁	28	16	12	4	3	1	2		2	12	7	5
71岁	23	11	12				2	1	1	13	5	8
72岁	27	10	17	5	2	3	2	1	1	9	5	4
73岁	23	10	13				1	1		9	2	7
74岁	14	6	8	2	1	1	1		1	15	7	8
75-79	**81**	**32**	**49**	**3**	**1**	**2**	**11**	**3**	**8**	**77**	**28**	**49**
75岁	18	9	9	1	1		4	2	2	14	6	8
76岁	15	6	9				1		1	19	4	15
77岁	15	2	13	1		1	4	1	3	18	9	9
78岁	18	5	13				2		2	16	7	9
79岁	15	10	5	1		1				10	2	8
80-84	**51**	**21**	**30**	**2**	**1**	**1**	**5**	**1**	**4**	**59**	**27**	**32**
80岁	13	7	6				1		1	15	6	9
81岁	13	6	7							11	5	6
82岁	15	4	11				2		2	10	4	6
83岁	6	2	4	2	1	1	2	1	1	16	8	8
84岁	4	2	2							7	4	3
85+	**22**	**10**	**12**	**1**		**1**	**2**	**1**	**1**	**32**	**10**	**22**

2－3　多重残疾人的残疾类别组合

单位：人，%

残疾类别组合	多重残疾人			占多重残疾人总数的比重
	合计	男	女	
总　　计	**992**	**503**	**489**	**100**
二种残疾类别组合人数小计	**799**	**404**	**395**	**80.54**
视力、听力	163	68	95	16.43
视力、言语				
视力、肢体	55	23	32	5.54
视力、智力	13	7	6	1.31
视力、精神	5	2	3	0.5
听力、言语	239	125	114	24.09
听力、智力	36	19	17	3.63
听力、肢体	63	37	26	6.35
听力、精神	15	3	12	1.51
言语、智力	76	49	27	7.66
言语、肢体	36	23	13	3.63
言语、精神	11	5	6	1.11
智力、肢体	28	16	12	2.82
智力、精神	43	19	24	4.33
肢体、精神	16	8	8	1.61
三种残疾类别组合人数小计	**154**	**75**	**79**	**15.52**
视力、听力、言语	3	1	2	0.3
视力、听力、肢体	13	4	9	1.31
视力、听力、智力	2		2	0.2

2-3 续表

单位：人，%

残疾类别组合	多重残疾人			占多重残疾人总数的比重
	合计	男	女	
视力、听力、精神	3	1	2	0.3
视力、言语、肢体	2	1	1	0.2
视力、言语、智力	1	1		0.1
视力、言语、精神				
视力、肢体、智力	3	2	1	0.3
视力、肢体、精神	1		1	0.1
视力、智力、精神				
听力、言语、肢体	10	4	6	1.01
听力、言语、智力	67	38	29	6.75
听力、言语、精神	8	3	5	0.81
听力、肢体、智力	2	1	1	0.2
听力、肢体、精神	1	1		0.1
听力、智力、精神	1		1	0.1
言语、肢体、智力	28	15	13	2.82
言语、肢体、精神	4	1	3	0.4
言语、智力、精神	4	2	2	0.4
肢体、智力、精神	1		1	0.1
四种残疾类别组合人数小计	**36**	**22**	**14**	**3.63**
五种残疾类别组合人数小计	**3**	**2**	**1**	**0.3**
六种残疾类别组合人数小计				

2-4 各地区分民族、性别的残疾人

单位：人

地 区	残疾人			汉族			蒙古族		
	合计	男	女	小计	男	女	小计	男	女
总 计	**6749**	**3547**	**3202**	**6369**	**3338**	**3031**	**3**	**1**	**2**
黄陂区	172	83	89	172	83	89			
武昌区	154	75	79	153	75	78			
黄石市	116	61	55	116	61	55			
江夏区	163	83	80	162	82	80			
硚口区	163	85	78	161	85	76			
丹江口市	305	154	151	305	154	151			
江汉区	142	76	66	139	75	64			
仙桃市	232	107	125	232	107	125			
汉川市	191	100	91	191	100	91			
鄂州市	143	66	77	143	66	77			
大冶市	212	115	97	212	115	97			
武穴市	232	121	111	232	121	111			
宜昌市	223	130	93	222	130	92			
枝江市	165	73	92	164	73	91			
天门市	237	118	119	237	118	119			
曾都区	206	99	107	206	99	107			
襄阳区	216	114	102	216	114	102			
广水市	145	68	77	145	68	77			
利川市	244	134	110	65	34	31	2		2
咸安区	202	90	112	202	90	112			
巴东县	250	140	110	171	90	81			
竹溪县	345	209	136	345	209	136			
神农架林区	427	255	172	317	199	118			
红安县	196	99	97	196	99	97			
南漳县	269	173	96	269	173	96			
通城县	183	105	78	183	105	78			
监利县	202	103	99	201	103	98			
黄梅县	212	111	101	212	111	101			
江陵县	165	85	80	165	85	80			
蕲春县	428	220	208	428	220	208			
京山县	209	95	114	207	94	113	1	1	

2-4 续表 1

单位：人

地 区	回族			藏族			维吾尔族		
	小计	男	女	小计	男	女	小计	男	女
总 计	**6**		**6**						
黄陂区									
武昌区	1		1						
黄石市									
江夏区									
硚口区	2		2						
丹江口市									
江汉区	1		1						
仙桃市									
汉川市									
鄂州市									
大冶市									
武穴市									
宜昌市									
枝江市	1		1						
天门市									
曾都区									
襄阳区									
广水市									
利川市									
咸安区									
巴东县									
竹溪县									
神农架林区									
红安县									
南漳县									
通城县									
监利县	1		1						
黄梅县									
江陵县									
蕲春县									
京山县									

2-4 续表 2

单位：人

地 区	苗族			彝族			壮族		
	小计	男	女	小计	男	女	小计	男	女
总 计	**30**	**19**	**11**						
黄陂区									
武昌区									
黄石市									
江夏区	1	1							
硚口区									
丹江口市									
江汉区	1		1						
仙桃市									
汉川市									
鄂州市									
大冶市									
武穴市									
宜昌市									
枝江市									
天门市									
曾都区									
襄阳区									
广水市									
利川市	25	16	9						
咸安区									
巴东县	3	2	1						
竹溪县									
神农架林区									
红安县									
南漳县									
通城县									
监利县									
黄梅县									
江陵县									
蕲春县									
京山县									

2-4 续表 3

单位：人

地 区	布依族			朝鲜族			满族			其他少数民族		
	小计	男	女	小计	男	女	小计	男	女	小计	男	女
总 计										**341**	**189**	**152**
黄陂区												
武昌区												
黄石市												
江夏区												
硚口区												
丹江口市												
江汉区										1	1	
仙桃市												
汉川市												
鄂州市												
大冶市												
武穴市												
宜昌市										1		1
枝江市												
天门市												
曾都区												
襄阳区												
广水市												
利川市										152	84	68
咸安区												
巴东县										76	48	28
竹溪县												
神农架林区										110	56	54
红安县												
南漳县												
通城县												
监利县												
黄梅县												
江陵县												
蕲春县												
京山县										1		1

2－5　各地区分性别、户口登记状况的残疾人

单位：人

地　区	残疾人			住本调查小区，户口在本乡、镇、街道		
	合计	男	女	小计	男	女
总　计	**6749**	**3547**	**3202**	**6477**	**3412**	**3065**
黄陂区	172	83	89	170	82	88
武昌区	154	75	79	133	64	69
黄石市	116	61	55	100	56	44
江夏区	163	83	80	152	77	75
硚口区	163	85	78	143	73	70
丹江口市	305	154	151	288	145	143
江汉区	142	76	66	122	69	53
仙桃市	232	107	125	231	106	125
汉川市	191	100	91	191	100	91
鄂州市	143	66	77	136	62	74
大冶市	212	115	97	191	101	90
武穴市	232	121	111	221	116	105
宜昌市	223	130	93	210	123	87
枝江市	165	73	92	155	69	86
天门市	237	118	119	237	118	119
曾都区	206	99	107	205	99	106
襄阳区	216	114	102	208	112	96
广水市	145	68	77	137	65	72
利川市	244	134	110	243	133	110
咸安区	202	90	112	168	75	93
巴东县	250	140	110	248	139	109
竹溪县	345	209	136	344	208	136
神农架林区	427	255	172	426	254	172
红安县	196	99	97	195	99	96
南漳县	269	173	96	266	170	96
通城县	183	105	78	167	95	72
监利县	202	103	99	201	102	99
黄梅县	212	111	101	209	110	99
江陵县	165	85	80	165	85	80
蕲春县	428	220	208	424	217	207
京山县	209	95	114	191	88	103

2-5 续表

单位：人

地 区	住本调查小区半年以上，户口在外乡、镇、街道			住本调查小区不满半年，离开户口所在地半年以上			住本调查小区，户口待定		
	小计	男	女	小计	男	女	小计	男	女
总 计	**254**	**128**	**126**	**3**		**3**	**15**	**7**	**8**
黄陂区	2	1	1						
武昌区	21	11	10						
黄石市	13	4	9	1		1	2	1	1
江夏区	10	6	4				1		1
硚口区	19	12	7	1		1			
丹江口市	16	9	7	1		1			
江汉区	20	7	13						
仙桃市	1	1							
汉川市									
鄂州市	6	3	3				1	1	
大冶市	20	14	6				1		1
武穴市	6	2	4				5	3	2
宜昌市	13	7	6						
枝江市	10	4	6						
天门市									
曾都区	1		1						
襄阳区	8	2	6						
广水市	8	3	5						
利川市	1	1							
咸安区	33	15	18				1		1
巴东县	2	1	1						
竹溪县	1	1							
神农架林区	1	1							
红安县	1		1						
南漳县	3	3							
通城县	16	10	6						
监利县	1	1							
黄梅县	3	1	2						
江陵县									
蕲春县	4	3	1						
京山县	14	5	9				4	2	2

2－6　各地区分性别、户口性质的残疾人

单位：人

地　区	残疾人			农业户口			非农业户口			户口性质待定		
	合计	男	女	小计	男	女	小计	男	女	小计	男	女
总　计	**6749**	**3547**	**3202**	**5625**	**2937**	**2688**	**1109**	**603**	**506**	**15**	**7**	**8**
黄陂区	172	83	89	167	78	89	5	5				
武昌区	154	75	79	1		1	153	75	78			
黄石市	116	61	55	3	2	1	111	58	53	2	1	1
江夏区	163	83	80	145	71	74	17	12	5	1		1
硚口区	163	85	78	5	4	1	158	81	77			
丹江口市	305	154	151	268	132	136	37	22	15			
江汉区	142	76	66	2	1	1	140	75	65			
仙桃市	232	107	125	199	88	111	33	19	14			
汉川市	191	100	91	191	100	91						
鄂州市	143	66	77	110	46	64	32	19	13	1	1	
大冶市	212	115	97	188	98	90	23	17	6	1		1
武穴市	232	121	111	220	114	106	7	4	3	5	3	2
宜昌市	223	130	93	117	67	50	106	63	43			
枝江市	165	73	92	138	56	82	27	17	10			
天门市	237	118	119	235	116	119	2	2				
曾都区	206	99	107	198	94	104	8	5	3			
襄阳区	216	114	102	212	113	99	4	1	3			
广水市	145	68	77	118	57	61	27	11	16			
利川市	244	134	110	243	134	109	1		1			
咸安区	202	90	112	175	75	100	26	15	11	1		1
巴东县	250	140	110	244	136	108	6	4	2			
竹溪县	345	209	136	339	203	136	6	6				
神农架林区	427	255	172	409	246	163	18	9	9			
红安县	196	99	97	165	83	82	31	16	15			
南漳县	269	173	96	256	164	92	13	9	4			
通城县	183	105	78	156	90	66	27	15	12			
监利县	202	103	99	160	80	80	42	23	19			
黄梅县	212	111	101	209	109	100	3	2	1			
江陵县	165	85	80	165	85	80						
蕲春县	428	220	208	422	218	204	6	2	4			
京山县	209	95	114	165	77	88	40	16	24	4	2	2

2-7 有残疾人的家庭户类别

单位：户

家庭户规模	合计	一代户				二代户			
		小计	只有1个残疾人的户	有2个残疾人的户	有3人以上残疾人的户	小计	只有1个残疾人的户	有2个残疾人的户	有3人以上残疾人的户
总 计	**5998**	**1565**	**1432**	**132**	**1**	**2568**	**2270**	**271**	**27**
一人户	499	499	499						
二人户	1348	1023	900	123		325	295	30	
三人户	1391	36	29	7		1271	1117	145	9
四人户	1363	6	3	2	1	748	666	69	13
五人户	837					183	160	19	4
六人户	398					32	27	5	
七人户	118					7	3	3	1
八人户	44	1	1			2	2		
九人户									

2-7 续表

单位：户

家庭户规模	三代户				四代户及以上			
	小计	只有1个残疾人的户	有2个残疾人的户	有3人以上残疾人的户	小计	只有1个残疾人的户	有2个残疾人的户	有3人以上残疾人的户
总 计	**1762**	**1540**	**185**	**37**	**103**	**81**	**21**	**1**
一人户								
二人户								
三人户	84	81	3					
四人户	606	559	39	8	3	1	2	
五人户	635	556	68	11	19	15	3	1
六人户	324	255	56	13	42	36	6	
七人户	79	58	17	4	32	25	7	
八人户	34	31	2	1	7	4	3	
九人户								

2－7a　城镇有残疾人的家庭户类别

单位：户

家庭户规模	合计	一代户				二代户			
		小计	只有1个残疾人的户	有2个残疾人的户	有3人以上残疾人的户	小计	只有1个残疾人的户	有2个残疾人的户	有3人以上残疾人的户
总　计	**1410**	**376**	**352**	**24**		**588**	**532**	**52**	**4**
一人户	106	106	106						
二人户	340	264	242	22		76	71	5	
三人户	368	5	3	2		342	311	30	1
四人户	306	1	1			135	117	15	3
五人户	190					25	25		
六人户	68					9	7	2	
七人户	20					1	1		
八人户	12								
九人户									

2－7a　续表

单位：户

家庭户规模	三代户				四代户及以上			
	小计	只有1个残疾人的户	有2个残疾人的户	有3人以上残疾人的户	小计	只有1个残疾人的户	有2个残疾人的户	有3人以上残疾人的户
总　计	**417**	**379**	**32**	**6**	**29**	**26**	**3**	
一人户								
二人户								
三人户	21	20	1					
四人户	169	156	10	3	1	1		
五人户	160	147	13		5	4	1	
六人户	47	38	6	3	12	12		
七人户	10	8	2		9	8	1	
八人户	10	10			2	1	1	
九人户								

2－7b 农村有残疾人的家庭户类别

单位：户

家庭户规模	合计	一代户				二代户			
		小计	只有1个残疾人的户	有2个残疾人的户	有3人以上残疾人的户	小计	只有1个残疾人的户	有2个残疾人的户	有3人以上残疾人的户
总　计	**4588**	**1189**	**1080**	**108**	**1**	**1980**	**1738**	**219**	**23**
一人户	393	393	393						
二人户	1008	759	658	101		249	224	25	
三人户	1023	31	26	5		929	806	115	8
四人户	1057	5	2	2	1	613	549	54	10
五人户	647					158	135	19	4
六人户	330					23	20	3	
七人户	98					6	2	3	1
八人户	32	1	1			2	2		
九人户									

2－7b 续表

单位：户

家庭户规模	三代户				四代户及以上			
	小计	只有1个残疾人的户	有2个残疾人的户	有3人以上残疾人的户	小计	只有1个残疾人的户	有2个残疾人的户	有3人以上残疾人的户
总　计	**1345**	**1161**	**153**	**31**	**74**	**55**	**18**	**1**
一人户								
二人户								
三人户	63	61	2					
四人户	437	403	29	5	2		2	
五人户	475	409	55	11	14	11	2	1
六人户	277	217	50	10	30	24	6	
七人户	69	50	15	4	23	17	6	
八人户	24	21	2	1	5	3	2	
九人户								

2－8　6岁及以上残疾人分年龄、性别的受教育程度

单位：人

年　龄	残疾人			不识字			未上过学		
	小计	男	女	小计	男	女	小计	男	女
总　计	**6651**	**3482**	**3169**	**3123**	**1090**	**2033**	**78**	**50**	**28**
6岁	12	8	4	6	3	3			
7岁	15	14	1	4	4				
8岁	16	6	10	1		1			
9岁	17	10	7	5	3	2			
10岁	28	14	14	6	4	2			
11岁	17	10	7	2	2				
12岁	32	17	15	10	4	6			
13岁	35	22	13	9	4	5			
14岁	25	13	12	5	2	3			
15岁	38	25	13	12	8	4	1		1
16岁	27	14	13	6	2	4			
17岁	44	25	19	20	11	9			
18岁	43	26	17	16	7	9	1		1
19岁	39	26	13	15	11	4			
20岁	26	17	9	11	7	4			
21岁	27	13	14	13	8	5			
22岁	33	20	13	9	4	5			
23岁	41	24	17	14	7	7			
24岁	29	20	9	10	6	4			
25岁	26	17	9	10	6	4			
26岁	22	16	6	4	2	2			
27岁	32	17	15	10	5	5			
28岁	31	20	11	6	2	4			
29岁	31	22	9	10	6	4			
30岁	36	24	12	12	9	3			
31岁	38	23	15	10	6	4			

2-8 续表 1

单位：人

年 龄	残疾人			不识字			未上过学		
	小计	男	女	小计	男	女	小计	男	女
32岁	49	31	18	10	5	5			
33岁	46	28	18	11	6	5			
34岁	80	48	32	14	6	8			
35岁	65	37	28	15	10	5	1	1	
36岁	49	31	18	10	4	6			
37岁	95	62	33	25	15	10			
38岁	74	45	29	15	7	8	1	1	
39岁	87	51	36	27	12	15			
40岁	62	43	19	19	13	6	1		1
41岁	108	56	52	30	13	17			
42岁	126	76	50	35	13	22			
43岁	99	49	50	33	13	20			
44岁	95	47	48	25	10	15			
45岁	48	28	20	18	8	10			
46岁	67	37	30	19	5	14			
47岁	93	51	42	21	3	18	1	1	
48岁	146	80	66	43	19	24	2	1	1
49岁	116	71	45	39	17	22	1	1	
50岁	94	53	41	40	15	25			
51岁	141	80	61	49	17	32			
52岁	129	70	59	56	22	34			
53岁	153	81	72	76	31	45	2	1	1
54岁	119	69	50	53	26	27	1		1
55岁	132	74	58	62	25	37			
56岁	135	75	60	56	19	37	1	1	
57岁	109	59	50	51	18	33			
58岁	137	71	66	66	21	45			

2-8 续表 2

单位：人

年龄	残疾人			不识字			未上过学		
	小计	男	女	小计	男	女	小计	男	女
59岁	129	68	61	49	17	32	1	1	
60岁	131	67	64	55	19	36	4	2	2
61岁	119	65	54	60	22	38			
62岁	120	69	51	57	27	30	1	1	
63岁	119	47	72	63	15	48	1	1	
64岁	117	69	48	49	17	32	2	1	1
65岁	143	81	62	70	24	46	3	2	1
66岁	94	46	48	45	14	31	2		2
67岁	109	60	49	52	16	36	5	3	2
68岁	121	51	70	76	18	58	2	1	1
69岁	127	67	60	68	21	47	4	3	1
70岁	130	67	63	75	27	48	1	1	
71岁	148	66	82	86	22	64	2	1	1
72岁	158	68	90	102	30	72	1	1	
73岁	142	65	77	95	27	68	1	1	
74岁	119	59	60	75	24	51	3	2	1
75岁	134	74	60	88	36	52	3	3	
76岁	122	53	69	89	24	65	3	3	
77岁	117	49	68	85	22	63	4	3	1
78岁	123	52	71	86	26	60	5	3	2
79岁	107	42	65	84	24	60	2	1	1
80岁	105	48	57	73	22	51	3	1	2
81岁	90	33	57	69	16	53	1	1	
82岁	83	26	57	67	14	53			
83岁	65	30	35	43	11	32	1	1	
84岁	53	22	31	40	12	28	3	1	2
85+	212	72	140	168	37	131	7	5	2

2-8 续表 3

单位：人

年 龄	小学			初中			高中		
	小计	男	女	小计	男	女	小计	男	女
总 计	**2084**	**1356**	**728**	**988**	**709**	**279**	**269**	**194**	**75**
6岁	6	5	1						
7岁	11	10	1						
8岁	15	6	9						
9岁	12	7	5						
10岁	22	10	12						
11岁	15	8	7						
12岁	21	12	9	1	1				
13岁	19	12	7	7	6	1			
14岁	12	5	7	8	6	2			
15岁	10	7	3	15	10	5			
16岁	11	5	6	7	4	3	3	3	
17岁	14	9	5	8	4	4	1	1	
18岁	16	10	6	8	8		2	1	1
19岁	7	5	2	13	7	6	4	3	1
20岁	8	4	4	5	4	1	1	1	
21岁	7	3	4	7	2	5			
22岁	11	7	4	11	7	4			
23岁	14	8	6	11	8	3	1		1
24岁	8	6	2	10	8	2			
25岁	9	5	4	6	5	1			
26岁	11	8	3	5	5		1	1	
27岁	10	4	6	9	7	2	2	1	1
28岁	14	11	3	5	4	1	4	2	2
29岁	8	6	2	10	8	2	2	1	1
30岁	13	7	6	8	6	2	1	1	
31岁	16	10	6	7	3	4	3	2	1

2-8 续表 4

单位：人

年龄	小学			初中			高中		
	小计	男	女	小计	男	女	小计	男	女
32岁	24	13	11	15	13	2			
33岁	18	10	8	12	8	4	3	2	1
34岁	33	21	12	27	19	8	5	2	3
35岁	30	15	15	16	9	7	3	2	1
36岁	20	13	7	14	10	4	4	3	1
37岁	34	22	12	27	18	9	6	4	2
38岁	27	15	12	28	21	7	2	1	1
39岁	32	17	15	24	18	6	4	4	
40岁	21	16	5	15	12	3	2	1	1
41岁	36	14	22	31	20	11	10	8	2
42岁	30	20	10	38	26	12	20	15	5
43岁	29	11	18	25	17	8	9	7	2
44岁	23	11	12	23	13	10	20	10	10
45岁	11	6	5	10	8	2	9	6	3
46岁	14	6	8	20	16	4	13	9	4
47岁	27	14	13	21	15	6	22	17	5
48岁	49	23	26	38	25	13	14	12	2
49岁	28	16	12	31	24	7	17	13	4
50岁	33	23	10	11	8	3	10	7	3
51岁	47	29	18	33	26	7	11	7	4
52岁	40	25	15	25	17	8	6	4	2
53岁	47	29	18	20	15	5	3	1	2
54岁	37	24	13	25	17	8	2	2	
55岁	45	31	14	19	15	4	3	2	1
56岁	50	31	19	26	23	3	2	1	1
57岁	37	26	11	17	11	6	1	1	
58岁	51	37	14	17	10	7	2	2	

2-8 续表 5

单位：人

年 龄	小学			初中			高中		
	小计	男	女	小计	男	女	小计	男	女
59岁	54	33	21	21	15	6	2	1	1
60岁	55	34	21	17	12	5			
61岁	45	32	13	13	10	3			
62岁	39	27	12	18	10	8	3	2	1
63岁	36	20	16	15	9	6	2	2	
64岁	50	36	14	11	10	1	2	2	
65岁	45	36	9	15	9	6	4	4	
66岁	30	23	7	13	8	5	2	1	1
67岁	36	28	8	7	6	1	6	4	2
68岁	32	21	11	6	6		2	2	
69岁	43	32	11	7	6	1	2	2	
70岁	46	32	14	6	5	1	1	1	
71岁	51	35	16	6	6				
72岁	39	22	17	11	10	1	4	4	
73岁	30	23	7	11	9	2			
74岁	33	28	5	8	5	3			
75岁	35	28	7	5	5		1	1	
76岁	20	16	4	4	4		2	2	
77岁	22	20	2	3	1	2	1	1	
78岁	27	19	8	4	3	1			
79岁	17	15	2	2	1	1	2	1	1
80岁	25	22	3	3	2	1			
81岁	17	13	4	3	3				
82岁	11	9	2	2		2	2	2	
83岁	16	13	3	2	2				
84岁	7	7		2	2		1		1
85+	30	24	6	4	3	1	2	2	

2－8 续表 6

单位：人

年 龄	中专			大学专科			大学本科			研究生		
	小计	男	女	小计	男	女	小计	男	女	小计	男	女
总 计	**65**	**46**	**19**	**28**	**22**	**6**	**16**	**15**	**1**			
6岁												
7岁												
8岁												
9岁												
10岁												
11岁												
12岁												
13岁												
14岁												
15岁												
16岁												
17岁	1		1									
18岁												
19岁												
20岁	1	1										
21岁												
22岁	2	2										
23岁	1	1										
24岁	1		1									
25岁	1	1										
26岁	1		1									
27岁				1		1						
28岁	1	1		1		1						
29岁	1	1										
30岁	2	1	1									
31岁	2	2										

2-8 续表 7

单位：人

年 龄	中专			大学专科			大学本科			研究生		
	小计	男	女	小计	男	女	小计	男	女	小计	男	女
32岁												
33岁	1	1		1	1							
34岁				1		1						
35岁												
36岁	1	1										
37岁	2	2		1	1							
38岁							1		1			
39岁												
40岁	2	1	1	2		2						
41岁	1	1										
42岁	2	1	1	1	1							
43岁	3	1	2									
44岁				4	3	1						
45岁												
46岁				1	1							
47岁	1	1										
48岁												
49岁												
50岁												
51岁				1	1							
52岁	1	1		1	1							
53岁	3	2	1	2	2							
54岁	1		1									
55岁	2		2	1	1							
56岁												
57岁	2	2		1	1							
58岁				1	1							

2-8 续表 8

单位：人

年龄	中专			大学专科			大学本科			研究生		
	小计	男	女	小计	男	女	小计	男	女	小计	男	女
59岁	2	1	1									
60岁												
61岁							1	1				
62岁	1	1		1	1							
63岁	2		2									
64岁	2	2					1	1				
65岁	5	5					1	1				
66岁	2		2									
67岁	1	1		1	1		1	1				
68岁	2	2					1	1				
69岁	1	1					2	2				
70岁							1	1				
71岁	2	1	1	1	1							
72岁	1	1										
73岁	1	1		3	3		1	1				
74岁												
75岁	2	1	1									
76岁	1	1		2	2		1	1				
77岁							2	2				
78岁	1	1										
79岁												
80岁							1	1				
81岁												
82岁	1	1										
83岁	2	2					1	1				
84岁												
85+							1	1				

2－8a 城镇6岁及以上残疾人分年龄、性别的受教育程度

单位：人

年 龄	残疾人			不识字			未上过学		
	小计	男	女	小计	男	女	小计	男	女
总 计	**1530**	**787**	**743**	**437**	**113**	**324**	**16**	**9**	**7**
6岁	3	1	2	2	1	1			
7岁	3	3							
8岁	3	2	1						
9岁	4	2	2	2	1	1			
10岁	7	5	2	2	2				
11岁	4	2	2						
12岁	8	6	2	2	2				
13岁	6	3	3	2		2			
14岁	3	3							
15岁	7	4	3	2	1	1			
16岁	8	5	3	1		1			
17岁	7	3	4	2	1	1			
18岁	5	2	3	3	1	2			
19岁	7	4	3	3	2	1			
20岁	4	3	1	3	2	1			
21岁	5	2	3	3	2	1			
22岁	4	4		1	1				
23岁	9	3	6	1		1			
24岁	7	5	2	3	2	1			
25岁	8	4	4	1	1				
26岁	6	4	2						
27岁	5	2	3	2		2			
28岁	8	4	4	1		1			
29岁	7	5	2	3	2	1			
30岁	8	5	3	3	3				
31岁	5	4	1	1	1				

2－8a 续表 1

单位：人

年龄	残疾人			不识字			未上过学		
	小计	男	女	小计	男	女	小计	男	女
32岁	9	6	3	2	1	1			
33岁	11	7	4	3	2	1			
34岁	15	12	3						
35岁	11	7	4	1	1				
36岁	15	11	4	1	1				
37岁	26	18	8	2	2				
38岁	13	7	6						
39岁	20	12	8	2		2			
40岁	10	6	4						
41岁	23	13	10	3	1	2			
42岁	32	21	11	2	1	1			
43岁	23	13	10	4	2	2			
44岁	29	16	13	4	2	2			
45岁	12	9	3						
46岁	25	20	5	2	2				
47岁	32	21	11	2		2			
48岁	23	13	10	1	1				
49岁	31	21	10	6	3	3	1	1	
50岁	21	12	9	3	2	1			
51岁	36	19	17	5	2	3			
52岁	28	12	16	5		5			
53岁	33	15	18	8	1	7			
54岁	27	12	15	2	1	1			
55岁	23	15	8	4	3	1			
56岁	34	17	17	6	1	5			
57岁	22	10	12	3	1	2			
58岁	28	15	13	5	1	4			
59岁	28	14	14	3	2	1			

2-8a 续表 2

单位：人

年 龄	残疾人			不识字			未上过学		
	小计	男	女	小计	男	女	小计	男	女
60岁	18	8	10	5	1	4			
61岁	24	16	8	4	2	2			
62岁	27	15	12	5	3	2			
63岁	23	5	18	4		4			
64岁	23	15	8	3	1	2			
65岁	34	19	15	7	2	5			
66岁	19	5	14	5		5			
67岁	27	12	15	10	2	8	1		1
68岁	25	13	12	12	3	9			
69岁	31	16	15	6	1	5	1	1	
70岁	28	12	16	7	2	5			
71岁	37	15	22	14	1	13	1	1	
72岁	46	20	26	18	2	16			
73岁	35	19	16	14	3	11			
74岁	20	9	11	9	1	8	1	1	
75岁	32	14	18	17	3	14	1	1	
76岁	27	18	9	10	3	7			
77岁	22	11	11	10	1	9	1	1	
78岁	27	14	13	10	2	8	2	1	1
79岁	22	9	13	15	6	9	1		1
80岁	27	11	16	16	4	12	2		2
81岁	25	5	20	19	1	18			
82岁	23	7	16	13	1	12			
83岁	19	8	11	9	1	8			
84岁	18	5	13	14	3	11	2	1	1
85+	80	22	58	59	6	53	2	1	1

2－8a 续表 3

单位：人

年龄	小学			初中			高中		
	小计	男	女	小计	男	女	小计	男	女
总 计	**453**	**256**	**197**	**363**	**226**	**137**	**171**	**118**	**53**
6岁	1		1						
7岁	3	3							
8岁	3	2	1						
9岁	2	1	1						
10岁	5	3	2						
11岁	4	2	2						
12岁	5	3	2	1	1				
13岁	3	2	1	1	1				
14岁	1	1		2	2				
15岁	1	1		4	2	2			
16岁	2	1	1	3	2	1	2	2	
17岁	2	1	1	2	1	1			
18岁				1	1		1		1
19岁				2		2	2	2	
20岁									
21岁	2		2						
22岁				2	2				
23岁	5	1	4	3	2	1			
24岁				3	3				
25岁	3		3	3	2	1			
26岁	4	3	1	1	1				
27岁				2	2				
28岁	4	3	1				2	1	1
29岁				1	1		2	1	1
30岁	2	1	1	1		1	1	1	
31岁				1	1		3	2	1

2-8a 续表 4

单位：人

年 龄	小学			初中			高中		
	小计	男	女	小计	男	女	小计	男	女
32岁	2	1	1	5	4	1			
33岁	5	3	2	1		1	1	1	
34岁	5	5		7	6	1	2	1	1
35岁	3	2	1	4	2	2	3	2	1
36岁	5	3	2	5	4	1	3	2	1
37岁	7	5	2	9	5	4	5	3	2
38岁	5	3	2	6	4	2	1		1
39岁	7	5	2	10	6	4	1	1	
40岁	1	1		5	4	1	1		1
41岁	7	2	5	8	6	2	4	3	1
42岁	1	1		18	12	6	8	5	3
43岁	1		1	8	5	3	7	5	2
44岁	4	2	2	5	3	2	12	6	6
45岁	2	2		2	1	1	8	6	2
46岁	3	2	1	7	6	1	12	9	3
47岁	6	4	2	9	5	4	14	11	3
48岁	8	4	4	8	3	5	6	5	1
49岁	5	4	1	8	5	3	11	8	3
50岁	6	3	3	6	3	3	6	4	2
51岁	8	4	4	13	7	6	9	5	4
52岁	5	3	2	12	5	7	4	2	2
53岁	14	6	8	4	4		3	1	2
54岁	9	3	6	13	6	7	2	2	
55岁	6	5	1	9	6	3	1		1
56岁	14	6	8	13	10	3	1		1
57岁	7	2	5	10	5	5			
58岁	10	6	4	11	6	5	1	1	
59岁	11	5	6	11	6	5	2	1	1

2－8a 续表 5

单位：人

年龄	小学			初中			高中		
	小计	男	女	小计	男	女	小计	男	女
60岁	7	5	2	6	2	4			
61岁	12	9	3	7	4	3			
62岁	10	5	5	8	4	4	2	1	1
63岁	11	3	8	5	1	4	1	1	
64岁	11	6	5	4	3	1	2	2	
65岁	12	7	5	9	4	5	3	3	
66岁	6	4	2	6	1	5			
67岁	7	4	3	4	3	1	3	1	2
68岁	8	5	3	1	1		2	2	
69岁	14	5	9	5	4	1	2	2	
70岁	15	5	10	4	3	1	1	1	
71岁	17	9	8	2	2				
72岁	16	7	9	7	6	1	4	4	
73岁	10	7	3	6	4	2			
74岁	6	5	1	4	2	2			
75岁	7	4	3	4	4		1	1	
76岁	10	8	2	3	3		1	1	
77岁	6	5	1	2	1	1	1	1	
78岁	11	7	4	3	3				
79岁	2	1	1	2	1	1	2	1	1
80岁	5	4	1	3	2	1			
81岁	5	3	2	1	1				
82岁	5	3	2	2		2	2	2	
83岁	8	5	3	1	1				
84岁	1	1					1		1
85＋	12	9	3	4	3	1	2	2	

2－8a 续表 6

单位：人

年龄	中专			大学专科			大学本科			研究生		
	小计	男	女	小计	男	女	小计	男	女	小计	男	女
总计	**47**	**29**	**18**	**27**	**21**	**6**	**16**	**15**	**1**			
6岁												
7岁												
8岁												
9岁												
10岁												
11岁												
12岁												
13岁												
14岁												
15岁												
16岁												
17岁	1		1									
18岁												
19岁												
20岁	1	1										
21岁												
22岁	1	1										
23岁												
24岁	1		1									
25岁	1	1										
26岁	1		1									
27岁				1		1						
28岁				1		1						
29岁	1	1										
30岁	1		1									
31岁												

2－8a 续表 7

单位：人

年 龄	中专			大学专科			大学本科			研究生		
	小计	男	女	小计	男	女	小计	男	女	小计	男	女
32岁												
33岁				1	1							
34岁				1		1						
35岁												
36岁	1	1										
37岁	2	2		1	1							
38岁							1		1			
39岁												
40岁	1	1		2		2						
41岁	1	1										
42岁	2	1	1	1	1							
43岁	3	1	2									
44岁				4	3	1						
45岁												
46岁				1	1							
47岁	1	1										
48岁												
49岁												
50岁												
51岁				1	1							
52岁	1	1		1	1							
53岁	2	1	1	2	2							
54岁	1		1									
55岁	2		2	1	1							
56岁												
57岁	1	1		1	1							
58岁				1	1							
59岁	1		1									

2－8a 续表 8

单位：人

年龄	中专			大学专科			大学本科			研究生		
	小计	男	女	小计	男	女	小计	男	女	小计	男	女
60岁												
61岁							1	1				
62岁	1	1		1	1							
63岁	2		2									
64岁	2	2					1	1				
65岁	2	2					1	1				
66岁	2		2									
67岁				1	1		1	1				
68岁	1	1					1	1				
69岁	1	1					2	2				
70岁							1	1				
71岁	2	1	1	1	1							
72岁	1	1										
73岁	1	1		3	3		1	1				
74岁												
75岁	2	1	1									
76岁	1	1		1	1		1	1				
77岁							2	2				
78岁	1	1										
79岁												
80岁							1	1				
81岁												
82岁	1	1										
83岁							1	1				
84岁												
85＋							1	1				

2－8b　农村6岁及以上残疾人分年龄、性别的受教育程度

单位：人

年龄	残疾人			不识字			未上过学		
	小计	男	女	小计	男	女	小计	男	女
总　计	**5121**	**2695**	**2426**	**2686**	**977**	**1709**	**62**	**41**	**21**
6岁	9	7	2	4	2	2			
7岁	12	11	1	4	4				
8岁	13	4	9	1		1			
9岁	13	8	5	3	2	1			
10岁	21	9	12	4	2	2			
11岁	13	8	5	2	2				
12岁	24	11	13	8	2	6			
13岁	29	19	10	7	4	3			
14岁	22	10	12	5	2	3			
15岁	31	21	10	10	7	3	1		1
16岁	19	9	10	5	2	3			
17岁	37	22	15	18	10	8			
18岁	38	24	14	13	6	7	1		1
19岁	32	22	10	12	9	3			
20岁	22	14	8	8	5	3			
21岁	22	11	11	10	6	4			
22岁	29	16	13	8	3	5			
23岁	32	21	11	13	7	6			
24岁	22	15	7	7	4	3			
25岁	18	13	5	9	5	4			
26岁	16	12	4	4	2	2			
27岁	27	15	12	8	5	3			
28岁	23	16	7	5	2	3			
29岁	24	17	7	7	4	3			
30岁	28	19	9	9	6	3			
31岁	33	19	14	9	5	4			

2-8b 续表 1

单位：人

年 龄	残疾人			不识字			未上过学		
	小计	男	女	小计	男	女	小计	男	女
32岁	40	25	15	8	4	4			
33岁	35	21	14	8	4	4			
34岁	65	36	29	14	6	8			
35岁	54	30	24	14	9	5	1	1	
36岁	34	20	14	9	3	6			
37岁	69	44	25	23	13	10			
38岁	61	38	23	15	7	8	1	1	
39岁	67	39	28	25	12	13			
40岁	52	37	15	19	13	6	1		1
41岁	85	43	42	27	12	15			
42岁	94	55	39	33	12	21			
43岁	76	36	40	29	11	18			
44岁	66	31	35	21	8	13			
45岁	36	19	17	18	8	10			
46岁	42	17	25	17	3	14			
47岁	61	30	31	19	3	16	1	1	
48岁	123	67	56	42	18	24	2	1	1
49岁	85	50	35	33	14	19			
50岁	73	41	32	37	13	24			
51岁	105	61	44	44	15	29			
52岁	101	58	43	51	22	29			
53岁	120	66	54	68	30	38	2	1	1
54岁	92	57	35	51	25	26	1		1
55岁	109	59	50	58	22	36			
56岁	101	58	43	50	18	32	1	1	
57岁	87	49	38	48	17	31			
58岁	109	56	53	61	20	41			
59岁	101	54	47	46	15	31	1	1	

2－8b 续表 2

单位：人

年龄	残疾人			不识字			未上过学		
	小计	男	女	小计	男	女	小计	男	女
60岁	113	59	54	50	18	32	4	2	2
61岁	95	49	46	56	20	36			
62岁	93	54	39	52	24	28	1	1	
63岁	96	42	54	59	15	44	1	1	
64岁	94	54	40	46	16	30	2	1	1
65岁	109	62	47	63	22	41	3	2	1
66岁	75	41	34	40	14	26	2		2
67岁	82	48	34	42	14	28	4	3	1
68岁	96	38	58	64	15	49	2	1	1
69岁	96	51	45	62	20	42	3	2	1
70岁	102	55	47	68	25	43	1	1	
71岁	111	51	60	72	21	51	1		1
72岁	112	48	64	84	28	56	1	1	
73岁	107	46	61	81	24	57	1	1	
74岁	99	50	49	66	23	43	2	1	1
75岁	102	60	42	71	33	38	2	2	
76岁	95	35	60	79	21	58	3	3	
77岁	95	38	57	75	21	54	3	2	1
78岁	96	38	58	76	24	52	3	2	1
79岁	85	33	52	69	18	51	1	1	
80岁	78	37	41	57	18	39	1	1	
81岁	65	28	37	50	15	35	1	1	
82岁	60	19	41	54	13	41			
83岁	46	22	24	34	10	24	1	1	
84岁	35	17	18	26	9	17	1		1
85＋	132	50	82	109	31	78	5	4	1

2-8b 续表 3

单位：人

年 龄	小学			初中			高中		
	小计	男	女	小计	男	女	小计	男	女
总 计	**1631**	**1100**	**531**	**625**	**483**	**142**	**98**	**76**	**22**
6岁	5	5							
7岁	8	7	1						
8岁	12	4	8						
9岁	10	6	4						
10岁	17	7	10						
11岁	11	6	5						
12岁	16	9	7						
13岁	16	10	6	6	5	1			
14岁	11	4	7	6	4	2			
15岁	9	6	3	11	8	3			
16岁	9	4	5	4	2	2	1	1	
17岁	12	8	4	6	3	3	1	1	
18岁	16	10	6	7	7		1	1	
19岁	7	5	2	11	7	4	2	1	1
20岁	8	4	4	5	4	1	1	1	
21岁	5	3	2	7	2	5			
22岁	11	7	4	9	5	4			
23岁	9	7	2	8	6	2	1		1
24岁	8	6	2	7	5	2			
25岁	6	5	1	3	3				
26岁	7	5	2	4	4		1	1	
27岁	10	4	6	7	5	2	2	1	1
28岁	10	8	2	5	4	1	2	1	1
29岁	8	6	2	9	7	2			
30岁	11	6	5	7	6	1			
31岁	16	10	6	6	2	4			

2－8b 续表 4

单位：人

年龄	小学			初中			高中		
	小计	男	女	小计	男	女	小计	男	女
32岁	22	12	10	10	9	1			
33岁	13	7	6	11	8	3	2	1	1
34岁	28	16	12	20	13	7	3	1	2
35岁	27	13	14	12	7	5			
36岁	15	10	5	9	6	3	1	1	
37岁	27	17	10	18	13	5	1	1	
38岁	22	12	10	22	17	5	1	1	
39岁	25	12	13	14	12	2	3	3	
40岁	20	15	5	10	8	2	1	1	
41岁	29	12	17	23	14	9	6	5	1
42岁	29	19	10	20	14	6	12	10	2
43岁	28	11	17	17	12	5	2	2	
44岁	19	9	10	18	10	8	8	4	4
45岁	9	4	5	8	7	1	1		1
46岁	11	4	7	13	10	3	1		1
47岁	21	10	11	12	10	2	8	6	2
48岁	41	19	22	30	22	8	8	7	1
49岁	23	12	11	23	19	4	6	5	1
50岁	27	20	7	5	5		4	3	1
51岁	39	25	14	20	19	1	2	2	
52岁	35	22	13	13	12	1	2	2	
53岁	33	23	10	16	11	5			
54岁	28	21	7	12	11	1			
55岁	39	26	13	10	9	1	2	2	
56岁	36	25	11	13	13		1	1	
57岁	30	24	6	7	6	1	1	1	
58岁	41	31	10	6	4	2	1	1	
59岁	43	28	15	10	9	1			

2－8b 续表 5

单位：人

年 龄	小学			初中			高中		
	小计	男	女	小计	男	女	小计	男	女
60岁	48	29	19	11	10	1			
61岁	33	23	10	6	6				
62岁	29	22	7	10	6	4	1	1	
63岁	25	17	8	10	8	2	1	1	
64岁	39	30	9	7	7				
65岁	33	29	4	6	5	1	1	1	
66岁	24	19	5	7	7		2	1	1
67岁	29	24	5	3	3		3	3	
68岁	24	16	8	5	5				
69岁	29	27	2	2	2				
70岁	31	27	4	2	2				
71岁	34	26	8	4	4				
72岁	23	15	8	4	4				
73岁	20	16	4	5	5				
74岁	27	23	4	4	3	1			
75岁	28	24	4	1	1				
76岁	10	8	2	1	1		1	1	
77岁	16	15	1	1		1			
78岁	16	12	4	1		1			
79岁	15	14	1						
80岁	20	18	2						
81岁	12	10	2	2	2				
82岁	6	6							
83岁	8	8		1	1				
84岁	6	6		2	2				
85＋	18	15	3						

2－8b　续表 6

单位：人

年　龄	中专			大学专科			大学本科			研究生		
	小计	男	女	小计	男	女	小计	男	女	小计	男	女
总　计	**18**	**17**	**1**	**1**	**1**							
6岁												
7岁												
8岁												
9岁												
10岁												
11岁												
12岁												
13岁												
14岁												
15岁												
16岁												
17岁												
18岁												
19岁												
20岁												
21岁												
22岁	1	1										
23岁	1	1										
24岁												
25岁												
26岁												
27岁												
28岁	1	1										
29岁												
30岁	1	1										
31岁	2	2										

2－8b 续表 7

单位：人

年 龄	中专			大学专科			大学本科			研究生		
	小计	男	女	小计	男	女	小计	男	女	小计	男	女
32岁												
33岁	1	1										
34岁												
35岁												
36岁												
37岁												
38岁												
39岁												
40岁	1		1									
41岁												
42岁												
43岁												
44岁												
45岁												
46岁												
47岁												
48岁												
49岁												
50岁												
51岁												
52岁												
53岁	1	1										
54岁												
55岁												
56岁												
57岁	1	1										
58岁												
59岁	1	1										

2－8b　续表 8

单位：人

年　龄	中专			大学专科			大学本科			研究生		
	小计	男	女	小计	男	女	小计	男	女	小计	男	女
60岁												
61岁												
62岁												
63岁												
64岁												
65岁	3	3										
66岁												
67岁	1	1										
68岁	1	1										
69岁												
70岁												
71岁												
72岁												
73岁												
74岁												
75岁												
76岁				1	1							
77岁												
78岁												
79岁												
80岁												
81岁												
82岁												
83岁	2	2										
84岁												
85＋												

2－9　各地区6岁及以上残疾人分性别的受教育程度

单位：人

地　区	残疾人			不识字			未上过学		
	合计	男	女	小计	男	女	小计	男	女
总　计	**1139**	**495**	**644**	**630**	**168**	**462**	**12**	**5**	**7**
黄陂区	13	6	7	7	3	4			
武昌区	38	16	22	5	1	4			
黄石市	20	9	11	7	2	5			
江夏区	19	5	14	15	3	12			
硚口区	47	18	29	10	1	9			
丹江口市	59	25	34	36	9	27			
江汉区	17	6	11	3	2	1			
仙桃市	57	26	31	33	9	24	1	1	
汉川市	47	14	33	33	5	28			
鄂州市	34	7	27	26	1	25			
大冶市	33	18	15	20	8	12			
武穴市	23	10	13	13	4	9			
宜昌市	29	8	21	15	1	14			
枝江市	17	4	13	11	2	9			
天门市	45	22	23	28	9	19			
曾都区	40	17	23	18	5	13	1		1
襄阳区	25	13	12	20	8	12			
广水市	9	4	5	4		4			
利川市	30	14	16	13	3	10			
咸安区	40	13	27	20	1	19	1	1	
巴东县	41	25	16	15	7	8			
竹溪县	70	38	32	45	21	24			
神农架林区	35	19	16	28	12	16			
红安县	28	12	16	16	2	14			
南漳县	17	8	9	5		5	1		1
通城县	59	31	28	39	15	24	3	1	2
监利县	26	13	13	14	4	10			
黄梅县	55	16	39	32	1	31	5	2	3
江陵县	35	18	17	17	8	9			
蕲春县	84	41	43	51	14	37			
京山县	47	19	28	31	7	24			

2-9 续表 1

单位：人

地区	小学			初中			高中		
	小计	男	女	小计	男	女	小计	男	女
总计	**324**	**210**	**114**	**119**	**77**	**42**	**39**	**23**	**16**
黄陂区	5	2	3	1	1				
武昌区	11	3	8	12	4	8	6	4	2
黄石市	2	1	1	7	4	3	3	2	1
江夏区	3	1	2				1	1	
硚口区	7	1	6	14	7	7	14	7	7
丹江口市	17	12	5	3	2	1	3	2	1
江汉区	5	2	3	5		5	3	2	1
仙桃市	15	10	5	7	5	2	1	1	
汉川市	12	8	4	1	1		1		1
鄂州市	6	4	2	1	1				
大冶市	10	7	3	3	3				
武穴市	9	6	3				1		1
宜昌市	12	6	6	1		1			
枝江市	4	1	3	1	1		1		1
天门市	16	12	4	1	1				
曾都区	18	11	7	3	1	2			
襄阳区	2	2		3	3				
广水市	3	3		2	1	1			
利川市	13	8	5	2	1	1	1	1	
咸安区	13	7	6	5	4	1	1		1
巴东县	16	11	5	9	7	2			
竹溪县	20	14	6	5	3	2			
神农架林区	6	6		1	1				
红安县	6	5	1	3	2	1	1	1	
南漳县	7	5	2	4	3	1			
通城县	14	12	2	3	3				
监利县	10	7	3	2	2				
黄梅县	15	12	3	3	1	2			
江陵县	14	6	8	4	4				
蕲春县	21	17	4	9	7	2	2	2	
京山县	12	8	4	4	4				

2-9 续表 2

单位：人

地 区	中专			大学专科			大学本科			研究生		
	小计	男	女	小计	男	女	小计	男	女	小计	男	女
总 计	**9**	**6**	**3**	**3**	**3**		**3**	**3**				
黄陂区												
武昌区	1	1		1	1		2	2				
黄石市	1		1									
江夏区												
硚口区	1	1		1	1							
丹江口市												
江汉区	1		1									
仙桃市												
汉川市												
鄂州市	1	1										
大冶市												
武穴市												
宜昌市				1	1							
枝江市												
天门市												
曾都区												
襄阳区												
广水市												
利川市	1	1										
咸安区												
巴东县	1		1									
竹溪县												
神农架林区												
红安县	1	1					1	1				
南漳县												
通城县												
监利县												
黄梅县												
江陵县												
蕲春县	1	1										
京山县												

2－10 各地区15岁及以上残疾人分性别的文盲人口

单位：人，%

地区	残疾人口			文盲人口			文盲人口占残疾人口的比例		
	合计	男	女	小计	男	女	总比例	男	女
总计	**6454**	**3368**	**3086**	**3075**	**1064**	**2011**	**47.64**	**31.59**	**65.17**
黄陂区	163	77	86	75	26	49	46.01	33.77	56.98
武昌区	150	72	78	27	4	23	18	5.56	29.49
黄石市	113	59	54	29	6	23	25.66	10.17	42.59
江夏区	153	78	75	87	35	52	56.86	44.87	69.33
硚口区	159	83	76	21	4	17	13.21	4.82	22.37
丹江口市	287	145	142	179	71	108	62.37	48.97	76.06
江汉区	140	74	66	26	5	21	18.57	6.76	31.82
仙桃市	223	102	121	108	25	83	48.43	24.51	68.6
汉川市	178	91	87	102	32	70	57.3	35.16	80.46
鄂州市	134	58	76	78	20	58	58.21	34.48	76.32
大冶市	199	109	90	98	32	66	49.25	29.36	73.33
武穴市	210	108	102	127	39	88	60.48	36.11	86.27
宜昌市	218	127	91	64	17	47	29.36	13.39	51.65
枝江市	161	71	90	65	18	47	40.37	25.35	52.22
天门市	218	103	115	108	29	79	49.54	28.16	68.7
曾都区	200	96	104	90	29	61	45	30.21	58.65
襄阳区	211	110	101	124	44	80	58.77	40	79.21
广水市	140	66	74	54	12	42	38.57	18.18	56.76
利川市	226	123	103	100	37	63	44.25	30.08	61.17
咸安区	184	78	106	78	13	65	42.39	16.67	61.32
巴东县	233	132	101	120	49	71	51.5	37.12	70.3
竹溪县	338	203	135	209	103	106	61.83	50.74	78.52
神农架林区	422	252	170	252	125	127	59.72	49.6	74.71
红安县	190	95	95	102	33	69	53.68	34.74	72.63
南漳县	259	166	93	71	36	35	27.41	21.69	37.63
通城县	175	100	75	82	31	51	46.86	31	68
监利县	191	100	91	68	16	52	35.6	16	57.14
黄梅县	204	106	98	101	29	72	49.51	27.36	73.47
江陵县	156	80	76	73	27	46	46.79	33.75	60.53
蕲春县	416	213	203	266	94	172	63.94	44.13	84.73
京山县	203	91	112	91	23	68	44.83	25.27	60.71

2－10a　各地区城镇15岁及以上残疾人分性别的文盲人口

单位：人，%

地　区	残疾人口			文盲人口			文盲人口占残疾人口的比例		
	合计	男	女	小计	男	女	小计	男	女
总　计	**1489**	**760**	**729**	**427**	**107**	**320**	**28.68**	**14.08**	**43.9**
黄陂区	85	43	42	32	12	20	37.65	27.91	47.62
武昌区	150	72	78	27	4	23	18	5.56	29.49
黄石市	113	59	54	29	6	23	25.66	10.17	42.59
江夏区	75	34	41	43	16	27	57.33	47.06	65.85
硚口区	159	83	76	21	4	17	13.21	4.82	22.37
丹江口市	62	31	31	25	8	17	40.32	25.81	54.84
江汉区	140	74	66	26	5	21	18.57	6.76	31.82
仙桃市	77	36	41	31	6	25	40.26	16.67	60.98
汉川市									
鄂州市	14	8	6	4		4	28.57		66.67
大冶市	42	26	16	15	6	9	35.71	23.08	56.25
武穴市									
宜昌市	152	86	66	40	8	32	26.32	9.3	48.48
枝江市	36	16	20	12	2	10	33.33	12.5	50
天门市	41	17	24	18	2	16	43.9	11.76	66.67
曾都区	50	30	20	18	8	10	36	26.67	50
襄阳区	20	12	8	10	3	7	50	25	87.5
广水市	33	15	18	5		5	15.15		27.78
利川市									
咸安区	53	23	30	15	1	14	28.3	4.35	46.67
巴东县									
竹溪县									
神农架林区	13	5	8	5	1	4	38.46	20	50
红安县	32	15	17	8	1	7	25	6.67	41.18
南漳县	30	18	12	2		2	6.67		16.67
通城县	37	21	16	18	10	8	48.65	47.62	50
监利县	32	17	15	8	3	5	25	17.65	33.33
黄梅县									
江陵县									
蕲春县									
京山县	43	19	24	15	1	14	34.88	5.26	58.33

2－10b 各地区农村15岁及以上残疾人分性别的文盲人口

单位：人，%

地 区	残疾人口			文盲人口			文盲人口占残疾人口的比例		
	合计	男	女	小计	男	女	总比例	男	女
总 计	**4965**	**2608**	**2357**	**2648**	**957**	**1691**	**53.33**	**36.69**	**71.74**
黄陂区	78	34	44	43	14	29	55.13	41.18	65.91
武昌区									
黄石市									
江夏区	78	44	34	44	19	25	56.41	43.18	73.53
硚口区									
丹江口市	225	114	111	154	63	91	68.44	55.26	81.98
江汉区									
仙桃市	146	66	80	77	19	58	52.74	28.79	72.5
汉川市	178	91	87	102	32	70	57.3	35.16	80.46
鄂州市	120	50	70	74	20	54	61.67	40	77.14
大冶市	157	83	74	83	26	57	52.87	31.33	77.03
武穴市	210	108	102	127	39	88	60.48	36.11	86.27
宜昌市	66	41	25	24	9	15	36.36	21.95	60
枝江市	125	55	70	53	16	37	42.4	29.09	52.86
天门市	177	86	91	90	27	63	50.85	31.4	69.23
曾都区	150	66	84	72	21	51	48	31.82	60.71
襄阳区	191	98	93	114	41	73	59.69	41.84	78.49
广水市	107	51	56	49	12	37	45.79	23.53	66.07
利川市	226	123	103	100	37	63	44.25	30.08	61.17
咸安区	131	55	76	63	12	51	48.09	21.82	67.11
巴东县	233	132	101	120	49	71	51.5	37.12	70.3
竹溪县	338	203	135	209	103	106	61.83	50.74	78.52
神农架林区	409	247	162	247	124	123	60.39	50.2	75.93
红安县	158	80	78	94	32	62	59.49	40	79.49
南漳县	229	148	81	69	36	33	30.13	24.32	40.74
通城县	138	79	59	64	21	43	46.38	26.58	72.88
监利县	159	83	76	60	13	47	37.74	15.66	61.84
黄梅县	204	106	98	101	29	72	49.51	27.36	73.47
江陵县	156	80	76	73	27	46	46.79	33.75	60.53
蕲春县	416	213	203	266	94	172	63.94	44.13	84.73
京山县	160	72	88	76	22	54	47.5	30.56	61.36

2－11　15岁及以上残疾人分年龄、性别的文盲人口

单位：人，%

年 龄	残疾人口			文盲人口			文盲人口占残疾人口的比例		
	合计	男	女	小计	男	女	总比例	男	女
总 计	**6454**	**3368**	**3086**	**3075**	**1064**	**2011**	**47.64**	**31.59**	**65.17**
15-19	**191**	**116**	**75**	**69**	**39**	**30**	**36.13**	**33.62**	**40**
15岁	38	25	13	12	8	4	31.58	32	30.77
16岁	27	14	13	6	2	4	22.22	14.29	30.77
17岁	44	25	19	20	11	9	45.45	44	47.37
18岁	43	26	17	16	7	9	37.21	26.92	52.94
19岁	39	26	13	15	11	4	38.46	42.31	30.77
20-24	**156**	**94**	**62**	**57**	**32**	**25**	**36.54**	**34.04**	**40.32**
20岁	26	17	9	11	7	4	42.31	41.18	44.44
21岁	27	13	14	13	8	5	48.15	61.54	35.71
22岁	33	20	13	9	4	5	27.27	20	38.46
23岁	41	24	17	14	7	7	34.15	29.17	41.18
24岁	29	20	9	10	6	4	34.48	30	44.44
25-29	**142**	**92**	**50**	**40**	**21**	**19**	**28.17**	**22.83**	**38**
25岁	26	17	9	10	6	4	38.46	35.29	44.44
26岁	22	16	6	4	2	2	18.18	12.5	33.33
27岁	32	17	15	10	5	5	31.25	29.41	33.33
28岁	31	20	11	6	2	4	19.35	10	36.36
29岁	31	22	9	10	6	4	32.26	27.27	44.44
30-34	**249**	**154**	**95**	**57**	**32**	**25**	**22.89**	**20.78**	**26.32**
30岁	36	24	12	12	9	3	33.33	37.5	25
31岁	38	23	15	10	6	4	26.32	26.09	26.67
32岁	49	31	18	10	5	5	20.41	16.13	27.78
33岁	46	28	18	11	6	5	23.91	21.43	27.78
34岁	80	48	32	14	6	8	17.5	12.5	25
35-39	**370**	**226**	**144**	**92**	**48**	**44**	**24.86**	**21.24**	**30.56**
35岁	65	37	28	15	10	5	23.08	27.03	17.86
36岁	49	31	18	10	4	6	20.41	12.9	33.33

2-11 续表 1

单位：人，%

年 龄	残疾人口			文盲人口			文盲人口占残疾人口的比例		
	合计	男	女	小计	男	女	总比例	男	女
37岁	95	62	33	25	15	10	26.32	24.19	30.3
38岁	74	45	29	15	7	8	20.27	15.56	27.59
39岁	87	51	36	27	12	15	31.03	23.53	41.67
40-44	**490**	**271**	**219**	**142**	**62**	**80**	**28.98**	**22.88**	**36.53**
40岁	62	43	19	19	13	6	30.65	30.23	31.58
41岁	108	56	52	30	13	17	27.78	23.21	32.69
42岁	126	76	50	35	13	22	27.78	17.11	44
43岁	99	49	50	33	13	20	33.33	26.53	40
44岁	95	47	48	25	10	15	26.32	21.28	31.25
45-49	**470**	**267**	**203**	**140**	**52**	**88**	**29.79**	**19.48**	**43.35**
45岁	48	28	20	18	8	10	37.5	28.57	50
46岁	67	37	30	19	5	14	28.36	13.51	46.67
47岁	93	51	42	21	3	18	22.58	5.88	42.86
48岁	146	80	66	43	19	24	29.45	23.75	36.36
49岁	116	71	45	39	17	22	33.62	23.94	48.89
50-54	**636**	**353**	**283**	**274**	**111**	**163**	**43.08**	**31.44**	**57.6**
50岁	94	53	41	40	15	25	42.55	28.3	60.98
51岁	141	80	61	49	17	32	34.75	21.25	52.46
52岁	129	70	59	56	22	34	43.41	31.43	57.63
53岁	153	81	72	76	31	45	49.67	38.27	62.5
54岁	119	69	50	53	26	27	44.54	37.68	54
55-59	**642**	**347**	**295**	**284**	**100**	**184**	**44.24**	**28.82**	**62.37**
55岁	132	74	58	62	25	37	46.97	33.78	63.79
56岁	135	75	60	56	19	37	41.48	25.33	61.67
57岁	109	59	50	51	18	33	46.79	30.51	66
58岁	137	71	66	66	21	45	48.18	29.58	68.18
59岁	129	68	61	49	17	32	37.98	25	52.46
60-64	**606**	**317**	**289**	**284**	**100**	**184**	**46.86**	**31.55**	**63.67**

2-11 续表 2

单位：人，%

年龄	残疾人口			文盲人口			文盲人口占残疾人口的比例		
	合计	男	女	小计	男	女	总比例	男	女
60岁	131	67	64	55	19	36	41.98	28.36	56.25
61岁	119	65	54	60	22	38	50.42	33.85	70.37
62岁	120	69	51	57	27	30	47.5	39.13	58.82
63岁	119	47	72	63	15	48	52.94	31.91	66.67
64岁	117	69	48	49	17	32	41.88	24.64	66.67
65-69	**594**	**305**	**289**	**311**	**93**	**218**	**52.36**	**30.49**	**75.43**
65岁	143	81	62	70	24	46	48.95	29.63	74.19
66岁	94	46	48	45	14	31	47.87	30.43	64.58
67岁	109	60	49	52	16	36	47.71	26.67	73.47
68岁	121	51	70	76	18	58	62.81	35.29	82.86
69岁	127	67	60	68	21	47	53.54	31.34	78.33
70-74	**697**	**325**	**372**	**433**	**130**	**303**	**62.12**	**40**	**81.45**
70岁	130	67	63	75	27	48	57.69	40.3	76.19
71岁	148	66	82	86	22	64	58.11	33.33	78.05
72岁	158	68	90	102	30	72	64.56	44.12	80
73岁	142	65	77	95	27	68	66.9	41.54	88.31
74岁	119	59	60	75	24	51	63.03	40.68	85
75-79	**603**	**270**	**333**	**432**	**132**	**300**	**71.64**	**48.89**	**90.09**
75岁	134	74	60	88	36	52	65.67	48.65	86.67
76岁	122	53	69	89	24	65	72.95	45.28	94.2
77岁	117	49	68	85	22	63	72.65	44.9	92.65
78岁	123	52	71	86	26	60	69.92	50	84.51
79岁	107	42	65	84	24	60	78.5	57.14	92.31
80-84	**396**	**159**	**237**	**292**	**75**	**217**	**73.74**	**47.17**	**91.56**
80岁	105	48	57	73	22	51	69.52	45.83	89.47
81岁	90	33	57	69	16	53	76.67	48.48	92.98
82岁	83	26	57	67	14	53	80.72	53.85	92.98
83岁	65	30	35	43	11	32	66.15	36.67	91.43
84岁	53	22	31	40	12	28	75.47	54.55	90.32
85+	**212**	**72**	**140**	**168**	**37**	**131**	**79.25**	**51.39**	**93.57**

2－12　15岁及以上残疾人分年龄、性别的婚姻状况

单位：人

年龄	残疾人			未婚			初婚有配偶		
	合计	男	女	小计	男	女	小计	男	女
总　计	**6454**	**3368**	**3086**	**988**	**824**	**164**	**3701**	**1924**	**1777**
15－19	**191**	**116**	**75**	**190**	**115**	**75**	**1**	**1**	
15岁	38	25	13	38	25	13			
16岁	27	14	13	27	14	13			
17岁	44	25	19	44	25	19			
18岁	43	26	17	42	25	17	1	1	
19岁	39	26	13	39	26	13			
20－24	**156**	**94**	**62**	**128**	**89**	**39**	**27**	**5**	**22**
20岁	26	17	9	26	17	9			
21岁	27	13	14	23	13	10	4		4
22岁	33	20	13	25	18	7	7	2	5
23岁	41	24	17	32	23	9	9	1	8
24岁	29	20	9	22	18	4	7	2	5
25－29	**142**	**92**	**50**	**74**	**65**	**9**	**62**	**24**	**38**
25岁	26	17	9	14	11	3	10	5	5
26岁	22	16	6	13	13		7	1	6
27岁	32	17	15	18	15	3	12	2	10
28岁	31	20	11	11	9	2	20	11	9
29岁	31	22	9	18	17	1	13	5	8
30－34	**249**	**154**	**95**	**88**	**82**	**6**	**147**	**61**	**86**
30岁	36	24	12	17	16	1	19	8	11
31岁	38	23	15	15	15		21	7	14
32岁	49	31	18	22	19	3	25	10	15
33岁	46	28	18	12	11	1	30	14	16
34岁	80	48	32	22	21	1	52	22	30
35－39	**370**	**226**	**144**	**94**	**86**	**8**	**244**	**120**	**124**
35岁	65	37	28	19	19		44	16	28
36岁	49	31	18	18	16	2	28	14	14

2-12 续表 1

单位：人

年龄	残疾人			未婚			初婚有配偶		
	合计	男	女	小计	男	女	小计	男	女
37岁	95	62	33	22	20	2	63	35	28
38岁	74	45	29	17	14	3	45	24	21
39岁	87	51	36	18	17	1	64	31	33
40-44	**490**	**271**	**219**	**82**	**75**	**7**	**367**	**172**	**195**
40岁	62	43	19	12	12		45	30	15
41岁	108	56	52	17	13	4	84	40	44
42岁	126	76	50	18	17	1	96	51	45
43岁	99	49	50	19	19		69	23	46
44岁	95	47	48	16	14	2	73	28	45
45-49	**470**	**267**	**203**	**55**	**54**	**1**	**359**	**183**	**176**
45岁	48	28	20	7	7		34	15	19
46岁	67	37	30	9	9		53	25	28
47岁	93	51	42	6	5	1	78	43	35
48岁	146	80	66	15	15		115	58	57
49岁	116	71	45	18	18		79	42	37
50-54	**636**	**353**	**283**	**95**	**93**	**2**	**466**	**229**	**237**
50岁	94	53	41	15	14	1	68	34	34
51岁	141	80	61	23	23		106	52	54
52岁	129	70	59	20	19	1	97	46	51
53岁	153	81	72	22	22		111	52	59
54岁	119	69	50	15	15		84	45	39
55-59	**642**	**347**	**295**	**75**	**66**	**9**	**466**	**235**	**231**
55岁	132	74	58	20	18	2	97	48	49
56岁	135	75	60	16	13	3	97	53	44
57岁	109	59	50	16	16		75	35	40
58岁	137	71	66	17	13	4	100	47	53
59岁	129	68	61	6	6		97	52	45
60-64	**606**	**317**	**289**	**45**	**43**	**2**	**423**	**220**	**203**
60岁	131	67	64	10	10		91	46	45
61岁	119	65	54	11	11		78	38	40
62岁	120	69	51	10	10		91	52	39

2－12 续表 2

单位：人

年 龄	残疾人			未婚			初婚有配偶		
	合计	男	女	小计	男	女	小计	男	女
63岁	119	47	72	5	3	2	89	38	51
64岁	117	69	48	9	9		74	46	28
65-69	**594**	**305**	**289**	**23**	**22**	**1**	**363**	**212**	**151**
65岁	143	81	62	7	7		89	60	29
66岁	94	46	48	5	5		56	30	26
67岁	109	60	49	3	3		62	39	23
68岁	121	51	70	3	2	1	80	38	42
69岁	127	67	60	5	5		76	45	31
70-74	**697**	**325**	**372**	**21**	**20**	**1**	**399**	**217**	**182**
70岁	130	67	63	7	7		69	41	28
71岁	148	66	82	5	5		96	44	52
72岁	158	68	90	5	5		97	48	49
73岁	142	65	77	3	2	1	74	44	30
74岁	119	59	60	1	1		63	40	23
75-79	**603**	**270**	**333**	**13**	**10**	**3**	**231**	**153**	**78**
75岁	134	74	60	4	4		53	38	15
76岁	122	53	69	1	1		51	37	14
77岁	117	49	68	4	3	1	50	30	20
78岁	123	52	71	1	1		44	29	15
79岁	107	42	65	3	1	2	33	19	14
80-84	**396**	**159**	**237**	**5**	**4**	**1**	**112**	**70**	**42**
80岁	105	48	57	3	3		35	23	12
81岁	90	33	57	1		1	35	19	16
82岁	83	26	57	1	1		16	11	5
83岁	65	30	35				14	11	3
84岁	53	22	31				12	6	6
85+	**212**	**72**	**140**				**34**	**22**	**12**

2-12 续表 3

单位：人

年龄	再婚有配偶			离婚			丧偶		
	小计	男	女	小计	男	女	小计	男	女
总 计	**186**	**84**	**102**	**118**	**85**	**33**	**1461**	**451**	**1010**
15-19									
15岁									
16岁									
17岁									
18岁									
19岁									
20-24				**1**		**1**			
20岁									
21岁									
22岁				1		1			
23岁									
24岁									
25-29	**2**		**2**	**4**	**3**	**1**			
25岁	1		1	1	1				
26岁				2	2				
27岁	1		1	1		1			
28岁									
29岁									
30-34	**4**	**3**	**1**	**9**	**7**	**2**	**1**	**1**	
30岁									
31岁	1		1	1	1				
32岁				1	1		1	1	
33岁				4	3	1			
34岁	3	3		3	2	1			
35-39	**9**	**4**	**5**	**17**	**11**	**6**	**6**	**5**	**1**
35岁	1	1		1	1				
36岁	2	1	1	1		1			

2-12 续表 4

单位：人

年 龄	再婚有配偶			离婚			丧偶		
	小计	男	女	小计	男	女	小计	男	女
37岁	3	1	2	4	4		3	2	1
38岁	1		1	8	4	4	3	3	
39岁	2	1	1	3	2	1			
40-44	**11**	**4**	**7**	**23**	**16**	**7**	**7**	**4**	**3**
40岁	2		2	2	1	1	1		1
41岁	3		3	3	3		1		1
42岁	1	1		7	4	3	4	3	1
43岁	3	1	2	7	5	2	1	1	
44岁	2	2		4	3	1			
45-49	**16**	**4**	**12**	**18**	**15**	**3**	**22**	**11**	**11**
45岁	1		1	4	4		2	2	
46岁	3	2	1	1	1		1		1
47岁	3		3	1	1		5	2	3
48岁	7	1	6	4	3	1	5	3	2
49岁	2	1	1	8	6	2	9	4	5
50-54	**22**	**9**	**13**	**13**	**8**	**5**	**40**	**14**	**26**
50岁	3	2	1	1	1		7	2	5
51岁	3	1	2	2	1	1	7	3	4
52岁	3	2	1	3	1	2	6	2	4
53岁	7	1	6	3	3		10	3	7
54岁	6	3	3	4	2	2	10	4	6
55-59	**21**	**7**	**14**	**11**	**8**	**3**	**69**	**31**	**38**
55岁	3	1	2	2	2		10	5	5
56岁	3	1	2	5	4	1	14	4	10
57岁	5	2	3	2	1	1	11	5	6
58岁	5	3	2	1	1		14	7	7
59岁	5		5	1		1	20	10	10
60-64	**24**	**11**	**13**	**7**	**5**	**2**	**107**	**38**	**69**
60岁	6	2	4	4	3	1	20	6	14
61岁	6	3	3				24	13	11
62岁	3	2	1				16	5	11

2－12 续表 5

单位：人

年龄	再婚有配偶			离婚			丧偶		
	小计	男	女	小计	男	女	小计	男	女
63岁	5	1	4				20	5	15
64岁	4	3	1	3	2	1	27	9	18
65-69	**20**	**10**	**10**	**4**	**3**	**1**	**184**	**58**	**126**
65岁	8	2	6	1	1		38	11	27
66岁	2	2					31	9	22
67岁	4	2	2	1	1		39	15	24
68岁	4	3	1	1		1	33	8	25
69岁	2	1	1	1	1		43	15	28
70-74	**23**	**13**	**10**	**7**	**5**	**2**	**247**	**70**	**177**
70岁	7	6	1	1	1		46	12	34
71岁	5	4	1				42	13	29
72岁	1		1	1		1	54	15	39
73岁	8	2	6	2	2		55	15	40
74岁	2	1	1	3	2	1	50	15	35
75-79	**22**	**9**	**13**	**3**	**3**		**334**	**95**	**239**
75岁	7	4	3	1	1		69	27	42
76岁	5	2	3	1	1		64	12	52
77岁	3		3				60	16	44
78岁	4	1	3				74	21	53
79岁	3	2	1	1	1		67	19	48
80-84	**9**	**8**	**1**	**1**	**1**		**269**	**76**	**193**
80岁							67	22	45
81岁	2	1	1				52	13	39
82岁	3	3					63	11	52
83岁	4	4		1	1		46	14	32
84岁							41	16	25
85+	**3**	**2**	**1**				**175**	**48**	**127**

2-13 残疾人分年龄、性别的经济活动人口

单位：人

年龄	残疾人口			在业人口			不在业人口		
	合计	男	女	小计	男	女	小计	男	女
总计	**6454**	**3368**	**3086**	**2579**	**1645**	**934**	**3875**	**1723**	**2152**
15-19	**191**	**116**	**75**	**43**	**29**	**14**	**148**	**87**	**61**
15岁	38	25	13	3	1	2	35	24	11
16岁	27	14	13	5	2	3	22	12	10
17岁	44	25	19	10	8	2	34	17	17
18岁	43	26	17	15	10	5	28	16	12
19岁	39	26	13	10	8	2	29	18	11
20-24	**156**	**94**	**62**	**54**	**37**	**17**	**102**	**57**	**45**
20岁	26	17	9	10	8	2	16	9	7
21岁	27	13	14	6	1	5	21	12	9
22岁	33	20	13	11	8	3	22	12	10
23岁	41	24	17	15	12	3	26	12	14
24岁	29	20	9	12	8	4	17	12	5
25-29	**142**	**92**	**50**	**65**	**46**	**19**	**77**	**46**	**31**
25岁	26	17	9	13	10	3	13	7	6
26岁	22	16	6	9	6	3	13	10	3
27岁	32	17	15	10	5	5	22	12	10
28岁	31	20	11	16	13	3	15	7	8
29岁	31	22	9	17	12	5	14	10	4
30-34	**249**	**154**	**95**	**144**	**87**	**57**	**105**	**67**	**38**
30岁	36	24	12	19	13	6	17	11	6
31岁	38	23	15	20	10	10	18	13	5
32岁	49	31	18	30	18	12	19	13	6
33岁	46	28	18	25	17	8	21	11	10
34岁	80	48	32	50	29	21	30	19	11
35-39	**370**	**226**	**144**	**229**	**146**	**83**	**141**	**80**	**61**
35岁	65	37	28	43	24	19	22	13	9
36岁	49	31	18	23	16	7	26	15	11

2-13 续表 1

单位：人

年 龄	残疾人口			在业人口			不在业人口		
	合计	男	女	小计	男	女	小计	男	女
37岁	95	62	33	57	35	22	38	27	11
38岁	74	45	29	47	32	15	27	13	14
39岁	87	51	36	59	39	20	28	12	16
40-44	**490**	**271**	**219**	**321**	**195**	**126**	**169**	**76**	**93**
40岁	62	43	19	42	33	9	20	10	10
41岁	108	56	52	74	42	32	34	14	20
42岁	126	76	50	92	62	30	34	14	20
43岁	99	49	50	57	26	31	42	23	19
44岁	95	47	48	56	32	24	39	15	24
45-49	**470**	**267**	**203**	**305**	**186**	**119**	**165**	**81**	**84**
45岁	48	28	20	33	19	14	15	9	6
46岁	67	37	30	38	24	14	29	13	16
47岁	93	51	42	57	32	25	36	19	17
48岁	146	80	66	104	62	42	42	18	24
49岁	116	71	45	73	49	24	43	22	21
50-54	**636**	**353**	**283**	**396**	**244**	**152**	**240**	**109**	**131**
50岁	94	53	41	61	38	23	33	15	18
51岁	141	80	61	97	57	40	44	23	21
52岁	129	70	59	76	46	30	53	24	29
53岁	153	81	72	87	51	36	66	30	36
54岁	119	69	50	75	52	23	44	17	27
55-59	**642**	**347**	**295**	**358**	**219**	**139**	**284**	**128**	**156**
55岁	132	74	58	76	44	32	56	30	26
56岁	135	75	60	76	52	24	59	23	36
57岁	109	59	50	64	37	27	45	22	23
58岁	137	71	66	66	40	26	71	31	40
59岁	129	68	61	76	46	30	53	22	31
60-64	**606**	**317**	**289**	**309**	**194**	**115**	**297**	**123**	**174**
60岁	131	67	64	78	45	33	53	22	31
61岁	119	65	54	58	36	22	61	29	32

2－13 续表 2

单位：人

年 龄	残疾人口			在业人口			不在业人口		
	合计	男	女	小计	男	女	小计	男	女
62岁	120	69	51	68	49	19	52	20	32
63岁	119	47	72	52	30	22	67	17	50
64岁	117	69	48	53	34	19	64	35	29
65-69	**594**	**305**	**289**	**183**	**135**	**48**	**411**	**170**	**241**
65岁	143	81	62	55	41	14	88	40	48
66岁	94	46	48	35	24	11	59	22	37
67岁	109	60	49	33	26	7	76	34	42
68岁	121	51	70	24	17	7	97	34	63
69岁	127	67	60	36	27	9	91	40	51
70-74	**697**	**325**	**372**	**114**	**88**	**26**	**583**	**237**	**346**
70岁	130	67	63	25	21	4	105	46	59
71岁	148	66	82	28	19	9	120	47	73
72岁	158	68	90	21	13	8	137	55	82
73岁	142	65	77	19	16	3	123	49	74
74岁	119	59	60	21	19	2	98	40	58
75-79	**603**	**270**	**333**	**47**	**33**	**14**	**556**	**237**	**319**
75岁	134	74	60	18	15	3	116	59	57
76岁	122	53	69	10	5	5	112	48	64
77岁	117	49	68	6	5	1	111	44	67
78岁	123	52	71	8	5	3	115	47	68
79岁	107	42	65	5	3	2	102	39	63
80-84	**396**	**159**	**237**	**9**	**5**	**4**	**387**	**154**	**233**
80岁	105	48	57	2	2		103	46	57
81岁	90	33	57	3	1	2	87	32	55
82岁	83	26	57	1		1	82	26	56
83岁	65	30	35	3	2	1	62	28	34
84岁	53	22	31				53	22	31
85+	**212**	**72**	**140**	**2**	**1**	**1**	**210**	**71**	**139**

2－13a　城镇残疾人分年龄、性别的经济活动人口

单位：人

年　龄	残疾人口			在业人口			不在业人口		
	合计	男	女	小计	男	女	小计	男	女
总　计	**1489**	**760**	**729**	**344**	**233**	**111**	**1145**	**527**	**618**
15－19	**34**	**18**	**16**	**4**	**3**	**1**	**30**	**15**	**15**
15岁	7	4	3	1	1		6	3	3
16岁	8	5	3				8	5	3
17岁	7	3	4	1	1		6	2	4
18岁	5	2	3	1	1		4	1	3
19岁	7	4	3	1		1	6	4	2
20－24	**29**	**17**	**12**	**4**	**3**	**1**	**25**	**14**	**11**
20岁	4	3	1				4	3	1
21岁	5	2	3				5	2	3
22岁	4	4					4	4	
23岁	9	3	6	3	2	1	6	1	5
24岁	7	5	2	1	1		6	4	2
25－29	**34**	**19**	**15**	**10**	**6**	**4**	**24**	**13**	**11**
25岁	8	4	4	3	3		5	1	4
26岁	6	4	2	2		2	4	4	
27岁	5	2	3	1		1	4	2	2
28岁	8	4	4	4	3	1	4	1	3
29岁	7	5	2				7	5	2
30－34	**48**	**34**	**14**	**20**	**16**	**4**	**28**	**18**	**10**
30岁	8	5	3	3	2	1	5	3	2
31岁	5	4	1	1	1		4	3	1
32岁	9	6	3	5	3	2	4	3	1
33岁	11	7	4	4	3	1	7	4	3
34岁	15	12	3	7	7		8	5	3
35－39	**85**	**55**	**30**	**36**	**28**	**8**	**49**	**27**	**22**
35岁	11	7	4	4	3	1	7	4	3
36岁	15	11	4	5	4	1	10	7	3

2－13a 续表 1

单位：人

年 龄	残疾人口			在业人口			不在业人口		
	合计	男	女	小计	男	女	小计	男	女
37岁	26	18	8	11	8	3	15	10	5
38岁	13	7	6	5	4	1	8	3	5
39岁	20	12	8	11	9	2	9	3	6
40-44	**117**	**69**	**48**	**52**	**36**	**16**	**65**	**33**	**32**
40岁	10	6	4	4	4		6	2	4
41岁	23	13	10	13	9	4	10	4	6
42岁	32	21	11	15	11	4	17	10	7
43岁	23	13	10	6	3	3	17	10	7
44岁	29	16	13	14	9	5	15	7	8
45-49	**123**	**84**	**39**	**55**	**41**	**14**	**68**	**43**	**25**
45岁	12	9	3	5	3	2	7	6	1
46岁	25	20	5	10	9	1	15	11	4
47岁	32	21	11	14	9	5	18	12	6
48岁	23	13	10	12	8	4	11	5	6
49岁	31	21	10	14	12	2	17	9	8
50-54	**145**	**70**	**75**	**56**	**32**	**24**	**89**	**38**	**51**
50岁	21	12	9	11	8	3	10	4	6
51岁	36	19	17	12	6	6	24	13	11
52岁	28	12	16	9	5	4	19	7	12
53岁	33	15	18	15	8	7	18	7	11
54岁	27	12	15	9	5	4	18	7	11
55-59	**135**	**71**	**64**	**45**	**29**	**16**	**90**	**42**	**48**
55岁	23	15	8	7	6	1	16	9	7
56岁	34	17	17	10	8	2	24	9	15
57岁	22	10	12	11	6	5	11	4	7
58岁	28	15	13	8	5	3	20	10	10
59岁	28	14	14	9	4	5	19	10	9
60-64	**115**	**59**	**56**	**31**	**18**	**13**	**84**	**41**	**43**
60岁	18	8	10	7	3	4	11	5	6
61岁	24	16	8	7	5	2	17	11	6

2－13a 续表 2

单位：人

年 龄	残疾人口			在业人口			不在业人口		
	合计	男	女	小计	男	女	小计	男	女
62岁	27	15	12	8	6	2	19	9	10
63岁	23	5	18	4	2	2	19	3	16
64岁	23	15	8	5	2	3	18	13	5
65-69	**136**	**65**	**71**	**20**	**14**	**6**	**116**	**51**	**65**
65岁	34	19	15	6	4	2	28	15	13
66岁	19	5	14	4	3	1	15	2	13
67岁	27	12	15	5	3	2	22	9	13
68岁	25	13	12	3	2	1	22	11	11
69岁	31	16	15	2	2		29	14	15
70-74	**166**	**75**	**91**	**7**	**3**	**4**	**159**	**72**	**87**
70岁	28	12	16	3	2	1	25	10	15
71岁	37	15	22	2		2	35	15	20
72岁	46	20	26	2	1	1	44	19	25
73岁	35	19	16				35	19	16
74岁	20	9	11				20	9	11
75-79	**130**	**66**	**64**	**4**	**4**		**126**	**62**	**64**
75岁	32	14	18	3	3		29	11	18
76岁	27	18	9				27	18	9
77岁	22	11	11	1	1		21	10	11
78岁	27	14	13				27	14	13
79岁	22	9	13				22	9	13
80-84	**112**	**36**	**76**				**112**	**36**	**76**
80岁	27	11	16				27	11	16
81岁	25	5	20				25	5	20
82岁	23	7	16				23	7	16
83岁	19	8	11				19	8	11
84岁	18	5	13				18	5	13
85+	**80**	**22**	**58**				**80**	**22**	**58**

2－13b 农村残疾人分年龄、性别的经济活动人口

单位：人

年　龄	残疾人口			在业人口			不在业人口		
	合计	男	女	小计	男	女	小计	男	女
总　计	**4965**	**2608**	**2357**	**2235**	**1412**	**823**	**2730**	**1196**	**1534**
15-19	**157**	**98**	**59**	**39**	**26**	**13**	**118**	**72**	**46**
15岁	31	21	10	2		2	29	21	8
16岁	19	9	10	5	2	3	14	7	7
17岁	37	22	15	9	7	2	28	15	13
18岁	38	24	14	14	9	5	24	15	9
19岁	32	22	10	9	8	1	23	14	9
20-24	**127**	**77**	**50**	**50**	**34**	**16**	**77**	**43**	**34**
20岁	22	14	8	10	8	2	12	6	6
21岁	22	11	11	6	1	5	16	10	6
22岁	29	16	13	11	8	3	18	8	10
23岁	32	21	11	12	10	2	20	11	9
24岁	22	15	7	11	7	4	11	8	3
25-29	**108**	**73**	**35**	**55**	**40**	**15**	**53**	**33**	**20**
25岁	18	13	5	10	7	3	8	6	2
26岁	16	12	4	7	6	1	9	6	3
27岁	27	15	12	9	5	4	18	10	8
28岁	23	16	7	12	10	2	11	6	5
29岁	24	17	7	17	12	5	7	5	2
30-34	**201**	**120**	**81**	**124**	**71**	**53**	**77**	**49**	**28**
30岁	28	19	9	16	11	5	12	8	4
31岁	33	19	14	19	9	10	14	10	4
32岁	40	25	15	25	15	10	15	10	5
33岁	35	21	14	21	14	7	14	7	7
34岁	65	36	29	43	22	21	22	14	8
35-39	**285**	**171**	**114**	**193**	**118**	**75**	**92**	**53**	**39**
35岁	54	30	24	39	21	18	15	9	6
36岁	34	20	14	18	12	6	16	8	8

2-13b 续表 1

单位：人

年 龄	残疾人口			在业人口			不在业人口		
	合计	男	女	小计	男	女	小计	男	女
37岁	69	44	25	46	27	19	23	17	6
38岁	61	38	23	42	28	14	19	10	9
39岁	67	39	28	48	30	18	19	9	10
40-44	**373**	**202**	**171**	**269**	**159**	**110**	**104**	**43**	**61**
40岁	52	37	15	38	29	9	14	8	6
41岁	85	43	42	61	33	28	24	10	14
42岁	94	55	39	77	51	26	17	4	13
43岁	76	36	40	51	23	28	25	13	12
44岁	66	31	35	42	23	19	24	8	16
45-49	**347**	**183**	**164**	**250**	**145**	**105**	**97**	**38**	**59**
45岁	36	19	17	28	16	12	8	3	5
46岁	42	17	25	28	15	13	14	2	12
47岁	61	30	31	43	23	20	18	7	11
48岁	123	67	56	92	54	38	31	13	18
49岁	85	50	35	59	37	22	26	13	13
50-54	**491**	**283**	**208**	**340**	**212**	**128**	**151**	**71**	**80**
50岁	73	41	32	50	30	20	23	11	12
51岁	105	61	44	85	51	34	20	10	10
52岁	101	58	43	67	41	26	34	17	17
53岁	120	66	54	72	43	29	48	23	25
54岁	92	57	35	66	47	19	26	10	16
55-59	**507**	**276**	**231**	**313**	**190**	**123**	**194**	**86**	**108**
55岁	109	59	50	69	38	31	40	21	19
56岁	101	58	43	66	44	22	35	14	21
57岁	87	49	38	53	31	22	34	18	16
58岁	109	56	53	58	35	23	51	21	30
59岁	101	54	47	67	42	25	34	12	22
60-64	**491**	**258**	**233**	**278**	**176**	**102**	**213**	**82**	**131**
60岁	113	59	54	71	42	29	42	17	25
61岁	95	49	46	51	31	20	44	18	26

2－13b 续表 2

单位：人

年 龄	残疾人口			在业人口			不在业人口		
	合计	男	女	小计	男	女	小计	男	女
62岁	93	54	39	60	43	17	33	11	22
63岁	96	42	54	48	28	20	48	14	34
64岁	94	54	40	48	32	16	46	22	24
65-69	**458**	**240**	**218**	**163**	**121**	**42**	**295**	**119**	**176**
65岁	109	62	47	49	37	12	60	25	35
66岁	75	41	34	31	21	10	44	20	24
67岁	82	48	34	28	23	5	54	25	29
68岁	96	38	58	21	15	6	75	23	52
69岁	96	51	45	34	25	9	62	26	36
70-74	**531**	**250**	**281**	**107**	**85**	**22**	**424**	**165**	**259**
70岁	102	55	47	22	19	3	80	36	44
71岁	111	51	60	26	19	7	85	32	53
72岁	112	48	64	19	12	7	93	36	57
73岁	107	46	61	19	16	3	88	30	58
74岁	99	50	49	21	19	2	78	31	47
75-79	**473**	**204**	**269**	**43**	**29**	**14**	**430**	**175**	**255**
75岁	102	60	42	15	12	3	87	48	39
76岁	95	35	60	10	5	5	85	30	55
77岁	95	38	57	5	4	1	90	34	56
78岁	96	38	58	8	5	3	88	33	55
79岁	85	33	52	5	3	2	80	30	50
80-84	**284**	**123**	**161**	**9**	**5**	**4**	**275**	**118**	**157**
80岁	78	37	41	2	2		76	35	41
81岁	65	28	37	3	1	2	62	27	35
82岁	60	19	41	1		1	59	19	40
83岁	46	22	24	3	2	1	43	20	23
84岁	35	17	18				35	17	18
85+	**132**	**50**	**82**	**2**	**1**	**1**	**130**	**49**	**81**

2－14 分年龄、性别的职业状况

单位：人

年 龄	总计			国家机关、党群组织、企业、事业单位负责人			专业技术人员			办事人员和有关人员		
	合计	男	女	合计	男	女	合计	男	女	合计	男	女
总 计	**2579**	**1645**	**934**	**5**	**4**	**1**	**19**	**13**	**6**	**23**	**21**	**2**
15-19	43	29	14							1	1	
20-24	54	37	17									
25-29	65	46	19				1	1		1	1	
30-34	144	87	57							1	1	
35-39	229	146	83				3	2	1	1	1	
40-44	321	195	126	3	2	1	5	4	1	5	5	
45-49	305	186	119	2	2		4	2	2	9	7	2
50-54	396	244	152				2	1	1	2	2	
55-59	358	219	139				2	1	1	2	2	
60-64	309	194	115				1	1		1	1	
65+	355	262	93				1	1				

2－14 续表

单位：人

年 龄	商业、服务业人员			农、林、牧、渔、水利业生产人员			生产、运输设备操作人员及有关人员			不便分类的其他从业人员		
	小计	男	女	小计	男	女	小计	男	女	合计	男	女
总 计	**161**	**114**	**47**	**2165**	**1320**	**845**	**206**	**173**	**33**			
15-19	1		1	28	20	8	13	8	5			
20-24	3	2	1	44	32	12	7	3	4			
25-29	7	6	1	45	30	15	11	8	3			
30-34	13	7	6	106	60	46	24	19	5			
35-39	27	19	8	165	94	71	33	30	3			
40-44	28	21	7	242	130	112	38	33	5			
45-49	22	16	6	242	135	107	26	24	2			
50-54	19	14	5	344	202	142	29	25	4			
55-59	17	13	4	326	193	133	11	10	1			
60-64	10	5	5	290	180	110	7	7				
65+	14	11	3	333	244	89	7	6	1			

2－15　残疾人分性别、受教育程度的职业状况

单位：人

受教育程度	在业残疾人			国家机关、党群组织、企业、事业单位负责人			专业技术人员			办事人员和有关人员		
	合计	男	女	小计	男	女	小计	男	女	小计	男	女
总　计	**2579**	**1645**	**934**	**5**	**4**	**1**	**19**	**13**	**6**	**23**	**21**	**2**
不识字	865	402	463							1	1	
未上过学	22	16	6									
小学	1051	716	335				3	2	1	4	4	
初中	499	397	102	1	1		6	5	1	11	10	1
高中	112	91	21	3	2	1	3	3		6	5	1
中专	17	11	6	1	1		4	1	3			
大学专科	11	11					2	2		1	1	
大学本科	2	1	1				1		1			
研究生												

2－15　续表

单位：人

受教育程度	商业、服务业人员			农、林、牧、渔、水利业生产人员			生产、运输设备操作人员及有关人员			不便分类的其他从业人员		
	小计	男	女	小计	男	女	小计	男	女	小计	男	女
总　计	**161**	**114**	**47**	**2165**	**1320**	**845**	**206**	**173**	**33**			
不识字	29	18	11	802	355	447	33	28	5			
未上过学				21	15	6	1	1				
小学	37	24	13	923	617	306	84	69	15			
初中	62	46	16	359	283	76	60	52	8			
高中	25	19	6	56	47	9	19	15	4			
中专	5	4	1	3	2	1	4	3	1			
大学专科	2	2		1	1		5	5				
大学本科	1	1										
研究生												

2－16 各地区残疾人分性别的未工作状况

单位：人

地 区	未工作残疾人			在校学生			离退休		
	合计	男	女	小计	男	女	小计	男	女
总 计	**3875**	**1723**	**2152**	**30**	**20**	**10**	**440**	**249**	**191**
黄陂区	92	37	55				4	4	
武昌区	135	63	72				81	34	47
黄石市	98	46	52				64	35	29
江夏区	101	42	59	2	2		2	2	
硚口区	139	66	73				78	32	46
丹江口市	157	77	80	3	2	1	9	7	2
江汉区	124	62	62	3	1	2	71	32	39
仙桃市	130	45	85	1		1	3	3	
汉川市	88	34	54						
鄂州市	98	33	65	1	1		6	6	
大冶市	132	63	69	1	1		9	8	1
武穴市	132	55	77	2	1	1	2	2	
宜昌市	152	84	68				32	21	11
枝江市	107	43	64				8	7	1
天门市	117	45	72	1	1		1	1	
曾都区	111	47	64	2	1	1			
襄阳区	118	47	71						
广水市	91	41	50				10	7	3
利川市	97	50	47	3	2	1			
咸安区	114	35	79	1	1		7	6	1
巴东县	103	56	47				3	3	
竹溪县	187	90	97	1	1		2	2	
神农架林区	196	95	101	1		1	5	4	1
红安县	90	38	52	1	1		9	6	3
南漳县	128	76	52				7	7	
通城县	107	54	53	1		1	4	3	1
监利县	118	48	70	1	1		7	5	2
黄梅县	138	64	74	2	1	1	2	2	
江陵县	75	34	41						
蕲春县	262	105	157	3	3		1		1
京山县	**138**	**48**	**90**				**13**	**10**	**3**

2－16 续表 1

单位：人

地区	料理家务			丧失劳动能力			毕业后未工作		
	小计	男	女	小计	男	女	小计	男	女
总计	**738**	**138**	**600**	**2438**	**1159**	**1279**	**21**	**10**	**11**
黄陂区	16	4	12	72	29	43			
武昌区	9		9	18	9	9	1	1	
黄石市	8		8	17	6	11			
江夏区	27	4	23	68	32	36			
硚口区	11	1	10	8	4	4	4	2	2
丹江口市	31	5	26	110	59	51			
江汉区	8	1	7	18	10	8	4	1	3
仙桃市	30	6	24	83	29	54	3		3
汉川市	25	7	18	60	24	36			
鄂州市	19		19	69	23	46			
大冶市	21	2	19	96	48	48	1	1	
武穴市	25	5	20	98	44	54	1	1	
宜昌市	29	11	18	74	39	35	2	2	
枝江市	16	2	14	74	28	46			
天门市	14	1	13	97	39	58			
曾都区	29	5	24	79	40	39			
襄阳区	18	4	14	97	43	54	1		1
广水市	16	6	10	56	21	35	1	1	
利川市	22	8	14	68	38	30			
咸安区	25	5	20	78	22	56			
巴东县	10	3	7	88	48	40			
竹溪县	40	5	35	142	81	61			
神农架林区	38	7	31	148	80	68			
红安县	12	2	10	62	27	35	1		1
南漳县	23	9	14	97	59	38			
通城县	19	3	16	81	47	34			
监利县	23	1	22	80	38	42	1		1
黄梅县	44	7	37	88	52	36			
江陵县	7	2	5	67	31	36			
蕲春县	99	20	79	151	76	75	1	1	
京山县	**24**	**2**	**22**	**94**	**33**	**61**			

2-16 续表 2

单位：人

地 区	因单位原因失去原工作			因本人原因失去原工作			承包土地被征用			其他		
	小计	男	女	小计	男	女	小计	男	女	小计	男	女
总 计	**102**	**74**	**28**	**42**	**29**	**13**	**5**	**3**	**2**	**59**	**41**	**18**
黄陂区												
武昌区	15	10	5	7	6	1				4	3	1
黄石市	7	4	3	1	1					1		1
江夏区										2	2	
硚口区	26	20	6	9	5	4				3	2	1
丹江口市				2	2					2	2	
江汉区	17	15	2	1	1					2	1	1
仙桃市	2	2		7	5	2				1		1
汉川市										3	3	
鄂州市	1	1		2	2							
大冶市	1	1		1	1		1		1	1	1	
武穴市										4	2	2
宜昌市	11	9	2	1	1		1	1		2		2
枝江市	2	1	1	3	2	1				4	3	1
天门市	1	1								3	2	1
曾都区	1	1										
襄阳区				1		1				1		1
广水市	4	2	2	1	1					3	3	
利川市				1	1					3	1	2
咸安区	2	1	1	1		1						
巴东县	1	1								1	1	
竹溪县	1	1								1		1
神农架林区	1	1								3	3	
红安县	2	2		1		1				2		2
南漳县										1	1	
通城县							2	1	1			
监利县	3	1	2	1		1				2	2	
黄梅县										2	2	
江陵县										1	1	
蕲春县				1		1	1	1		5	4	1
京山县	**4**		**4**	**1**	**1**					**2**	**2**	

2－16a 各地区城镇残疾人分性别的未工作状况

单位：人

地 区	未工作残疾人			在校学生			离退休		
	合计	男	女	小计	男	女	小计	男	女
总 计	**1145**	**527**	**618**	**9**	**6**	**3**	**407**	**217**	**190**
黄陂区	44	20	24				3	3	
武昌区	135	63	72				81	34	47
黄石市	98	46	52				64	35	29
江夏区	51	21	30	2	2		1	1	
硚口区	139	66	73				78	32	46
丹江口市	43	20	23	2	1	1	8	6	2
江汉区	124	62	62	3	1	2	71	32	39
仙桃市	47	20	27				3	3	
汉川市									
鄂州市	11	5	6	1	1		3	3	
大冶市	35	20	15				8	7	1
武穴市									
宜昌市	112	58	54				29	18	11
枝江市	32	13	19				7	6	1
天门市	18	5	13	1	1				
曾都区	30	16	14						
襄阳区	12	4	8						
广水市	28	12	16				9	6	3
利川市									
咸安区	36	11	25				6	5	1
巴东县									
竹溪县									
神农架林区	11	4	7				2	1	1
红安县	25	9	16				8	5	3
南漳县	23	13	10				3	3	
通城县	25	12	13				3	2	1
监利县	28	13	15				7	5	2
黄梅县									
江陵县									
蕲春县									
京山县	38	14	24				13	10	3

2－16a 续表 1

单位：人

地 区	料理家务			丧失劳动能力			毕业后未工作		
	小计	男	女	小计	男	女	小计	男	女
总 计	**161**	**30**	**131**	**404**	**163**	**241**	**12**	**5**	**7**
黄陂区	8	2	6	33	15	18			
武昌区	9		9	18	9	9	1	1	
黄石市	8		8	17	6	11			
江夏区	13	2	11	33	14	19			
硚口区	11	1	10	8	4	4	4	2	2
丹江口市	10	1	9	20	9	11			
江汉区	8	1	7	18	10	8	4	1	3
仙桃市	9	3	6	27	10	17	2		2
汉川市									
鄂州市				6		6			
大冶市	3	1	2	21	10	11			
武穴市									
宜昌市	17	5	12	50	23	27	1	1	
枝江市	5		5	15	4	11			
天门市	2	1	1	13	2	11			
曾都区	9	3	6	20	12	8			
襄阳区	2	1	1	9	3	6			
广水市	7	2	5	9	3	6			
利川市									
咸安区	7	1	6	20	4	16			
巴东县									
竹溪县									
神农架林区	2		2	6	2	4			
红安县	7		7	7	2	5			
南漳县	8	4	4	11	5	6			
通城县	5	1	4	15	8	7			
监利县	6		6	12	7	5			
黄梅县									
江陵县									
蕲春县									
京山县	5	1	4	16	1	15			

2－16a 续表 2

单位：人

地区	因单位原因失去原工作			因本人原因失去原工作			承包土地被征用			其他		
	小计	男	女	小计	男	女	小计	男	女	小计	男	女
总　计	**95**	**69**	**26**	**32**	**23**	**9**	**4**	**2**	**2**	**21**	**12**	**9**
黄陂区												
武昌区	15	10	5	7	6	1				4	3	1
黄石市	7	4	3	1	1					1		1
江夏区										2	2	
硚口区	26	20	6	9	5	4				3	2	1
丹江口市				2	2					1	1	
江汉区	17	15	2	1	1					2	1	1
仙桃市	2	2		3	2	1				1		1
汉川市												
鄂州市				1	1							
大冶市	1	1		1	1		1		1			
武穴市												
宜昌市	11	9	2	1	1		1	1		2		2
枝江市	2	1	1	3	2	1						
天门市	1	1								1		1
曾都区	1	1										
襄阳区				1		1						
广水市	3	1	2									
利川市												
咸安区	2	1	1	1		1						
巴东县												
竹溪县												
神农架林区	1	1										
红安县	2	2								1		1
南漳县										1	1	
通城县							2	1	1			
监利县	2		2							1	1	
黄梅县												
江陵县												
蕲春县												
京山县	2		2	1	1					1	1	

2－16b　各地区农村残疾人分性别的未工作状况

单位：人

地　区	未工作残疾人			在校学生			离退休		
	合计	男	女	小计	男	女	小计	男	女
总　计	**2730**	**1196**	**1534**	**21**	**14**	**7**	**33**	**32**	**1**
黄陂区	48	17	31				1	1	
武昌区									
黄石市									
江夏区	50	21	29				1	1	
硚口区									
丹江口市	114	57	57	1	1		1	1	
江汉区									
仙桃市	83	25	58	1		1			
汉川市	88	34	54						
鄂州市	87	28	59				3	3	
大冶市	97	43	54	1	1		1	1	
武穴市	132	55	77	2	1	1	2	2	
宜昌市	40	26	14				3	3	
枝江市	75	30	45				1	1	
天门市	99	40	59				1	1	
曾都区	81	31	50	2	1	1			
襄阳区	106	43	63						
广水市	63	29	34				1	1	
利川市	97	50	47	3	2	1			
咸安区	78	24	54	1	1		1	1	
巴东县	103	56	47				3	3	
竹溪县	187	90	97	1	1		2	2	
神农架林区	185	91	94	1		1	3	3	
红安县	65	29	36	1	1		1	1	
南漳县	105	63	42				4	4	
通城县	82	42	40	1		1	1	1	
监利县	90	35	55	1	1				
黄梅县	138	64	74	2	1	1	2	2	
江陵县	75	34	41						
蕲春县	262	105	157	3	3		1		1
京山县	100	34	66						

2－16b　续表 1

单位：人

地　区	料理家务			丧失劳动能力			毕业后未工作		
	小计	男	女	小计	男	女	小计	男	女
总　计	**577**	**108**	**469**	**2034**	**996**	**1038**	**9**	**5**	**4**
黄陂区	8	2	6	39	14	25			
武昌区									
黄石市									
江夏区	14	2	12	35	18	17			
硚口区									
丹江口市	21	4	17	90	50	40			
江汉区									
仙桃市	21	3	18	56	19	37	1		1
汉川市	25	7	18	60	24	36			
鄂州市	19		19	63	23	40			
大冶市	18	1	17	75	38	37	1	1	
武穴市	25	5	20	98	44	54	1	1	
宜昌市	12	6	6	24	16	8	1	1	
枝江市	11	2	9	59	24	35			
天门市	12		12	84	37	47			
曾都区	20	2	18	59	28	31			
襄阳区	16	3	13	88	40	48	1		1
广水市	9	4	5	47	18	29	1	1	
利川市	22	8	14	68	38	30			
咸安区	18	4	14	58	18	40			
巴东县	10	3	7	88	48	40			
竹溪县	40	5	35	142	81	61			
神农架林区	36	7	29	142	78	64			
红安县	5	2	3	55	25	30	1		1
南漳县	15	5	10	86	54	32			
通城县	14	2	12	66	39	27			
监利县	17	1	16	68	31	37	1		1
黄梅县	44	7	37	88	52	36			
江陵县	7	2	5	67	31	36			
蕲春县	99	20	79	151	76	75	1	1	
京山县	19	1	18	78	32	46			

2－16b 续表 2

单位：人

地 区	因单位原因失去原工作			因本人原因失去原工作			承包土地被征用			其他		
	小计	男	女	小计	男	女	小计	男	女	小计	男	女
总 计	**7**	**5**	**2**	**10**	**6**	**4**	**1**	**1**		**38**	**29**	**9**
黄陂区												
武昌区												
黄石市												
江夏区												
硚口区												
丹江口市										1	1	
江汉区												
仙桃市				4	3	1						
汉川市										3	3	
鄂州市	1	1		1	1							
大冶市										1	1	
武穴市										4	2	2
宜昌市												
枝江市										4	3	1
天门市										2	2	
曾都区												
襄阳区										1		1
广水市	1	1		1	1					3	3	
利川市				1	1					3	1	2
咸安区												
巴东县	1	1								1	1	
竹溪县	1	1								1		1
神农架林区										3	3	
红安县				1		1				1		1
南漳县												
通城县												
监利县	1	1		1		1				1	1	
黄梅县										2	2	
江陵县										1	1	
蕲春县				1		1	1	1		5	4	1
京山县	2		2							1	1	

2－17 残疾人分年龄、性别的未工作状况

单位：人

地　区	未工作残疾人			在校学生			离退休		
	合计	男	女	小计	男	女	小计	男	女
总　计	**3875**	**1723**	**2152**	**30**	**20**	**10**	**440**	**249**	**191**
15-19	148	87	61	29	19	10			
20-24	102	57	45	1	1				
25-29	77	46	31						
30-34	105	67	38						
35-39	141	80	61						
40-44	169	76	93				1		1
45-49	165	81	84				4	2	2
50-54	240	109	131				34	11	23
55-59	284	128	156				50	27	23
60-64	297	123	174				45	24	21
65-69	411	170	241				80	48	32
70-74	583	237	346				93	52	41
75-79	556	237	319				70	50	20
80-84	387	154	233				39	21	18
85+	210	71	139				24	14	10

2－17 续表 1

单位：人

地　区	料理家务			丧失劳动能力			毕业后未工作		
	小计	男	女	小计	男	女	小计	男	女
总　计	**738**	**138**	**600**	**2438**	**1159**	**1279**	**21**	**10**	**11**
15-19	9	2	7	87	51	36	10	5	5
20-24	8	2	6	79	46	33	7	3	4
25-29	12	4	8	51	34	17	2		2
30-34	16	6	10	76	51	25			
35-39	25	3	22	94	61	33	1	1	
40-44	37	6	31	101	50	51	1	1	
45-49	34	6	28	84	43	41			
50-54	59	5	54	123	71	52			
55-59	69	7	62	152	83	69			
60-64	77	13	64	167	80	87			
65-69	99	14	85	229	105	124			
70-74	143	29	114	342	154	188			
75-79	94	31	63	385	153	232			
80-84	46	9	37	297	123	174			
85+	10	1	9	171	54	117			

2-17 续表 2

单位：人

地区	因单位原因失去原工作			因本人原因失去原工作			承包土地被征用			其他		
	小计	男	女	小计	男	女	小计	男	女	小计	男	女
总计	**102**	**74**	**28**	**42**	**29**	**13**	**5**	**3**	**2**	**59**	**41**	**18**
15-19				3	2	1				10	8	2
20-24				3	3					4	2	2
25-29	3	2	1	5	3	2				4	3	1
30-34	5	3	2	2	2		1	1		5	4	1
35-39	9	6	3	8	5	3				4	4	
40-44	19	11	8	4	3	1	1	1		5	4	1
45-49	34	24	10	7	5	2				2	1	1
50-54	15	14	1	3	3					6	5	1
55-59	7	7		1	1		2	1	1	3	2	1
60-64	4	3	1	3	2	1				1	1	
65-69	1	1								2	2	
70-74	3	1	2				1		1	1	1	
75-79										7	3	4
80-84	1	1		3		3				1		1
85+	1	1								4	1	3

2-17a 城镇残疾人分年龄、性别的未工作状况

单位：人

年龄	未工作残疾人			在校学生			离退休		
	合计	男	女	小计	男	女	小计	男	女
总计	**1145**	**527**	**618**	**9**	**6**	**3**	**407**	**217**	**190**
15-19	30	15	15	8	5	3			
20-24	25	14	11	1	1				
25-29	24	13	11						
30-34	28	18	10						
35-39	49	27	22						
40-44	65	33	32				1		1
45-49	68	43	25				4	2	2
50-54	89	38	51				33	10	23
55-59	90	42	48				45	22	23
60-64	84	41	43				43	22	21
65-69	116	51	65				70	38	32
70-74	159	72	87				88	47	41
75-79	126	62	64				65	45	20
80-84	112	36	76				35	18	17
85+	80	22	58				23	13	10

2－17a 续表 1

单位：人

年龄	料理家务			丧失劳动能力			毕业后未工作		
	小计	男	女	小计	男	女	小计	男	女
总计	**161**	**30**	**131**	**404**	**163**	**241**	**12**	**5**	**7**
15-19				16	8	8	4	1	3
20-24	2		2	16	9	7	4	2	2
25-29	1		1	13	8	5	2		2
30-34	6	1	5	15	12	3			
35-39	11	2	9	17	10	7	1	1	
40-44	10	2	8	28	14	14	1	1	
45-49	9	1	8	17	13	4			
50-54	21	3	18	15	7	8			
55-59	14		14	20	10	10			
60-64	17	5	12	18	10	8			
65-69	17	2	15	28	10	18			
70-74	22	6	16	47	18	29			
75-79	12	4	8	47	13	34			
80-84	16	4	12	57	13	44			
85+	3		3	50	8	42			

2－17a 续表 2

单位：人

年龄	因单位原因失去原工作			因本人原因失去原工作			承包土地被征用			其他		
	小计	男	女	小计	男	女	小计	男	女	小计	男	女
总计	**95**	**69**	**26**	**32**	**23**	**9**	**4**	**2**	**2**	**21**	**12**	**9**
15-19				1	1					1		1
20-24				1	1					1	1	
25-29	2	1	1	3	2	1				3	2	1
30-34	5	3	2				1	1		1	1	
35-39	9	6	3	8	5	3				3	3	
40-44	19	11	8	4	3	1				2	2	
45-49	32	22	10	6	5	1						
50-54	15	14	1	3	3					2	1	1
55-59	7	7		1	1		2	1	1	1	1	
60-64	3	2	1	3	2	1						
65-69										1	1	
70-74	1	1					1		1			
75-79										2		2
80-84	1	1		2		2				1		1
85+	1	1								3		3

2－17b 农村残疾人分年龄、性别的未工作状况

单位：人

年 龄	未工作残疾人			在校学生			离退休		
	合计	男	女	小计	男	女	小计	男	女
总 计	**2730**	**1196**	**1534**	**21**	**14**	**7**	**33**	**32**	**1**
15-19	118	72	46	21	14	7			
20-24	77	43	34						
25-29	53	33	20						
30-34	77	49	28						
35-39	92	53	39						
40-44	104	43	61						
45-49	97	38	59						
50-54	151	71	80				1	1	
55-59	194	86	108				5	5	
60-64	213	82	131				2	2	
65-69	295	119	176				10	10	
70-74	424	165	259				5	5	
75-79	430	175	255				5	5	
80-84	275	118	157				4	3	1
85+	130	49	81				1	1	

2－17b 续表 1

单位：人

年 龄	料理家务			丧失劳动能力			毕业后未工作		
	小计	男	女	小计	男	女	小计	男	女
总 计	**577**	**108**	**469**	**2034**	**996**	**1038**	**9**	**5**	**4**
15-19	9	2	7	71	43	28	6	4	2
20-24	6	2	4	63	37	26	3	1	2
25-29	11	4	7	38	26	12			
30-34	10	5	5	61	39	22			
35-39	14	1	13	77	51	26			
40-44	27	4	23	73	36	37			
45-49	25	5	20	67	30	37			
50-54	38	2	36	108	64	44			
55-59	55	7	48	132	73	59			
60-64	60	8	52	149	70	79			
65-69	82	12	70	201	95	106			
70-74	121	23	98	295	136	159			
75-79	82	27	55	338	140	198			
80-84	30	5	25	240	110	130			
85+	7	1	6	121	46	75			

2－17b 续表 2

单位：人

年龄	因单位原因失去原工作			因本人原因失去原工作			承包土地被征用			其他		
	小计	男	女	小计	男	女	小计	男	女	小计	男	女
总计	**7**	**5**	**2**	**10**	**6**	**4**	**1**	**1**		**38**	**29**	**9**
15–19				2	1	1				9	8	1
20–24				2	2					3	1	2
25–29	1	1		2	1	1				1	1	
30–34				2	2					4	3	1
35–39										1	1	
40–44							1	1		3	2	1
45–49	2	2		1		1				2	1	1
50–54										4	4	
55–59										2	1	1
60–64	1	1								1	1	
65–69	1	1								1	1	
70–74	2		2							1	1	
75–79										5	3	2
80–84				1		1						
85+										1	1	

2－18　各地区分性别、未工作残疾人的主要生活来源

单位：人

地区	未工作残疾人			离退休金			领取基本生活费		
	合计	男	女	小计	男	女	小计	男	女
总　计	**3875**	**1723**	**2152**	**440**	**250**	**190**	**280**	**179**	**101**
黄陂区	92	37	55	4	4		3	2	1
武昌区	135	63	72	79	33	46	32	19	13
黄石市	98	46	52	64	35	29	13	7	6
江夏区	101	42	59	2	2		10	7	3
硚口区	139	66	73	77	32	45	38	25	13
丹江口市	157	77	80	9	7	2	9	8	1
江汉区	124	62	62	72	33	39	25	16	9
仙桃市	130	45	85	3	3		6	3	3
汉川市	88	34	54				1	1	
鄂州市	98	33	65	6	6		10	5	5
大冶市	132	63	69	9	8	1	18	13	5
武穴市	132	55	77	2	2		12	8	4
宜昌市	152	84	68	32	21	11	15	10	5
枝江市	107	43	64	9	8	1	6	4	2
天门市	117	45	72	1	1		4	2	2
曾都区	111	47	64				5	5	
襄阳区	118	47	71				1	1	
广水市	91	41	50	10	7	3	6	3	3
利川市	97	50	47				3	2	1
咸安区	114	35	79	7	6	1	10	4	6
巴东县	103	56	47	4	3	1	5	3	2
竹溪县	187	90	97	2	2		6	5	1
神农架林区	196	95	101	5	4	1	11	7	4
红安县	90	38	52	9	6	3			
南漳县	128	76	52	8	8		1		1
通城县	107	54	53	4	3	1	1	1	
监利县	118	48	70	7	5	2			
黄梅县	138	64	74	1	1		5	5	
江陵县	75	34	41				3	3	
蕲春县	262	105	157	1		1	12	8	4
京山县	138	48	90	13	10	3	9	2	7

2－18 续表

单位：人

地区	家庭其他成员供养			财产性收入			保险收入			其他		
	小计	男	女	小计	男	女	小计	男	女	小计	男	女
总　计	**3007**	**1188**	**1819**	**8**	**5**	**3**	**1**	**1**		**139**	**100**	**39**
黄陂区	84	30	54							1	1	
武昌区	22	11	11							2		2
黄石市	18	4	14							3		3
江夏区	86	31	55							3	2	1
硚口区	23	8	15	1	1							
丹江口市	130	54	76	1	1					8	7	1
江汉区	24	10	14	1	1					2	2	
仙桃市	118	38	80							3	1	2
汉川市	87	33	54									
鄂州市	82	22	60									
大冶市	97	36	61	1	1					7	5	2
武穴市	115	42	73							3	3	
宜昌市	98	49	49	2		2				5	4	1
枝江市	91	30	61							1	1	
天门市	111	42	69							1		1
曾都区	104	41	63	1	1					1		1
襄阳区	108	39	69							9	7	2
广水市	74	31	43							1		1
利川市	87	44	43	1		1				6	4	2
咸安区	94	23	71							3	2	1
巴东县	90	46	44							4	4	
竹溪县	173	80	93							6	3	3
神农架林区	171	78	93							9	6	3
红安县	76	28	48							5	4	1
南漳县	110	61	49							9	7	2
通城县	93	42	51							9	8	1
监利县	107	40	67							4	3	1
黄梅县	123	52	71							9	6	3
江陵县	71	30	41							1	1	
蕲春县	228	79	149							21	18	3
京山县	112	34	78				1	1		3	1	2

2－19　分年龄、性别、未工作残疾人的主要生活来源

单位：人

年　龄	未工作残疾人			离退休金			领取基本生活费		
	合计	男	女	小计	男	女	小计	男	女
总　计	**3875**	**1723**	**2152**	**440**	**250**	**190**	**280**	**179**	**101**
15-19	148	87	61				2	2	
20-24	102	57	45				6	4	2
25-29	77	46	31				4	3	1
30-34	105	67	38				9	5	4
35-39	141	80	61				20	17	3
40-44	169	76	93	2		2	37	24	13
45-49	165	81	84	4	2	2	39	30	9
50-54	240	109	131	34	11	23	23	15	8
55-59	284	128	156	50	28	22	23	16	7
60-64	297	123	174	45	24	21	15	9	6
65-69	411	170	241	79	47	32	12	8	4
70-74	583	237	346	94	54	40	29	19	10
75-79	556	237	319	69	49	20	29	15	14
80-84	387	154	233	39	21	18	21	8	13
85+	210	71	139	24	14	10	11	4	7

2－19　续表

单位：人

年　龄	家庭其他成员供养			财产性收入			保险收入			其他		
	小计	男	女	小计	男	女	小计	男	女	小计	男	女
总　计	**3007**	**1188**	**1819**	**8**	**5**	**3**	**1**	**1**		**139**	**100**	**39**
15-19	145	85	60							1		1
20-24	96	53	43									
25-29	71	41	30							2	2	
30-34	91	58	33							5	4	1
35-39	115	59	56							6	4	2
40-44	118	44	74							12	8	4
45-49	112	42	70	2	1	1				8	6	2
50-54	164	67	97	1	1					18	15	3
55-59	196	71	125	1	1					14	12	2
60-64	225	78	147				1	1		11	11	
65-69	303	104	199							17	11	6
70-74	446	153	293	2	1	1				12	10	2
75-79	438	162	276	2	1	1				18	10	8
80-84	316	119	197							11	6	5
85+	171	52	119							4	1	3

2－19a　城镇分年龄、性别、未工作残疾人的主要生活来源

单位：人

年　龄	未工作残疾人			离退休金			领取基本生活费		
	合计	男	女	小计	男	女	小计	男	女
总　计	**1145**	**527**	**618**	**407**	**219**	**188**	**165**	**98**	**67**
15–19	30	15	15				1	1	
20–24	25	14	11				4	2	2
25–29	24	13	11				2	1	1
30–34	28	18	10				4	2	2
35–39	49	27	22				13	10	3
40–44	65	33	32	1		1	34	23	11
45–49	68	43	25	4	2	2	34	27	7
50–54	89	38	51	33	10	23	17	11	6
55–59	90	42	48	45	23	22	9	5	4
60–64	84	41	43	43	22	21	8	4	4
65–69	116	51	65	70	38	32	3	2	1
70–74	159	72	87	89	49	40	6	4	2
75–79	126	62	64	64	44	20	10	1	9
80–84	112	36	76	35	18	17	11	3	8
85+	80	22	58	23	13	10	9	2	7

2－19a　续表

单位：人

年　龄	家庭其他成员供养			财产性收入			保险收入			其他		
	小计	男	女	小计	男	女	小计	男	女	小计	男	女
总　计	**530**	**182**	**348**	**5**	**3**	**2**	**1**	**1**		**37**	**24**	**13**
15–19	28	14	14							1		1
20–24	21	12	9									
25–29	20	10	10							2	2	
30–34	22	14	8							2	2	
35–39	35	17	18							1		1
40–44	28	9	19							2	1	1
45–49	25	10	15	1	1					4	3	1
50–54	33	12	21							6	5	1
55–59	31	10	21	1	1					4	3	1
60–64	29	11	18				1	1		3	3	
65–69	41	9	32							2	2	
70–74	60	16	44	2	1	1				2	2	
75–79	49	17	32	1		1				2		2
80–84	63	14	49							3	1	2
85+	45	7	38							3		3

2－19b 农村分年龄、性别、未工作残疾人的主要生活来源

单位：人

年 龄	未工作残疾人			离退休金			领取基本生活费		
	合计	男	女	小计	男	女	小计	男	女
总 计	**2730**	**1196**	**1534**	**33**	**31**	**2**	**115**	**81**	**34**
15-19	118	72	46				1	1	
20-24	77	43	34				2	2	
25-29	53	33	20				2	2	
30-34	77	49	28				5	3	2
35-39	92	53	39				7	7	
40-44	104	43	61	1		1	3	1	2
45-49	97	38	59				5	3	2
50-54	151	71	80	1	1		6	4	2
55-59	194	86	108	5	5		14	11	3
60-64	213	82	131	2	2		7	5	2
65-69	295	119	176	9	9		9	6	3
70-74	424	165	259	5	5		23	15	8
75-79	430	175	255	5	5		19	14	5
80-84	275	118	157	4	3	1	10	5	5
85+	130	49	81	1	1		2	2	

2－19b 续表

单位：人

年 龄	家庭其他成员供养			财产性收入			保险收入			其他		
	小计	男	女	小计	男	女	小计	男	女	小计	男	女
总 计	**2477**	**1006**	**1471**	**3**	**2**	**1**				**102**	**76**	**26**
15-19	117	71	46									
20-24	75	41	34									
25-29	51	31	20									
30-34	69	44	25							3	2	1
35-39	80	42	38							5	4	1
40-44	90	35	55							10	7	3
45-49	87	32	55	1		1				4	3	1
50-54	131	55	76	1	1					12	10	2
55-59	165	61	104							10	9	1
60-64	196	67	129							8	8	
65-69	262	95	167							15	9	6
70-74	386	137	249							10	8	2
75-79	389	145	244	1	1					16	10	6
80-84	253	105	148							8	5	3
85+	126	45	81							1	1	

2－20 0－14岁残疾儿童及其家庭基本情况

指　　标	单位	数量
0－14岁残疾儿童总人数	人	295
有残疾儿童的家庭户	户	290
残疾类别		
视力残疾	人	10
听力残疾	人	12
言语残疾	人	9
肢体残疾	人	41
智力残疾	人	147
精神残疾	人	2
多重残疾	人	74
性别		
男	人	179
女	人	116
性别比(以女性为100)		154
年龄		
0-5岁	人	98
6岁	人	12
7-14岁	人	185
民族		
汉族	人	271
少数民族	人	24
户口性质		
农业	人	259
非农业	人	28
户口待定	人	8
受教育程度		
未上过学	人	
小学	人	133
初中	人	16
在校生接受义务教育情况		
普通教育学校普通班	人	117
普通教育学校特教班	人	3
特殊教育学校	人	14
其他	人	8
残疾儿童家庭户2005年人均收入水平		
户人均收入	元	2335
城市	元	3039
农村	元	2199
人均收入在0-683元之间	户	16
人均收入在684-994元之间	户	18

2－21　15岁及以上残疾妇女及其家庭基本情况

指　　标	单位	数量
15岁及以上残疾妇女总人数	人	3086
有残疾妇女的家庭户	户	3024
残疾类别		
视力残疾	人	640
听力残疾	人	678
言语残疾	人	39
肢体残疾	人	770
智力残疾	人	206
精神残疾	人	292
多重残疾	人	461
年龄		
15-49岁	人	848
50-59岁	人	578
60-74岁	人	950
75-89岁	人	668
90岁以上	人	42
民族		
汉族	人	2925
少数民族	人	161
户口性质		
农业	人	2588
非农业	人	493
户口待定	人	5
文盲人口	人	2011
受教育程度		
未上过学	人	28
小学	人	670
初中	人	276

2－21 续表

指　　标	单位	数量
高中	人	75
中专	人	19
大学专科	人	6
大学本科	人	1
研究生	人	
婚姻状况		
未婚	人	164
初婚有配偶	人	1777
再婚有配偶	人	102
离婚	人	33
丧偶	人	1010
当前工作状况		
当前有工作	人	934
当前无工作	人	2152
当前无工作者主要生活来源		
离退休金	人	190
领取基本生活费	人	101
家庭其他成员供养	人	1819
财产性收入	人	3
保险收入	人	
其他	人	39
残疾妇女家庭户2005年人均收入水平		
户人均收入	元	2611
城市	元	3931
农村	元	2216
人均收入在0-683元之间	户	198
人均收入在684-994元之间	户	149

2－22　60岁及以上老年残疾人及其家庭基本情况

指　标	单位	数量
60岁及以上老年残疾人总数	人	3108
有老年残疾人的家庭户	户	2918
残疾类别		
视力残疾	人	745
听力残疾	人	1034
言语残疾	人	22
肢体残疾	人	715
智力残疾	人	65
精神残疾	人	97
多重残疾	人	430
性别		
男	人	1448
女	人	1660
性别比(以女性为100)		87
年龄		
60-74岁	人	1897
75-89岁	人	1157
90岁以上	人	54
民族		
汉族	人	2954
少数民族	人	154
户口性质		
农业	人	2580
非农业	人	522
户口待定	人	6
文盲人口	人	1920
受教育程度		
未上过学	人	64
小学	人	837

2－22 续表

指　　标	单位	数量
初中	人	198
高中	人	39
中专	人	27
大学专科	人	8
大学本科	人	15
研究生	人	
婚姻状况		
未婚	人	107
初婚有配偶	人	1562
再婚有配偶	人	101
离婚	人	22
丧偶	人	1316
当前工作状况		
当前有工作	人	664
当前无工作	人	2444
当前无工作者主要生活来源		
离退休金	人	350
领取基本生活费	人	117
家庭其他成员供养	人	1899
财产性收入	人	4
保险收入	人	1
其他	人	73
老年残疾人家庭户2005年人均收入水平		
户人均收入	元	2743
城市	元	4299
农村	元	2264
人均收入在0-683元之间	户	200
人均收入在684-994元之间	户	185

第三部分　残疾人的残疾类别、等级和主要致残原因

3－1 各地区残疾人分残疾类别、残疾等级的分布

单位：人

地区	视力残疾					听力残疾				
	小计	一级	二级	三级	四级	小计	一级	二级	三级	四级
总计	**1142**	**337**	**146**	**128**	**531**	**1475**	**203**	**230**	**665**	**377**
黄陂区	13	3	6	1	3	28	1	2	10	15
武昌区	38	8		1	29	35	1	4	17	13
黄石市	20	2	3	4	11	28	3	1	19	5
江夏区	19	5	2	4	8	29	3	6	13	7
硚口区	49	3	11	12	23	18	1	2	15	
丹江口市	59	15	3	8	33	51	8	5	29	9
江汉区	17	4	3		10	29	7	2	18	2
仙桃市	57	18	3	2	34	48	6	4	15	23
汉川市	47	6	13	7	21	51	2	4	21	24
鄂州市	34	8	5	4	17	19	3	4	8	4
大冶市	34	16	5	2	11	37	4	4	17	12
武穴市	23	10	1	1	11	82	20	26	30	6
宜昌市	29	11		1	17	63	6	11	25	21
枝江市	17	6	3	2	6	59	9	14	19	17
天门市	45	12	3	1	29	66	6	4	31	25
曾都区	40	13	3	4	20	54	3	7	24	20
襄阳区	25	11	2	3	9	45	7	5	21	12
广水市	9	2	1	1	5	45	8	4	16	17
利川市	30	7	7	9	7	40	3	5	22	10
咸安区	40	14	8	7	11	44	4	6	18	16
巴东县	41	8	3	5	25	53	15	6	15	17
竹溪县	70	48	19	3		61	16	18	21	6
神农架林区	35	13	4	5	13	126	10	23	65	28
红安县	28	6	1	1	20	26	3	3	10	10
南漳县	17	7		4	6	49	17	13	17	2
通城县	59	19	4	6	30	20	3	4	8	5
监利县	26	13	2	8	3	62	15	12	22	13
黄梅县	55	5	4	8	38	39	6	15	14	4
江陵县	35	7	4	1	23	25	4	3	13	5
蕲春县	84	22	9	7	46	82	2	3	59	18
京山县	47	15	14	6	12	61	7	10	33	11

3-1 续表 1

单位：人

地区	言语残疾					肢体残疾				
	小计	一级	二级	三级	四级	小计	一级	二级	三级	四级
总　计	**106**	**41**	**13**	**23**	**29**	**1881**	**66**	**189**	**399**	**1227**
黄陂区						84	1	16	37	30
武昌区						39	1	6	6	26
黄石市	1	1				23	2	2	10	9
江夏区	2			1	1	51	6	12	9	24
硚口区	2	2				55	4	11	11	29
丹江口市	1	1				70	2	3	5	60
江汉区						66			14	52
仙桃市	4	1	1		2	60	1	3	18	38
汉川市	4	3			1	37	1	2	4	30
鄂州市	3	1			2	40	1	3	8	28
大冶市	1			1		76	3	2	12	59
武穴市	1			1		44	1	4	17	22
宜昌市	1		1			80	1	4	21	54
枝江市	1				1	38	1	9	7	21
天门市	5		1	4		41	2	4	6	29
曾都区	3				3	30	1	6	4	19
襄阳区	6	1	1	1	3	68	2	6	7	53
广水市	2	1			1	50	2	12	2	34
利川市	2			1	1	118	2	10	33	73
咸安区	5	3	1		1	47	5	4	12	26
巴东县	5	2	2	1		69	2	2	12	53
竹溪县	8	3	2	3		91	5	9	10	67
神农架林区	18	11	1	4	2	116	7	10	16	83
红安县	9	1		1	7	64		13	14	37
南漳县	11	8		3		114	3	10	24	77
通城县	2		2			59	2	5	12	40
监利县						55	2	9	22	22
黄梅县	2	1	1			43	2	5	20	16
江陵县	2	1		1		39	2	2	10	25
蕲春县	5			1	4	51	1	3	8	39
京山县						63	1	2	8	52

3－1 续表 2

单位：人

地 区	智力残疾					精神残疾				
	小计	一级	二级	三级	四级	小计	一级	二级	三级	四级
总 计	**612**	**53**	**115**	**205**	**239**	**541**	**124**	**68**	**105**	**244**
黄陂区	14	1	6	2	5	18		2	5	11
武昌区	10		2	4	4	19		2	14	3
黄石市	6	1	3	1	1	7	2		2	3
江夏区	21	1	7	8	5	16	4	2	2	8
硚口区	5	1		3	1	22	2	1	8	11
丹江口市	40	4	6	11	19	26	8	8	5	5
江汉区	7			6	1	14	3	1	5	5
仙桃市	15	1	6	2	6	22	3		2	17
汉川市	26	2	3	13	8	10	4	1	3	2
鄂州市	17		4	10	3	10	4		2	4
大冶市	23	9	4	4	6	17	3	1	4	9
武穴市	26	1	2	4	19	10			1	9
宜昌市	12		4	1	7	18	3	3	1	11
枝江市	13	3	6	2	2	10	2	1	4	3
天门市	28	2	6	8	12	17	1	1	2	13
曾都区						35	17	7	2	9
襄阳区	24	6	7	5	6	20	1			19
广水市	6			3	3	20	7	1	4	8
利川市	28		10	4	14	10	4	3		3
咸安区	30	1	5	9	15	12	2		6	4
巴东县	27			3	24	19		3		16
竹溪县	30	7	5	8	10	8	3	2	1	2
神农架林区	17		1	15	1	22	3	2	4	13
红安县	31	3	5	11	12	21	1	3	7	10
南漳县	21		8	6	7	15	5	1	2	7
通城县	15	1	1	8	5	20	13	5	1	1
监利县	20	2	2	6	10	18	3	4	4	7
黄梅县	11	1	2	6	2	28	1	6	5	16
江陵县	36	1	5	19	11	9	2		3	4
蕲春县	45	4	5	19	17	35	19	6	4	6
京山县	8	1		4	3	13	4	2	2	5

3－1 续表 3

单位：人

地　区	多重残疾				
	小计	一级	二级	三级	四级
总　计	**992**	**596**	**154**	**171**	**71**
黄陂区	15	8	6	1	
武昌区	13	6	3	1	3
黄石市	31	20	4	3	4
江夏区	25	12	7	5	1
硚口区	12	6	3	1	2
丹江口市	58	35	14	9	
江汉区	9	6	1	1	1
仙桃市	26	14	2	5	5
汉川市	16	4	4	6	2
鄂州市	20	14	2	2	2
大冶市	24	17	4	1	2
武穴市	46	30	7	6	3
宜昌市	20	11	3	5	1
枝江市	27	15	6	5	1
天门市	35	16	10	3	6
曾都区	44	20	8	10	6
襄阳区	28	18	4	3	3
广水市	13	8	4	1	
利川市	16	8	3	4	1
咸安区	24	11	7	3	3
巴东县	36	22	6	4	4
竹溪县	77	69	4	4	
神农架林区	93	53	8	24	8
红安县	17	12	3	2	
南漳县	42	30	7	5	
通城县	8	4	1	1	2
监利县	21	17	1	2	1
黄梅县	34	17	4	12	1
江陵县	19	11	1	4	3
蕲春县	126	70	17	34	5
京山县	17	12		4	1

3－1a 各地区城镇残疾人分残疾类别、残疾等级的分布

单位：人

地区	视力残疾					听力残疾				
	小计	一级	二级	三级	四级	小计	一级	二级	三级	四级
总计	**263**	**57**	**33**	**32**	**141**	**318**	**33**	**32**	**158**	**95**
黄陂区	8	2	4		2	14			4	10
武昌区	38	8		1	29	35	1	4	17	13
黄石市	20	2	3	4	11	28	3	1	19	5
江夏区	6	1	1	1	3	21	2	5	11	3
硚口区	49	3	11	12	23	18	1	2	15	
丹江口市	14	4		2	8	11	3	3	5	
江汉区	17	4	3		10	29	7	2	18	2
仙桃市	16	6	1	2	7	20	3	2	9	6
汉川市										
鄂州市	1				1	2			2	
大冶市	5	3	1	1		7			6	1
武穴市										
宜昌市	20	7			13	39	3	4	15	17
枝江市	4	2		1	1	9	1		4	4
天门市	7	2	1		4	13	1	1	2	9
曾都区	10	3	2	1	4	13			7	6
襄阳区	2		1		1	2			1	1
广水市	2			1	1	9	1		1	7
利川市										
咸安区	8	2	1	3	2	8	1		4	3
巴东县										
竹溪县										
神农架林区						4		1	1	2
红安县	7	1	1		5	3			3	
南漳县	6	2		1	3	6	2	1	1	2
通城县	13		1	1	11	5	1	2	2	
监利县	2	1		1		7	1	2	3	1
黄梅县										
江陵县										
蕲春县										
京山县	8	4	2		2	15	2	2	8	3

3－1a 续表 1

单位：人

地 区	言语残疾					肢体残疾				
	小计	一级	二级	三级	四级	小计	一级	二级	三级	四级
总 计	**15**	**4**	**1**	**2**	**8**	**545**	**20**	**55**	**121**	**349**
黄陂区						44		6	22	16
武昌区						39	1	6	6	26
黄石市	1	1				23	2	2	10	9
江夏区	1				1	24	4	7	1	12
硚口区	2	2				55	4	11	11	29
丹江口市						19			1	18
江汉区						66			14	52
仙桃市						26	1	2	7	16
汉川市										
鄂州市	2				2	4	1		2	1
大冶市						20		1	3	16
武穴市										
宜昌市						64	1	4	17	42
枝江市	1				1	14		1	4	9
天门市	2		1	1		8	1		2	5
曾都区						12		2	3	7
襄阳区						12			1	11
广水市						18	1	2	1	14
利川市										
咸安区	2	1			1	22	1	1	6	14
巴东县										
竹溪县										
神农架林区						7			1	6
红安县	4			1	3	10		3	1	6
南漳县						15		2	3	10
通城县						13	1		3	9
监利县						13	2	5	1	5
黄梅县										
江陵县										
蕲春县										
京山县						17			1	16

3－1a 续表 2

单位：人

地 区	智力残疾					精神残疾				
	小计	一级	二级	三级	四级	小计	一级	二级	三级	四级
总 计	**93**	**10**	**22**	**28**	**33**	**148**	**28**	**15**	**43**	**62**
黄陂区	7	1	4		2	13		1	5	7
武昌区	10		2	4	4	19		2	14	3
黄石市	6	1	3	1	1	7	2		2	3
江夏区	9	1	2	2	4	6	1	1		4
硚口区	5	1		3	1	22	2	1	8	11
丹江口市	6	2	1	3		9	4	3		2
江汉区	7			6	1	14	3	1	5	5
仙桃市	2	1	1			7	3			4
汉川市										
鄂州市						3			1	2
大冶市	3	1	1	1		3		1	1	1
武穴市										
宜昌市	7		3	1	3	14	2	2	1	9
枝江市	2		1		1	1		1		
天门市	8	1	1	2	4	2	1			1
曾都区						4	2			2
襄阳区	2		1		1					
广水市						4			1	3
利川市										
咸安区	5				5	5	1		3	1
巴东县										
竹溪县										
神农架林区										
红安县	5	1	1	1	2	4	1		2	1
南漳县	1		1							
通城县	4			3	1	4	4			
监利县	3			1	2	5	1	2		2
黄梅县										
江陵县										
蕲春县										
京山县	1				1	2	1			1

3－1a 续表 3

单位：人

地 区	多重残疾				
	小计	一级	二级	三级	四级
总 计	**159**	**88**	**32**	**25**	**14**
黄陂区	5	4	1		
武昌区	13	6	3	1	3
黄石市	31	20	4	3	4
江夏区	11	4	5	2	
硚口区	12	6	3	1	2
丹江口市	7	5	1	1	
江汉区	9	6	1	1	1
仙桃市	7	6		1	
汉川市					
鄂州市	2	1	1		
大冶市	4	2	2		
武穴市					
宜昌市	12	5	2	5	
枝江市	5	3	1	1	
天门市	7	4	1	1	1
曾都区	12	5	1	5	1
襄阳区	2	1			1
广水市	1	1			
利川市					
咸安区	7	3	2	1	1
巴东县					
竹溪县					
神农架林区	2	1		1	
红安县					
南漳县	4	2	2		
通城县	1		1		
监利县	3	2	1		
黄梅县					
江陵县					
蕲春县					
京山县	2	1		1	

3－1b　各地区农村残疾人分残疾类别、残疾等级的分布

单位：人

地　区	视力残疾					听力残疾				
	小计	一级	二级	三级	四级	小计	一级	二级	三级	四级
总　计	**879**	**280**	**113**	**96**	**390**	**1157**	**170**	**198**	**507**	**282**
黄陂区	5	1	2	1	1	14	1	2	6	5
武昌区										
黄石市										
江夏区	13	4	1	3	5	8	1	1	2	4
硚口区										
丹江口市	45	11	3	6	25	40	5	2	24	9
江汉区										
仙桃市	41	12	2		27	28	3	2	6	17
汉川市	47	6	13	7	21	51	2	4	21	24
鄂州市	33	8	5	4	16	17	3	4	6	4
大冶市	29	13	4	1	11	30	4	4	11	11
武穴市	23	10	1	1	11	82	20	26	30	6
宜昌市	9	4		1	4	24	3	7	10	4
枝江市	13	4	3	1	5	50	8	14	15	13
天门市	38	10	2	1	25	53	5	3	29	16
曾都区	30	10	1	3	16	41	3	7	17	14
襄阳区	23	11	1	3	8	43	7	5	20	11
广水市	7	2	1		4	36	7	4	15	10
利川市	30	7	7	9	7	40	3	5	22	10
咸安区	32	12	7	4	9	36	3	6	14	13
巴东县	41	8	3	5	25	53	15	6	15	17
竹溪县	70	48	19	3		61	16	18	21	6
神农架林区	35	13	4	5	13	122	10	22	64	26
红安县	21	5		1	15	23	3	3	7	10
南漳县	11	5		3	3	43	15	12	16	
通城县	46	19	3	5	19	15	2	2	6	5
监利县	24	12	2	7	3	55	14	10	19	12
黄梅县	55	5	4	8	38	39	6	15	14	4
江陵县	35	7	4	1	23	25	4	3	13	5
蕲春县	84	22	9	7	46	82	2	3	59	18
京山县	39	11	12	6	10	46	5	8	25	8

3-1b 续表 1

单位：人

地 区	言语残疾					肢体残疾				
	小计	一级	二级	三级	四级	小计	一级	二级	三级	四级
总 计	**91**	**37**	**12**	**21**	**21**	**1336**	**46**	**134**	**278**	**878**
黄陂区						40	1	10	15	14
武昌区										
黄石市										
江夏区	1			1		27	2	5	8	12
硚口区										
丹江口市	1	1				51	2	3	4	42
江汉区										
仙桃市	4	1	1		2	34		1	11	22
汉川市	4	3			1	37	1	2	4	30
鄂州市	1	1				36		3	6	27
大冶市	1			1		56	3	1	9	43
武穴市	1			1		44	1	4	17	22
宜昌市	1		1			16			4	12
枝江市						24	1	8	3	12
天门市	3			3		33	1	4	4	24
曾都区	3				3	18	1	4	1	12
襄阳区	6	1	1	1	3	56	2	6	6	42
广水市	2	1			1	32	1	10	1	20
利川市	2			1	1	118	2	10	33	73
咸安区	3	2	1			25	4	3	6	12
巴东县	5	2	2	1		69	2	2	12	53
竹溪县	8	3	2	3		91	5	9	10	67
神农架林区	18	11	1	4	2	109	7	10	15	77
红安县	5	1			4	54		10	13	31
南漳县	11	8		3		99	3	8	21	67
通城县	2		2			46	1	5	9	31
监利县						42		4	21	17
黄梅县	2	1	1			43	2	5	20	16
江陵县	2	1		1		39	2	2	10	25
蕲春县	5			1	4	51	1	3	8	39
京山县						46	1	2	7	36

3－1b 续表 2

单位：人

地　区	智力残疾					精神残疾				
	小计	一级	二级	三级	四级	小计	一级	二级	三级	四级
总　计	**519**	**43**	**93**	**177**	**206**	**393**	**96**	**53**	**62**	**182**
黄陂区	7		2	2	3	5		1		4
武昌区										
黄石市										
江夏区	12		5	6	1	10	3	1	2	4
硚口区										
丹江口市	34	2	5	8	19	17	4	5	5	3
江汉区										
仙桃市	13		5	2	6	15			2	13
汉川市	26	2	3	13	8	10	4	1	3	2
鄂州市	17		4	10	3	7	4		1	2
大冶市	20	8	3	3	6	14	3		3	8
武穴市	26	1	2	4	19	10			1	9
宜昌市	5		1		4	4	1	1		2
枝江市	11	3	5	2	1	9	2		4	3
天门市	20	1	5	6	8	15		1	2	12
曾都区						31	15	7	2	7
襄阳区	22	6	6	5	5	20	1			19
广水市	6			3	3	16	7	1	3	5
利川市	28		10	4	14	10	4	3		3
咸安区	25	1	5	9	10	7	1		3	3
巴东县	27			3	24	19		3		16
竹溪县	30	7	5	8	10	8	3	2	1	2
神农架林区	17		1	15	1	22	3	2	4	13
红安县	26	2	4	10	10	17		3	5	9
南漳县	20		7	6	7	15	5	1	2	7
通城县	11	1	1	5	4	16	9	5	1	1
监利县	17	2	2	5	8	13	2	2	4	5
黄梅县	11	1	2	6	2	28	1	6	5	16
江陵县	36	1	5	19	11	9	2		3	4
蕲春县	45	4	5	19	17	35	19	6	4	6
京山县	7	1		4	2	11	3	2	2	4

3-1b 续表 3

单位：人

地 区	多重残疾				
	小计	一级	二级	三级	四级
总 计	**833**	**508**	**122**	**146**	**57**
黄陂区	10	4	5	1	
武昌区					
黄石市					
江夏区	14	8	2	3	1
硚口区					
丹江口市	51	30	13	8	
江汉区					
仙桃市	19	8	2	4	5
汉川市	16	4	4	6	2
鄂州市	18	13	1	2	2
大冶市	20	15	2	1	2
武穴市	46	30	7	6	3
宜昌市	8	6	1		1
枝江市	22	12	5	4	1
天门市	28	12	9	2	5
曾都区	32	15	7	5	5
襄阳区	26	17	4	3	2
广水市	12	7	4	1	
利川市	16	8	3	4	1
咸安区	17	8	5	2	2
巴东县	36	22	6	4	4
竹溪县	77	69	4	4	
神农架林区	91	52	8	23	8
红安县	17	12	3	2	
南漳县	38	28	5	5	
通城县	7	4		1	2
监利县	18	15		2	1
黄梅县	34	17	4	12	1
江陵县	19	11	1	4	3
蕲春县	126	70	17	34	5
京山县	15	11		3	1

3－2　残疾人分残疾类别、残疾等级的年龄构成

单位：人

年　龄	视力残疾					听力残疾				
	小计	一级	二级	三级	四级	小计	一级	二级	三级	四级
总　计	**1142**	**337**	**146**	**128**	**531**	**1475**	**203**	**230**	**665**	**377**
0岁										
1岁										
2岁	2		2			2	1	1		
3岁										
4岁										
5岁	1				1					
6岁										
7岁	2			1	1					
8岁										
9岁										
10岁	2		1	1		2				2
11岁						1			1	
12岁	2	2				1				1
13岁	1			1		4	1		1	2
14岁						2	1			1
15岁	3	1			2	5	1		2	2
16岁	1				1	2	1	1		
17岁	1				1	4	1	1	1	1
18岁	7	3	1	1	2	3	1		2	
19岁										
20岁						1			1	
21岁	1		1							
22岁	3	1			2	3			2	1
23岁	2		1		1	1			1	
24岁	1				1					
25岁	1	1								
26岁										

3－2 续表 1

单位：人

年　龄	视力残疾					听力残疾				
	小计	一级	二级	三级	四级	小计	一级	二级	三级	四级
27岁	1				1					
28岁	2	2				1			1	
29岁	1				1	2		1	1	
30岁	3				3	1	1			
31岁	2				2	4		1	3	
32岁	8		1	1	6	2			1	1
33岁	3		1		2	3			1	2
34岁	7	2	1		4	8	1	1	3	3
35岁	6			1	5	4			1	3
36岁	4	2		1	1	2			2	
37岁	8	1		2	5	9	1	2	2	4
38岁	4	1		1	2	6	2		1	3
39岁	8	1	1	1	5	9			5	4
40岁	8	3	1	1	3	5		2	2	1
41岁	5	1	1		3	13		1	5	7
42岁	13	2	5	2	4	15		5	6	4
43岁	11	3	1	1	6	5	1	1	2	1
44岁	13	4	2	2	5	10	2	3	2	3
45岁	3	1	1		1	3		1	1	1
46岁	11	2	1	1	7	3	1		1	1
47岁	9	3	1	1	4	11			7	4
48岁	10	2	1	2	5	21	5	3	6	7
49岁	14	1		3	10	19	3	4	6	6
50岁	7	1	3		3	16	2	3	5	6
51岁	17	3		3	11	30	1	7	14	8
52岁	22	8	2	2	10	22	2	2	14	4
53岁	25	5	2	4	14	26	4	5	11	6
54岁	20	5	1	2	12	33	4	4	12	13

3－2 续表 2

单位：人

年龄	视力残疾					听力残疾				
	小计	一级	二级	三级	四级	小计	一级	二级	三级	四级
55岁	26	9	3	1	13	25	5	1	15	4
56岁	15	7	3		5	23	5	6	7	5
57岁	18	1	1	2	14	21	2	3	10	6
58岁	37	11	5	1	20	19	1	4	9	5
59岁	26	9	4	3	10	39	4	7	19	9
60岁	30	12	2	2	14	35	6	4	14	11
61岁	24	6	5	2	11	21	4	2	8	7
62岁	21	5	6		10	36	4	7	15	10
63岁	23	8	3	2	10	27	5	6	9	7
64岁	27	5	2	3	17	29	4	1	13	11
65岁	29	5	4	4	16	48	3	5	21	19
66岁	20	8	1	2	9	30	1	4	13	12
67岁	31	7	4	1	19	28	5	4	16	3
68岁	35	12	6	2	15	31	4	5	12	10
69岁	29	8	3	4	14	48	4	10	24	10
70岁	24	12	4		8	44	10	7	20	7
71岁	44	10	10	10	14	53	4	7	30	12
72岁	44	11	4	10	19	50	8	4	26	12
73岁	40	12	7	3	18	55	8	11	25	11
74岁	31	10	3	2	16	50	6	7	23	14
75岁	30	10	3	1	16	51	7	9	24	11
76岁	35	12	2	6	15	45	4	8	24	9
77岁	33	11	6	8	8	39	7	8	12	12
78岁	38	11	3	5	19	41	6	3	25	7
79岁	32	11	6	6	9	40	7	8	14	11
80岁	23	10	4	3	6	42	4	9	20	9
81岁	31	13	3	4	11	32	1	7	17	7
82岁	9	5		1	3	34	6	4	19	5
83岁	15	5	2	1	7	17	5	3	6	3
84岁	10	4	2		4	24	6	2	11	5
85+	37	16	3	4	14	84	20	15	38	11

3－2 续表 3

单位：人

年龄	言语残疾					肢体残疾				
	小计	一级	二级	三级	四级	小计	一级	二级	三级	四级
总　计	**106**	**41**	**13**	**23**	**29**	**1881**	**66**	**189**	**399**	**1227**
0岁										
1岁										
2岁						1			1	
3岁						1			1	
4岁	1		1			2			2	
5岁										
6岁	1			1		1				1
7岁	1			1		2			1	1
8岁						5	1			4
9岁	1		1			2				2
10岁						5			3	2
11岁	1				1	5			1	4
12岁						5			2	3
13岁	4	1		2	1	6			1	5
14岁						6		1	2	3
15岁	1	1				8		1	4	3
16岁						8		1	2	5
17岁	1		1			14	2	2	2	8
18岁	1			1		5		1		4
19岁	1		1			11		1	1	9
20岁	1				1	4				4
21岁	1				1	6		1	1	4
22岁						8		1	1	6
23岁	1		1			6		1	4	1
24岁	1				1	5		1	2	2
25岁						6	1		2	3
26岁	1				1	7			3	4

3－2 续表 4

单位：人

年龄	言语残疾					肢体残疾				
	小计	一级	二级	三级	四级	小计	一级	二级	三级	四级
27岁						10		1	2	7
28岁	2	1			1	9	1	2	2	4
29岁						10			2	8
30岁						10			1	9
31岁	3	1		1	1	8			1	7
32岁						16	3	2	4	7
33岁	1		1			17		1	4	12
34岁	3	1	1	1		28	1	2	6	19
35岁	3		1		2	18	2		1	15
36岁	1		1			15	2	1	2	10
37岁	2			1	1	38	1	2	9	26
38岁	2			1	1	32	1	4	12	15
39岁	1				1	33	1		9	23
40岁	1	1				19		1	1	17
41岁	1				1	43		2	12	29
42岁	6	1		2	3	49	1	2	15	31
43岁	5	3		2		32	3	1	4	24
44岁	2	1		1		39	2	1	8	28
45岁	2	2				18	1	1	6	10
46岁						33	1	4	7	21
47岁	2	1			1	40		3	15	22
48岁						69	1	4	10	54
49岁	3	2			1	47	3	4	7	33
50岁	3		1	1	1	38	1	2	8	27
51岁	5	2		1	2	48	1	4	10	33
52岁	3	3				36		2	7	27
53岁	5	2	1	1	1	46	1	5	13	27
54岁	2	1			1	28		1	2	25

3-2 续表 5

单位：人

年　龄	言语残疾					肢体残疾				
	小计	一级	二级	三级	四级	小计	一级	二级	三级	四级
55岁	1	1				41	2	3	7	29
56岁	2	2				55	3	8	5	39
57岁	2	1		1		32			7	25
58岁	1	1				46	1	6	5	34
59岁	2	1	1			34		5	5	24
60岁	3	2		1		26	2	5	4	15
61岁	4	2		2		34	1	4	9	20
62岁	2		1	1		36	1	4	4	27
63岁						31		1	9	21
64岁						33		2	6	25
65岁	2	1			1	33	4	1	7	21
66岁	1	1				30	3	4	5	18
67岁						32		6	4	22
68岁	1	1				37		8	9	20
69岁						30	1	8	3	18
70岁	2				2	37	1	4	6	26
71岁						34	1	9	7	17
72岁	1	1				40	2	5	9	24
73岁	2	1			1	32	1	4	8	19
74岁						19		5	5	9
75岁	2	2				25	2	7	2	14
76岁						20		2	4	14
77岁						19		4	5	10
78岁						23	1	2	3	17
79岁	2			1	1	21		3	4	14
80岁						20	1	3	9	7
81岁						16	1	1	8	6
82岁						25	1	4	4	16
83岁						10	1	1	2	6
84岁						9	1		4	4
85+						43	4	7	14	18

3-2 续表 6

单位：人

年 龄	智力残疾					精神残疾				
	小计	一级	二级	三级	四级	小计	一级	二级	三级	四级
总 计	**612**	**53**	**115**	**205**	**239**	**541**	**124**	**68**	**105**	**244**
0岁	12			2	10					
1岁	16			4	12					
2岁	7	1		2	4					
3岁	9	1		1	7					
4岁	8		1	3	4					
5岁	10		1	1	8					
6岁	4		2	2						
7岁	7				7					
8岁	5	2	1		2					
9岁	8	2	1	2	3					
10岁	13	7	1	2	3					
11岁	6	1	1	2	2					
12岁	14	3	8	1	2					
13岁	15	1	4	4	6	1				1
14岁	13	1	4	3	5	1				1
15岁	14	3	3	5	3	3				3
16岁	7		2	4	1	3				3
17岁	10	1	4	1	4	4	1	1		2
18岁	12	1	3	6	2	4			2	2
19岁	6	1	1	3	1	9	5		3	1
20岁	8	1	5	2		6	2			4
21岁	7	2	1	3	1	5	1		1	3
22岁	8	1	1	5	1	7	3	1		3
23岁	10	4	2	3	1	8	1	1	1	5
24岁	7	1	2	3	1	8	3		3	2
25岁	12	2	1	5	4	4	1		1	2
26岁	5			5		5	1		1	3

3-2 续表 7

单位：人

年　龄	智力残疾					精神残疾				
	小计	一级	二级	三级	四级	小计	一级	二级	三级	四级
27岁	5		1	3	1	10	3	3	1	3
28岁	7			2	5	8	2	4	1	1
29岁	8		3	3	2	9	1	1	1	6
30岁	10		3	1	6	5	1		4	
31岁	9	1	2	2	4	11	2	1	4	4
32岁	6		1	3	2	12	3	2		7
33岁	7			2	5	12	4	3		5
34岁	9	1		4	4	19	5		3	11
35岁	10		2	4	4	16	4	1	2	9
36岁	11		2	3	6	12	2	3		7
37岁	13	2	3	4	4	17	3	4	3	7
38岁	8	1	1	3	3	14	1	2	4	7
39岁	11	1	2	6	2	12	3	3	2	4
40岁	5		1	1	3	13	1	1	4	7
41岁	16	2	4	4	6	15	2	2	3	8
42岁	9		1	5	3	11	2	1	4	4
43岁	16		2	9	5	16	3	2	5	6
44岁	2			1	1	16	4	1	5	6
45岁	6		3		3	8	1		1	6
46岁	7	1	1	4	1	6	1		3	2
47岁	10		1	1	8	11	3	1	3	4
48岁	13		2	6	5	16	4	4	3	5
49岁	9		2	4	3	12	1	2	3	6
50岁	8		2	1	5	6	1	1		4
51岁	8		1	4	3	14	4	2	1	7
52岁	11		4	2	5	11	2	1	2	6
53岁	9	1	1	3	4	15	1	2	1	11
54岁	9			4	5	8	3		1	4

3－2 续表 8

单位：人

年 龄	智力残疾					精神残疾				
	小计	一级	二级	三级	四级	小计	一级	二级	三级	四级
55岁	7		1	5	1	12	3	1	3	5
56岁	11		5	5	1	11	3	2		6
57岁	8	2	1		5	4	1		1	2
58岁	8		2	4	2	5	1			4
59岁	8	2	1	3	2	9	1	1	4	3
60岁	8		1	2	5	10	1	3		6
61岁	7		1	2	4	5	2		2	1
62岁	8		2	4	2	4	1		2	1
63岁	5			4	1	10	2	1	4	3
64岁	6	1	1	2	2	8	2	1	2	3
65岁	2			1	1	8	3	2		3
66岁	1			1		3	1		1	1
67岁	2		2			6	1	1	1	3
68岁	4			1	3	3			1	2
69岁	1			1		4	3		1	
70岁	5	1		3	1	5			2	3
71岁						2			1	1
72岁	6	1		3	2	3	1			2
73岁						1			1	
74岁	2			1	1	2	2			
75岁	2				2	4		2	1	1
76岁						1	1			
77岁	1		1			5	3	1		1
78岁	1		1			2		2		
79岁	1				1					
80岁						1	1			
81岁										
82岁						2			1	1
83岁	2		2			4	2	1	1	
84岁										
85+	1				1	4	4			

3-2 续表 9

单位：人

年 龄	多重残疾				
	小计	一级	二级	三级	四级
总 计	**992**	**596**	**154**	**171**	**71**
0岁	2	2			
1岁	2	1	1		
2岁					
3岁	4	2	2		
4岁	9	4	1	2	2
5岁	9	5	2	1	1
6岁	6	4	2		
7岁	3	2	1		
8岁	6	3	1	2	
9岁	6	5	1		
10岁	6	5	1		
11岁	4	3		1	
12岁	10	6		3	1
13岁	4	3	1		
14岁	3	3			
15岁	4	4			
16岁	6	2	3	1	
17岁	10	5	2	2	1
18岁	11	9	2		
19岁	12	11	1		
20岁	6	2	2	2	
21岁	7	4	2	1	
22岁	4	3		1	
23岁	13	11	1	1	
24岁	7	6	1		
25岁	3	2	1		
26岁	4	3	1		

3-2 续表 10

单位：人

年龄	多重残疾				
	小计	一级	二级	三级	四级
27岁	6	5	1		
28岁	2	2			
29岁	1		1		
30岁	7	4	1	1	1
31岁	1	1			
32岁	5	4	1		
33岁	3	2	1		
34岁	6	5	1		
35岁	8	6		2	
36岁	4	2		2	
37岁	8	6	1		1
38岁	8	6	1		1
39岁	13	7	3	1	2
40岁	11	7	1	2	1
41岁	15	10	2	2	1
42岁	23	16	3	3	1
43岁	14	8	3	1	2
44岁	13	10		2	1
45岁	8	4		4	
46岁	7	4	1	1	1
47岁	10	8	1		1
48岁	17	12	2	1	2
49岁	12	11	1		
50岁	16	8	1	5	2
51岁	19	13	4	1	1
52岁	24	19	1	1	3
53岁	27	22	2	1	2
54岁	19	14	4		1

3-2 续表 11

单位：人

年龄	多重残疾				
	小计	一级	二级	三级	四级
55岁	20	12	2	4	2
56岁	18	10	2	3	3
57岁	24	16	1	7	
58岁	21	14	4	3	
59岁	11	6	2	3	
60岁	19	14	2	3	
61岁	24	13	5	6	
62岁	13	9	4		
63岁	23	8	6	7	2
64岁	14	8	4	1	1
65岁	21	10	5	6	
66岁	9	4	1	2	2
67岁	10	7	1	2	
68岁	10	5	2	2	1
69岁	15	10	1	4	
70岁	13	4	7	2	
71岁	15	7	3	3	2
72岁	14	5	1	6	2
73岁	12	8	1	3	
74岁	15	4	3	2	6
75岁	20	13	2	3	2
76岁	21	9	2	7	3
77岁	20	10		7	3
78岁	18	4	2	8	4
79岁	11	7	2	2	
80岁	19	11	1	6	1
81岁	11	6	3	2	
82岁	13	3	3	5	2
83岁	17	9	4	4	
84岁	10	4	3	3	
85+	43	20	9	8	6

3－2a 残疾人分残疾类别、残疾等级的年龄构成(男性)

单位：人

年龄	视力残疾					听力残疾				
	小计	一级	二级	三级	四级	小计	一级	二级	三级	四级
总　计	**496**	**143**	**57**	**50**	**246**	**791**	**107**	**121**	**374**	**189**
0岁										
1岁										
2岁						2	1	1		
3岁										
4岁										
5岁	1				1					
6岁										
7岁	2			1	1					
8岁										
9岁										
10岁	1		1							
11岁						1			1	
12岁						1				1
13岁						1				1
14岁						1	1			
15岁	1	1				3	1		1	1
16岁	1				1	1		1		
17岁						2		1		1
18岁	6	3		1	2	3	1		2	
19岁										
20岁						1			1	
21岁										
22岁	2				2	2			2	
23岁	1				1	1			1	
24岁	1				1					
25岁	1	1								
26岁										

3－2a 续表 1

单位：人

年 龄	视力残疾					听力残疾				
	小计	一级	二级	三级	四级	小计	一级	二级	三级	四级
27岁										
28岁	1	1				1			1	
29岁	1				1	1			1	
30岁	2				2					
31岁	2				2					
32岁	5			1	4	1			1	
33岁	3		1		2	3			1	2
34岁	3	1			2	2	1		1	
35岁	2				2	1				1
36岁	4	2		1	1	2			2	
37岁	4	1		2	1	3				3
38岁	2	1			1	5	2		1	2
39岁	5	1			4	4			2	2
40岁	6	2	1	1	2	3		1	2	
41岁	1	1				6		1	3	2
42岁	5	1		2	2	8		3	2	3
43岁	5	1	1		3	3	1	1	1	
44岁	6	4			2	5	2	1	2	
45岁	1		1							
46岁	6	1	1		4					
47岁	4	1	1	1	1	6			3	3
48岁	7	2		2	3	10	3	1	4	2
49岁	7			1	6	9	2	1	2	4
50岁	2	1			1	9	1	3	2	3
51岁	10	3		1	6	15		3	6	6
52岁	10	4	1	1	4	12	2	1	7	2
53岁	12	1		3	8	15	3	1	8	3
54岁	10	4	1	1	4	16	2	1	8	5

3－2a 续表 2

单位：人

年龄	视力残疾					听力残疾				
	小计	一级	二级	三级	四级	小计	一级	二级	三级	四级
55岁	14	5	1	1	7	17	4		11	2
56岁	8	3	2		3	16	2	5	5	4
57岁	12	1		2	9	11	1	1	6	3
58岁	14	7	4		3	13	1	2	6	4
59岁	12	4	2	2	4	23		5	11	7
60岁	16	7	1		8	17	3	3	8	3
61岁	11	1	3	1	6	16	1	1	7	7
62岁	11	3	3		5	23	3	4	12	4
63岁	10	1	2	1	6	13	3	3	3	4
64岁	10	1	1		8	20	3	1	7	9
65岁	13	1	1	1	10	32	1	4	14	13
66岁	9	3	1	1	4	19		3	8	8
67岁	14	2	2		10	15	3	2	9	1
68岁	11	4	3	1	3	16	3	2	6	5
69岁	12	3	2	1	6	27	1	4	16	6
70岁	10	5	2		3	23	6	5	10	2
71岁	19	4	4	4	7	23	2	4	16	1
72岁	19	4	2	3	10	23	2	2	12	7
73岁	16	4	2	1	9	30	7	5	12	6
74岁	15	5	1	1	8	29	3	4	17	5
75岁	12	5	1		6	37	5	8	16	8
76岁	13	3		2	8	25	2	4	15	4
77岁	12	5	3	2	2	22	1	6	6	9
78岁	11	4		2	5	22	4	1	14	3
79岁	10	3		2	5	18	3	3	7	5
80岁	11	4	3	1	3	20	1	6	10	3
81岁	10	5		1	4	11		3	7	1
82岁	5	3		1	1	11	2		8	1
83岁	6	2	1		3	9	3	2	3	1
84岁	1				1	14	4	1	8	1
85+	6	3	1		2	37	10	6	16	5

3－2a 续表 3

单位：人

年 龄	言语残疾					肢体残疾				
	小计	一级	二级	三级	四级	小计	一级	二级	三级	四级
总 计	**67**	**23**	**11**	**14**	**19**	**1094**	**35**	**98**	**246**	**715**
0岁										
1岁										
2岁										
3岁										
4岁	1		1			1			1	
5岁										
6岁	1			1		1				1
7岁	1			1		2			1	1
8岁						2	1			1
9岁	1		1							
10岁						3			3	
11岁	1				1	3			1	2
12岁						3				3
13岁	4	1		2	1	5			1	4
14岁						4		1	2	1
15岁						6			4	2
16岁						3		1	1	1
17岁	1		1			7		2		5
18岁						5		1		4
19岁	1		1			6		1	1	4
20岁	1				1	4				4
21岁	1				1	2				2
22岁						5		1	1	3
23岁	1		1			3		1	2	
24岁	1				1	4		1	1	2
25岁						4			2	2
26岁						6			3	3

3－2a 续表 4

单位：人

年龄	言语残疾					肢体残疾				
	小计	一级	二级	三级	四级	小计	一级	二级	三级	四级
27岁						6			2	4
28岁	2	1			1	8	1	2	2	3
29岁						8			1	7
30岁						5			1	4
31岁	2			1	1	5			1	4
32岁						11	3	2	4	2
33岁	1		1			10			3	7
34岁	3	1	1	1		19	1	2	3	13
35岁	2		1		1	11	2		1	8
36岁	1		1			11	2		1	8
37岁	2			1	1	24	1	1	6	16
38岁	1				1	22	1	3	8	10
39岁	1				1	23			8	15
40岁	1	1				15		1	1	13
41岁	1				1	29		1	10	18
42岁	5			2	3	37		1	10	26
43岁	3	2		1		19	2	1	2	14
44岁	1	1				22	1	1	6	14
45岁	2	2				13	1	1	4	7
46岁						20		3	1	16
47岁	1	1				30		2	11	17
48岁						38	1	1	7	29
49岁	3	2			1	33	1	2	6	24
50岁	1		1			25		2	5	18
51岁	2	1		1		31	1	2	7	21
52岁	2	2				27		2	5	20
53岁	2	1			1	27	1	3	8	15
54岁	1	1				21		1	1	19

3－2a 续表 5

单位：人

年龄	言语残疾					肢体残疾				
	小计	一级	二级	三级	四级	小计	一级	二级	三级	四级
55岁						24	2	1	5	16
56岁	1	1				32	1	5	2	24
57岁	1	1				18			5	13
58岁						29		3	4	22
59岁	1		1			19		3	3	13
60岁	2	1		1		16	1	2	3	10
61岁	1			1		19			5	14
62岁						19		1	2	16
63岁						12			6	6
64岁						24		1	6	17
65岁						17	1	1	3	12
66岁	1	1				11	1	1	3	6
67岁						22		3	3	16
68岁	1	1				18		3	4	11
69岁						17	1	3	2	11
70岁	1				1	21	1	2	3	15
71岁						17		3	4	10
72岁						18	1	2	6	9
73岁						15		3	3	9
74岁						7		3	1	3
75岁	1	1				12	2	3	2	5
76岁						9		1	2	6
77岁						5		2	2	1
78岁						9		1		8
79岁	2			1	1	10		1	1	8
80岁						10	1	2	5	2
81岁						7			4	3
82岁						6			1	5
83岁						5	1		1	3
84岁						2	1			1
85+						15	1	5	6	3

3－2a 续表 6

单位：人

年 龄	智力残疾					精神残疾				
	小计	一级	二级	三级	四级	小计	一级	二级	三级	四级
总 计	**348**	**29**	**58**	**113**	**148**	**248**	**53**	**37**	**47**	**111**
0岁	10			2	8					
1岁	8			2	6					
2岁	4	1			3					
3岁	7				7					
4岁	6		1	3	2					
5岁	8			1	7					
6岁	3		1	2						
7岁	6				6					
8岁	2	1	1							
9岁	5	2	1	1	1					
10岁	7	5		1	1					
11岁	1			1						
12岁	6		4	1	1					
13岁	10	1	2	3	4					
14岁	6		2	1	3	1				1
15岁	11	1	3	4	3	1				1
16岁	4		1	2	1	1				1
17岁	7		3	1	3	2	1	1		
18岁	5		1	2	2	1			1	
19岁	3	1		2		6	2		3	1
20岁	5	1	3	1		2				2
21岁	3	2		1		3	1		1	1
22岁	3		1	2		5	2	1		2
23岁	4	3		1		7	1	1	1	4
24岁	5	1	1	2	1	6	2		2	2
25岁	7	2	1	2	2	3	1		1	1
26岁	3			3		4	1		1	2

3－2a 续表 7

单位：人

年龄	智力残疾					精神残疾				
	小计	一级	二级	三级	四级	小计	一级	二级	三级	四级
27岁	1			1		7	3	2		2
28岁	5				5	3	1	2		
29岁	4		2	1	1	7	1	1		5
30岁	7		2	1	4	3			3	
31岁	6	1	1	1	3	8	1	1	4	2
32岁	5		1	2	2	8	3	1		4
33岁	4			1	3	6	1	2		3
34岁	5			2	3	12	4		3	5
35岁	9		1	4	4	6	2	1	1	2
36岁	4			2	2	6	2	1		3
37岁	11	2	2	4	3	13	2	3	2	6
38岁	5	1	1	1	2	7	1	1	1	4
39岁	4		1	3		5	1	2		2
40岁	4			1	3	6	1	1	1	3
41岁	9	1	1	2	5	6	1	1	2	2
42岁	5			3	2	5	1		1	3
43岁	7		1	4	2	8	1	2	2	3
44岁						5		1	1	3
45岁	3		1		2	3	1			2
46岁	3			2	1	3			2	1
47岁	3		1		2	3			2	1
48岁	8		1	4	3	5		1	1	3
49岁	6			3	3	6		2	1	3
50岁	5		1		4	2	1			1
51岁	5		1	1	3	9	3	1		5
52岁	4		1	1	2	4			2	2
53岁	7	1	1	2	3	3				3
54岁	7			3	4	4	1		1	2

3－2a 续表 8

单位：人

年龄	智力残疾					精神残疾				
	小计	一级	二级	三级	四级	小计	一级	二级	三级	四级
55岁	4		1	3		6	1	1	2	2
56岁	6		3	3		4	1			3
57岁	3				3	1				1
58岁	5		2	2	1	2				2
59岁	4		1	3		2				2
60岁	4		1	1	2	2		1		1
61岁	4			1	3	1				1
62岁	5		1	2	2	2			1	1
63岁	2			2		3	1	1	1	
64岁	5		1	2	2	1	1			
65岁						4	2	1		1
66岁						1				1
67岁						3	1	1		1
68岁	1			1		1				1
69岁						1	1			
70岁	4	1		2	1	1			1	
71岁						1			1	
72岁	2	1		1		1				1
73岁						1			1	
74岁	1				1					
75岁	1				1	2		2		
76岁										
77岁						1		1		
78岁	1		1							
79岁										
80岁										
81岁										
82岁										
83岁	1		1			1	1			
84岁										
85+						1	1			

3－2a 续表 9

单位：人

年 龄	多重残疾				
	小计	一级	二级	三级	四级
总 计	**503**	**305**	**76**	**92**	**30**
0岁	2	2			
1岁					
2岁					
3岁	3	2	1		
4岁	5	1	1	2	1
5岁	7	3	2	1	1
6岁	3	2	1		
7岁	3	2	1		
8岁	2	1		1	
9岁	4	3	1		
10岁	3	3			
11岁	4	3		1	
12岁	7	4		3	
13岁	2	1	1		
14岁	1	1			
15岁	3	3			
16岁	4	2	1	1	
17岁	6	4	1	1	
18岁	6	6			
19岁	10	9	1		
20岁	4	2		2	
21岁	4	2	1	1	
22岁	3	3			
23岁	7	6		1	
24岁	3	2	1		
25岁	2	2			
26岁	3	2	1		

3－2a 续表 10

单位：人

年 龄	多重残疾				
	小计	一级	二级	三级	四级
27岁	3	2	1		
28岁					
29岁	1		1		
30岁	7	4	1	1	1
31岁					
32岁	1	1			
33岁	1	1			
34岁	4	3	1		
35岁	6	5		1	
36岁	3	2		1	
37岁	5	4	1		
38岁	3	2			1
39岁	9	5	2	1	1
40岁	8	5	1	2	
41岁	4	3	1		
42岁	11	5	3	2	1
43岁	4	2	1		1
44岁	8	7		1	
45岁	6	3		3	
46岁	5	2	1	1	1
47岁	4	2	1		1
48岁	12	10		1	1
49岁	7	7			
50岁	9	4		4	1
51岁	8	6	1	1	
52岁	11	9		1	1
53岁	15	10	2	1	2
54岁	10	8	1		1

3－2a　续表 11

单位：人

年 龄	多重残疾				
	小计	一级	二级	三级	四级
55岁	9	6	1	1	1
56岁	8	4	2	1	1
57岁	13	9	1	3	
58岁	8	7	1		
59岁	7	4		3	
60岁	10	7	1	2	
61岁	13	6	4	3	
62岁	9	8	1		
63岁	7	2		4	1
64岁	9	4	4	1	
65岁	15	8	3	4	
66岁	5	2		2	1
67岁	6	5	1		
68岁	3	1		2	
69岁	10	5	1	4	
70岁	7	2	3	2	
71岁	6	3	2		1
72岁	5	1	1	2	1
73岁	3	2		1	
74岁	7	2	1	2	2
75岁	9	6	1	1	1
76岁	6	1		3	2
77岁	9	6		3	
78岁	9	2	1	4	2
79岁	2	1		1	
80岁	7	4	1	2	
81岁	5	3	2		
82岁	4		2	2	
83岁	8	4	4		
84岁	5	2	1	2	
85+	13	5	4	2	2

3－2b　残疾人分残疾类别、残疾等级的年龄构成(女性)

单位：人

年　龄	视力残疾					听力残疾				
	小计	一级	二级	三级	四级	小计	一级	二级	三级	四级
总　计	**646**	**194**	**89**	**78**	**285**	**684**	**96**	**109**	**291**	**188**
0岁										
1岁										
2岁	2		2							
3岁										
4岁										
5岁										
6岁										
7岁										
8岁										
9岁										
10岁	1			1		2				2
11岁										
12岁	2	2								
13岁	1			1		3	1		1	1
14岁						1				1
15岁	2				2	2			1	1
16岁						1	1			
17岁	1				1	2	1		1	
18岁	1		1							
19岁										
20岁										
21岁	1		1							
22岁	1	1				1				1
23岁	1		1							
24岁										
25岁										
26岁										

3-2b 续表 1

单位：人

年龄	视力残疾					听力残疾				
	小计	一级	二级	三级	四级	小计	一级	二级	三级	四级
27岁	1				1					
28岁	1	1								
29岁						1		1		
30岁	1				1	1	1			
31岁						4		1	3	
32岁	3		1		2	1				1
33岁										
34岁	4	1	1		2	6		1	2	3
35岁	4			1	3	3			1	2
36岁										
37岁	4				4	6	1	2	2	1
38岁	2			1	1	1				1
39岁	3		1	1	1	5			3	2
40岁	2	1			1	2		1		1
41岁	4		1		3	7			2	5
42岁	8	1	5		2	7		2	4	1
43岁	6	2		1	3	2			1	1
44岁	7		2	2	3	5		2		3
45岁	2	1			1	3		1	1	1
46岁	5	1		1	3	3	1		1	1
47岁	5	2			3	5			4	1
48岁	3		1		2	11	2	2	2	5
49岁	7	1		2	4	10	1	3	4	2
50岁	5		3		2	7	1		3	3
51岁	7			2	5	15	1	4	8	2
52岁	12	4	1	1	6	10		1	7	2
53岁	13	4	2	1	6	11	1	4	3	3
54岁	10	1		1	8	17	2	3	4	8

3－2b 续表 2

单位：人

年龄	视力残疾					听力残疾				
	小计	一级	二级	三级	四级	小计	一级	二级	三级	四级
55岁	12	4	2		6	8	1	1	4	2
56岁	7	4	1		2	7	3	1	2	1
57岁	6		1		5	10	1	2	4	3
58岁	23	4	1	1	17	6		2	3	1
59岁	14	5	2	1	6	16	4	2	8	2
60岁	14	5	1	2	6	18	3	1	6	8
61岁	13	5	2	1	5	5	3	1	1	
62岁	10	2	3		5	13	1	3	3	6
63岁	13	7	1	1	4	14	2	3	6	3
64岁	17	4	1	3	9	9	1		6	2
65岁	16	4	3	3	6	16	2	1	7	6
66岁	11	5		1	5	11	1	1	5	4
67岁	17	5	2	1	9	13	2	2	7	2
68岁	24	8	3	1	12	15	1	3	6	5
69岁	17	5	1	3	8	21	3	6	8	4
70岁	14	7	2		5	21	4	2	10	5
71岁	25	6	6	6	7	30	2	3	14	11
72岁	25	7	2	7	9	27	6	2	14	5
73岁	24	8	5	2	9	25	1	6	13	5
74岁	16	5	2	1	8	21	3	3	6	9
75岁	18	5	2	1	10	14	2	1	8	3
76岁	22	9	2	4	7	20	2	4	9	5
77岁	21	6	3	6	6	17	6	2	6	3
78岁	27	7	3	3	14	19	2	2	11	4
79岁	22	8	6	4	4	22	4	5	7	6
80岁	12	6	1	2	3	22	3	3	10	6
81岁	21	8	3	3	7	21	1	4	10	6
82岁	4	2			2	23	4	4	11	4
83岁	9	3	1	1	4	8	2	1	3	2
84岁	9	4	2		3	10	2	1	3	4
85+	31	13	2	4	12	47	10	9	22	6

3－2b 续表 3

单位：人

年 龄	言语残疾					肢体残疾				
	小计	一级	二级	三级	四级	小计	一级	二级	三级	四级
总 计	**39**	**18**	**2**	**9**	**10**	**787**	**31**	**91**	**153**	**512**
0岁										
1岁										
2岁						1			1	
3岁						1			1	
4岁						1			1	
5岁										
6岁										
7岁										
8岁						3				3
9岁						2				2
10岁						2				2
11岁						2				2
12岁						2			2	
13岁						1				1
14岁						2				2
15岁	1	1				2		1		1
16岁						5			1	4
17岁						7	2		2	3
18岁	1			1						
19岁						5				5
20岁										
21岁						4		1	1	2
22岁						3				3
23岁						3			2	1
24岁						1			1	
25岁						2	1			1
26岁	1				1	1				1

3－2b　续表 4

单位：人

年　龄	言语残疾					肢体残疾				
	小计	一级	二级	三级	四级	小计	一级	二级	三级	四级
27岁						4		1		3
28岁						1				1
29岁						2			1	1
30岁						5				5
31岁	1	1				3				3
32岁						5				5
33岁						7		1	1	5
34岁						9			3	6
35岁	1				1	7				7
36岁						4		1	1	2
37岁						14		1	3	10
38岁	1			1		10		1	4	5
39岁						10	1		1	8
40岁						4				4
41岁						14		1	2	11
42岁	1	1				12	1	1	5	5
43岁	2	1		1		13	1		2	10
44岁	1			1		17	1		2	14
45岁						5			2	3
46岁						13	1	1	6	5
47岁	1				1	10		1	4	5
48岁						31		3	3	25
49岁						14	2	2	1	9
50岁	2			1	1	13	1		3	9
51岁	3	1			2	17		2	3	12
52岁	1	1				9			2	7
53岁	3	1	1	1		19		2	5	12
54岁	1				1	7			1	6

3-2b 续表 5

单位：人

年 龄	言语残疾					肢体残疾				
	小计	一级	二级	三级	四级	小计	一级	二级	三级	四级
55岁	1	1				17		2	2	13
56岁	1	1				23	2	3	3	15
57岁	1			1		14			2	12
58岁	1	1				17	1	3	1	12
59岁	1	1				15		2	2	11
60岁	1	1				10	1	3	1	5
61岁	3	2		1		15	1	4	4	6
62岁	2		1	1		17	1	3	2	11
63岁						19		1	3	15
64岁						9		1		8
65岁	2	1			1	16	3		4	9
66岁						19	2	3	2	12
67岁						10		3	1	6
68岁						19		5	5	9
69岁						13		5	1	7
70岁	1				1	16		2	3	11
71岁						17	1	6	3	7
72岁	1	1				22	1	3	3	15
73岁	2	1			1	17	1	1	5	10
74岁						12		2	4	6
75岁	1	1				13		4		9
76岁						11		1	2	8
77岁						14		2	3	9
78岁						14	1	1	3	9
79岁						11		2	3	6
80岁						10		1	4	5
81岁						9	1	1	4	3
82岁						19	1	4	3	11
83岁						5		1	1	3
84岁						7			4	3
85+						28	3	2	8	15

3－2b 续表 6

单位：人

年 龄	智力残疾					精神残疾				
	小计	一级	二级	三级	四级	小计	一级	二级	三级	四级
总 计	**264**	**24**	**57**	**92**	**91**	**293**	**71**	**31**	**58**	**133**
0岁	2				2					
1岁	8			2	6					
2岁	3			2	1					
3岁	2	1		1						
4岁	2				2					
5岁	2		1		1					
6岁	1		1							
7岁	1				1					
8岁	3	1			2					
9岁	3			1	2					
10岁	6	2	1	1	2					
11岁	5	1	1	1	2					
12岁	8	3	4		1					
13岁	5		2	1	2	1				1
14岁	7	1	2	2	2					
15岁	3	2		1		2				2
16岁	3		1	2		2				2
17岁	3	1	1		1	2				2
18岁	7	1	2	4		3			1	2
19岁	3		1	1	1	3	3			
20岁	3		2	1		4	2			2
21岁	4		1	2	1	2				2
22岁	5	1		3	1	2	1			1
23岁	6	1	2	2	1	1				1
24岁	2		1	1		2	1		1	
25岁	5			3	2	1				1
26岁	2			2		1				1

3－2b 续表 7

单位：人

年 龄	智力残疾					精神残疾				
	小计	一级	二级	三级	四级	小计	一级	二级	三级	四级
27岁	4		1	2	1	3		1	1	1
28岁	2			2		5	1	2	1	1
29岁	4		1	2	1	2			1	1
30岁	3		1		2	2	1		1	
31岁	3		1	1	1	3	1			2
32岁	1			1		4		1		3
33岁	3			1	2	6	3	1		2
34岁	4	1		2	1	7	1			6
35岁	1		1			10	2		1	7
36岁	7		2	1	4	6		2		4
37岁	2		1		1	4	1	1	1	1
38岁	3			2	1	7		1	3	3
39岁	7	1	1	3	2	7	2	1	2	2
40岁	1		1			7			3	4
41岁	7	1	3	2	1	9	1	1	1	6
42岁	4		1	2	1	6	1	1	3	1
43岁	9		1	5	3	8	2		3	3
44岁	2			1	1	11	4		4	3
45岁	3		2		1	5			1	4
46岁	4	1	1	2		3	1		1	1
47岁	7			1	6	8	3	1	1	3
48岁	5		1	2	2	11	4	3	2	2
49岁	3		2	1		6	1		2	3
50岁	3		1	1	1	4		1		3
51岁	3			3		5	1	1	1	2
52岁	7		3	1	3	7	2	1		4
53岁	2			1	1	12	1	2	1	8
54岁	2			1	1	4	2			2

3－2b 续表 8

单位：人

年 龄	智力残疾					精神残疾				
	小计	一级	二级	三级	四级	小计	一级	二级	三级	四级
55岁	3			2	1	6	2		1	3
56岁	5		2	2	1	7	2	2		3
57岁	5	2	1		2	3	1		1	1
58岁	3			2	1	3	1			2
59岁	4	2			2	7	1	1	4	1
60岁	4			1	3	8	1	2		5
61岁	3		1	1	1	4	2		2	
62岁	3		1	2		2	1		1	
63岁	3			2	1	7	1		3	3
64岁	1	1				7	1	1	2	3
65岁	2			1	1	4	1	1		2
66岁	1			1		2	1		1	
67岁	2		2			3			1	2
68岁	3				3	2			1	1
69岁	1			1		3	2		1	
70岁	1			1		4			1	3
71岁						1				1
72岁	4			2	2	2	1			1
73岁										
74岁	1			1		2	2			
75岁	1				1	2			1	1
76岁						1	1			
77岁	1		1			4	3			1
78岁						2		2		
79岁	1				1					
80岁						1	1			
81岁										
82岁						2			1	1
83岁	1		1			3	1	1	1	
84岁										
85+	1				1	3	3			

3－2b 续表 9

单位：人

年 龄	多重残疾				
	小计	一级	二级	三级	四级
总 计	**489**	**291**	**78**	**79**	**41**
0岁					
1岁	2	1	1		
2岁					
3岁	1		1		
4岁	4	3			1
5岁	2	2			
6岁	3	2	1		
7岁					
8岁	4	2	1	1	
9岁	2	2			
10岁	3	2	1		
11岁					
12岁	3	2			1
13岁	2	2			
14岁	2	2			
15岁	1	1			
16岁	2		2		
17岁	4	1	1	1	1
18岁	5	3	2		
19岁	2	2			
20岁	2		2		
21岁	3	2	1		
22岁	1			1	
23岁	6	5	1		
24岁	4	4			
25岁	1		1		
26岁	1	1			

3－2b 续表 10

单位：人

年 龄	多重残疾				
	小计	一级	二级	三级	四级
27岁	3	3			
28岁	2	2			
29岁					
30岁					
31岁	1	1			
32岁	4	3	1		
33岁	2	1	1		
34岁	2	2			
35岁	2	1		1	
36岁	1			1	
37岁	3	2			1
38岁	5	4	1		
39岁	4	2	1		1
40岁	3	2			1
41岁	11	7	1	2	1
42岁	12	11		1	
43岁	10	6	2	1	1
44岁	5	3		1	1
45岁	2	1		1	
46岁	2	2			
47岁	6	6			
48岁	5	2	2		1
49岁	5	4	1		
50岁	7	4	1	1	1
51岁	11	7	3		1
52岁	13	10	1		2
53岁	12	12			
54岁	9	6	3		

3－2b 续表 11

单位：人

年龄	多重残疾				
	小计	一级	二级	三级	四级
55岁	11	6	1	3	1
56岁	10	6		2	2
57岁	11	7		4	
58岁	13	7	3	3	
59岁	4	2	2		
60岁	9	7	1	1	
61岁	11	7	1	3	
62岁	4	1	3		
63岁	16	6	6	3	1
64岁	5	4			1
65岁	6	2	2	2	
66岁	4	2	1		1
67岁	4	2		2	
68岁	7	4	2		1
69岁	5	5			
70岁	6	2	4		
71岁	9	4	1	3	1
72岁	9	4		4	1
73岁	9	6	1	2	
74岁	8	2	2		4
75岁	11	7	1	2	1
76岁	15	8	2	4	1
77岁	11	4		4	3
78岁	9	2	1	4	2
79岁	9	6	2	1	
80岁	12	7		4	1
81岁	6	3	1	2	
82岁	9	3	1	3	2
83岁	9	5		4	
84岁	5	2	2	1	
85+	30	15	5	6	4

3－3 各地区多重残疾人分残疾类别、残疾等级的分布

单位：人

地 区	视力残疾					听力残疾				
	小计	一级	二级	三级	四级	小计	一级	二级	三级	四级
总 计	**278**	**102**	**31**	**26**	**119**	**657**	**320**	**85**	**187**	**65**
黄陂区	4	1	1	1	1	8	5	1	1	1
武昌区	7	3			4	6	1		2	3
黄石市	3				3	26	12	3	6	5
江夏区	5	1	2		2	12	6	2	2	2
硚口区	3	1	1		1	4	2	1	1	
丹江口市	16	6	2	3	5	40	20	7	13	
江汉区	3	1	1		1	6	3		3	
仙桃市	13	5			8	20	7		8	5
汉川市	7	1	2	2	2	11	1	1	7	2
鄂州市	3	3				7	4	1	1	1
大冶市	7	3	1		3	10	5	2	1	2
武穴市	14	7	2		5	25	12	6	6	1
宜昌市	8	3	1	1	3	15	5	3	5	2
枝江市	15	6	3	2	4	20	7	2	7	4
天门市	16	3	2		11	20	10	3	4	3
曾都区	17	3		2	12	29	10	7	9	3
襄阳区	5	2	1		2	19	12	3	4	
广水市	2				2	8	5	1	2	
利川市	2	1			1	9	3	2	4	
咸安区	12	4	5		3	16	5	4	3	4
巴东县	11	5		1	5	26	15	3	4	4
竹溪县	9	7	2			64	59	2	3	
神农架林区	22	9	1	3	9	75	18	18	31	8
红安县	8	5			3	7	4		1	2
南漳县	7	4	1	1	1	32	27	4	1	
通城县	1				1	6	4			2
监利县	2			1	1	15	10		3	2
黄梅县	10	1		4	5	23	10	2	11	
江陵县	7	2		1	4	12	9		1	2
蕲春县	34	12	3	3	16	73	24	5	40	4
京山县	5	3		1	1	13	5	2	3	3

3－3 续表 1

单位：人

地区	言语残疾					肢体残疾				
	小计	一级	二级	三级	四级	小计	一级	二级	三级	四级
总　计	**526**	**376**	**63**	**57**	**30**	**285**	**26**	**45**	**61**	**153**
黄陂区	7	5	2			9	1	5	1	2
武昌区	6	2	3	1		5	2	1		2
黄石市	22	16	2	2	2	8		2	3	3
江夏区	13	8	3	2		12	1	4	2	5
硚口区	5	4	1			7	2	1	1	3
丹江口市	35	27	6	2		14	1	2	2	9
江汉区	5	5				3				3
仙桃市	10	8	1	1		6	1	1		4
汉川市	7	3	2	2		3				3
鄂州市	14	7	1	6		7	1	1	1	4
大冶市	13	12		1		9	2	2		5
武穴市	24	16	5	3		15	3	3	3	6
宜昌市	9	7	1		1	4				4
枝江市	9	4	1	2	2	4		3		1
天门市	15	7	5	3		10	1	4	1	4
曾都区	19	10	4	5		12		1	3	8
襄阳区	15	14			1	9	1		1	7
广水市	9	7	2							
利川市	14	6	4	2	2	6			3	3
咸安区	4	4				12	2		2	8
巴东县	16	14	2			10			4	6
竹溪县	58	51	3	3	1	19		3	5	11
神农架林区	55	38	5	5	7	25	3	2	7	13
红安县	8	4		2	2	7		3	2	2
南漳县	31	19	3	6	3	12	1	3	4	4
通城县	6	4		1	1	2				2
监利县	13	11		2		6	1	1	1	3
黄梅县	18	15	1		2	9		1	6	2
江陵县	12	7	1	4		6			1	5
蕲春县	45	32	5	2	6	28	1	1	7	19
京山县	9	9				6	2	1	1	2

3-3 续表 2

单位：人

地　区	智力残疾					精神残疾				
	小计	一级	二级	三级	四级	小计	一级	二级	三级	四级
总　计	**340**	**91**	**87**	**115**	**47**	**133**	**74**	**16**	**13**	**30**
黄陂区	2		2							
武昌区	4	2	1		1	2	1	1		
黄石市	3		2	1		7	6			1
江夏区	15	4	4	4	3	3	2			1
硚口区	4	1	2	1		2	1			1
丹江口市	34	12	6	12	4	5	3	2		
江汉区						2	1			1
仙桃市	5	2		2	1	2			1	1
汉川市	5	1	1	3		1				1
鄂州市	8	2	2		4	4	2			2
大冶市	9	6	1	1	1	3	1			2
武穴市	19	7	7	4	1	3	2			1
宜昌市	4	2		2						
枝江市	6	2	1	1	2	1			1	
天门市	11	2	6	2	1	5	3		1	1
曾都区	4	1	1	1	1	12	6	2	1	3
襄阳区	12	2	5	2	3	3				3
广水市	5	1	2	2		4	2	1	1	
利川市	4	1	2	1						
咸安区	3		1	1	1	3	1			2
巴东县	10		1	2	7	4		3		1
竹溪县	22	8	8	5	1	2	1		1	
神农架林区	20			19	1	9	2	1	2	4
红安县	9	3	3	2	1	4	1		2	1
南漳县	12		6	6						
通城县	1		1							
监利县	4	2	2			6	6			
黄梅县	9	3	2	3	1	4		3		1
江陵县	5		1	3	1					
蕲春县	84	21	16	35	12	41	32	3	3	3
京山县	7	6	1			1	1			

3－3a 各地区城镇多重残疾人分残疾类别、残疾等级的分布

单位：人

地区	视力残疾					听力残疾				
	小计	一级	二级	三级	四级	小计	一级	二级	三级	四级
总计	**42**	**12**	**5**	**3**	**22**	**95**	**42**	**14**	**28**	**11**
黄陂区	1		1			3	3			
武昌区	7	3			4	6	1		2	3
黄石市	3				3	26	12	3	6	5
江夏区	5	1	2		2	4	1	1	1	1
硚口区	3	1	1		1	4	2	1	1	
丹江口市	1	1				3	2	1		
江汉区	3	1	1		1	6	3		3	
仙桃市	2	1			1	6	3		2	1
汉川市										
鄂州市						1	1			
大冶市	1				1	1		1		
武穴市										
宜昌市	3			1	2	7	3	2	2	
枝江市	1			1		2	1		1	
天门市	3				3	5	3		2	
曾都区	7	2		1	4	9	3	1	5	
襄阳区	1	1				1			1	
广水市										
利川市										
咸安区						5	2	2	1	
巴东县										
竹溪县										
神农架林区										
红安县										
南漳县						2	1	1		
通城县										
监利县						2	1			1
黄梅县										
江陵县										
蕲春县										
京山县	1	1				2		1	1	

3－3a 续表 1

单位：人

地区	言语残疾					肢体残疾				
	小计	一级	二级	三级	四级	小计	一级	二级	三级	四级
总　计	**85**	**61**	**11**	**9**	**4**	**54**	**5**	**15**	**4**	**30**
黄陂区	4	4				2		1		1
武昌区	6	2	3	1		5	2	1		2
黄石市	22	16	2	2	2	8		2	3	3
江夏区	4	1	2	1		4		2		2
硚口区	5	4	1			7	2	1	1	3
丹江口市	5	4		1		2		1		1
江汉区	5	5				3				3
仙桃市	4	4				2	1			1
汉川市										
鄂州市	2	1		1		1		1		
大冶市	2	1		1		2		1		1
武穴市										
宜昌市	7	5	1		1	3				3
枝江市	3	3				2		1		1
天门市	3	1	2			1		1		
曾都区	3	2		1		3		1		2
襄阳区						1				1
广水市	1	1								
利川市										
咸安区	3	3				3				3
巴东县										
竹溪县										
神农架林区	1	1				1				1
红安县										
南漳县	2	1		1		2		1		1
通城县	1				1					
监利县	2	2				1		1		
黄梅县										
江陵县										
蕲春县										
京山县						1				1

3－3a 续表 2

单位：人

地 区	智力残疾					精神残疾				
	小计	一级	二级	三级	四级	小计	一级	二级	三级	四级
总 计	**44**	**12**	**13**	**13**	**6**	**22**	**14**	**2**		**6**
黄陂区										
武昌区	4	2	1		1	2	1	1		
黄石市	3		2	1		7	6			1
江夏区	8	2	2	3	1	2	2			
硚口区	4	1	2	1		2	1			1
丹江口市	4	1		1	2	1		1		
江汉区						2	1			1
仙桃市	1	1								
汉川市										
鄂州市										
大冶市	2	2								
武穴市										
宜昌市	4	2		2						
枝江市	2		1	1						
天门市	1		1			2	1			1
曾都区	1				1	1	1			
襄阳区						1				1
广水市	1	1				1	1			
利川市										
咸安区	3		1	1	1					
巴东县										
竹溪县										
神农架林区	2			2		1				1
红安县										
南漳县	2		1	1						
通城县	1		1							
监利县	1		1							
黄梅县										
江陵县										
蕲春县										
京山县										

3－3b 各地区农村多重残疾人分残疾类别、残疾等级的分布

单位：人

地 区	视力残疾					听力残疾				
	小计	一级	二级	三级	四级	小计	一级	二级	三级	四级
总 计	**236**	**90**	**26**	**23**	**97**	**562**	**278**	**71**	**159**	**54**
黄陂区	3	1		1	1	5	2	1	1	1
武昌区										
黄石市										
江夏区						8	5	1	1	1
硚口区										
丹江口市	15	5	2	3	5	37	18	6	13	
江汉区										
仙桃市	11	4			7	14	4		6	4
汉川市	7	1	2	2	2	11	1	1	7	2
鄂州市	3	3				6	3	1	1	1
大冶市	6	3	1		2	9	5	1	1	2
武穴市	14	7	2		5	25	12	6	6	1
宜昌市	5	3	1		1	8	2	1	3	2
枝江市	14	6	3	1	4	18	6	2	6	4
天门市	13	3	2		8	15	7	3	2	3
曾都区	10	1		1	8	20	7	6	4	3
襄阳区	4	1	1		2	18	12	3	3	
广水市	2				2	8	5	1	2	
利川市	2	1			1	9	3	2	4	
咸安区	12	4	5		3	11	3	2	2	4
巴东县	11	5		1	5	26	15	3	4	4
竹溪县	9	7	2			64	59	2	3	
神农架林区	22	9	1	3	9	75	18	18	31	8
红安县	8	5			3	7	4		1	2
南漳县	7	4	1	1	1	30	26	3	1	
通城县	1				1	6	4			2
监利县	2			1	1	13	9		3	1
黄梅县	10	1		4	5	23	10	2	11	
江陵县	7	2		1	4	12	9		1	2
蕲春县	34	12	3	3	16	73	24	5	40	4
京山县	4	2		1	1	11	5	1	2	3

3－3b 续表 1

单位：人

地 区	言语残疾					肢体残疾				
	小计	一级	二级	三级	四级	小计	一级	二级	三级	四级
总 计	**441**	**315**	**52**	**48**	**26**	**231**	**21**	**30**	**57**	**123**
黄陂区	3	1	2			7	1	4	1	1
武昌区										
黄石市										
江夏区	9	7	1	1		8	1	2	2	3
硚口区										
丹江口市	30	23	6	1		12	1	1	2	8
江汉区										
仙桃市	6	4	1	1		4		1		3
汉川市	7	3	2	2		3				3
鄂州市	12	6	1	5		6	1		1	4
大冶市	11	11				7	2	1		4
武穴市	24	16	5	3		15	3	3	3	6
宜昌市	2	2				1				1
枝江市	6	1	1	2	2	2		2		
天门市	12	6	3	3		9	1	3	1	4
曾都区	16	8	4	4		9			3	6
襄阳区	15	14			1	8	1		1	6
广水市	8	6	2							
利川市	14	6	4	2	2	6			3	3
咸安区	1	1				9	2		2	5
巴东县	16	14	2			10			4	6
竹溪县	58	51	3	3	1	19		3	5	11
神农架林区	54	37	5	5	7	24	3	2	7	12
红安县	8	4		2	2	7		3	2	2
南漳县	29	18	3	5	3	10	1	2	4	3
通城县	5	4		1		2				2
监利县	11	9		2		5	1		1	3
黄梅县	18	15	1		2	9		1	6	2
江陵县	12	7	1	4		6			1	5
蕲春县	45	32	5	2	6	28	1	1	7	19
京山县	9	9				5	2	1	1	1

3－3b 续表 2

单位：人

地区	智力残疾					精神残疾				
	小计	一级	二级	三级	四级	小计	一级	二级	三级	四级
总计	**296**	**79**	**74**	**102**	**41**	**111**	**60**	**14**	**13**	**24**
黄陂区	2		2							
武昌区										
黄石市										
江夏区	7	2	2	1	2	1				1
硚口区										
丹江口市	30	11	6	11	2	4	3	1		
江汉区										
仙桃市	4	1		2	1	2			1	1
汉川市	5	1	1	3		1				1
鄂州市	8	2	2		4	4	2			2
大冶市	7	4	1	1	1	3	1			2
武穴市	19	7	7	4	1	3	2			1
宜昌市										
枝江市	4	2			2	1			1	
天门市	10	2	5	2	1	3	2		1	
曾都区	3	1	1	1		11	5	2	1	3
襄阳区	12	2	5	2	3	2				2
广水市	4		2	2		3	1	1	1	
利川市	4	1	2	1						
咸安区						3	1			2
巴东县	10		1	2	7	4		3		1
竹溪县	22	8	8	5	1	2	1		1	
神农架林区	18			17	1	8	2	1	2	3
红安县	9	3	3	2	1	4	1		2	1
南漳县	10		5	5						
通城县										
监利县	3	2	1			6	6			
黄梅县	9	3	2	3	1	4		3		1
江陵县	5		1	3	1					
蕲春县	84	21	16	35	12	41	32	3	3	3
京山县	7	6	1			1	1			

3－4 多重残疾人分残疾类别、残疾等级的年龄构成

单位：人

年 龄	视力残疾					听力残疾				
	小计	一级	二级	三级	四级	小计	一级	二级	三级	四级
总 计	**278**	**102**	**31**	**26**	**119**	**657**	**320**	**85**	**187**	**65**
0岁	1	1				1	1			
1岁	1		1			1	1			
2岁										
3岁										
4岁	2	1			1					
5岁						3	2		1	
6岁	1	1				2	1	1		
7岁										
8岁						1			1	
9岁						1	1			
10岁						3	2	1		
11岁						1				1
12岁						3	2		1	
13岁										
14岁						2	2			
15岁	1	1				1	1			
16岁						2	2			
17岁	1	1				3	1	1	1	
18岁						5	3	1		1
19岁						3	3			
20岁	1				1	2	1		1	
21岁						1				1
22岁	1	1				1			1	
23岁						7	5		2	
24岁						4	2	1	1	
25岁						3	2			1
26岁	1			1		2	2			

3-4 续表 1

单位：人

年 龄	视力残疾					听力残疾				
	小计	一级	二级	三级	四级	小计	一级	二级	三级	四级
27岁						2	2			
28岁						2	2			
29岁						1		1		
30岁						3	2			1
31岁						1	1			
32岁						2	1	1		
33岁						1	1			
34岁	1		1			4	3	1		
35岁						4	2	1	1	
36岁	1				1	2	2			
37岁						5	4			1
38岁	2	1			1	5	5			
39岁						6	3	1	1	1
40岁						10	7	1	1	1
41岁	1				1	9	1	2	5	1
42岁	1		1			16	13		3	
43岁						9	7	1		1
44岁	1				1	10	9	1		
45岁	1	1				5	2	1	2	
46岁						4	2	1		1
47岁	1				1	7	5	1	1	
48岁	4	2			2	14	11	1	1	1
49岁						9	8	1		
50岁	3	1			2	9	4		3	2
51岁	1				1	13	9	2	2	
52岁	4		1		3	16	12		4	
53岁	2	1			1	20	16	1	3	
54岁	2	1	1			15	8	4	1	2

3-4 续表 2

单位：人

年龄	视力残疾					听力残疾				
	小计	一级	二级	三级	四级	小计	一级	二级	三级	四级
55岁	1	1				14	7	1	3	3
56岁	2	1			1	12	7	1	4	
57岁	3	3				20	10	1	9	
58岁	3	1			2	17	10	3	4	
59岁	2				2	7	4	2	1	
60岁	1	1				15	8	1	6	
61岁	9	3	2	1	3	14	8	1	5	
62岁	3		1	1	1	10	6	3	1	
63岁	4		1	2	1	15	5	1	7	2
64岁	3	2			1	12	4	5	2	1
65岁	5	1	1	1	2	11	5	2	2	2
66岁	4				4	3	1		2	
67岁	2	2				6	3	1	1	1
68岁	2	1			1	7	4		1	2
69岁	7	4	1		2	15	7	1	5	2
70岁	11	2	3		6	10	3	2	5	
71岁	9	3		1	5	11	5	2	3	1
72岁	8		1	2	5	13	3	2	6	2
73岁	3		1	1	1	10	6		4	
74岁	11	3	1		7	12	1	3	3	5
75岁	14	8	1	2	3	15	4	2	6	3
76岁	16	2	1	4	9	16	5	1	7	3
77岁	16	9		3	4	17	3	3	7	4
78岁	14	2	2	1	9	13	1		10	2
79岁	8	6			2	9	1	3	2	3
80岁	14	7	1	1	5	15	5	2	7	1
81岁	9	4	1	1	3	10	3	3	4	
82岁	8	2	1		5	12	2	2	5	3
83岁	13	6	2	1	4	16	5	2	9	
84岁	7	2	1		4	6	1		5	
85+	31	13	4	3	11	38	7	8	14	9

3－4 续表 3

单位：人

年 龄	言语残疾					肢体残疾				
	小计	一级	二级	三级	四级	小计	一级	二级	三级	四级
总 计	**526**	**376**	**63**	**57**	**30**	**285**	**26**	**45**	**61**	**153**
0岁						1				1
1岁						1			1	
2岁										
3岁	4	1	3			1	1			
4岁	6	4		2		5	1			4
5岁	8	5	1	2		2		1		1
6岁	6	1	2	2	1	2	1			1
7岁	3	2	1							
8岁	5	2	1	2		2	1	1		
9岁	4	3	1			3	2		1	
10岁	5	4	1			1	1			
11岁	3	3								
12岁	6	5			1	3	1		1	1
13岁	2	2				2	1	1		
14岁	3	2	1			1		1		
15岁	4	4				2	2			
16岁	5	2	1	1	1	2		1	1	
17岁	5	4	1			2			1	1
18岁	9	7	2							
19岁	10	8	2			2	1	1		
20岁	4	2		2		2		2		
21岁	2		1	1		4				4
22岁	2	2				1			1	
23岁	7	5	1	1		4	1	1	1	1
24岁	6	5		1		2	1	1		
25岁	3	2	1							
26岁	2	1	1							

3-4 续表 4

单位：人

年 龄	言语残疾					肢体残疾				
	小计	一级	二级	三级	四级	小计	一级	二级	三级	四级
27岁	4	3	1			1		1		
28岁	2	2								
29岁	1		1							
30岁	6	4	1		1	1				1
31岁	1	1								
32岁	4	3	1			1				1
33岁	2	2								
34岁	4	3		1		1				1
35岁	8	6		2						
36岁	1	1				1			1	
37岁	6	6				4	1	2		1
38岁	5	4			1	2	1			1
39岁	8	5	1	2		2		1		1
40岁	10	7	1		2					
41岁	10	6	1	1	2	1		1		
42岁	20	16	1	2	1	3				3
43岁	12	7	1	2	2	3				3
44岁	10	8		2		5			2	3
45岁	8	4		2	2					
46岁	5	3	1	1		4				4
47岁	9	7	1		1	3			1	2
48岁	11	8	2	1		1				1
49岁	9	7		2		3			1	2
50岁	9	7		1	1	4		1	1	2
51岁	15	10	3	2		4	1	1	1	1
52岁	17	12	2	3		7	1	2	1	3
53岁	24	20	2	1	1	6			1	5
54岁	15	10	2	2	1	4		2	1	1

3-4 续表 5

单位：人

年龄	言语残疾					肢体残疾				
	小计	一级	二级	三级	四级	小计	一级	二级	三级	四级
55岁	12	9	1		2	4		1	1	2
56岁	10	7	1	2		5	1			4
57岁	13	9		3	1	6		1	2	3
58岁	14	9	3	1	1	4		1	1	2
59岁	6	6				4			3	1
60岁	14	11	3			5			1	4
61岁	13	9	1	1	2	9		2	1	6
62岁	8	8				4				4
63岁	10	7	1		2	11		4	2	5
64岁	7	5	1		1	4	1		1	2
65岁	11	6	1	3	1	11	1	2	4	4
66岁	4	3		1		3				3
67岁	6	5		1		6	1		1	4
68岁	4	2	1	1		3		1	1	1
69岁	6	3		1	2	2			1	1
70岁	4	1	3			2			1	1
71岁	4	2		2		8	1	1	2	4
72岁	4	4				7	1		2	4
73岁	8	8				3			1	2
74岁	1	1				6		1	2	3
75岁	2	1	1			6		1		5
76岁	2	2				11		2	1	8
77岁	1	1				8			1	7
78岁	2	1	1			6			1	5
79岁	1	1				4		2	1	1
80岁	4	3	1			9			4	5
81岁						3			2	1
82岁	1	1				4		1	2	1
83岁	1	1				5			2	3
84岁	1		1			2		1	1	
85+	2	2				14	2	3	2	7

3-4 续表 6

单位：人

年　龄	智力残疾					精神残疾				
	小计	一级	二级	三级	四级	小计	一级	二级	三级	四级
总　计	**340**	**91**	**87**	**115**	**47**	**133**	**74**	**16**	**13**	**30**
0岁	2	1			1					
1岁	2	1	1							
2岁										
3岁	4	1	1	1	1					
4岁	9	2	3	2	2	1				1
5岁	6	1	2	1	2					
6岁	4	3	1			1	1			
7岁	2		1	1		1	1			
8岁	5	2		2	1					
9岁	5	2	2	1		1	1			
10岁	3	2	1			1			1	
11岁	4		2	1	1					
12岁	8	4	1	2	1	2	1		1	
13岁	3	1			2	1	1			
14岁	1	1								
15岁	3	2	1							
16岁	4		1	2	1					
17岁	8	1	5	1	1	4			1	3
18岁	7	1	2	3	1	2	2			
19岁	8	3	3	2		3	3			
20岁	4		2	1	1	1				1
21岁	7	2	2	2	1	3	2	1		
22岁	3	2	1							
23岁	10	7	1	1	1	3	3			
24岁	2	2				3	2	1		
25岁										
26岁	2		1	1		1	1			

3-4 续表 7

单位：人

年龄	智力残疾					精神残疾				
	小计	一级	二级	三级	四级	小计	一级	二级	三级	四级
27岁	5	1	4			1	1			
28岁										
29岁										
30岁	2		1		1	2	1		1	
31岁										
32岁	3	1	1	1		2		1	1	
33岁	2		2			1		1		
34岁	1			1		1	1			
35岁	4	2		2		2	1			1
36岁	2			2		2			1	1
37岁	3	1	1	1		1				1
38岁	2		1		1	1				1
39岁	7	2	1	3	1	3	1	1		1
40岁	2			1	1	1				1
41岁	5	1	1	3		6	4	1		1
42岁	10		3	6	1	4	1	1		2
43岁	8	4		3	1	2		1		1
44岁	4	1	1	2		1	1			
45岁	4	1		3		1	1			
46岁	2	1			1	2	1			1
47岁	4	2	1		1	1	1			
48岁	4	2		1	1	2	1	1		
49岁	2			2		2	2			
50岁	6		2	2	2	5	2		1	2
51岁	10	2	5	2	1	3	1		1	1
52岁	11	3	3	5		3	3			
53岁	13	1	2	8	2	2	2			
54岁	4	1	1	2		2	1			1

3-4 续表 8

单位：人

年 龄	智力残疾					精神残疾				
	小计	一级	二级	三级	四级	小计	一级	二级	三级	四级
55岁	13	1	5	5	2	4	2	1		1
56岁	8	2	2	2	2	5	1			4
57岁	9	5		4		3	2			1
58岁	7	3	1	3		1	1			
59岁	3	1		1	1	1			1	
60岁	7	1		5	1	4	2		1	1
61岁	10	1	4	5		3	1			2
62岁	4	1	1		2	1	1			
63岁	9	2	2	2	3	1	1			
64岁	4	1		2	1	1		1		
65岁	2		1	1		4	3		1	
66岁	2	1		1		3	2	1		
67岁	2			2						
68岁	2		1		1	2	1	1		
69岁	1			1		3	1	1	1	
70岁	2			2		2	1	1		
71岁	1	1				1	1			
72岁	1			1						
73岁	1			1		1	1			
74岁	1			1						
75岁	2	1			1	2	2			
76岁	1		1			1	1			
77岁										
78岁	1	1								
79岁	3	1	1		1					
80岁	2	1		1						
81岁						1	1			
82岁	3		2	1		1	1			
83岁						2	1		1	
84岁	1		1			3	2	1		
85+	2		1		1	2	1			1

3－5 残疾(含多重)人分残疾类别、残疾等级的残疾发现年龄

单位：人

残疾发现年龄	视力残疾					听力残疾				
	小计	一级	二级	三级	四级	小计	一级	二级	三级	四级
总　计	**1420**	**439**	**177**	**154**	**650**	**2132**	**523**	**315**	**852**	**442**
0岁	44	19	7	2	16	132	75	23	29	5
1岁	22	8	2	5	7	73	51	4	15	3
2岁	13	8			5	68	38	10	14	6
3岁	22	11	1	3	7	64	42	7	10	5
4岁	13	7		2	4	40	26	5	6	3
5岁	9	4		1	4	28	16	5	3	4
6岁	11	4	1		6	22	14	1	6	1
7岁	14	5	1	1	7	26	11	5	10	
8岁	9	1	1	1	6	14	2	6	6	
9岁	10	2	2	1	5	16	6	3	5	2
10岁	14	6		2	6	29	10	3	11	5
11岁	5		1	1	3	15	6	5	2	2
12岁	2		1		1	13	3	4	2	4
13岁	2	1		1		11	2	2	4	3
14岁	2	1			1	11	2	1	5	3
15岁	4		2		2	10	3	1	4	2
16岁	6	5			1	12	4	2	2	4
17岁	5	1	1		3	7	2	1	3	1
18岁	7	2		1	4	3			3	
19岁	3			1	2	6	1		3	2
20岁	7	2	1		4	12	1	4	4	3
21岁	6	3			3	11	3		4	4
22岁	3	1			2	7	2	2	3	
23岁	4	2		1	1	11	2	2	6	1
24岁	4	1		1	2	7		1	5	1
25岁	2	1			1	6	1	1	4	
26岁	7	2			5	11	2	1	7	1

3-5 续表 1

单位：人

残疾发现年龄	视力残疾					听力残疾				
	小计	一级	二级	三级	四级	小计	一级	二级	三级	四级
27岁	8	2	4		2	8		1	6	1
28岁	7			2	5	6		1	4	1
29岁	4	1			3	10	3		3	4
30岁	13	3	2	2	6	14	1	4	7	2
31岁	8	3			5	11	1		6	4
32岁	7	2	3	1	1	15	2	4	4	5
33岁	4	2	1		1	7	1		1	5
34岁	5	1		1	3	18	2	3	6	7
35岁	13	3	2	1	7	12	1	1	4	6
36岁	6	1	1		4	14	5		7	2
37岁	8	2	1	1	4	9		1	6	2
38岁	11	5	1		5	10	2	2	3	3
39岁	11	1	5	1	4	8	2	2	1	3
40岁	12		2	2	8	20	5	6	6	3
41岁	12	4		2	6	19	3	5	5	6
42岁	8	6		1	1	17	4	1	11	1
43岁	13	5	2	2	4	15	1	2	7	5
44岁	25	4		4	17	11	2	1	3	5
45岁	17	6	1		10	12	2	3	6	1
46岁	17	3	1	2	11	15	1	3	7	4
47岁	17	4	2	2	9	18	4		5	9
48岁	23	7	2	2	12	22	3	4	7	8
49岁	25	8	2	4	11	23	3	2	10	8
50岁	22	7	4	1	10	23	3	6	9	5
51岁	25	8	5		12	21	1	2	13	5
52岁	19	10	2	1	6	28	4	6	12	6
53岁	18	5	4	1	8	27	2	4	18	3
54岁	18	2	4	1	11	33	7	2	15	9

3－5 续表 2

单位：人

残疾发现年龄	视力残疾					听力残疾				
	小计	一级	二级	三级	四级	小计	一级	二级	三级	四级
55岁	16	2	3	3	8	32	5	6	13	8
56岁	20	4		3	13	30	5	4	16	5
57岁	20	10	2	1	7	27	2	3	16	6
58岁	27	9	7	4	7	31	7	4	15	5
59岁	13	4	1	2	6	23	6	4	8	5
60岁	35	12	3	5	15	41	5	8	18	10
61岁	34	8	5	5	16	42	6	10	16	10
62岁	31	6	6	3	16	28		4	17	7
63岁	31	13	3	1	14	43	10	4	19	10
64岁	41	13	7	4	17	31	2	6	8	15
65岁	34	9	3	5	17	40	8	6	17	9
66岁	28	9	5	3	11	53	8	11	19	15
67岁	33	9	6	8	10	46	7	9	15	15
68岁	45	15	7	7	16	44	8	6	20	10
69岁	44	13	7	3	21	42	6	8	20	8
70岁	32	15	3	6	8	59	8	8	26	17
71岁	30	8	3	4	15	31	2	3	19	7
72岁	33	4	3	3	23	43	3	5	26	9
73岁	33	12	6	6	9	39	5	2	23	9
74岁	31	9	3	5	14	40	2	5	23	10
75岁	28	7	5	4	12	36	2	7	16	11
76岁	18	6	2	3	7	27	4	2	14	7
77岁	26	6	2	3	15	32	4	5	16	7
78岁	21	7	2		12	40	4	4	25	7
79岁	18	7	3	1	7	24	3	4	10	7
80岁	21	6	2	3	10	20	2	4	9	5
81岁	12	1	1	1	9	13	4		6	3
82岁	7	3			4	15	1	3	8	3
83岁	10	3			7	12	1	1	7	3
84岁	4	1	2		1	13		1	8	4
85岁+	18	6	3		9	24	3	3	11	7

3－5 续表 3

单位：人

残疾发现年龄	言语残疾					肢体残疾				
	小计	一级	二级	三级	四级	小计	一级	二级	三级	四级
总　计	**632**	**417**	**76**	**80**	**59**	**2166**	**92**	**234**	**460**	**1380**
0岁	149	107	15	15	12	159	10	15	34	100
1岁	124	89	15	12	8	134	2	12	31	89
2岁	72	47	11	8	6	95	4	10	17	64
3岁	96	60	12	15	9	64	1	3	15	45
4岁	37	29	4	3	1	33	1	3	9	20
5岁	24	18	2	2	2	29	1		14	14
6岁	17	16	1			27	1	1	9	16
7岁	12	7	1	2	2	20	1	1	4	14
8岁	8	2	3	2	1	30	2	3	5	20
9岁	6	2	1	1	2	15	1	1	6	7
10岁	6	3		3		30	1	1	7	21
11岁	4	2	1	1		16		1	1	14
12岁	1	1				24	1		5	18
13岁	3	3				16		2	3	11
14岁	3	1	1	1		17	1		5	11
15岁	4	3		1		19		2	2	15
16岁	4	2		2		15		2	4	9
17岁						26	1		3	22
18岁	2	1			1	17	1	1	5	10
19岁	1				1	23	1	1	7	14
20岁	1				1	21	1		7	13
21岁						12	1		1	10
22岁	1				1	14		1	3	10
23岁						18			3	15
24岁						22	1	2	4	15
25岁	1				1	21	1	1	6	13
26岁						28			8	20

3－5 续表 4

单位：人

残疾发现年龄	言语残疾					肢体残疾				
	小计	一级	二级	三级	四级	小计	一级	二级	三级	四级
27岁	1				1	19	1		5	13
28岁	2	1		1		20	1	2	6	11
29岁						19	2		2	15
30岁						26	2	3	4	17
31岁						24		1	4	19
32岁						21	3	2	3	13
33岁						24	1	1	7	15
34岁	1		1			22		3	6	13
35岁						20		3	3	14
36岁	1		1			17	1		3	13
37岁	1	1				28	2	3	9	14
38岁	1		1			19		3	5	11
39岁						19			3	16
40岁						32		1	5	26
41岁						24	1	1	3	19
42岁	2		1		1	24	1	1	5	17
43岁	4	3		1		24	1	3	2	18
44岁						24		2	5	17
45岁	2				2	26	3	1	8	14
46岁						23	1	2	6	14
47岁	1			1		25	2	2	4	17
48岁	2		1	1		17	1	1	2	13
49岁	2	2				25		4	6	15
50岁						17	1	1	4	11
51岁	2	1			1	27	1	4	5	17
52岁	1				1	28		3	5	20
53岁	3	1		2		24	1	3	5	15
54岁						24	1	5	2	16

3-5 续表 5

单位：人

残疾发现年龄	言语残疾					肢体残疾				
	小计	一级	二级	三级	四级	小计	一级	二级	三级	四级
55岁	1	1				24		7	2	15
56岁						30	3	8	2	17
57岁	1	1				28	1	6	6	15
58岁	2	1			1	23	1	3	3	16
59岁	1			1		24	1	4	4	15
60岁	3	1	1		1	32	1	6	8	17
61岁	3	1		2		23	2	4	3	14
62岁	2	1		1		23		5	5	13
63岁	1		1			18	2	1	3	12
64岁	2	1		1		22	1	5	5	11
65岁	3	1		1	1	26	1	6	4	15
66岁						25	1	5	6	13
67岁	1				1	25		8	3	14
68岁						13		2	4	7
69岁	1	1				22	1	5	3	13
70岁	3	3				25		7	4	14
71岁						26	1	6	6	13
72岁	1	1				20	1	3	6	10
73岁						16	2	3	3	8
74岁	1		1			7	1	1	1	4
75岁						18		5	3	10
76岁	2	1			1	13	1	2	6	4
77岁	1		1			12			2	10
78岁						15	1	2	1	11
79岁						13	4	1	2	6
80岁						13	1	1	5	6
81岁						10	2		3	5
82岁						9	1	3	3	2
83岁						4		1	1	2
84岁						6		2	3	1
85岁+	**1**	**1**				**14**	**1**	**4**	**5**	**4**

3－5 续表 6

单位：人

残疾发现年龄	智力残疾					精神残疾				
	小计	一级	二级	三级	四级	小计	一级	二级	三级	四级
总　计	**952**	**144**	**202**	**320**	**286**	**674**	**198**	**84**	**118**	**274**
0岁	202	46	45	82	29	25	18	1	2	4
1岁	117	18	20	41	38	14	7	2	1	4
2岁	89	10	23	34	22	6	1		2	3
3岁	96	23	16	25	32	4	2	1		1
4岁	73	9	20	17	27	5	1	1	1	2
5岁	57	14	12	17	14	6	6			
6岁	42	4	11	10	17	3	1			2
7岁	32	3	5	12	12	4	2			2
8岁	26	3	6	8	9	1				1
9岁	11		2	4	5	2	1			1
10岁	12	3	3	3	3	5		2	1	2
11岁	9	1	3	2	3	2	1		1	
12岁	7		3		4	3		1		2
13岁	4			3	1	3			1	2
14岁	11	1	1	4	5	16	4	1	5	6
15岁	2			2		11	6			5
16岁	5		2	2	1	23	5	7	4	7
17岁	3		2		1	20	7	1	5	7
18岁	4		1	3		15	8		1	6
19岁	3		1		2	13	2	1	1	9
20岁	5	1		4		27	3	5	8	11
21岁	2				2	17	4	3	2	8
22岁						15	5	3	3	4
23岁	1			1		14	3		3	8
24岁	2	1	1			17	4	2	5	6
25岁						10	3	5	2	
26岁	2			2		16	1	1	5	9

3-5 续表 7

单位：人

残疾发现年龄	智力残疾					精神残疾				
	小计	一级	二级	三级	四级	小计	一级	二级	三级	四级
27岁	2				2	15	2	1	3	9
28岁	4	1	2		1	18	2	4	4	8
29岁	1	1				13	7		1	5
30岁	4			3	1	21	4	3	4	10
31岁	6		3	2	1	12	1	2	3	6
32岁	1				1	7	1	1	1	4
33岁	1				1	12	3	1	3	5
34岁	4			2	2	15	1	2	1	11
35岁						4	2		1	1
36岁	3			2	1	19	5	1	5	8
37岁	2			1	1	6	3			3
38岁	1			1		8	4	1	2	1
39岁						8	1	3	1	3
40岁	1			1		10	4	1	3	2
41岁	3			2	1	14	5		4	5
42岁	1				1	9	2		2	5
43岁	2	1		1		6		3	1	2
44岁	6			2	4	10	3	2	1	4
45岁	4		1	3		9	1		2	6
46岁	1		1			9	2	1	2	4
47岁	3		1		2	10	3		1	6
48岁	4		1	1	2	7	5			2
49岁	2				2	13	3	2	3	5
50岁	4		1	1	2	6	1	1	1	3
51岁	5		2	2	1	5	3			2
52岁	1	1				3	1			2
53岁	4		1	1	2	7	2	1		4
54岁	5				5	4		1		3

3－5 续表 8

单位：人

残疾发现年龄	智力残疾					精神残疾				
	小计	一级	二级	三级	四级	小计	一级	二级	三级	四级
55岁	6		1	2	3	5	2	1		2
56岁	2		1		1	6	2			4
57岁	3			2	1	8	1		2	5
58岁	5		1	1	3	5	1		2	2
59岁	4			3	1	7	3			4
60岁	1				1	6		1	1	4
61岁	3				3	7		4	1	2
62岁	4		1	2	1	5	1	1	2	1
63岁	3			2	1	5	2	1	2	
64岁	4		1	1	2	3	1	1	1	
65岁	4		1	1	2	4	4			
66岁	1	1				1		1		
67岁	3			1	2	5	2	1	1	1
68岁	1				1	3		1		2
69岁	1			1		2	1	1		
70岁						2	1		1	
71岁	2		1	1		2	1			1
72岁	2	1	1			6	4	1		1
73岁	1				1	2				2
74岁	1			1		3		1	2	
75岁	1		1			2		1	1	
76岁	3			1	2					
77岁	1	1								
78岁	1				1	2	1			1
79岁	1		1							
80岁	1		1			1	1			
81岁						2	2			
82岁						2	1			1
83岁										
84岁	1		1							
85岁+						1	1			

3－6 视力残疾(含多重)人分城乡、残疾等级的主要致残原因

单位：人

致残主要原因	合计			残疾一级		
	合计	城镇	农村	小计	城镇	农村
视力残疾(含多重)人	**1420**	**305**	**1115**	**439**	**69**	**370**
致残原因一						
遗传、先天异常或发育障碍	76	18	58	22	2	20
白内障	706	164	542	187	39	148
青光眼	96	19	77	59	9	50
沙眼	39		39	15		15
角膜病	174	16	158	70	5	65
视神经病变	44	15	29	18	5	13
视网膜、色素膜病变	102	33	69	17	4	13
屈光不正	57	24	33	1		1
弱势	19	3	16	4		4
外伤	20	4	16	7	1	6
中毒	1		1	1		1
其他	46	5	41	13	2	11
原因不明	40	4	36	25	2	23
致残原因二						
遗传、先天异常或发育障碍	1		1			
白内障	6	5	1	1	1	
青光眼	42	13	29	14	2	12
沙眼	23	3	20	9	1	8
角膜病	115	14	101	58	8	50
视神经病变	23	4	19	16	2	14
视网膜、色素膜病变	68	35	33	22	8	14
屈光不正	55	39	16	7	3	4
弱势	24	3	21	7		7
外伤	29	9	20	10	4	6
中毒	1	1				
其他						
原因不明						

3-6 续表

单位：人

致残主要原因	残疾二级			残疾三级			残疾四级		
	小计	城镇	农村	小计	城镇	农村	小计	城镇	农村
视力残疾(含多重)人	**177**	**38**	**139**	**154**	**35**	**119**	**650**	**163**	**487**
致残原因一									
遗传、先天异常或发育障碍	12	7	5	9	3	6	33	6	27
白内障	100	17	83	81	20	61	338	88	250
青光眼	11	2	9	8	2	6	18	6	12
沙眼	9		9	4		4	11		11
角膜病	19	3	16	22	2	20	63	6	57
视神经病变	5	1	4	2	1	1	19	8	11
视网膜、色素膜病变	10	3	7	10	5	5	65	21	44
屈光不正	2	1	1	10	2	8	44	21	23
弱势	2	1	1	4		4	9	2	7
外伤	2		2	2		2	9	3	6
中毒									
其他	4	2	2	2		2	27	1	26
原因不明	1	1					14	1	13
致残原因二									
遗传、先天异常或发育障碍							1		1
白内障				1	1		4	3	1
青光眼	8	2	6	3	1	2	17	8	9
沙眼	1		1	6		6	7	2	5
角膜病	21	1	20	12	1	11	24	4	20
视神经病变	5	2	3				2		2
视网膜、色素膜病变	10	5	5	7	4	3	29	18	11
屈光不正	5	4	1	11	6	5	32	26	6
弱势	5		5	2		2	10	3	7
外伤	3		3	7	2	5	9	3	6
中毒							1	1	
其他									
原因不明									

3－7 听力残疾(含多重)人分城乡、残疾等级的主要致残原因

单位：人

致残主要原因	合计			残疾一级		
	合计	城镇	农村	小计	城镇	农村
听力残疾(含多重)人	**2132**	**413**	**1719**	**523**	**75**	**448**
致残原因一						
遗传	90	12	78	62	9	53
母孕期病毒感染	35	1	34	30		30
传染性疾病	108	17	91	58	12	46
自身免疫缺陷性疾病	6	2	4	2		2
全身性疾病	87	11	76	20	3	17
中耳炎	216	33	183	27	2	25
老年性耳聋	826	177	649	98	7	91
早产和低体重	3		3	1		1
新生儿窒息	1		1	1		1
高胆红素血症	2		2			
药物中毒	78	21	57	43	13	30
创伤或意外伤害	77	18	59	18	1	17
噪声和爆震	46	21	25	6	2	4
其他	51	9	42	10	3	7
原因不明	506	91	415	147	23	124
致残原因二						
遗传	3		3			
母孕期病毒感染	1		1			
传染性疾病						
自身免疫缺陷性疾病						
全身性疾病	1		1	1		1
中耳炎	8	1	7			
老年性耳聋	37	5	32	8	1	7
早产和低体重						
新生儿窒息						
高胆红素血症	7		7	2		2
药物中毒	8	2	6	2		2
创伤或意外伤害	11	2	9	2		2
噪声和爆震	10	5	5	1	1	
其他						
原因不明						

3－7 续表

单位：人

致残主要原因	残疾二级			残疾三级			残疾四级		
	小计	城镇	农村	小计	城镇	农村	小计	城镇	农村
听力残疾(含多重)人	**315**	**46**	**269**	**852**	**186**	**666**	**442**	**106**	**336**
致残原因一									
遗传	10	1	9	16	2	14	2		2
母孕期病毒感染	3	1	2	1		1	1		1
传染性疾病	27	4	23	17	1	16	6		6
自身免疫缺陷性疾病	2	1	1	2	1	1			
全身性疾病	13	1	12	34	6	28	20	1	19
中耳炎	26	2	24	95	17	78	68	12	56
老年性耳聋	127	15	112	392	99	293	209	56	153
早产和低体重	1		1				1		1
新生儿窒息									
高胆红素血症				1		1	1		1
药物中毒	8	1	7	21	5	16	6	2	4
创伤或意外伤害	11	2	9	37	12	25	11	3	8
噪声和爆震	8	3	5	21	12	9	11	4	7
其他	6	2	4	21	3	18	14	1	13
原因不明	73	13	60	194	28	166	92	27	65
致残原因二									
遗传	1		1	2		2			
母孕期病毒感染	1		1						
传染性疾病									
自身免疫缺陷性疾病									
全身性疾病									
中耳炎	1		1	4	1	3	3		3
老年性耳聋	9		9	13	3	10	7	1	6
早产和低体重									
新生儿窒息									
高胆红素血症	1		1	3		3	1		1
药物中毒	2		2	2	1	1	2	1	1
创伤或意外伤害				8	2	6	1		1
噪声和爆震	3	1	2	5	3	2	1		1
其他									
原因不明									

3－8　言语残疾(含多重)人分城乡、残疾等级的主要致残原因

单位：人

致残主要原因	合计			残疾一级		
	合计	城镇	农村	小计	城镇	农村
言语残疾(含多重)人	**632**	**100**	**532**	**417**	**65**	**352**
致残原因一						
唐氏综合症	9	1	8	6	1	5
脑性瘫痪	35	6	29	27	2	25
新生儿病理性黄	1		1	1		1
早产、低体重和过期产	8	1	7	5	1	4
腭裂	13	2	11			
智力低下	41	8	33	18	4	14
脑梗死	23	10	13	11	5	6
脑出血	15	5	10	8	4	4
脑炎	54	9	45	34	7	27
脑囊虫病						
喉、舌疾病术后	8	4	4			
听力障碍	152	33	119	123	27	96
帕金森疾病	1		1			
多发性硬化						
脊髓侧索硬化						
脑外伤	9	2	7	4	1	3
产伤	1		1	1		1
孤独症	3		3	3		3
癫痫	2		2	2		2
CO中毒	1		1	1		1
其他	67	8	59	42	5	37
原因不明	189	11	178	131	8	123
致残原因二						
唐氏综合症						
脑性瘫痪						
新生儿病理性黄						
早产、低体重和过期产						
腭裂						
智力低下	1		1	1		1
脑梗死	1		1			
脑出血	2	1	1	1	1	
脑炎	1		1	1		1
脑囊虫病	1		1	1		1
喉、舌疾病术后	1		1			
听力障碍	16	2	14	10	2	8
帕金森疾病	1		1			
多发性硬化						
脊髓侧索硬化						
脑外伤	2		2			
产伤	2		2	1		1
孤独症						
癫痫						
CO中毒	2		2	2		2
其他						
原因不明						

3－8 续表

单位：人

致残主要原因	残疾二级			残疾三级			残疾四级		
	小计	城镇	农村	小计	城镇	农村	小计	城镇	农村
言语残疾(含多重)人	**76**	**12**	**64**	**80**	**11**	**69**	**59**	**12**	**47**
致残原因一									
唐氏综合症	2		2	1		1			
脑性瘫痪	4	2	2	2	2		2		2
新生儿病理性黄									
早产、低体重和过期产				2		2	1		1
腭裂	2		2	4		4	7	2	5
智力低下	8		8	11	2	9	4	2	2
脑梗死	2	1	1	5	3	2	5	1	4
脑出血	3		3	2	1	1	2		2
脑炎	8	2	6	7		7	5		5
脑囊虫病									
喉、舌疾病术后	1		1	3		3	4	4	
听力障碍	17	3	14	9	2	7	3	1	2
帕金森疾病				1		1			
多发性硬化									
脊髓侧索硬化									
脑外伤	1		1	2		2	2	1	1
产伤									
孤独症									
癫痫									
CO中毒									
其他	6	2	4	9		9	10	1	9
原因不明	22	2	20	22	1	21	14		14
致残原因二									
唐氏综合症									
脑性瘫痪									
新生儿病理性黄									
早产、低体重和过期产									
腭裂									
智力低下									
脑梗死							1		1
脑出血				1		1			
脑炎									
脑囊虫病									
喉、舌疾病术后				1		1			
听力障碍	3		3	3		3			
帕金森疾病				1		1			
多发性硬化									
脊髓侧索硬化									
脑外伤				1		1	1		1
产伤	1		1						
孤独症									
癫痫									
CO中毒									
其他									
原因不明									

3－9　肢体残疾(含多重)人分城乡、残疾等级的主要致残原因

单位：人

致残主要原因	合计			残疾一级		
	合计	城镇	农村	小计	城镇	农村
肢体残疾(含多重)人	**2166**	**599**	**1567**	**92**	**25**	**67**
致残原因一						
脑性瘫痪	54	13	41	13	1	12
发育畸形	97	18	79	2		2
侏儒症	17	9	8			
其他先天性或发育障碍	34	15	19	1		1
脊髓灰质炎	182	69	113	4	1	3
脑血管疾病	299	121	178	31	14	17
周围血管疾病	4	2	2			
肿瘤	12	1	11	1		1
骨关节病	166	42	124	4	2	2
地方病	3		3			
脊髓疾病	23	3	20	1		1
工伤	197	63	134	4		4
交通事故	102	41	61	2		2
脊髓损伤	9	1	8	2	1	1
脑外伤	10	4	6	2		2
其他外伤	505	104	401	10	2	8
结核性感染	36	9	27			
化脓性感染	50	8	42			
中毒	3	1	2	1		1
其他	207	43	164	10	1	9
原因不明	156	32	124	4	3	1
致残原因二						
脑性瘫痪	1		1			
发育畸形						
侏儒症	1		1			
其他先天性或发育障碍	1		1			
脊髓灰质炎	1		1			
脑血管疾病	6	1	5	1		1
周围血管疾病						
肿瘤						
骨关节病	2		2			
地方病						
脊髓疾病	1	1				
工伤	3		3			
交通事故	5	1	4			
脊髓损伤	1		1	1		1
脑外伤						
其他外伤	13	5	8	2	1	1
结核性感染	2	1	1			
化脓性感染	4		4			
中毒						
其他						
原因不明						

3－9　续表

单位：人

致残主要原因	残疾二级			残疾三级			残疾四级		
	小计	城镇	农村	小计	城镇	农村	小计	城镇	农村
肢体残疾（含多重）人	**234**	**70**	**164**	**460**	**125**	**335**	**1380**	**379**	**1001**
致残原因一									
脑性瘫痪	15	4	11	8	1	7	18	7	11
发育畸形	3	2	1	20	4	16	72	12	60
侏儒症				1	1		16	8	8
其他先天性或发育障碍	2		2	3	2	1	28	13	15
脊髓灰质炎	17	6	11	44	14	30	117	48	69
脑血管疾病	107	38	69	62	18	44	99	51	48
周围血管疾病	1	1		2	1	1	1		1
肿瘤	3	1	2	2		2	6		6
骨关节病	17	3	14	35	8	27	110	29	81
地方病				1		1	2		2
脊髓疾病	4	1	3	5	1	4	13	1	12
工伤	8	2	6	49	22	27	136	39	97
交通事故	2	2		20	5	15	78	34	44
脊髓损伤	1		1	1		1	5		5
脑外伤				6	2	4	2	2	
其他外伤	14	3	11	105	26	79	376	73	303
结核性感染	1		1	5	1	4	30	8	22
化脓性感染	2	1	1	11	1	10	37	6	31
中毒	1		1				1	1	
其他	13	2	11	54	13	41	130	27	103
原因不明	23	4	19	26	5	21	103	20	83
致残原因二									
脑性瘫痪							1		1
发育畸形									
侏儒症							1		1
其他先天性或发育障碍							1		1
脊髓灰质炎							1		1
脑血管疾病	1		1	2	1	1	2		2
周围血管疾病									
肿瘤									
骨关节病	1		1	1		1			
地方病									
脊髓疾病	1	1							
工伤	1		1	1		1	1		1
交通事故							5	1	4
脊髓损伤									
脑外伤									
其他外伤	2	1	1	3	1	2	6	2	4
结核性感染				1		1	1	1	
化脓性感染	1		1				3		3
中毒									
其他									
原因不明									

3－10 智力残疾(含多重)人分城乡、残疾等级的主要致残原因

单位：人

致残主要原因	合计			残疾一级		
	合计	城镇	农村	小计	城镇	农村
智力残疾(含多重)人	**952**	**137**	**815**	**144**	**22**	**122**
致残原因一						
遗传	181	16	165	31	3	28
脑疾病	171	42	129	31	6	25
内分泌障碍	1		1			
惊厥性疾病	48	10	38	11	5	6
新生儿窒息	21	6	15	5		5
早产、低体重和过期产	15	6	9	3	2	1
发育畸形	22		22	9		9
营养不良	7	2	5			
母孕期外伤及物力伤害	4	1	3			
产伤	3	1	2			
工伤	6	2	4			
交通事故	7	1	6			
其他外伤	24		24	3		3
中毒与过敏反应	7	1	6	1		1
不良社会文化因素	27	4	23	3	1	2
其他	55	2	53	11	1	10
原因不明	353	43	310	36	4	32
致残原因二						
遗传	2		2			
脑疾病	1	1				
内分泌障碍	2	1	1	1		1
惊厥性疾病	4	1	3	1		1
新生儿窒息	1		1	1		1
早产、低体重和过期产	4	1	3	1		1
发育畸形	10	1	9	1		1
营养不良	1		1			
母孕期外伤及物力伤害	2		2			
产伤	3		3			
工伤						
交通事故	1	1				
其他外伤	1		1			
中毒与过敏反应	4		4	1		1
不良社会文化因素	10	1	9	4		4
其他						
原因不明						

3－10　续表

单位：人

致残主要原因	残疾二级			残疾三级			残疾四级		
	小计	城镇	农村	小计	城镇	农村	小计	城镇	农村
智力残疾(含多重)人	**202**	**35**	**167**	**320**	**41**	**279**	**286**	**39**	**247**
致残原因一									
遗传	47	5	42	61	4	57	42	4	38
脑疾病	42	10	32	53	14	39	45	12	33
内分泌障碍							1		1
惊厥性疾病	8		8	12	3	9	17	2	15
新生儿窒息	6	4	2	4	1	3	6	1	5
早产、低体重和过期产	3	2	1	2	1	1	7	1	6
发育畸形	7		7	5		5	1		1
营养不良	1	1		1		1	5	1	4
母孕期外伤及物力伤害				2	1	1	2		2
产伤	2		2				1	1	
工伤	2	1	1	1		1	3	1	2
交通事故				2	1	1	5		5
其他外伤	3		3	10		10	8		8
中毒与过敏反应				4	1	3	2		2
不良社会文化因素	3		3	7	2	5	14	1	13
其他	15	1	14	12		12	17		17
原因不明	63	11	52	144	13	131	110	15	95
致残原因二									
遗传				2		2			
脑疾病	1	1							
内分泌障碍				1	1				
惊厥性疾病	3	1	2						
新生儿窒息									
早产、低体重和过期产	1		1				2	1	1
发育畸形	4	1	3	4		4	1		1
营养不良							1		1
母孕期外伤及物力伤害							2		2
产伤	2		2	1		1			
工伤									
交通事故	1	1							
其他外伤				1		1			
中毒与过敏反应	1		1	1		1	1		1
不良社会文化因素	2		2	2	1	1	2		2
其他									
原因不明									

3－11　精神残疾(含多重)人分城乡、残疾等级的主要致残原因

单位：人

致残主要原因	合计			残疾一级		
	合计	城镇	农村	小计	城镇	农村
精神残疾(含多重)人	**674**	**170**	**504**	**198**	**42**	**156**
致残原因一						
痴呆	66	18	48	44	8	36
其他器质性精神障碍	35	11	24	12	8	4
使用精神活性物质所致的障碍	3	1	2			
精神分裂症	375	106	269	107	22	85
妄想性障碍	12		12	1		1
分裂情感性障碍	11	4	7			
其他精神病性障碍	19	4	15	3		3
心境障碍	37	6	31	2		2
神经症性障碍	15	1	14	1		1
行为综合症						
人格障碍	4		4			
孤独症	4		4	1		1
癫痫	36	8	28	5	1	4
其他	16	9	7	5	2	3
原因不明	41	2	39	17	1	16
致残原因二						
痴呆	1		1	1		1
其他器质性精神障碍	2	2		1	1	
使用精神活性物质所致的障碍						
精神分裂症	7		7	7		7
妄想性障碍	1		1			
分裂情感性障碍	1		1			
其他精神病性障碍						
心境障碍	1		1	1		1
神经症性障碍	1		1			
行为综合症	1	1				
人格障碍	1		1			
孤独症						
癫痫	4	1	3	1		1
其他						
原因不明						

3－11　续表

单位：人

致残主要原因	残疾二级			残疾三级			残疾四级		
	小计	城镇	农村	小计	城镇	农村	小计	城镇	农村
精神残疾(含多重)人	**84**	**17**	**67**	**118**	**43**	**75**	**274**	**68**	**206**
致残原因一									
痴呆	8	4	4	5	2	3	9	4	5
其他器质性精神障碍	2		2	7	1	6	14	2	12
使用精神活性物质所致的障碍				1		1	2	1	1
精神分裂症	47	9	38	82	35	47	139	40	99
妄想性障碍							11		11
分裂情感性障碍	1		1	3	2	1	7	2	5
其他精神病性障碍	6	2	4	6		6	4	2	2
心境障碍	1		1	5	1	4	29	5	24
神经症性障碍	1		1				13	1	12
行为综合症									
人格障碍							4		4
孤独症				2		2	1		1
癫痫	5		5	3		3	23	7	16
其他	5	2	3	2	2		4	3	1
原因不明	8		8	2		2	14	1	13
致残原因二									
痴呆									
其他器质性精神障碍	1	1							
使用精神活性物质所致的障碍									
精神分裂症									
妄想性障碍							1		1
分裂情感性障碍							1		1
其他精神病性障碍									
心境障碍									
神经症性障碍							1		1
行为综合症							1	1	
人格障碍							1		1
孤独症									
癫痫				1		1	2	1	1
其他									
原因不明									

3－12 视力残疾(含多重)人分年龄、性别的主要致残原因

单位：人

年龄	遗传、先天异常或发育障碍		白内障		青光眼		沙眼		角膜病	
	男	女	男	女	男	女	男	女	男	女
总　计	**44**	**33**	**266**	**446**	**46**	**92**	**24**	**38**	**124**	**165**
0岁	1									
1岁		1								
2岁		2								
3岁										
4岁	1	1								
5岁	1									
6岁										
7岁	2									
8岁										
9岁										
10岁	1									1
11岁										
12岁										1
13岁										
14岁										
15岁	1	2							1	
16岁										
17岁	1	1								
18岁	4									
19岁										
20岁		1								
21岁		1								
22岁	2									1
23岁	1	1	1							
24岁										
25岁									1	
26岁	1									
27岁										

3－12 续表 1

单位：人

年龄	遗传、先天异常或发育障碍		白内障		青光眼		沙眼		角膜病	
	男	女	男	女	男	女	男	女	男	女
28岁			1							1
29岁			1							
30岁										1
31岁	1		1							
32岁	1	2							2	
33岁	1								1	
34岁	2	3	1		1	1				1
35岁			1							
36岁	2									
37岁	1	1	1						1	1
38岁										
39岁			1							1
40岁	2		1							1
41岁				1						
42岁	2	3		1					1	
43岁				1					3	
44岁	1			1						1
45岁										1
46岁	2					1				
47岁			1	4		1				1
48岁	2	1	2		1				1	
49岁	2			1	1	2				2
50岁				3				1	1	2
51岁		1	1	3				1		1
52岁		1		6	2	2			2	4
53岁		1	4	4	1		1		2	4
54岁			1	4	1			1	2	3
55岁		2	2	5	2	2	1	1	5	2
56岁	1	2	2	3					1	2

3－12 续表 2

单位：人

年龄	遗传、先天异常或发育障碍		白内障		青光眼		沙眼		角膜病	
	男	女	男	女	男	女	男	女	男	女
57岁		2	2	1	2		1		4	3
58岁	2		3	10	2	3	3	1	4	5
59岁		1	9	8	2	1	1	1	2	4
60岁		1	1	7	1	4			6	3
61岁	1		4	6	2	5				6
62岁	1		8	5		2			3	3
63岁			5	5	1	2		1	4	6
64岁	1		6	9		4			4	3
65岁			7	11	1	2	2	1	6	2
66岁			9	10	1			1	6	1
67岁	1		8	10		3		1	6	5
68岁			7	16	1	6		1	2	2
69岁			9	9	2	5			3	6
70岁			11	11	1	1	1		6	7
71岁	1		12	18	3	5	4		4	7
72岁			13	20	2	5	1	2	5	3
73岁			9	17	2	1	1	3	2	6
74岁			11	15	1	1		3	7	5
75岁			13	18	3	3	1	1	5	4
76岁			15	22	2	6		3	1	8
77岁			13	24	1	3	1	2	4	4
78岁			15	26		3		1	2	8
79岁			10	20	2	4	1	3	1	5
80岁	1		11	16	1	4	1	1	2	5
81岁		1	4	20	2	2	1	1	5	4
82岁			5	10	1			1		3
83岁			9	15		1	1	2	1	2
84岁			4	9		1	1		1	3
85+		1	11	41	1	6	1	4	4	10

3－12 续表 3

单位：人

年 龄	视神经病变		视网膜、色素膜病变		屈光不正		弱视	
	男	女	男	女	男	女	男	女
总 计	**30**	**37**	**81**	**89**	**54**	**58**	**21**	**22**
0岁								
1岁								
2岁								
3岁								
4岁								
5岁								
6岁	1							
7岁								
8岁								
9岁								
10岁								
11岁								
12岁		1						
13岁				1				1
14岁								
15岁			1					
16岁					1		1	
17岁								
18岁	2					1		
19岁								
20岁								
21岁								
22岁			1					1
23岁								
24岁					1			
25岁								
26岁								
27岁		1						

3－12 续表 4

单位：人

年龄	视神经病变		视网膜、色素膜病变		屈光不正		弱视	
	男	女	男	女	男	女	男	女
28岁							1	
29岁								
30岁			2					
31岁								
32岁	1			1	1		1	1
33岁			1					
34岁		1	1		1			
35岁				1	1	3	1	2
36岁			1		1		1	
37岁			1	1		1	1	
38岁	2	1			1	2		
39岁			1	1	3	1		
40岁	1		2		1			
41岁				2		3	1	
42岁	1	1		1			1	1
43岁	1	3	1	2		1		
44岁	1		1	2		2		1
45岁	1				1	1		1
46岁	1	1	1	2	3	2		
47岁	1	1	2	2	1			1
48岁		1	2		3	1		
49岁			4	2	2	4		
50岁						1		
51岁	1		2	2	3	1	1	
52岁			3	2	3		1	2
53岁		1	4		4			
54岁	1		2	1	2	5	1	
55岁		1	4	4	2		1	
56岁								

3－12 续表 5

单位：人

年 龄	视神经病变		视网膜、色素膜病变		屈光不正		弱视	
	男	女	男	女	男	女	男	女
57岁	1		1	1	1	2		
58岁	1	2	4	3	1	3		1
59岁	1		2	3	1			
60岁	3	1	5	1	1	1		
61岁		2	3			3		1
62岁			2	2	1			
63岁		2	1	4	1	1	1	1
64岁				3	1	4	1	
65岁	2	1		3		1	1	1
66岁		1	2			1		1
67岁	1	2	1	4		1	1	
68岁		1	1	4		1		2
69岁			3		2	1		
70岁	1	1	1	1			1	
71岁			2	4				
72岁			2	4	2	2	1	
73岁	1		2	4	1	1		
74岁		1		1		2		
75岁				3				
76岁		1	2	1	2	1		2
77岁		1		2				1
78岁			2	2	1	1		1
79岁	1	2	1	3	2	1		
80岁	1		2	1			1	
81岁	1	1		2			1	
82岁				1				
83岁	1	1	1	1				
84岁			1	1				
85+		2		2		1		

3-12 续表 6

单位：人

年龄	外伤		中毒		其他		原因不明	
	男	女	男	女	男	女	男	女
总计	**31**	**18**	**2**		**28**	**18**	**22**	**18**
0岁								
1岁								
2岁								
3岁								
4岁								
5岁								
6岁	1							
7岁								
8岁								
9岁								
10岁		1						
11岁								
12岁		2						
13岁								
14岁								
15岁								
16岁								
17岁								
18岁								
19岁								
20岁								
21岁								
22岁								
23岁								
24岁								
25岁								
26岁								
27岁								

3-12 续表 7

单位：人

年龄	外伤		中毒		其他		原因不明	
	男	女	男	女	男	女	男	女
28岁								
29岁								
30岁								
31岁								
32岁			1					
33岁	1							
34岁								
35岁								
36岁					1			
37岁	1							
38岁						1		
39岁							1	
40岁	2							1
41岁								1
42岁		2			1	1		
43岁	1				1	1		
44岁	2				1	2		
45岁			1					
46岁	1							
47岁	1							
48岁	1					1	1	
49岁	1							
50岁						1	3	
51岁	1	1			2	1	2	
52岁	1				1	1	1	
53岁	1				1	2		1
54岁	2	1			1		1	
55岁							1	
56岁								

3-12 续表 8

单位：人

年龄	外伤		中毒		其他		原因不明	
	男	女	男	女	男	女	男	女
57岁	2				1			
58岁	1					1	2	
59岁	1							1
60岁		1						1
61岁	1				3	2	1	
62岁	1				1			1
63岁	1							1
64岁						1		
65岁						1	1	1
66岁								
67岁	2							
68岁					1	1	1	
69岁		1			2			
70岁					1	1		2
71岁		1			3		1	
72岁	2	1						4
73岁		1			1			1
74岁	1				1		2	
75岁					1		2	
76岁								2
77岁					1		2	
78岁		1			1			1
79岁	1							
80岁	1							
81岁		1			1			
82岁								
83岁								
84岁		1						
85+		3			1			

3－13 听力残疾(含多重)人分年龄、性别的主要致残原因

单位：人

年 龄	遗传		母孕期病毒感染		传染性疾病		自身免疫缺陷性疾病	
	男	女	男	女	男	女	男	女
总 计	**47**	**46**	**22**	**14**	**54**	**54**	**1**	**5**
0岁								
1岁		1						
2岁	1							
3岁								
4岁								
5岁		1						
6岁	1	1						
7岁								
8岁		1						
9岁								
10岁		1						
11岁								
12岁	1							
13岁		1						
14岁	1							
15岁			2					
16岁	1							
17岁		1	1	1				
18岁						1		
19岁					1			
20岁								
21岁								
22岁								
23岁	1							
24岁		2						
25岁	2							
26岁								
27岁	1				1			

3-13 续表 1

单位：人

年龄	遗传		母孕期病毒感染		传染性疾病		自身免疫缺陷性疾病	
	男	女	男	女	男	女	男	女
28岁		1						
29岁								
30岁					1	1		
31岁		1				1		
32岁		1						
33岁			2					
34岁	1	1				2		
35岁								
36岁	1							
37岁	2	2	1					
38岁								
39岁					2			
40岁	2		1		1			
41岁		2			1	1		
42岁	1	2		4	3	3		
43岁		1		1	1	1		
44岁	1	1	2		2			
45岁					1			
46岁	1				2			
47岁	1	1			2	2		
48岁	1		2		3	3		
49岁					1	1		
50岁	1	1				1		
51岁	1	2				3		
52岁	2	1			2	2		
53岁	4	2	2	1	2	3		
54岁			2	2	4	3		
55岁		3			4	1		
56岁	3	1	1		1	3		

3－13 续表 2

单位：人

年 龄	遗传		母孕期病毒感染		传染性疾病		自身免疫缺陷性疾病	
	男	女	男	女	男	女	男	女
57岁	2	1	1			1		
58岁	2	2			1	1		
59岁				2	5	1		2
60岁	1	2	2		3	2		
61岁	3	1			1			
62岁	1			1		1		1
63岁					2	2		
64岁	2			1				
65岁	1		1		1	1		
66岁						1		
67岁					1			
68岁				1	1			
69岁		1			1	2		
70岁						2		
71岁	1	2						
72岁		1			1	2		1
73岁	1	2	1					
74岁			1			2		
75岁	1					1	1	
76岁						1		1
77岁								
78岁	1	1						
79岁								
80岁					1			
81岁								
82岁		1				1		
83岁								
84岁								
85+					1	1		

3－13 续表 3

单位：人

年龄	全身性疾病		中耳炎		老年性耳聋		早产和低体重	
	男	女	男	女	男	女	男	女
总计	**44**	**44**	**122**	**102**	**451**	**412**	**2**	**1**
0岁							1	
1岁								
2岁								
3岁								
4岁								
5岁								
6岁								
7岁								
8岁								
9岁								
10岁								
11岁			1					
12岁	1							
13岁			1	1				
14岁								
15岁							1	
16岁			1					
17岁	1		1					
18岁				1				
19岁								
20岁			1					
21岁								
22岁								
23岁			1					
24岁								
25岁								
26岁								
27岁								

3－13 续表 4

单位：人

年龄	全身性疾病		中耳炎		老年性耳聋		早产和低体重	
	男	女	男	女	男	女	男	女
28岁								
29岁			1	1				
30岁			1					
31岁				3				
32岁				1				
33岁			1					
34岁			1	2				
35岁				2				
36岁								
37岁			1	2				
38岁				1				
39岁			5	3				
40岁			1	2				
41岁				3				
42岁	1		3					
43岁		1	1					
44岁	1	1		1				
45岁								
46岁								
47岁			4	2				
48岁	2	1	4	4	1			
49岁			2	1				
50岁		2	3	1	1			
51岁		1	3	4	1			
52岁		2	3	2	2	3		
53岁	1	2	4	5				
54岁	1		3	3	2	1		
55岁		1	7	2	2			
56岁			3	1	4	1		

3-13 续表 5

单位：人

年龄	全身性疾病		中耳炎		老年性耳聋		早产和低体重	
	男	女	男	女	男	女	男	女
57岁	3	1	2	3	3	4		
58岁	1	1	3	3	3	2		
59岁		2	4	1	6	2		
60岁		2	5	5	8	5		
61岁	3		2	1	8			
62岁	1	2	5	2	6	6		
63岁	1		4	3	7	10		
64岁	3		2	1	12	7		
65岁		1	5	2	17	10		
66岁	1	2	6	1	11	5		
67岁	1	3	1		8	7		
68岁		2		1	13	7		
69岁			1	5	27	11		
70岁	1	1	1	3	16	12		
71岁	3		3	2	14	26		
72岁	2	3	2	5	13	17		
73岁	2	1	2	2	23	18		
74岁	2	1		1	26	21		
75岁	4	1	1		29	15		
76岁	1	1	4	1	18	24		1
77岁	3		2	2	21	17		
78岁		3	3	3	21	17		
79岁		1			17	24		
80岁	1	1			18	19		
81岁	1	2	1	1	13	15		
82岁	1	1	1	3	9	24		
83岁				2	15	12		
84岁			4		15	12		
85+	1	1	1	1	41	58		

3-13 续表 6

单位：人

年 龄	新生儿窒息		高胆红素血症		药物中毒		创伤或意外伤害	
	男	女	男	女	男	女	男	女
总 计	**1**		**6**	**3**	**51**	**35**	**50**	**38**
0岁			1					
1岁								
2岁					1			
3岁								
4岁								
5岁							1	
6岁								
7岁								
8岁								
9岁								
10岁						2		
11岁								
12岁								
13岁								1
14岁						1		
15岁					1			1
16岁					1			
17岁						1		
18岁					1	1	1	
19岁						1		
20岁							1	
21岁								
22岁					1	2		
23岁					1		1	
24岁						1		
25岁								
26岁					1			
27岁								

3－13 续表 7

单位：人

年龄	新生儿窒息		高胆红素血症		药物中毒		创伤或意外伤害	
	男	女	男	女	男	女	男	女
28岁								
29岁					1	1		
30岁					1			
31岁								
32岁					1			
33岁								
34岁					1		1	
35岁						1		
36岁					1			
37岁						1		2
38岁					3			
39岁					2			
40岁							1	1
41岁					1		1	1
42岁					2			2
43岁						3		
44岁						1	2	2
45岁	1		1		1			
46岁						1		
47岁					2			1
48岁					3	1	1	
49岁					3	2	2	
50岁						1	1	1
51岁					3		2	1
52岁					1	1		1
53岁			1		1	2	3	2
54岁					1			1
55岁					1			
56岁					1		3	1

3－13 续表 8

单位：人

年 龄	新生儿窒息		高胆红素血症		药物中毒		创伤或意外伤害	
	男	女	男	女	男	女	男	女
57岁							1	3
58岁					1		1	2
59岁							1	1
60岁			1				1	
61岁			1			3	1	
62岁			1		1	1	3	
63岁							1	
64岁					1	1	1	
65岁					1		2	2
66岁								
67岁				1				
68岁							2	1
69岁					2		1	
70岁				1			2	1
71岁					2		1	
72岁							2	
73岁					1		1	
74岁					1		1	
75岁							1	1
76岁					2		1	1
77岁				1	1		1	2
78岁							1	1
79岁						1		1
80岁						1	2	1
81岁								
82岁					1	1		
83岁								1
84岁							1	
85+						3		2

3-13 续表 9

单位：人

年 龄	噪声和爆震		其他		原因不明	
	男	女	男	女	男	女
总 计	**48**	**8**	**23**	**28**	**245**	**261**
0岁						
1岁						
2岁						
3岁						
4岁						
5岁						1
6岁						
7岁						
8岁						
9岁					1	
10岁					1	1
11岁					1	
12岁					2	
13岁						
14岁					1	1
15岁						1
16岁						1
17岁						1
18岁					3	
19岁					1	
20岁					1	
21岁					1	
22岁					1	
23岁				1	2	1
24岁					1	
25岁						1
26岁						1
27岁						

3－13 续表 10

单位：人

年 龄	噪声和爆震		其他		原因不明	
	男	女	男	女	男	女
28岁					1	1
29岁					1	
30岁						
31岁						
32岁						1
33岁					1	
34岁						3
35岁			1		3	2
36岁					2	
37岁	2				2	
38岁					4	3
39岁					2	3
40岁					4	2
41岁	1	1			5	5
42岁	1			1	4	4
43岁			1		1	3
44岁			1		3	2
45岁					1	4
46岁				1		2
47岁						3
48岁				1	3	5
49岁		1			6	9
50岁	3		1		4	4
51岁	3		1		7	11
52岁			1	1	9	6
53岁	1				9	6
54岁	1		1	1	10	13
55岁			1	3	9	5
56岁	2		1		3	8

3－13 续表 11

单位：人

年 龄	噪声和爆震		其他		原因不明	
	男	女	男	女	男	女
57岁				2	9	6
58岁	1		1		4	9
59岁	2		1		7	9
60岁				3	8	7
61岁	1				7	6
62岁			1		11	2
63岁	1	1	1	1	5	8
64岁	2		1		4	4
65岁	2		2		9	4
66岁					4	5
67岁	1				6	6
68岁	1		1	1	2	6
69岁	3	1	1		2	6
70岁	2		2	3	6	5
71岁	2	2	1		4	4
72岁	4				6	7
73岁	1			2	3	7
74岁	3			1	5	2
75岁	2		1		7	4
76岁	2			1	5	2
77岁				2	2	6
78岁	1				5	2
79岁	1				2	2
80岁				1	4	9
81岁		1		1	1	6
82岁	1		1		2	1
83岁					1	3
84岁		1				
85+	1			1	4	9

3-14 言语残疾(含多重)人分年龄、性别的主要致残原因

单位：人

年　龄	唐氏综合症		脑性瘫痪		新生儿病理性黄疸		早产、低体重和过期产		腭裂	
	男	女	男	女	男	女	男	女	男	女
总　计	**5**	**4**	**19**	**16**	**1**		**5**	**3**	**10**	**3**
0岁										
1岁										
2岁										
3岁			2							
4岁				1						
5岁			2							
6岁			1	1					1	
7岁										
8岁				1						
9岁			1						1	
10岁										
11岁							1		1	
12岁			2							
13岁				1	1		1		2	
14岁				1						
15岁			2							
16岁										
17岁										
18岁										1
19岁			2	1						
20岁										
21岁										
22岁										
23岁										
24岁			2						1	
25岁										
26岁										1

3-14 续表 1

单位：人

年龄	唐氏综合症		脑性瘫痪		新生儿病理性黄疸		早产、低体重和过期产		腭裂	
	男	女	男	女	男	女	男	女	男	女
27岁	1			1						
28岁										
29岁									1	
30岁										
31岁										
32岁										
33岁										
34岁										
35岁	1								1	1
36岁										
37岁			1	1						
38岁										
39岁									1	
40岁										
41岁										
42岁				4						
43岁			1	1			1			
44岁										
45岁			1							
46岁										
47岁										
48岁										
49岁									1	
50岁										
51岁		1								
52岁										
53岁	1		1							
54岁								1		
55岁		1								
56岁	1									

3-14 续表 2

单位：人

年龄	唐氏综合症		脑性瘫痪		新生儿病理性黄疸		早产、低体重和过期产		腭裂	
	男	女	男	女	男	女	男	女	男	女
57岁							1			
58岁		1								
59岁										
60岁				1			1	1		
61岁										
62岁			1							
63岁				1						
64岁										
65岁								1		
66岁										
67岁										
68岁				1						
69岁										
70岁										
71岁										
72岁										
73岁										
74岁	1									
75岁										
76岁										
77岁										
78岁										
79岁		1								
80岁										
81岁										
82岁										
83岁										
84岁										
85+										

3-14 续表 3

单位：人

年龄	智力低下		脑梗死		脑出血		脑炎	
	男	女	男	女	男	女	男	女
总 计	**28**	**14**	**15**	**9**	**7**	**10**	**32**	**23**
0岁								
1岁								
2岁								
3岁	1	1						
4岁	2							
5岁								
6岁		1						
7岁					1			
8岁	2	1						
9岁		1						
10岁	1							
11岁	1							
12岁	1							1
13岁								1
14岁								
15岁	1	1						1
16岁	1							1
17岁	1						2	
18岁	1							1
19岁	2						1	
20岁	1							
21岁	1							
22岁	2							
23岁	2	1					1	1
24岁								
25岁								
26岁								

3-14 续表 4

单位：人

年 龄	智力低下		脑梗死		脑出血		脑炎	
	男	女	男	女	男	女	男	女
27岁								
28岁								1
29岁								
30岁	1		1				2	
31岁								
32岁								
33岁							1	
34岁								1
35岁		1					1	
36岁								
37岁							1	1
38岁								
39岁		1					3	
40岁							1	
41岁							1	
42岁		1					1	3
43岁		1						2
44岁							2	
45岁	1						1	
46岁							1	
47岁						1	2	1
48岁							1	
49岁							1	
50岁								1
51岁			1				2	
52岁				1		1		1
53岁		1	1	1				
54岁					1	1	1	1
55岁		1					1	
56岁				1				

3-14 续表 5

单位：人

年 龄	智力低下		脑梗死		脑出血		脑炎	
	男	女	男	女	男	女	男	女
57岁	1							
58岁								1
59岁			2				2	
60岁								1
61岁	1		2		1	1		
62岁								
63岁						1		
64岁	1							
65岁		1	1		1	1	1	
66岁			1		1	1		1
67岁					1			
68岁						1		
69岁			1	1			1	1
70岁	1							1
71岁			2					
72岁						1		
73岁			1	2	1	1		
74岁								
75岁		1	1	1				
76岁								
77岁								
78岁				1				
79岁	1		1					
80岁	1						1	
81岁								
82岁								
83岁								
84岁								
85+				1				

3-14 续表 6

单位：人

年 龄	脑囊虫病		喉、舌疾病术后		听力障碍		帕金森氏病	
	男	女	男	女	男	女	男	女
总 计		**1**	**7**	**2**	**86**	**82**	**1**	**1**
0岁								
1岁								
2岁								
3岁								
4岁								
5岁						1		
6岁			2		1	1		
7岁			1					
8岁						1		
9岁								
10岁					1			
11岁								
12岁								
13岁								
14岁					1			
15岁					1			
16岁					2			
17岁			1			1		
18岁					2	2		
19岁						1		
20岁			1		1			
21岁								
22岁								
23岁					1			
24岁						1		
25岁					1			
26岁					1			

3-14 续表 7

单位：人

年 龄	脑囊虫病		喉、舌疾病术后		听力障碍		帕金森氏病	
	男	女	男	女	男	女	男	女
27岁					1			
28岁						2		
29岁					1			
30岁								
31岁						1		
32岁						1		
33岁								
34岁					2	1		
35岁					2			
36岁					1			
37岁			1		2			
38岁			1		1	1		
39岁					1			
40岁					3	2		
41岁					1	1		
42岁					4	1		
43岁						3		
44岁					3	3		
45岁					2	1		
46岁					1	1		
47岁						1		
48岁					6	2		
49岁					5	1		
50岁					1	3		
51岁					3	4		
52岁					4	3		
53岁					2	5		
54岁				1	1	2		
55岁					1	1		
56岁					1	3		

3-14 续表 8

单位：人

年 龄	脑囊虫病		喉、舌疾病术后		听力障碍		帕金森氏病	
	男	女	男	女	男	女	男	女
57岁					2	2		
58岁					1	3	1	
59岁						2		
60岁					2	4		
61岁					3	3		
62岁				1	5			
63岁						3		
64岁					2			
65岁					4	1		
66岁						1		
67岁					1	1		
68岁								
69岁					1	1		
70岁						1		
71岁						1		1
72岁						2		
73岁		1			1	4		
74岁								
75岁						1		
76岁								
77岁								
78岁					1			
79岁								
80岁					2			
81岁								
82岁								
83岁								
84岁								
85+						1		

3-14 续表 9

单位：人

年 龄	多发性硬化		脊髓侧索硬化		脑外伤		产伤	
	男	女	男	女	男	女	男	女
总 计					**7**	**4**	**3**	
0岁								
1岁								
2岁								
3岁								
4岁								
5岁							1	
6岁								
7岁								
8岁								
9岁								
10岁								
11岁							1	
12岁								
13岁								
14岁								
15岁								
16岁								
17岁								
18岁								
19岁								
20岁								
21岁								
22岁								
23岁								
24岁								
25岁								
26岁								

3-14 续表 10

单位：人

年龄	多发性硬化		脊髓侧索硬化		脑外伤		产伤	
	男	女	男	女	男	女	男	女
27岁								
28岁								
29岁								
30岁							1	
31岁								
32岁								
33岁								
34岁								
35岁								
36岁					1			
37岁								
38岁								
39岁								
40岁					1			
41岁								
42岁								
43岁								
44岁								
45岁					1			
46岁								
47岁						1		
48岁								
49岁								
50岁								
51岁					1			
52岁								
53岁						1		
54岁						1		
55岁								
56岁					1			

3-14 续表 11

单位：人

年 龄	多发性硬化		脊髓侧索硬化		脑外伤		产伤	
	男	女	男	女	男	女	男	女
57岁						1		
58岁								
59岁								
60岁								
61岁								
62岁								
63岁					1			
64岁								
65岁								
66岁								
67岁					1			
68岁								
69岁								
70岁								
71岁								
72岁								
73岁								
74岁								
75岁								
76岁								
77岁								
78岁								
79岁								
80岁								
81岁								
82岁								
83岁								
84岁								
85+								

3-14 续表 12

单位：人

年龄	孤独症		癫痫		CO中毒		其他		原因不明	
	男	女	男	女	男	女	男	女	男	女
总计	**3**		**2**		**3**		**40**	**27**	**107**	**82**
0岁										
1岁										
2岁										
3岁										
4岁			1					1	1	1
5岁							2		1	1
6岁							1			
7岁	1						1			
8岁										
9岁									1	1
10岁								2	1	
11岁			1							
12岁								1	1	
13岁										
14岁								1		
15岁										1
16岁								1		
17岁										1
18岁							1		1	1
19岁	1						2		1	
20岁								1	1	
21岁							1		1	
22岁										
23岁							1		1	1
24岁									1	2
25岁									1	1
26岁								1		

3-14 续表 13

单位：人

年龄	孤独症		癫痫		CO中毒		其他		原因不明	
	男	女	男	女	男	女	男	女	男	女
27岁									1	
28岁							1		1	
29岁										
30岁	1						1			
31岁							1		1	1
32岁								1		2
33岁									1	1
34岁							2		1	
35岁									3	1
36岁										
37岁					1		1			
38岁									1	3
39岁									2	1
40岁							1		3	1
41岁							1	1	2	4
42岁							4		4	4
43岁								2	4	3
44岁							1		3	1
45岁							2		2	1
46岁									1	1
47岁							2	1	1	1
48岁							2			1
49岁									3	2
50岁					1			1	5	1
51岁								3	3	3
52岁							2		4	4
53岁							1	3	10	4
54岁									5	2
55岁							1	1	3	3
56岁							1	1	1	2

3-14 续表 14

单位：人

年龄	孤独症		癫痫		CO中毒		其他		原因不明	
	男	女	男	女	男	女	男	女	男	女
57岁							1		4	3
58岁									3	5
59岁								1	1	
60岁									6	1
61岁									3	4
62岁								2	1	
63岁							1			3
64岁							1	1	2	1
65岁							1		1	
66岁							1		1	
67岁									1	1
68岁									3	
69岁										
70岁							1		2	
71岁					1					
72岁									1	1
73岁										1
74岁										
75岁										
76岁									1	1
77岁										1
78岁										
79岁										
80岁							1			1
81岁										
82岁										1
83岁										1
84岁								1		
85+										

3－15 肢体残疾(含多重)人分年龄、性别的主要致残原因

单位：人

年 龄	脑性瘫痪		发育畸形		侏儒症		其他先天性或发育障碍	
	男	女	男	女	男	女	男	女
总 计	**31**	**24**	**55**	**42**	**5**	**13**	**17**	**18**
0岁			1					
1岁		1						
2岁				1				
3岁	1	1						
4岁		3	1					
5岁	2							
6岁	1	1						
7岁	1		1					
8岁	1	2		3			1	
9岁	2							
10岁			1				1	2
11岁								
12岁	1	1						
13岁	2		2	1			1	
14岁			2	1				1
15岁	2		2		1			
16岁				1		1		
17岁	4	1	2	1		1		
18岁			1					
19岁	3				1		1	1
20岁							2	
21岁			2	1				
22岁			1	1	1			
23岁		1				1	1	
24岁	2							
25岁			1	1		1		
26岁				1			1	
27岁								

3－15 续表 1

单位：人

年 龄	脑性瘫痪		发育畸形		侏儒症		其他先天性或发育障碍	
	男	女	男	女	男	女	男	女
28岁			2				1	
29岁			2					
30岁								
31岁								
32岁		1				2		
33岁			1			1		
34岁			1	1				
35岁			1	2				
36岁							1	
37岁		1	3			1		
38岁	1						1	
39岁	1			1				
40岁								
41岁			1	1				
42岁	1	1	1	1				
43岁			1		1		2	
44岁			1	1				
45岁			1	2				
46岁		1	1	1				
47岁			2		1			1
48岁				3				2
49岁			1			1		
50岁			3					
51岁								
52岁		1	1	2		1		
53岁	1	1	3	2				
54岁			2	1				
55岁	1	1						1
56岁			1	3		1		1

3－15　续表 2

单位：人

年　龄	脑性瘫痪		发育畸形		侏儒症		其他先天性或发育障碍	
	男	女	男	女	男	女	男	女
57岁			2	1		1		1
58岁							1	2
59岁				1				
60岁	1							
61岁	1		1					
62岁	1		1					
63岁		1		1		1		2
64岁				1			1	
65岁				1				
66岁								
67岁							1	
68岁								
69岁								
70岁			2					1
71岁								
72岁		1		1				
73岁	1			1				
74岁								
75岁		1	2					
76岁				1				
77岁		1	1	1				1
78岁								
79岁		1						
80岁								1
81岁								
82岁								
83岁							1	1
84岁								
85+		1						

3－15 续表 3

单位：人

年龄	脊髓灰质炎		脑血管疾病		周围血管疾病		肿瘤	
	男	女	男	女	男	女	男	女
总计	**118**	**65**	**137**	**168**	**3**	**1**	**7**	**5**
0岁								
1岁								
2岁								
3岁								
4岁								
5岁								
6岁								
7岁								
8岁								
9岁								
10岁	1							
11岁	1							
12岁								
13岁								
14岁			1					
15岁	1	1						
16岁	1	1					1	
17岁		1						
18岁								
19岁								
20岁	1	1						
21岁				1				
22岁		1						
23岁	2							
24岁	2							
25岁								
26岁								
27岁								

3-15 续表 4

单位：人

年龄	脊髓灰质炎		脑血管疾病		周围血管疾病		肿瘤	
	男	女	男	女	男	女	男	女
28岁	2							
29岁	1							
30岁	2	1						
31岁	1							
32岁	2	1						
33岁	2	3		1				
34岁	5	1	1					
35岁	4	1						1
36岁	3	2						
37岁	4	6		1				
38岁	7	3	1				1	1
39岁	2	3					1	
40岁		1	1	1				
41岁	3	2		2			1	
42岁	12	2	1					
43岁	4	3						
44岁	4	2	2					
45岁	2	2						
46岁	6	3	1	1				
47岁	9	4	1	3				
48岁	9	2	2	5				
49岁	2	1	1	1	1			
50岁	4	1		3				
51岁	1		4	3				
52岁			2	4			1	
53岁	1	1	4	6			1	
54岁	1		2	2				
55岁	4	1	1	3				
56岁	2	1	4	6				

3－15 续表 5

单位：人

年龄	脊髓灰质炎		脑血管疾病		周围血管疾病		肿瘤	
	男	女	男	女	男	女	男	女
57岁	2	1	1					1
58岁	2		7	4				
59岁	1	3	7	2		1		
60岁			2	2				
61岁		1	2	8				1
62岁	1	1	2	3				
63岁		1	4	10				
64岁			3	1				
65岁			5	5	1			
66岁		1	2	7				
67岁			7	4				
68岁		1	6	6				
69岁			3	6				
70岁			3	4			1	
71岁			9	11				
72岁			8	9				
73岁			3	5				
74岁			4	7				
75岁		1	6	3				
76岁		1	2	2				
77岁			3	1				
78岁	2		4	4				1
79岁	1			4				
80岁	1			4				
81岁			5	1				
82岁		1		6				
83岁			2	1	1			
84岁		1		2				
85+			8	3				

3-15 续表 6

单位：人

年 龄	骨关节病		地方病		脊髓疾病		工伤	
	男	女	男	女	男	女	男	女
总 计	**63**	**105**	**1**	**2**	**18**	**6**	**157**	**43**
0岁								
1岁								
2岁								
3岁								
4岁								
5岁								
6岁								
7岁								
8岁								
9岁								
10岁								
11岁		1						
12岁								
13岁								
14岁								
15岁								
16岁								
17岁								
18岁					1		2	
19岁							1	
20岁								
21岁						1	1	
22岁								
23岁								
24岁								
25岁								
26岁							1	
27岁		1					2	

3－15 续表 7

单位：人

年 龄	骨关节病		地方病		脊髓疾病		工伤	
	男	女	男	女	男	女	男	女
28岁							2	
29岁							2	1
30岁								1
31岁							1	1
32岁	1						2	1
33岁							2	1
34岁		1						
35岁	1	1					3	
36岁							1	
37岁							2	1
38岁		1					2	1
39岁	2	1					2	
40岁	1				1		3	
41岁	2	1					2	1
42岁		3			1		9	1
43岁		1					4	1
44岁	1	1					3	1
45岁	1				1		2	
46岁	2	2				1	1	2
47岁							6	1
48岁	1	4		1			6	
49岁	1	2					7	
50岁	1	1		1			2	
51岁	1	4					11	2
52岁	1	2					7	
53岁	3	3					3	
54岁	2	1					5	1
55岁	3	4			3		4	4
56岁	1	3				1	4	4

3-15 续表 8

单位：人

年 龄	骨关节病		地方病		脊髓疾病		工伤	
	男	女	男	女	男	女	男	女
57岁	1	2					5	1
58岁	2	2			2		2	
59岁	2	2					3	1
60岁	3	4					1	
61岁	1	1			1		5	
62岁	1	4					4	1
63岁		4					3	1
64岁	3	1			1		4	
65岁		3			1		1	
66岁		5			1		1	1
67岁	2	1					1	
68岁	2	6					2	1
69岁	3	2					2	3
70岁	1	1			1		4	
71岁	2	1					1	
72岁		3			2		4	1
73岁	1	2	1				1	1
74岁	2	3				1		1
75岁	2	2						1
76岁	2	3				2	4	3
77岁		2						
78岁		3						1
79岁		1			1			
80岁	2	1						
81岁	1	1						
82岁	1	1						
83岁							3	
84岁		1					1	
85+	4	5			1			1

3－15 续表 9

单位：人

年 龄	交通事故		脊髓损伤		脑外伤		其他外伤		结核性感染	
	男	女	男	女	男	女	男	女	男	女
总 计	**77**	**30**	**3**	**7**	**9**	**1**	**307**	**211**	**26**	**12**
0岁										
1岁										
2岁										
3岁										
4岁					1			1		
5岁										
6岁										
7岁										
8岁										
9岁								2		
10岁										
11岁										
12岁							2	1		
13岁							1			
14岁							1	1		
15岁								1		
16岁	1	1						1		
17岁				1			1			
18岁										
19岁	1							3		
20岁							1		1	
21岁							1			
22岁							2			
23岁						1	2	1		
24岁							2	1		
25岁	1						2			
26岁							3			
27岁		1					3			

3－15 续表 10

单位：人

年 龄	交通事故		脊髓损伤		脑外伤		其他外伤		结核性感染	
	男	女	男	女	男	女	男	女	男	女
28岁							1	1		
29岁	1						2			
30岁	2						2	2		
31岁				1			2	1		
32岁	1						3			1
33岁	1						2	1	1	
34岁	3		1				8	4		
35岁									2	
36岁	1						4			
37岁	2	2					6	4		
38岁	2	2			1		5	1	1	
39岁					1		10	3		
40岁	1				1		6	2		
41岁	4	1		1			10	5	1	1
42岁	2				2		8	2		
43岁	1	2	1				5	2		
44岁	2	1					4	7	1	
45岁							4	1		
46岁	2	1		1			7			
47岁	3						3			
48岁	3	2	1				13	8		
49岁	3	1					13	1		2
50岁	5	1					6	4		1
51岁	2	1					8	4		
52岁	1						7	2	2	1
53岁	3				2		8	5		
54岁	2						7	3	1	
55岁	1	2					3	2		1
56岁	3	1					11	4	1	

3－15 续表 11

单位：人

年龄	交通事故		脊髓损伤		脑外伤		其他外伤		结核性感染	
	男	女	男	女	男	女	男	女	男	女
57岁	1	2					9	3		
58岁	1	1					3	4	3	1
59岁	1				1		5	1	1	
60岁	2			1			3	1	1	
61岁	2	1					7	2		1
62岁	3	1					3	3	1	
63岁							4	4		1
64岁	1	1					11	2		
65岁	1						10	4	2	
66岁		1					6	4	1	
67岁				1			7	2	1	
68岁		1					3	3	1	
69岁	1						6	1	1	
70岁	3	1						6	1	2
71岁	1						4	7		
72岁	1						1	6		
73岁	2						5	4		
74岁		1					3	3		
75岁				1			2	7		
76岁							3	5	1	
77岁		1					3	7		
78岁	1						5	5		
79岁	1						1	1	1	
80岁							4	6		
81岁							2	6		
82岁							3	7		
83岁								4		
84岁							1	3		
85+	1						4	19		

3－15　续表 12

单位：人

年　龄	化脓性感染		中毒		其他		原因不明	
	男	女	男	女	男	女	男	女
总　计	**32**	**22**	**2**	**1**	**112**	**95**	**83**	**73**
0岁								
1岁								
2岁								
3岁								
4岁							1	
5岁								
6岁					1			
7岁								
8岁								
9岁					1			
10岁							1	
11岁					2			1
12岁						1	1	1
13岁	1							
14岁								
15岁					2			
16岁					1	1		
17岁					2	2		
18岁					1			
19岁	1	1						
20岁	1							
21岁					1	1		1
22岁					1	2		
23岁						2		
24岁								
25岁								
26岁							1	
27岁	1	1				1		1

3－15 续表 13

单位：人

年 龄	化脓性感染		中毒		其他		原因不明	
	男	女	男	女	男	女	男	女
28岁								
29岁						1		
30岁		1						
31岁	1							
32岁	1						1	
33岁							1	
34岁		1				1	1	
35岁		1				1		
36岁					1	1	1	1
37岁			1		5	1	2	
38岁	1						1	2
39岁		1			5	2	1	
40岁	1						1	
41岁		1			3		2	1
42岁	1	1			3	1	1	
43岁					2	4		2
44岁	1	2	1		4	3	2	1
45岁					1		1	
46岁					3			2
47岁	1	1			3	1	2	1
48岁					2	3	2	2
49岁				1	3	5	2	1
50岁	1	1			3	1	3	
51岁	1	1			2	1	5	2
52岁	3				1	1	4	1
53岁					2	3	1	1
54岁						1		1
55岁	1				4		2	1
56岁	1				4	2	1	1

3－15 续表 14

单位：人

年 龄	化脓性感染		中毒		其他		原因不明	
	男	女	男	女	男	女	男	女
57岁					1	2	1	
58岁	2	2			4	1	4	1
59岁						4	2	1
60岁	1	1			4	2	2	1
61岁	1				3	1	1	3
62岁	1	1			3	3	1	2
63岁					2	1	1	2
64岁	1				2	2	1	1
65岁	1	1			4	4		1
66岁						1	1	1
67岁					5	2	2	2
68岁					1	1	3	3
69岁	1	1			1			2
70岁	1				2	1	2	2
71岁					2	2	1	2
72岁		1			3	2	2	3
73岁	1					3	2	3
74岁							1	
75岁	1						1	2
76岁							2	1
77岁					1	2	1	2
78岁						1	1	1
79岁					2	5	4	2
80岁	2				4	2	1	3
81岁					1	1		1
82岁		1			2	3	2	2
83岁					1			1
84岁							1	2
85+	1	1			1	6	2	2

3－16　智力残疾(含多重)人分年龄、性别的主要致残原因

单位：人

年　龄	遗传		脑疾病		内分泌障碍		惊厥性疾病		新生儿窒息	
	男	女	男	女	男	女	男	女	男	女
总　计	**101**	**82**	**88**	**84**	**1**	**2**	**34**	**18**	**20**	**2**
0岁	1		1						1	
1岁									1	
2岁	1	2					1			
3岁					1		1		2	
4岁	1	1		1			2		2	
5岁	2							2	4	
6岁	1		1	1			1		1	1
7岁	1	1	3				1			
8岁		3		1			1	1	1	1
9岁	2	2	2				1	1		
10岁	2	2	1	1		1	4	1		
11岁		1		2			1			
12岁	1	6	1	1				1	2	
13岁	4	1	3				1	1		
14岁	2	1	1	3			1			
15岁	4	1	2	1			3		1	
16岁	3	1	1	1						
17岁	4	2	4	2			1		1	
18岁	1	4		1			1	1	1	
19岁	3	2	3					1		
20岁	3	1					1	1		
21岁		1	1	1				2		
22岁	3	1		2						
23岁	1		2	3						
24岁	2	1	2							
25岁	2		1	2			1		1	
26岁	1	2					1			
27岁	1	1		3						

3-16 续表 1

单位：人

年 龄	遗传		脑疾病		内分泌障碍		惊厥性疾病		新生儿窒息	
	男	女	男	女	男	女	男	女	男	女
28岁	1									
29岁	1	1		2						
30岁	1	1	5	1						
31岁	1	1	3				1	1		
32岁	2	1	1	1						
33岁	1	1	2	1				1		
34岁	1		1	1						
35岁	3		6	1						
36岁	1	2	3	2			1			
37岁	5		5	1						
38岁	1		2	3						
39岁	1	3	2	2			2	1		
40岁	1		1	1						
41岁	1	2	1	5			1			
42岁	1	3	3	2						
43岁		1	2	4			1			
44岁				1						
45岁		1	2							
46岁	2	1	1	1						
47岁	1	2	1	1						
48岁		3	3						1	
49岁										
50岁	1	2	2	1						
51岁	2		1	4						
52岁		1		4			1	1		
53岁	2	2	1	1				1		
54岁	2	1		1			1			
55岁	1	3	1				1			
56岁	4	2		2						

3－16 续表 2

单位：人

年龄	遗传		脑疾病		内分泌障碍		惊厥性疾病		新生儿窒息	
	男	女	男	女	男	女	男	女	男	女
57岁	3	1						1		
58岁	3									
59岁	3	2		2						
60岁	1			2			1			
61岁	3	2		2		1				
62岁	2		1	1			1		1	
63岁				2						
64岁	1	1	2							
65岁		1								
66岁										
67岁	1			1						
68岁		1	1							
69岁			1							
70岁	1			1						
71岁			1							
72岁			1	2						
73岁										
74岁										
75岁		1		1						
76岁										
77岁										
78岁			1	1						
79岁		2								
80岁										
81岁										
82岁										
83岁										
84岁										
85+			2							

3-16 续表 3

单位：人

年　龄	早产、低体重和过期产		发育畸形		营养不良		母孕期外伤及物理伤害	
	男	女	男	女	男	女	男	女
总　计	**14**	**5**	**18**	**14**	**7**	**1**	**5**	**1**
0岁	5	1					1	
1岁	1	2			1			
2岁								
3岁	1			1			1	
4岁	1		1	1				
5岁	3		1		1		1	
6岁			1					
7岁			1		1			
8岁								
9岁	2							
10岁								
11岁	1		1					
12岁		1						
13岁				1		1		
14岁								
15岁		1			1			
16岁								
17岁			1					
18岁			2	1				
19岁								
20岁								
21岁			1					
22岁			1					
23岁			2					1
24岁			1					
25岁			1		1			
26岁				1				
27岁								

3－16 续表 4

单位：人

年 龄	早产、低体重和过期产		发育畸形		营养不良		母孕期外伤及物理伤害	
	男	女	男	女	男	女	男	女
28岁								
29岁				1				
30岁								
31岁								
32岁								
33岁				1				
34岁							1	
35岁								
36岁								
37岁			1					
38岁							1	
39岁			1					
40岁					1			
41岁			1					
42岁								
43岁								
44岁								
45岁								
46岁				1				
47岁								
48岁				1				
49岁				1				
50岁				1				
51岁				1	1			
52岁								
53岁								
54岁								
55岁								
56岁				1				

3－16 续表 5

单位：人

年　龄	早产、低体重和过期产		发育畸形		营养不良		母孕期外伤及物理伤害	
	男	女	男	女	男	女	男	女
57岁								
58岁								
59岁								
60岁								
61岁								
62岁			1	1				
63岁								
64岁								
65岁								
66岁								
67岁								
68岁								
69岁								
70岁								
71岁								
72岁								
73岁								
74岁								
75岁								
76岁								
77岁								
78岁								
79岁								
80岁								
81岁								
82岁								
83岁								
84岁								
85+								

3－16 续表 6

单位：人

年 龄	产伤		工伤		交通事故		其他外伤	
	男	女	男	女	男	女	男	女
总 计	**5**	**1**	**6**		**6**	**2**	**18**	**7**
0岁								
1岁								
2岁								
3岁								
4岁								
5岁								
6岁								
7岁								
8岁								1
9岁								
10岁								
11岁	1							
12岁								
13岁								
14岁								
15岁							1	
16岁								
17岁								
18岁								
19岁	1							
20岁	1						1	
21岁		1					1	
22岁								
23岁					1		1	1
24岁								
25岁								
26岁								
27岁								1

3-16 续表 7

单位：人

年龄	产伤		工伤		交通事故		其他外伤	
	男	女	男	女	男	女	男	女
28岁					1		1	
29岁							1	
30岁	2					1		
31岁								1
32岁							1	
33岁								
34岁								
35岁					1			
36岁								
37岁								
38岁								
39岁			1					
40岁							1	
41岁								
42岁					1			
43岁			1					
44岁								
45岁								
46岁								
47岁								
48岁								
49岁			1					
50岁								
51岁								
52岁							1	1
53岁								
54岁							2	1
55岁								
56岁						1	1	

3－16　续表 8

单位：人

年　龄	产伤		工伤		交通事故		其他外伤	
	男	女	男	女	男	女	男	女
57岁							1	
58岁								
59岁								
60岁			1		1			
61岁								
62岁							2	
63岁								1
64岁			1		1			
65岁								
66岁								
67岁								
68岁								
69岁								
70岁							1	
71岁								
72岁							1	
73岁								
74岁								
75岁								
76岁								
77岁								
78岁								
79岁								
80岁								
81岁								
82岁							1	
83岁								
84岁			1					
85+								

3-16 续表 9

单位：人

年龄	中毒与过敏反应		不良社会文化因素		其他		原因不明	
	男	女	男	女	男	女	男	女
总计	**7**	**4**	**24**	**13**	**26**	**29**	**190**	**163**
0岁			3	1	1		2	
1岁			3	6			2	2
2岁			2	1				
3岁			1				5	2
4岁			2				3	3
5岁			2				3	
6岁	1							1
7岁			1				1	
8岁	1						1	
9岁					1		1	2
10岁					1	1	1	2
11岁							2	2
12岁					2		5	2
13岁	1	1					4	1
14岁		1					2	3
15岁							3	1
16岁	1					1	1	2
17岁	1						2	1
18岁						1	4	4
19岁					2		2	
20岁	1					1	2	2
21岁					1	1	3	2
22岁							2	2
23岁						1	2	5
24岁						1	2	1
25岁								3
26岁							3	
27岁							2	3

3－16 续表 10

单位：人

年 龄	中毒与过敏反应		不良社会文化因素		其他		原因不明	
	男	女	男	女	男	女	男	女
28岁					1		1	2
29岁					1		1	1
30岁							2	
31岁							2	
32岁				1			2	1
33岁							1	1
34岁							3	3
35岁							4	
36岁		1						3
37岁			1			1	2	1
38岁						1	1	1
39岁					1		1	4
40岁							2	
41岁						2	6	2
42岁					1		3	5
43岁			2		1	3	4	5
44岁							3	2
45岁							4	3
46岁							1	3
47岁						1	1	7
48岁					1	1	6	1
49岁					1	2	5	1
50岁					1		5	2
51岁					1	1	3	4
52岁				1	1		5	8
53岁			1				11	3
54岁							4	2
55岁					1	1	6	6
56岁			1		2		4	2

3-16 续表 11

单位：人

年 龄	中毒与过敏反应		不良社会文化因素		其他		原因不明	
	男	女	男	女	男	女	男	女
57岁					1	2	4	4
58岁			2		2		3	6
59岁							1	3
60岁	1		1				3	4
61岁		1	1			1	7	1
62岁								3
63岁					1		5	5
64岁			1				3	1
65岁						1	2	
66岁							1	2
67岁						2		
68岁								4
69岁								1
70岁					1		3	
71岁								
72岁							1	2
73岁				1				
74岁							1	2
75岁				1			1	1
76岁						1		
77岁								1
78岁								
79岁						2		
80岁							1	1
81岁								
82岁				1				1
83岁							1	1
84岁								
85+								1

3－17 精神残疾(含多重)人分年龄、性别的主要致残原因

单位：人

年　龄	痴呆		其他器质性精神障碍		使用精神活性物质所致的障碍		精神分裂症	
	男	女	男	女	男	女	男	女
总　计	**33**	**34**	**18**	**19**	**2**	**1**	**179**	**203**
0岁								
1岁								
2岁								
3岁								
4岁								
5岁								
6岁								
7岁								
8岁								
9岁								
10岁								
11岁								
12岁	1						1	
13岁				1				
14岁								
15岁							1	1
16岁							1	2
17岁	1			1			2	1
18岁	1		1					1
19岁	2	1	1				3	3
20岁							2	4
21岁	1	1					2	4
22岁							5	1
23岁	1						4	2
24岁	1						6	3
25岁							3	1
26岁	1						2	1
27岁				1			6	3

3-17 续表 1

单位：人

年龄	痴呆		其他器质性精神障碍		使用精神活性物质所致的障碍		精神分裂症	
	男	女	男	女	男	女	男	女
28岁							3	4
29岁							5	1
30岁	1		2				1	2
31岁							7	2
32岁							7	3
33岁		1		1			3	3
34岁	1						10	2
35岁	1						6	7
36岁				1			6	4
37岁	1				1		10	3
38岁			1		1		5	3
39岁		1	3	2			2	6
40岁	1		1				3	3
41岁				1			4	10
42岁			1				8	5
43岁	1		1				5	7
44岁	2						4	7
45岁	1			1			1	4
46岁			1				3	3
47岁		1					1	7
48岁	1						3	8
49岁	1	1				1	3	4
50岁							1	4
51岁	2		1	1			5	4
52岁		2					3	3
53岁		1		3			3	5
54岁	1						3	4
55岁	1						4	6
56岁	1	1		1			4	5

3－17 续表 2

单位：人

年 龄	痴呆		其他器质性精神障碍		使用精神活性物质所致的障碍		精神分裂症	
	男	女	男	女	男	女	男	女
57岁	1	1		1				3
58岁			1					3
59岁				1			2	2
60岁		3					2	3
61岁	1	1						5
62岁							1	1
63岁	2						2	6
64岁							2	5
65岁	1	1					2	1
66岁		1	1				1	2
67岁	1		1					3
68岁							1	2
69岁		2		1				2
70岁		1					2	1
71岁			1					2
72岁								1
73岁			1				1	
74岁		2						
75岁	1						1	
76岁								1
77岁	1	2						1
78岁								1
79岁								
80岁		1						
81岁				1				
82岁		1						
83岁		3						
84岁		3		1				
85+		2					1	2

3－17 续表 3

单位：人

年 龄	妄想性障碍		分裂情感性障碍		其他精神病性障碍		心境障碍	
	男	女	男	女	男	女	男	女
总 计	**3**	**10**	**5**	**7**	**7**	**12**	**16**	**22**
0岁								
1岁								
2岁								
3岁								
4岁								
5岁								
6岁								
7岁								
8岁								
9岁								
10岁								
11岁								
12岁								
13岁								
14岁							1	
15岁								
16岁								
17岁								
18岁						1		
19岁							1	
20岁								
21岁								
22岁								
23岁	1						1	
24岁								
25岁								
26岁								
27岁								

3－17　续表 4

单位：人

年　龄	妄想性障碍		分裂情感性障碍		其他精神病性障碍		心境障碍	
	男	女	男	女	男	女	男	女
28岁								
29岁		1						
30岁			1					
31岁	1	1		1	1			
32岁				1			1	
33岁								2
34岁				1			1	1
35岁								2
36岁								2
37岁			1					
38岁		1		1			1	1
39岁								
40岁		1	1	1				1
41岁				1		1	1	
42岁								
43岁								1
44岁							1	
45岁					1			
46岁								
47岁							1	1
48岁							2	1
49岁					1			
50岁								
51岁					1		1	
52岁		1					1	1
53岁						1		
54岁			1			1		
55岁	1		1			1		1
56岁							1	1

3－17 续表 5

单位：人

年 龄	妄想性障碍		分裂情感性障碍		其他精神病性障碍		心境障碍	
	男	女	男	女	男	女	男	女
57岁								
58岁								
59岁						2		1
60岁					1		1	1
61岁								
62岁				1	2			
63岁		1						
64岁								1
65岁		1					1	1
66岁								
67岁								
68岁		1						
69岁						1		
70岁								1
71岁								
72岁								
73岁								
74岁								
75岁						2		
76岁								
77岁		1						
78岁						1		
79岁								
80岁								
81岁								
82岁								2
83岁						1		
84岁								
85+		1						

3－17 续表 6

单位：人

年龄	神经症性障碍		行为综合症		人格障碍		孤独症	
	男	女	男	女	男	女	男	女
总 计	**4**	**12**	**1**		**2**	**3**	**2**	**2**
0岁								
1岁								
2岁								
3岁								
4岁								1
5岁								
6岁								
7岁							1	
8岁								
9岁								
10岁								1
11岁								
12岁							1	
13岁								
14岁								
15岁								
16岁			1					
17岁								
18岁								
19岁								
20岁								
21岁								
22岁								
23岁								
24岁								
25岁								
26岁								
27岁								

3－17 续表 7

单位：人

年 龄	神经症性障碍		行为综合症		人格障碍		孤独症	
	男	女	男	女	男	女	男	女
28岁		1						
29岁	1							
30岁								
31岁								
32岁								
33岁								
34岁		1						
35岁		1						
36岁								
37岁		1						
38岁						1		
39岁								
40岁		1			1			
41岁		1						
42岁								
43岁								
44岁		1						
45岁								
46岁								
47岁								
48岁								
49岁								
50岁								
51岁		2						
52岁								
53岁								
54岁								
55岁								
56岁					1			

3－17 续表 8

单位：人

年 龄	神经症性障碍		行为综合症		人格障碍		孤独症	
	男	女	男	女	男	女	男	女
57岁	1							
58岁								
59岁		1						
60岁		1						
61岁	1					1		
62岁								
63岁								
64岁								
65岁		1						
66岁								
67岁	1							
68岁								
69岁								
70岁						1		
71岁								
72岁								
73岁								
74岁								
75岁								
76岁								
77岁								
78岁								
79岁								
80岁								
81岁								
82岁								
83岁								
84岁								
85+								

3-17 续表 9

单位：人

年 龄	癫痫		其他		原因不明	
	男	女	男	女	男	女
总 计	**20**	**20**	**5**	**11**	**22**	**19**
0岁						
1岁						
2岁						
3岁						
4岁						
5岁						
6岁			1			
7岁						
8岁						
9岁				1		
10岁						
11岁						
12岁						
13岁		1				
14岁						
15岁		1				
16岁						
17岁	1	3				
18岁	1	1				
19岁	1					
20岁			1			
21岁					1	
22岁						1
23岁	1				1	
24岁					1	
25岁						
26岁	1				1	
27岁	1					

3－17 续表 10

单位：人

年龄	癫痫		其他		原因不明	
	男	女	男	女	男	女
28岁						
29岁	1					
30岁						
31岁						
32岁	1			1		
33岁	2	1			1	
34岁	1			1		1
35岁						1
36岁					1	
37岁						1
38岁						
39岁	1					
40岁					1	
41岁		1			1	
42岁				1		
43岁	2					1
44岁		2				1
45岁					1	
46岁						1
47岁		1	1			
48岁		1		1	1	1
49岁	1	1			1	
50岁	1	1	1	1	2	
51岁						
52岁		2				1
53岁		4		1		
54岁						
55岁	1					
56岁	1					1

3-17 续表 11

单位：人

年 龄	癫痫		其他		原因不明	
	男	女	男	女	男	女
57岁						
58岁				1	1	
59岁					1	
60岁						2
61岁						
62岁						
63岁			1			
64岁				1		
65岁					3	2
66岁						1
67岁	1				1	
68岁						1
69岁					1	
70岁				1		
71岁						
72岁	1					1
73岁						
74岁						
75岁						2
76岁				1		
77岁						
78岁						
79岁						
80岁						
81岁						
82岁						
83岁					2	
84岁						
85+						

第四部分　残疾人的活动和参与、义务教育、社会保障、接受服务及主要需求

4－1　各地区18岁及以上视力残疾人分残疾等级的生活自理状况

单位：人

地　区	无障碍/无适用				轻度障碍			
	残疾一级	残疾二级	残疾三级	残疾四级	残疾一级	残疾二级	残疾三级	残疾四级
总　计	**109**	**95**	**102**	**471**	**106**	**36**	**18**	**34**
黄陂区		4	1	3	3	1		
武昌区	5		1	22	2			6
黄石市			3	10		2	1	1
江夏区		1	3	7	3	1	1	
硚口区	3	9	12	23				
丹江口市	10	3	6	32	2		1	1
江汉区		3		8	2			1
仙桃市	11	3	2	32	4			
汉川市		8	5	21	4	4	2	
鄂州市	3	5	4	15	4			1
大冶市	13	5	2	10	2			
武穴市	1	1	1	10	1			
宜昌市	8		1	17	2			
枝江市			1	1		2	1	5
天门市	1	1	1	28	2	1		1
曾都区	1	3	4	19	2			1
襄阳区	3	2	2	9	7		1	
广水市	1	1	1	3	1			2
利川市	1	6	7	7	3	1	1	
咸安区	1	3	6	10	3	3	1	1
巴东县		1	3	23	8	2	2	2
竹溪县	4	7	2		15	10	1	
神农架林区	6	3	5	13	7	1		
红安县	3	1	1	20	2			
南漳县							3	4
通城县	13	4	4	9	2			6
监利县		1	6	2	5	1	1	1
黄梅县	5	1	7	37		3		
江陵县	4	4	1	23	3			
蕲春县	8	7	5	45	13	1	2	1
京山县	4	8	5	12	4	3		

4－1 续表 1

单位：人

地 区	中度障碍				重度障碍			
	残疾一级	残疾二级	残疾三级	残疾四级	残疾一级	残疾二级	残疾三级	残疾四级
总 计	**76**	**8**	**3**	**12**	**36**	**3**	**2**	**4**
黄陂区								
武昌区	1							1
黄石市	2	1						
江夏区	2			1				
硚口区								
丹江口市	2				1			
江汉区					2			
仙桃市	3							
汉川市	1	1			1			
鄂州市				1	1			
大冶市					1			
武穴市	6				2			
宜昌市								
枝江市	3	1			3			
天门市	3	1			6			
曾都区	9				1			
襄阳区	1							
广水市								
利川市					2			
咸安区	6	2			2			
巴东县								
竹溪县	23	2			5			
神农架林区								
红安县	1							
南漳县	2			2	3		1	
通城县	1		1	8	2		1	3
监利县	8		1					
黄梅县								
江陵县								
蕲春县					1	1		
京山县	2		1		3	2		

4－1 续表 2

单位：人

地 区	极重度障碍/不能完成			
	残疾一级	残疾二级	残疾三级	残疾四级
总 计	**7**	**1**		**4**
黄陂区				
武昌区				
黄石市				
江夏区				
硚口区				
丹江口市				
江汉区				
仙桃市				
汉川市				
鄂州市				
大冶市				
武穴市				
宜昌市				
枝江市				
天门市				
曾都区				
襄阳区				
广水市				
利川市				
咸安区	2			
巴东县				
竹溪县	1			
神农架林区				
红安县				
南漳县	2			
通城县				4
监利县				
黄梅县				
江陵县				
蕲春县				
京山县	2	1		

4－2 各地区18岁及以上视力残疾人分残疾等级的生活活动状况

单位：人

地 区	无障碍/无适用				轻度障碍			
	残疾一级	残疾二级	残疾三级	残疾四级	残疾一级	残疾二级	残疾三级	残疾四级
总 计	**13**	**5**	**6**	**114**	**40**	**25**	**45**	**210**
黄陂区						1	1	1
武昌区					1			
黄石市				3				4
江夏区				1		1	1	3
硚口区				8		4	10	13
丹江口市				6			2	14
江汉区				5		1		4
仙桃市	1			26	6	1	2	6
汉川市						1	1	7
鄂州市	1	2	2	9	3	3	1	6
大冶市	3			5	7	4	2	5
武穴市								8
宜昌市	1			12	5		1	5
枝江市							1	6
天门市								7
曾都区								7
襄阳区		2		8	4		2	1
广水市				1	1	1	1	3
利川市								
咸安区							2	5
巴东县	1						3	16
竹溪县	1				1			
神农架林区				1	1		3	11
红安县							1	18
南漳县								
通城县	3		3		8	2	1	7
监利县							5	1
黄梅县								23
江陵县	2			17	3	3	1	6
蕲春县			1	5		1	2	19
京山县		1		7		2	2	4

4－2　续表 1

单位：人

地　区	中度障碍				重度障碍			
	残疾一级	残疾二级	残疾三级	残疾四级	残疾一级	残疾二级	残疾三级	残疾四级
总　计	**50**	**47**	**44**	**128**	**136**	**54**	**25**	**56**
黄陂区	1	3		2	1	1		
武昌区	2			7	3		1	18
黄石市	1	2	3	3		1	1	1
江夏区			3	3	4			1
硚口区	3	5	2	2				
丹江口市	5	3	1	11	8		4	2
江汉区	2					2		
仙桃市	7	2			3			
汉川市		4	5	14	5	8	1	
鄂州市				1	2		1	1
大冶市	6	1						
武穴市	1		1	2	2	1		
宜昌市	3				1			
枝江市		1	1			2		
天门市			1	16		1		6
曾都区			3	7	2	3	1	5
襄阳区	2		1		3			
广水市				1	1			
利川市			1	1		3	5	5
咸安区		2	5	6	7	4		
巴东县		1	1	9	4	2	1	
竹溪县	4	7	2		33	12	1	
神农架林区	2	4	2	1	9			
红安县	2	1		2	3			
南漳县			2	4	1		1	2
通城县	2	1		4	2	1	1	9
监利县	1	2	1	2	12		2	
黄梅县			6	14	5	4	1	
江陵县	2	1						
蕲春县	3	5		15	16	3	3	6
京山县	1	2	3	1	9	6	1	

4-2 续表 2

单位：人

地区	极重度障碍/不能完成			
	残疾一级	残疾二级	残疾三级	残疾四级
总计	**95**	**12**	**5**	**17**
黄陂区	1			
武昌区	2			4
黄石市	1			
江夏区	1	1		
硚口区				
丹江口市	2			
江汉区	2			
仙桃市	1			
汉川市	1			
鄂州市	2			
大冶市				
武穴市	7			
宜昌市				
枝江市	6			
天门市	12	2		
曾都区	11			1
襄阳区	2			
广水市				
利川市	6	4	2	1
咸安区	7	2		
巴东县	3			
竹溪县	9			
神农架林区	1			
红安县	1			
南漳县	6		1	
通城县	3		1	10
监利县				
黄梅县				
江陵县				
蕲春县	3		1	1
京山县	5	3		

4－3 各地区18岁及以上视力残疾人分残疾等级的社会参与状况

单位：人

地 区	无障碍/无适用				轻度障碍			
	残疾一级	残疾二级	残疾三级	残疾四级	残疾一级	残疾二级	残疾三级	残疾四级
总 计	**16**	**8**	**11**	**93**	**58**	**60**	**54**	**313**
黄陂区					1	4		3
武昌区	1			1				14
黄石市				2			2	5
江夏区				1		1	2	5
硚口区		3	1	14	2	6	11	9
丹江口市			1	4	4	3	4	24
江汉区				4		2		5
仙桃市	1			13			1	19
汉川市							1	2
鄂州市	1	2	2	7	3	3	2	9
大冶市				1	2	3	1	6
武穴市						1	1	9
宜昌市	1			13	6		1	4
枝江市							1	6
天门市						1		17
曾都区					2		2	17
襄阳区		1		6	4	1	3	3
广水市				1	1	1		3
利川市								
咸安区			2	2	3	6	4	9
巴东县				1		1	3	23
竹溪县					12	11		
神农架林区							3	12
红安县						1	1	20
南漳县								
通城县	12	2	3	3	3	2	1	8
监利县			2		2	2	4	3
黄梅县								24
江陵县				14	6	3	1	9
蕲春县				2	7	6	4	38
京山县				4		2	1	7

4-3 续表 1

单位：人

地 区	中度障碍				重度障碍			
	残疾一级	残疾二级	残疾三级	残疾四级	残疾一级	残疾二级	残疾三级	残疾四级
总 计	**127**	**40**	**41**	**97**	**96**	**27**	**16**	**19**
黄陂区	1	1	1		1			
武昌区	4		1	12	2			2
黄石市	1	1	2	4	1	2		
江夏区	3	1	2	2	2			
硚口区	1							
丹江口市	9		2	5	2			
江汉区		1			2			
仙桃市	9	3	1		8			
汉川市		5	5	18	5	8	1	1
鄂州市	2				2			
大冶市	10	2	1	3	4			
武穴市	1			1	9			
宜昌市	3							
枝江市		2	1		6	1		
天门市			1	11	1	1		1
曾都区	4	3	2	3	7			
襄阳区	3				4			
广水市	1		1	1				
利川市			1	1		3	5	5
咸安区	8	2	1		3			
巴东县	6	2	2	1	2			
竹溪县	32	8	3		4			
神农架林区	1	2	1	1	5	2	1	
红安县	5				1			
南漳县				4	1		3	2
通城县	3			11			2	7
监利县	7		2		4			
黄梅县			6	13	4	4	1	
江陵县	1	1						
蕲春县	12	3	3	6	3			
京山县		3	2		13	6	3	1

4－3 续表 2

单位：人

地 区	极重度障碍/不能完成			
	残疾一级	残疾二级	残疾三级	残疾四级
总 计	**37**	**8**	**3**	**3**
黄陂区				
武昌区	1			
黄石市				
江夏区				
硚口区				
丹江口市				
江汉区	2			
仙桃市				
汉川市	1			
鄂州市				1
大冶市				
武穴市				
宜昌市				
枝江市				
天门市	11	1		
曾都区				
襄阳区				
广水市				
利川市	6	4	2	1
咸安区				
巴东县				
竹溪县				
神农架林区	7			
红安县				
南漳县	6		1	
通城县				1
监利县				
黄梅县	1			
江陵县				
蕲春县				
京山县	2	3		

4－4 各地区18岁及以上听力残疾人分残疾等级的理解和交流状况

单位：人

地 区	无障碍/无适用				轻度障碍			
	残疾一级	残疾二级	残疾三级	残疾四级	残疾一级	残疾二级	残疾三级	残疾四级
总 计	**10**	**17**	**118**	**120**	**55**	**95**	**378**	**198**
黄陂区			1	2		2	7	8
武昌区			8	7	1	3	8	5
黄石市			2		1	1	9	4
江夏区	1	1	5	2			5	2
硚口区			8		1	1	5	
丹江口市							6	3
江汉区			1		2		15	2
仙桃市						1	3	14
汉川市			5	11		1	9	12
鄂州市		3	5	3	2	1	3	1
大冶市			4	4	3	2	11	8
武穴市			4	1	8	14	23	5
宜昌市			5	9		2	14	11
枝江市		1	3	1	1	4	12	13
天门市				3		1	15	15
曾都区			8	8	3	7	14	12
襄阳区			1	2		1	4	7
广水市		1	11	17	7	3	5	
利川市							11	10
咸安区	1		3	8	1	2	10	6
巴东县		1	9	10	10	5	6	6
竹溪县	5	5	10	4	5	12	11	1
神农架林区		1	7	13		10	50	14
红安县				1			8	9
南漳县			5	2	2	6	11	
通城县	1	2	4	1	2	1	2	
监利县	1	2	2	4	1	1	6	5
黄梅县				1	2	6	8	1
江陵县				2	1	2	13	2
蕲春县			1	2	1	3	56	14
京山县	1		6	2	1	3	18	8

4－4 续表 1

单位：人

地区	中度障碍				重度障碍			
	残疾一级	残疾二级	残疾三级	残疾四级	残疾一级	残疾二级	残疾三级	残疾四级
总计	**78**	**97**	**143**	**43**	**41**	**17**	**21**	**7**
黄陂区	1		2	2				1
武昌区		1		1			1	
黄石市			6	1	1		2	
江夏区	2	4	2	1		1	1	2
硚口区			2			1		
丹江口市	3	2	18	5	4	3	5	1
江汉区	3	2	2		1			
仙桃市	4	3	11	9	2		1	
汉川市	1	3	7	1	1			
鄂州市	1							
大冶市		2	2					
武穴市	10	12	3		1			
宜昌市	3	8	6	1	3	1		
枝江市	4	8	4	2	2			1
天门市	4	3	15	7	2		1	
曾都区			1				1	
襄阳区	3	3	14	3	3	1	2	
广水市	1							
利川市	3	4	9			1	1	
咸安区	2	4	4	1				
巴东县	5							
竹溪县	6	1		1				
神农架林区	6	12	7		4			
红安县	2	3	2		1			
南漳县	3	6	1		8	1		
通城县		1	2	2				2
监利县	1	4	8	4	6	5	6	
黄梅县	2	3	6	1	2	3		
江陵县	3	1		1				
蕲春县								
京山县	5	7	9					

4-4 续表 2

单位：人

地 区	极重度障碍/不能完成			
	残疾一级	残疾二级	残疾三级	残疾四级
总 计	**13**	**1**		
黄陂区				
武昌区				
黄石市	1			
江夏区				
硚口区				
丹江口市	1			
江汉区				
仙桃市				
汉川市				
鄂州市				
大冶市				
武穴市				
宜昌市				
枝江市	1	1		
天门市				
曾都区				
襄阳区	1			
广水市				
利川市				
咸安区				
巴东县				
竹溪县				
神农架林区				
红安县				
南漳县	3			
通城县				
监利县	6			
黄梅县				
江陵县				
蕲春县				
京山县				

4－5 各地区18岁及以上听力残疾人分残疾等级的生活自理状况

单位：人

地 区	无障碍/无适用				轻度障碍			
	残疾一级	残疾二级	残疾三级	残疾四级	残疾一级	残疾二级	残疾三级	残疾四级
总 计	**173**	**204**	**616**	**352**	**12**	**21**	**37**	**13**
黄陂区	1	2	10	13				
武昌区	1	3	15	13		1	1	
黄石市	3	1	16	5			2	
江夏区	3	5	11	5		1	2	2
硚口区	1		13			1	2	
丹江口市	7	5	27	7			1	1
江汉区	5	1	16	2		1	2	
仙桃市	6	4	14	22			1	
汉川市	1	4	16	23	1		5	1
鄂州市	3	4	8	4				
大冶市	3	4	17	12				
武穴市	14	23	29	5	3	3	1	1
宜昌市	6	11	24	20				
枝江市	8	11	17	16		3	2	1
天门市	5	4	31	24				1
曾都区	3	7	19	19			4	1
襄阳区	5	4	19	12	2		1	
广水市	8	4	16	17				
利川市	3	5	21	10				
咸安区	4	6	17	15				
巴东县	14	6	15	16	1			
竹溪县	14	17	21	6	1	1		
神农架林区	10	22	64	26		1		1
红安县	3	3	9	10			1	
南漳县	14	13	17	2	1			
通城县	3	3	6	3		1	1	2
监利县	8	10	21	13	3	2	1	
黄梅县	5	8	12	3		4	2	
江陵县	4	2	12	5		1	1	
蕲春县	1	2	50	14		1	7	2
京山县	7	10	33	10				

4-5 续表 1

单位：人

地 区	中度障碍				重度障碍			
	残疾一级	残疾二级	残疾三级	残疾四级	残疾一级	残疾二级	残疾三级	残疾四级
总 计	**6**	**2**	**5**	**2**	**4**		**2**	**1**
黄陂区								
武昌区			1					
黄石市			1					
江夏区								
硚口区		1						
丹江口市				1			1	
江汉区	1							
仙桃市				1				
汉川市								
鄂州市								
大冶市								
武穴市	2							
宜昌市							1	1
枝江市								
天门市	1							
曾都区			1					
襄阳区		1	1					
广水市								
利川市								
咸安区								
巴东县								
竹溪县	1							
神农架林区								
红安县								
南漳县								
通城县			1					
监利县					4			
黄梅县	1							
江陵县								
蕲春县								
京山县								

4－5　续表 2

单位：人

地　区	极重度障碍/不能完成			
	残疾一级	残疾二级	残疾三级	残疾四级
总　计	**2**			
黄陂区				
武昌区				
黄石市				
江夏区				
硚口区				
丹江口市	1			
江汉区				
仙桃市				
汉川市				
鄂州市				
大冶市				
武穴市				
宜昌市				
枝江市				
天门市				
曾都区				
襄阳区				
广水市				
利川市				
咸安区				
巴东县				
竹溪县				
神农架林区				
红安县				
南漳县	1			
通城县				
监利县				
黄梅县				
江陵县				
蕲春县				
京山县				

4-6 各地区18岁及以上听力残疾人分残疾等级的与人相处状况

单位：人

地 区	无障碍/无适用				轻度障碍			
	残疾一级	残疾二级	残疾三级	残疾四级	残疾一级	残疾二级	残疾三级	残疾四级
总 计	**34**	**53**	**227**	**197**	**55**	**98**	**326**	**149**
黄陂区		1	1				4	10
武昌区	1	1	14	10		1	2	3
黄石市			4		1	1	9	5
江夏区		2	7	3	1	2	1	1
硚口区			5		1		6	
丹江口市			3		1	1	12	7
江汉区					2	1	17	2
仙桃市			2	11	1	1	6	9
汉川市		3	9	19	1	1	10	5
鄂州市		3	4	3	1		4	
大冶市	3	2	14	10		2	3	2
武穴市		1	15	4	10	15	14	2
宜昌市		1	10	10	3	10	15	11
枝江市		2	4	7	1	8	13	9
天门市			2	5	1		5	16
曾都区		3	10	12	2	4	10	8
襄阳区	1		1	7		1	6	3
广水市	5	2	15	17	2	2	1	
利川市		1	13	10	3	2	8	
咸安区	2	3	10	14	1	2	7	1
巴东县	2		1	4	3	2	14	12
竹溪县	3	1		1	10	17	21	5
神农架林区		2	10	13	1	8	47	14
红安县				4			6	5
南漳县	2	2	8	2	2	6	9	
通城县	1	2	3	1	2	2	4	2
监利县	3	3	6	10	1	2	13	3
黄梅县	5	9	13	2	1	3	1	1
江陵县					1		13	5
蕲春县			11	8	1	3	45	8
京山县	6	9	32	10	1	1		

4-6 续表 1

单位：人

地　区	中度障碍				重度障碍			
	残疾一级	残疾二级	残疾三级	残疾四级	残疾一级	残疾二级	残疾三级	残疾四级
总　计	**58**	**67**	**97**	**18**	**39**	**9**	**9**	**4**
黄陂区	1	1	3	1			2	2
武昌区						2		
黄石市			5		2		1	
江夏区	1	2	5	1	1			2
硚口区		1	4			1		
丹江口市	4	4	14	2	2			
江汉区	4	1	1					
仙桃市	3	3	7	3	2			
汉川市	1		2					
鄂州市	1	1		1	1			
大冶市								
武穴市	7	10	1		2			
宜昌市	2				1			
枝江市	6	2	2	1	1	2		
天门市	1	3	23	4	4	1	1	
曾都区	1		4					
襄阳区		4	10	2	6		4	
广水市	1							
利川市		2						
咸安区	1	1						
巴东县	4	4			5			
竹溪县	3							
神农架林区	8	12	7		1	1		
红安县	2	3	4	1	1			
南漳县	5	5			5			
通城县			1	2				
监利县	1	5	2		3	2	1	
黄梅县								
江陵县	1	3			2			
蕲春县			1					
京山县			1					

4-6 续表 2

单位：人

地区	极重度障碍/不能完成			
	残疾一级	残疾二级	残疾三级	残疾四级
总计	**11**		**1**	
黄陂区				
武昌区			1	
黄石市				
江夏区				
硚口区				
丹江口市	1			
江汉区				
仙桃市				
汉川市				
鄂州市				
大冶市				
武穴市				
宜昌市				
枝江市				
天门市				
曾都区				
襄阳区				
广水市				
利川市				
咸安区				
巴东县	1			
竹溪县				
神农架林区				
红安县				
南漳县	2			
通城县				
监利县	7			
黄梅县				
江陵县				
蕲春县				
京山县				

4－7 各地区18岁及以上听力残疾人分残疾等级的生活活动状况

单位：人

地 区	无障碍/无适用				轻度障碍			
	残疾一级	残疾二级	残疾三级	残疾四级	残疾一级	残疾二级	残疾三级	残疾四级
总 计	**38**	**50**	**228**	**169**	**77**	**92**	**270**	**123**
黄陂区		2	4	6			6	5
武昌区		1	10	10	1	1	2	1
黄石市	2		11	3	1	1	5	1
江夏区	2	3	6	2		2	4	1
硚口区	1		7				3	
丹江口市	3		11	1	1		4	4
江汉区			1		3	1	14	2
仙桃市		1	2	10	4	3	5	3
汉川市	1	2	13	17	1	2	8	7
鄂州市		2	4	4	3	2	4	
大冶市	2	2	13	10	1	1	4	2
武穴市	3	4	7	2	4	12	19	3
宜昌市			5	5		2	1	3
枝江市	1	2	8	8	5	9	7	6
天门市		1	9	3			2	9
曾都区		1			1	2	9	6
襄阳区		1	2	5	2		5	5
广水市	4	1	9	14	3	3	7	3
利川市	2	2	13	8	1	1	5	2
咸安区	1		2	10	3	2	11	4
巴东县	2	2	9	9	10	4	6	7
竹溪县		2	1	2	11	14	17	3
神农架林区	1	1	11	13	3	8	44	14
红安县				3		2	8	7
南漳县	4	9	14	2	7	1	1	
通城县	2	1	2	1	1	2	4	2
监利县		2	1	5	2	4	10	5
黄梅县	4	5	10	2	1	4	3	1
江陵县			6	2	4	3	7	3
蕲春县		1	20	7	1	2	37	9
京山县	3	2	17	5	3	4	8	5

4－7 续表 1

单位：人

地 区	中度障碍				重度障碍			
	残疾一级	残疾二级	残疾三级	残疾四级	残疾一级	残疾二级	残疾三级	残疾四级
总 计	**46**	**63**	**117**	**56**	**21**	**17**	**34**	**15**
黄陂区	1			2				
武昌区		1					3	2
黄石市			3	1				
江夏区	1		1	3		1	2	1
硚口区			4			1	1	
丹江口市	2	2	10	4	1	3	3	
江汉区	2		3		1	1		
仙桃市			6	6	2		1	4
汉川市								
鄂州市								
大冶市		1						
武穴市	8	7	4	1	4	3		
宜昌市	4	8	17	11	2	1		
枝江市	2	1	2	3			2	
天门市	4	3	11	8	1		8	5
曾都区	1	4	8	11	1		4	2
襄阳区	3	3	11	1	1	1	3	1
广水市	1							
利川市		1	3			1		
咸安区		3	3	1		1	1	
巴东县	1							
竹溪县	2	2	3	1	2			
神农架林区	6	14	9					
红安县		1	1		2		1	
南漳县	4	3	2					
通城县			2	1		1		
监利县	3	3	7	2	3	2	3	
黄梅县		2			1	1	1	
江陵县								
蕲春县								
京山县	1	4	7				1	

4-7 续表 2

单位：人

地 区	极重度障碍/不能完成			
	残疾一级	残疾二级	残疾三级	残疾四级
总 计	**15**	**5**	**11**	**5**
黄陂区				
武昌区		1	2	
黄石市				
江夏区				
硚口区		1		
丹江口市	1		1	
江汉区				
仙桃市			1	
汉川市				
鄂州市				
大冶市				
武穴市				
宜昌市			2	2
枝江市		2		
天门市	1		1	
曾都区			3	1
襄阳区	1			
广水市				
利川市				
咸安区				
巴东县	2			
竹溪县	1			
神农架林区				
红安县	1			
南漳县	1			
通城县				1
监利县	7	1	1	1
黄梅县				
江陵县				
蕲春县				
京山县				

4－8 各地区18岁及以上听力残疾人分残疾等级的社会参与状况

单位：人

地 区	无障碍/无适用				轻度障碍			
	残疾一级	残疾二级	残疾三级	残疾四级	残疾一级	残疾二级	残疾三级	残疾四级
总 计	**15**	**20**	**105**	**103**	**68**	**116**	**426**	**217**
黄陂区				1		2	7	8
武昌区	1	2	8	7			7	5
黄石市			2		1	1	13	5
江夏区	1	1	6	3	2	3	4	2
硚口区					1		8	
丹江口市					2	3	19	8
江汉区			2	1	1	1	14	1
仙桃市					2	2	8	15
汉川市				5		1	16	18
鄂州市			1	1	2	4	7	3
大冶市	2	1	9	7	1	3	8	4
武穴市			5	2	7	19	25	4
宜昌市			2	3		1	4	7
枝江市	1	1	1	2		4	14	12
天门市				1			13	16
曾都区		1	3	5	3	6	17	14
襄阳区		1	5	6	2	2	10	5
广水市			1	14	6	4	15	3
利川市		1	11	7	3	1	10	3
咸安区	1	1	6	11	2	4	11	4
巴东县				1	7	5	15	14
竹溪县				1	6	13	20	5
神农架林区			1	5		4	41	20
红安县				1			5	8
南漳县			4	1	2	4	11	1
通城县					2	2	4	3
监利县	5	7	20	11	4	4	2	2
黄梅县	3	4	10	2	3	7	4	1
江陵县			4	1	2	3	9	4
蕲春县			3	2	1	3	54	14
京山县	1		1	2	6	10	31	8

4-8 续表 1

单位：人

地　区	中度障碍				重度障碍			
	残疾一级	残疾二级	残疾三级	残疾四级	残疾一级	残疾二级	残疾三级	残疾四级
总　计	**70**	**79**	**119**	**44**	**40**	**12**	**10**	**3**
黄陂区	1		2	4			1	
武昌区		2	2	1				
黄石市			3		2		1	
江夏区		2	3	1				1
硚口区		1	7			1		
丹江口市	5	2	9	1	1		1	
江汉区	5	1	2					
仙桃市	4	2	7	7				1
汉川市	2	3	5	1				
鄂州市	1							
大冶市				1				
武穴市	11	7			1			
宜昌市	1	10	18	11	4		1	
枝江市	5	7	4	3	2	2		
天门市	3	3	15	7	3	1	3	1
曾都区			4	1				
襄阳区	3	1	5	1	2	1	1	
广水市	2							
利川市		3						
咸安区					1	1		
巴东县	8	1		1				
竹溪县	4	3	1		4	2		
神农架林区	5	17	21	2	4	2	1	
红安县	2	2	4	1	1	1	1	
南漳县	3	9	2		11			
通城县	1	2	4	1				
监利县	2	1			4			
黄梅县						1		
江陵县	2							
蕲春县								
京山县			1					

4－8 续表 2

单位：人

地 区	极重度障碍/不能完成			
	残疾一级	残疾二级	残疾三级	残疾四级
总 计	**4**			**1**
黄陂区				
武昌区				
黄石市				
江夏区				
硚口区				
丹江口市				
江汉区				
仙桃市				
汉川市				
鄂州市				
大冶市				
武穴市				
宜昌市	1			
枝江市				
天门市				
曾都区				
襄阳区				
广水市				
利川市				
咸安区				
巴东县				
竹溪县	2			
神农架林区	1			
红安县				
南漳县				
通城县				1
监利县				
黄梅县				
江陵县				
蕲春县				
京山县				

4－9 各地区18岁及以上言语残疾人分残疾等级的理解和交流状况

单位：人

地 区	无障碍/无适用				轻度障碍			
	残疾一级	残疾二级	残疾三级	残疾四级	残疾一级	残疾二级	残疾三级	残疾四级
总 计	**3**	**1**	**2**	**9**	**6**	**7**	**10**	**15**
黄陂区								
武昌区								
黄石市								
江夏区				1				
硚口区	2							
丹江口市					1			
江汉区								
仙桃市		1		1				1
汉川市								
鄂州市	1			1				1
大冶市								
武穴市								
宜昌市								
枝江市								1
天门市						1	1	
曾都区				1				
襄阳区						1	1	3
广水市								1
利川市								1
咸安区					1			1
巴东县						1	1	
竹溪县			1		2	2	1	
神农架林区			1	2	1			
红安县				3			1	4
南漳县					1		3	
通城县						1		
监利县								
黄梅县						1		
江陵县							1	
蕲春县							1	2
京山县								

4-9 续表 1

单位：人

地 区	中度障碍				重度障碍			
	残疾一级	残疾二级	残疾三级	残疾四级	残疾一级	残疾二级	残疾三级	残疾四级
总 计	**5**	**1**	**6**	**3**	**17**	**1**	**1**	
黄陂区								
武昌区								
黄石市								
江夏区								
硚口区								
丹江口市								
江汉区								
仙桃市	1							
汉川市					1			
鄂州市								
大冶市			1					
武穴市								
宜昌市								
枝江市								
天门市			1					
曾都区				1				
襄阳区					1			
广水市					1			
利川市			1					
咸安区	1							
巴东县		1			2			
竹溪县			1					
神农架林区	2		2		7	1	1	
红安县	1							
南漳县					4			
通城县								
监利县								
黄梅县					1			
江陵县								
蕲春县				2				
京山县								

4-9 续表 2

单位：人

地　区	极重度障碍/不能完成			
	残疾一级	残疾二级	残疾三级	残疾四级
总　计	**8**			
黄陂区				
武昌区				
黄石市	1			
江夏区				
硚口区				
丹江口市				
江汉区				
仙桃市				
汉川市	2			
鄂州市				
大冶市				
武穴市				
宜昌市				
枝江市				
天门市				
曾都区				
襄阳区				
广水市				
利川市				
咸安区	1			
巴东县				
竹溪县				
神农架林区	1			
红安县				
南漳县	3			
通城县				
监利县				
黄梅县				
江陵县				
蕲春县				
京山县				

4－10 各地区18岁及以上言语残疾人分残疾等级的生活自理状况

单位：人

地 区	无障碍/无适用				轻度障碍			
	残疾一级	残疾二级	残疾三级	残疾四级	残疾一级	残疾二级	残疾三级	残疾四级
总 计	**27**	**9**	**17**	**24**	**10**	**1**	**1**	**3**
黄陂区								
武昌区								
黄石市								
江夏区				1				
硚口区	2							
丹江口市	1							
江汉区								
仙桃市		1		2	1			
汉川市	3							
鄂州市	1			1				1
大冶市								
武穴市								
宜昌市								
枝江市				1				
天门市		1	2					
曾都区				1				1
襄阳区	1	1	1	3				
广水市								1
利川市			1	1				
咸安区	3			1				
巴东县		1	1		2	1		
竹溪县	2	2	3					
神农架林区	10	1	3	2	1		1	
红安县	1		1	7				
南漳县	2		3		6			
通城县		1						
监利县								
黄梅县	1	1						
江陵县			1					
蕲春县			1	4				
京山县								

4－10 续表 1

单位：人

地 区	中度障碍				重度障碍			
	残疾一级	残疾二级	残疾三级	残疾四级	残疾一级	残疾二级	残疾三级	残疾四级
总 计	**1**		**1**		**1**			
黄陂区								
武昌区								
黄石市					1			
江夏区								
硚口区								
丹江口市								
江汉区								
仙桃市								
汉川市								
鄂州市								
大冶市			1					
武穴市								
宜昌市								
枝江市								
天门市								
曾都区								
襄阳区								
广水市	1							
利川市								
咸安区								
巴东县								
竹溪县								
神农架林区								
红安县								
南漳县								
通城县								
监利县								
黄梅县								
江陵县								
蕲春县								
京山县								

4－10 续表 2

单位：人

地 区	极重度障碍/不能完成			
	残疾一级	残疾二级	残疾三级	残疾四级
总 计				
黄陂区				
武昌区				
黄石市				
江夏区				
硚口区				
丹江口市				
江汉区				
仙桃市				
汉川市				
鄂州市				
大冶市				
武穴市				
宜昌市				
枝江市				
天门市				
曾都区				
襄阳区				
广水市				
利川市				
咸安区				
巴东县				
竹溪县				
神农架林区				
红安县				
南漳县				
通城县				
监利县				
黄梅县				
江陵县				
蕲春县				
京山县				

4－11　各地区18岁及以上言语残疾人分残疾等级的与人相处状况

单位：人

地　区	无障碍/无适用				轻度障碍			
	残疾一级	残疾二级	残疾三级	残疾四级	残疾一级	残疾二级	残疾三级	残疾四级
总　计	**6**	**2**	**4**	**7**	**8**	**4**	**8**	**14**
黄陂区								
武昌区								
黄石市								
江夏区				1				
硚口区	2							
丹江口市	1							
江汉区								
仙桃市								1
汉川市					1			
鄂州市	1							1
大冶市								
武穴市								
宜昌市								
枝江市								1
天门市			1			1		
曾都区				1				
襄阳区							1	3
广水市								1
利川市							1	1
咸安区					1			1
巴东县						1	1	
竹溪县					1	2	1	
神农架林区	2	1	3	1	5			1
红安县				3				4
南漳县							3	
通城县								
监利县								
黄梅县		1						
江陵县								
蕲春县				1			1	
京山县								

4－11　续表 1

单位：人

地　区	中度障碍				重度障碍			
	残疾一级	残疾二级	残疾三级	残疾四级	残疾一级	残疾二级	残疾三级	残疾四级
总　计	**6**	**2**	**6**	**6**	**9**	**2**	**1**	
黄陂区								
武昌区								
黄石市								
江夏区								
硚口区								
丹江口市								
江汉区								
仙桃市		1		1	1			
汉川市								
鄂州市				1				
大冶市			1					
武穴市								
宜昌市								
枝江市								
天门市			1					
曾都区				1				
襄阳区						1		
广水市					1			
利川市								
咸安区	1							
巴东县		1						
竹溪县	1		2					
神农架林区	3		1					
红安县			1		1			
南漳县	1				5			
通城县						1		
监利县								
黄梅县					1			
江陵县							1	
蕲春县				3				
京山县								

4－11 续表 2

单位：人

地　区	极重度障碍/不能完成			
	残疾一级	残疾二级	残疾三级	残疾四级
总　计	**10**			
黄陂区				
武昌区				
黄石市	1			
江夏区				
硚口区				
丹江口市				
江汉区				
仙桃市				
汉川市	2			
鄂州市				
大冶市				
武穴市				
宜昌市				
枝江市				
天门市				
曾都区				
襄阳区	1			
广水市				
利川市				
咸安区	1			
巴东县	2			
竹溪县				
神农架林区	1			
红安县				
南漳县	2			
通城县				
监利县				
黄梅县				
江陵县				
蕲春县				
京山县				

4－12 各地区18岁及以上言语残疾人分残疾等级的生活活动状况

单位：人

地　区	无障碍/无适用				轻度障碍			
	残疾一级	残疾二级	残疾三级	残疾四级	残疾一级	残疾二级	残疾三级	残疾四级
总　计	**8**	**2**	**6**	**17**	**7**	**2**	**6**	**7**
黄陂区								
武昌区								
黄石市								
江夏区				1				
硚口区	2							
丹江口市	1							
江汉区								
仙桃市		1		2				
汉川市					1			
鄂州市	1			1				
大冶市								
武穴市								
宜昌市								
枝江市								1
天门市		1					1	
曾都区				1				
襄阳区							1	3
广水市								1
利川市				1			1	
咸安区	1			1	1			
巴东县								
竹溪县			1		2	2	2	
神农架林区	3		1	2	2			
红安县				6				1
南漳县			2		1		1	
通城县								
监利县								
黄梅县								
江陵县			1					
蕲春县			1	2				1
京山县								

4－12 续表 1

单位：人

地 区	中度障碍				重度障碍			
	残疾一级	残疾二级	残疾三级	残疾四级	残疾一级	残疾二级	残疾三级	残疾四级
总 计	**8**	**5**	**6**	**1**	**10**	**1**	**1**	**2**
黄陂区								
武昌区								
黄石市								
江夏区								
硚口区								
丹江口市								
江汉区								
仙桃市								
汉川市	1				1			
鄂州市								1
大冶市			1					
武穴市								
宜昌市								
枝江市								
天门市			1					
曾都区								1
襄阳区		1			1			
广水市	1							
利川市								
咸安区	1							
巴东县		2	1		1			
竹溪县								
神农架林区	2	1	2		2		1	
红安县	1		1					
南漳县	2				4			
通城县						1		
监利县								
黄梅县		1			1			
江陵县								
蕲春县				1				
京山县								

4－12　续表 2

单位：人

地　区	极重度障碍/不能完成			
	残疾一级	残疾二级	残疾三级	残疾四级
总　计	**6**			
黄陂区				
武昌区				
黄石市	1			
江夏区				
硚口区				
丹江口市				
江汉区				
仙桃市	1			
汉川市				
鄂州市				
大冶市				
武穴市				
宜昌市				
枝江市				
天门市				
曾都区				
襄阳区				
广水市				
利川市				
咸安区				
巴东县	1			
竹溪县				
神农架林区	2			
红安县				
南漳县	1			
通城县				
监利县				
黄梅县				
江陵县				
蕲春县				
京山县				

4－13 各地区18岁及以上言语残疾人分残疾等级的社会参与状况

单位：人

地 区	无障碍/无适用				轻度障碍			
	残疾一级	残疾二级	残疾三级	残疾四级	残疾一级	残疾二级	残疾三级	残疾四级
总 计	**2**		**1**	**7**	**8**	**6**	**7**	**11**
黄陂区								
武昌区								
黄石市								
江夏区				1				
硚口区	2							
丹江口市					1			
江汉区								
仙桃市				1		1		1
汉川市								
鄂州市					1			1
大冶市								
武穴市								
宜昌市								
枝江市								1
天门市							1	
曾都区								1
襄阳区							1	3
广水市								1
利川市				1				
咸安区				1	2			
巴东县						2	1	
竹溪县					1	2	2	
神农架林区			1	1	3			1
红安县				1				2
南漳县							2	
通城县								
监利县								
黄梅县						1		
江陵县								
蕲春县				1				
京山县								

4-13 续表 1

单位：人

地 区	中度障碍				重度障碍			
	残疾一级	残疾二级	残疾三级	残疾四级	残疾一级	残疾二级	残疾三级	残疾四级
总 计	**12**	**3**	**8**	**7**	**10**		**3**	**2**
黄陂区								
武昌区								
黄石市								
江夏区								
硚口区								
丹江口市								
江汉区								
仙桃市					1			
汉川市	1							
鄂州市				1				
大冶市			1					
武穴市								
宜昌市								
枝江市								
天门市		1	1					
曾都区								1
襄阳区		1			1			
广水市					1			
利川市							1	
咸安区					1			
巴东县	2							
竹溪县	1		1					
神农架林区	5	1	3		2			
红安县	1			4			1	
南漳县	2		1		3			
通城县								
监利县								
黄梅县					1			
江陵县							1	
蕲春县			1	2				1
京山县								

4-13 续表 2

单位：人

地区	极重度障碍/不能完成			
	残疾一级	残疾二级	残疾三级	残疾四级
总 计	**7**	**1**		
黄陂区				
武昌区				
黄石市	1			
江夏区				
硚口区				
丹江口市				
江汉区				
仙桃市				
汉川市	2			
鄂州市				
大冶市				
武穴市				
宜昌市				
枝江市				
天门市				
曾都区				
襄阳区				
广水市				
利川市				
咸安区				
巴东县				
竹溪县				
神农架林区	1			
红安县				
南漳县	3			
通城县		1		
监利县				
黄梅县				
江陵县				
蕲春县				
京山县				

4－14 各地区18岁及以上肢体残疾人分残疾等级的身体移动状况

单位：人

地 区	无障碍/无适用				轻度障碍			
	残疾一级	残疾二级	残疾三级	残疾四级	残疾一级	残疾二级	残疾三级	残疾四级
总 计	**1**	**20**	**122**	**525**	**2**	**8**	**80**	**390**
黄陂区		5	15	20	1	2	11	7
武昌区		1	1	10				9
黄石市			5	7			1	
江夏区		3	3	10			3	11
硚口区			3	5				9
丹江口市		1	1	30			2	18
江汉区			7	12			2	14
仙桃市			2	21			5	7
汉川市			1	13			1	9
鄂州市			3	11			4	13
大冶市				19			4	23
武穴市		1	5	11			3	7
宜昌市			3	35		1	1	12
枝江市			2	5			2	7
天门市			1	6			2	22
曾都区			2	11		1		3
襄阳区			1	26	1	1	1	12
广水市				10			1	10
利川市		1	10	32				4
咸安区			5	9		1	2	9
巴东县		1	6	30			1	13
竹溪县			2	28		1		15
神农架林区		3	1	34			5	13
红安县			3	8		1	5	23
南漳县		2	8	22			2	49
通城县		1	2	8			3	23
监利县			8	8			5	9
黄梅县		1	9	14			9	2
江陵县			4	8			4	13
蕲春县	1		4	28				10
京山县			5	34			1	14

4-14 续表 1

单位：人

地区	中度障碍				重度障碍			
	残疾一级	残疾二级	残疾三级	残疾四级	残疾一级	残疾二级	残疾三级	残疾四级
总　计	**1**	**32**	**92**	**204**	**7**	**62**	**57**	**57**
黄陂区		3	7	2		2	1	
武昌区			2	4		1	1	2
黄石市			1	1		1	1	1
江夏区	1	4		2	1	3	1	
硚口区		3	5	7		5	2	8
丹江口市			1	4			1	5
江汉区			1	20			2	4
仙桃市			3	4		1	3	2
汉川市				2	1	2	2	5
鄂州市				1				
大冶市			3	15			5	
武穴市			4	2		1	4	
宜昌市		2	7	6		1	3	
枝江市		1	1	5		2	1	2
天门市			2	1		1		
曾都区			1	2		1	1	2
襄阳区		1	2	9		3	3	4
广水市		2	1	9		8		5
利川市		2	7	20		4	8	14
咸安区			3	7	1	1	2	
巴东县			2	8			1	
竹溪县		1	6	20	1	2	2	2
神农架林区			1	33	2	4	5	1
红安县		2	1	5		7	1	
南漳县		2	14	3	1	5		
通城县			5	4		2	1	
监利县		2	7	3		3	2	
黄梅县		3	1				1	
江陵县		1	1	3			1	
蕲春县		1	2			2	2	
京山县		2	1	2				

4-14 续表 2

单位：人

地 区	极重度障碍/不能完成			
	残疾一级	残疾二级	残疾三级	残疾四级
总 计	**52**	**62**	**26**	**10**
黄陂区		4	1	
武昌区	1	4	2	1
黄石市	2	1	2	
江夏区	4	2		1
硚口区	4	3	1	
丹江口市	2	1		
江汉区			1	1
仙桃市	1	2	2	
汉川市				
鄂州市		2	1	
大冶市	3	2		
武穴市	1	2		
宜昌市	1		5	1
枝江市	1	6	1	1
天门市	2	3		
曾都区	1	3		
襄阳区	1	1		
广水市	2	2		
利川市	1	3	4	3
咸安区	4	2		
巴东县	2	1	1	1
竹溪县	4	4		
神农架林区	5	3	3	
红安县		3	2	
南漳县	2	1		
通城县	2	2		1
监利县	2	4		
黄梅县	2	1		
江陵县	1			
蕲春县				
京山县	1			

4－15　各地区18岁及以上肢体残疾人分残疾等级的生活自理状况

单位：人

地　区	无障碍/无适用				轻度障碍			
	残疾一级	残疾二级	残疾三级	残疾四级	残疾一级	残疾二级	残疾三级	残疾四级
总　计	**1**	**11**	**132**	**804**	**4**	**33**	**113**	**288**
黄陂区		2	22	23	1	3	2	3
武昌区		1		19			4	6
黄石市			5	4			1	2
江夏区			4	16		5	3	4
硚口区	1		2	14		2	5	12
丹江口市				31				16
江汉区			5	45			8	6
仙桃市			2	24			3	5
汉川市			1	23			2	6
鄂州市			3	19			4	6
大冶市			1	14			4	38
武穴市			2	20		1	8	
宜昌市			4	34		1	9	18
枝江市				12			1	4
天门市		1	3	29		1	2	
曾都区		1	3	14				4
襄阳区			2	39	1	2	2	8
广水市				5		1		16
利川市		2	16	59		1		1
咸安区				17			6	8
巴东县			1	24			3	23
竹溪县		1	4	61		1	3	2
神农架林区			2	36		1	3	29
红安县		1	2	20		5	5	16
南漳县			9	60	1	4	9	14
通城县				13		1	5	22
监利县			9	15		1	9	5
黄梅县		2	19	16	1	1	1	
江陵县			5	18		1	4	6
蕲春县			4	36			2	2
京山县			2	44		1	5	6

4-15 续表 1

单位：人

地区	中度障碍				重度障碍			
	残疾一级	残疾二级	残疾三级	残疾四级	残疾一级	残疾二级	残疾三级	残疾四级
总　计	**5**	**49**	**96**	**76**	**18**	**58**	**32**	**15**
黄陂区		3	7	3		4	4	
武昌区		1	2			2		1
黄石市			2	2			1	1
江夏区	1	6		4	5	1		
硚口区		4	2	3		2	2	
丹江口市			4	2		1	1	7
江汉区								
仙桃市	1		6	4		1	4	
汉川市		1	1		1	1		
鄂州市			1					
大冶市			3	5			4	
武穴市		1	5		1	1	1	
宜昌市		2	5	2		1	1	
枝江市		2	4	3		6	1	1
天门市						2		
曾都区	1		1			3		
襄阳区		2	3	3		2		
广水市		1	2	12		8		1
利川市		5	8	11		2	5	2
咸安区			6			1		
巴东县			4	3		1	2	2
竹溪县		1	3	2	4	4		
神农架林区	1	3	6	16	3	4	4	
红安县		2	4			4	1	
南漳县		5	6		1	1		
通城县		2	6	1				
监利县		3	3		1	5		
黄梅县	1	1				1		
江陵县					1		1	
蕲春县		3	2		1			
京山县		1						

4－15　续表 2

单位：人

地　区	极重度障碍/不能完成			
	残疾一级	残疾二级	残疾三级	残疾四级
总　计	**35**	**33**	**4**	**3**
黄陂区		4		
武昌区	1	2		
黄石市	2	2	1	
江夏区				
硚口区	3	3		
丹江口市	2	1		1
江汉区				
仙桃市		2		1
汉川市				
鄂州市		2		
大冶市	3	2		
武穴市		1		
宜昌市	1			
枝江市	1	1	1	
天门市	2			
曾都区		1		
襄阳区	1			1
广水市	2	2		
利川市	1			
咸安区	5	3		
巴东县	2	1	1	
竹溪县	1	1		
神农架林区	3	2		
红安县		1		
南漳县	1			
通城县	2	2		
监利县	1		1	
黄梅县				
江陵县				
蕲春县				
京山县	1			

4－16 各地区18岁及以上肢体残疾人分残疾等级的生活活动状况

单位：人

地 区	无障碍/无适用				轻度障碍			
	残疾一级	残疾二级	残疾三级	残疾四级	残疾一级	残疾二级	残疾三级	残疾四级
总 计	**1**	**1**	**4**	**89**		**5**	**51**	**435**
黄陂区				3		1	10	13
武昌区				5				15
黄石市			1	2			2	3
江夏区				6			3	3
硚口区							1	10
丹江口市				3				33
江汉区				6			5	17
仙桃市			1	14			1	6
汉川市								1
鄂州市			1	3				14
大冶市				2				6
武穴市				5			1	10
宜昌市				1				30
枝江市				1			1	6
天门市				7			1	19
曾都区								
襄阳区				21		2		16
广水市								4
利川市								
咸安区				1			2	13
巴东县			1	1			1	27
竹溪县						1		1
神农架林区								9
红安县		1						17
南漳县	1						1	68
通城县								6
监利县							3	8
黄梅县							9	12
江陵县				2			3	13
蕲春县				1			1	15
京山县				5		1	6	40

4-16 续表 1

单位：人

地 区	中度障碍				重度障碍			
	残疾一级	残疾二级	残疾三级	残疾四级	残疾一级	残疾二级	残疾三级	残疾四级
总 计	**1**	**13**	**141**	**429**	**4**	**57**	**118**	**183**
黄陂区		2	13	11	1	2	7	2
武昌区		2	2	5			2	1
黄石市			4	4		1	2	
江夏区		2	2	4		2	2	6
硚口区			5	13		5	2	4
丹江口市				5				6
江汉区			5	21			3	6
仙桃市			3	6			4	6
汉川市								15
鄂州市			3	8			4	
大冶市			2	24			6	24
武穴市			6	4		1	7	1
宜昌市			7	19		2	9	3
枝江市		1	4	10		3		1
天门市			4	3		2		
曾都区			1	8	1	1	3	8
襄阳区	1		3	8		3	3	3
广水市		1		21		3	2	9
利川市			5	32		3	20	39
咸安区			4	7		1	4	4
巴东县			2	21			5	3
竹溪县			2	45			3	16
神农架林区		1	5	65		6	8	6
红安县			1	14		4	7	5
南漳县			23	6	1	9		
通城县		1	7	20		1	3	9
监利县		1	9	9		2	8	3
黄梅县		2	10	4		1	1	
江陵县			3	5		1	1	3
蕲春县			5	22	1	3	2	
京山县			1	5		1		

4-16 续表 2

单位：人

地 区	极重度障碍/不能完成			
	残疾一级	残疾二级	残疾三级	残疾四级
总 计	**57**	**108**	**63**	**50**
黄陂区		11	5	
武昌区	1	4	2	
黄石市	2	1	1	
江夏区	6	8		5
硚口区	4	6	3	2
丹江口市	2	2	5	10
江汉区				1
仙桃市	1	3	6	2
汉川市	1	2	4	13
鄂州市		2		
大冶市	3	2	4	1
武穴市	1	3	2	
宜昌市	1	2	3	1
枝江市	1	5	2	2
天门市	2	2		
曾都区		4		2
襄阳区	1	1	1	3
广水市	2	8		
利川市	1	7	4	2
咸安区	5	3	2	
巴东县	2	2	2	
竹溪县	5	7	5	3
神农架林区	7	3	2	1
红安县		8	4	
南漳县	1	1		
通城县	2	3	1	1
监利县	2	6	2	
黄梅县	2	2		
江陵县	1		3	1
蕲春县				
京山县	1			

4－17 各地区18岁及以上肢体残疾人分残疾等级的社会参与状况

单位：人

地区	无障碍/无适用				轻度障碍			
	残疾一级	残疾二级	残疾三级	残疾四级	残疾一级	残疾二级	残疾三级	残疾四级
总　计		**2**	**17**	**176**	**3**	**17**	**114**	**649**
黄陂区				1		1	11	14
武昌区			1	6		2	1	18
黄石市			1	1			6	5
江夏区		1	2	8	1	4	2	12
硚口区				2			1	16
丹江口市				1				43
江汉区				5			1	23
仙桃市			1	19			6	9
汉川市				1				5
鄂州市			2	8			4	13
大冶市				2			1	9
武穴市				2			5	13
宜昌市			1	3		3	6	41
枝江市				1			3	11
天门市				6			4	22
曾都区				1			1	7
襄阳区				22	1	2		12
广水市								14
利川市								
咸安区				2	1		3	17
巴东县				7			4	39
竹溪县				5		1	2	45
神农架林区			2	11		1	3	56
红安县				6		1	6	26
南漳县				1			1	68
通城县			1	3		1	4	25
监利县							8	15
黄梅县			1	6			17	10
江陵县				6		1	8	14
蕲春县		1	5	35			3	3
京山县				5			3	44

4-17 续表 1

单位：人

地 区	中度障碍				重度障碍			
	残疾一级	残疾二级	残疾三级	残疾四级	残疾一级	残疾二级	残疾三级	残疾四级
总 计	**11**	**62**	**177**	**272**	**25**	**77**	**54**	**77**
黄陂区		7	20	14	1	8	4	
武昌区	1	2	4	2		2		
黄石市			1	3		2	2	
江夏区	3	7	3	4	2			
硚口区		3	8	8	1	8	2	3
丹江口市			3	9	1	1	2	4
江汉区			12	21				2
仙桃市			6	3	1	1	1	2
汉川市			2	17	1	1	2	5
鄂州市		2	2	4				
大冶市			5	46		1	6	
武穴市	1		6	5		4	5	
宜昌市		1	12	10				
枝江市		1	2	5		6		2
天门市	1	1	1	1		1		
曾都区		1	1	5			1	3
襄阳区		1	5	7		3	2	10
广水市		3	2	16		7		4
利川市			4	28		2	17	40
咸安区		2	7	6	3	2	2	
巴东县			6	5	1	1		1
竹溪县	1	2	7	14	2	4	1	1
神农架林区	1	6	9	12	6	3	1	
红安县		9	6	4		3		
南漳县	1	2	23	5	1	8		
通城县	1	2	6	8	1	2		
监利县		4	7	5	2	5	5	
黄梅县		2	1		1	2	1	
江陵县	1		2	4				
蕲春县		2			1			
京山县		2	4	1				

4－17　续表 2

单位：人

地　区	极重度障碍/不能完成			
	残疾一级	残疾二级	残疾三级	残疾四级
总　计	**24**	**26**	**15**	**12**
黄陂区				
武昌区				
黄石市	2			
江夏区				
硚口区	3			
丹江口市	1	1		
江汉区				
仙桃市		2	1	1
汉川市		1		1
鄂州市				
大冶市	3	1		
武穴市				
宜昌市	1			
枝江市	1	2	2	1
天门市	1	2		
曾都区	1	4	1	2
襄阳区	1			
广水市	2	2		
利川市	1	8	8	5
咸安区	1			
巴东县	1	1	1	
竹溪县	2	1		
神农架林区				2
红安县				
南漳县	1			
通城县				
监利县			2	
黄梅县	1	1		
江陵县				
蕲春县				
京山县	1			

4－18　各地区18岁及以上智力残疾人分残疾等级的理解和交流状况

单位：人

地　区	无障碍/无适用				轻度障碍			
	残疾一级	残疾二级	残疾三级	残疾四级	残疾一级	残疾二级	残疾三级	残疾四级
总　计		**1**	**3**	**24**	**1**	**3**	**39**	**83**
黄陂区								
武昌区			1	3			2	1
黄石市							1	
江夏区								4
硚口区							1	1
丹江口市							1	6
江汉区							2	
仙桃市					1			1
汉川市				1			1	2
鄂州市								
大冶市		1		3		1	1	
武穴市							2	5
宜昌市				3			1	2
枝江市			1	1		1	1	1
天门市				1			1	2
曾都区								
襄阳区							1	2
广水市								
利川市				1			1	4
咸安区				1			1	6
巴东县				5				8
竹溪县				2			3	4
神农架林区						1	6	
红安县							1	7
南漳县				2			4	3
通城县							1	3
监利县								5
黄梅县				1				1
江陵县							5	9
蕲春县								3
京山县			1				2	3

4－18　续表 1

单位：人

地　区	中度障碍				重度障碍			
	残疾一级	残疾二级	残疾三级	残疾四级	残疾一级	残疾二级	残疾三级	残疾四级
总　计	**4**	**13**	**77**	**40**	**6**	**40**	**36**	**9**
黄陂区								1
武昌区		2						
黄石市				1		2		
江夏区		1	5		1	3	2	
硚口区							1	
丹江口市		1	4	4		3	3	
江汉区			3				1	
仙桃市			1	1		4		1
汉川市	1	1	7				1	
鄂州市			3			3	5	
大冶市	2				1			1
武穴市				7		1	1	1
宜昌市				2		1		
枝江市						2		
天门市		1	2	1		2	2	
曾都区								
襄阳区			1	3	1	3	3	1
广水市			2					
利川市		1	1			6	1	
咸安区			3	1			1	
巴东县				2				
竹溪县			3	2	3	4		
神农架林区			7					
红安县		1	8	3		1	1	
南漳县		4	2					
通城县			3	2		1		
监利县			2			1	2	
黄梅县		1	3				2	
江陵县			11	1		2	1	
蕲春县			5	10		1	9	4
京山县	1		1					

4－18 续表 2

单位：人

地 区	极重度障碍/不能完成			
	残疾一级	残疾二级	残疾三级	残疾四级
总 计	**19**	**25**	**11**	
黄陂区	1	5	2	
武昌区				
黄石市				
江夏区				
硚口区	1		1	
丹江口市	2	2		
江汉区				
仙桃市				
汉川市		1		
鄂州市			2	
大冶市	4	2	1	
武穴市		1		
宜昌市		2		
枝江市	1			
天门市		1	1	
曾都区				
襄阳区	4	1		
广水市				
利川市		1		
咸安区	1	1		
巴东县				
竹溪县	3			
神农架林区			2	
红安县	1	3		
南漳县				
通城县				
监利县				
黄梅县				
江陵县		2		
蕲春县	1	3	2	
京山县				

4－19　各地区18岁及以上智力残疾人分残疾等级的身体移动状况

单位：人

地　区	无障碍/无适用				轻度障碍			
	残疾一级	残疾二级	残疾三级	残疾四级	残疾一级	残疾二级	残疾三级	残疾四级
总　计	**27**	**73**	**157**	**146**	**3**	**7**	**8**	**7**
黄陂区	1	5	2	1				
武昌区		1	3	4		1		
黄石市		1	1			1		
江夏区	1	4	7	3				
硚口区	1		3	1				
丹江口市	2	6	8	8				2
江汉区			6					
仙桃市	1	4	1	3				
汉川市	1	1	7	2		1	1	1
鄂州市		3	8				2	
大冶市	7	4	2	4				
武穴市		2	3	13				
宜昌市		3	1	7				
枝江市	1	3	2	2				
天门市		4	6	4				
曾都区								
襄阳区	2	3	5	6	3	1		
广水市			2					
利川市		8	3	5				
咸安区	1	1	5	8				
巴东县				15				
竹溪县	6	4	6	8				
神农架林区		1	15					
红安县	1	4	9	9		1	1	1
南漳县		2	6	5				
通城县		1	3	4			1	
监利县		1	4	5				
黄梅县		1	5	2				
江陵县		4	17	10				
蕲春县	1	2	13	14		2	3	3
京山县	1		4	3				

4－19　续表 1

单位：人

地　区	中度障碍				重度障碍			
	残疾一级	残疾二级	残疾三级	残疾四级	残疾一级	残疾二级	残疾三级	残疾四级
总　计		**1**	**1**	**2**		**1**		**1**
黄陂区								
武昌区								
黄石市								1
江夏区				1				
硚口区								
丹江口市								
江汉区								
仙桃市								
汉川市			1					
鄂州市								
大冶市								
武穴市								
宜昌市								
枝江市								
天门市								
曾都区								
襄阳区								
广水市								
利川市								
咸安区								
巴东县								
竹溪县								
神农架林区								
红安县								
南漳县		1				1		
通城县				1				
监利县								
黄梅县								
江陵县								
蕲春县								
京山县								

4－19　续表 2

单位：人

地　区	极重度障碍/不能完成			
	残疾一级	残疾二级	残疾三级	残疾四级
总　计				
黄陂区				
武昌区				
黄石市				
江夏区				
硚口区				
丹江口市				
江汉区				
仙桃市				
汉川市				
鄂州市				
大冶市				
武穴市				
宜昌市				
枝江市				
天门市				
曾都区				
襄阳区				
广水市				
利川市				
咸安区				
巴东县				
竹溪县				
神农架林区				
红安县				
南漳县				
通城县				
监利县				
黄梅县				
江陵县				
蕲春县				
京山县				

4－20 各地区18岁及以上智力残疾人分残疾等级的生活自理状况

单位：人

地 区	无障碍/无适用				轻度障碍			
	残疾一级	残疾二级	残疾三级	残疾四级	残疾一级	残疾二级	残疾三级	残疾四级
总 计	**6**	**22**	**106**	**140**	**9**	**36**	**47**	**15**
黄陂区			1	1		4	1	
武昌区			3	4		2		
黄石市			1			1		
江夏区		1	4	4	1	3	3	
硚口区			3	1				
丹江口市		2	7	10		3	1	
江汉区			2				4	
仙桃市						2	1	3
汉川市	1			1		1	4	2
鄂州市		1	8			1	2	
大冶市	4	2	1	3	2	1		1
武穴市			1	13		2	2	
宜昌市			1	7		1		
枝江市		2	2	2				
天门市		2	3	4		2	3	
曾都区								
襄阳区			1	6	2	3	3	
广水市			2					
利川市		4	3	5		4		
咸安区			3	8			1	
巴东县				15				
竹溪县	1	2	5	8	2	2	1	
神农架林区		1	10				5	
红安县		1	6	6	1	1	4	4
南漳县		2	6	5				
通城县				2			1	3
监利县				5			3	
黄梅县			3	2		1	2	
江陵县		1	15	10		1	2	
蕲春县		1	11	15		1	4	2
京山县			4	3	1			

4－20　续表 1

单位：人

地　区	中度障碍				重度障碍			
	残疾一级	残疾二级	残疾三级	残疾四级	残疾一级	残疾二级	残疾三级	残疾四级
总　计	**7**	**17**	**9**		**4**	**7**	**4**	**1**
黄陂区		1						
武昌区								
黄石市						1		1
江夏区								
硚口区								
丹江口市	2					1		
江汉区								
仙桃市	1	2						
汉川市		1	5					
鄂州市		1						
大冶市	1	1	1					
武穴市								
宜昌市		1				1		
枝江市						1		
天门市								
曾都区								
襄阳区	1	1	1		1			
广水市								
利川市								
咸安区	1	1					1	
巴东县								
竹溪县	1				2			
神农架林区								
红安县		3						
南漳县		2						
通城县			1			1	2	
监利县			1			1		
黄梅县								
江陵县		1				1		
蕲春县		2			1		1	
京山县								

4－20 续表 2

单位：人

地 区	极重度障碍/不能完成			
	残疾一级	残疾二级	残疾三级	残疾四级
总 计	**4**			
黄陂区	1			
武昌区				
黄石市				
江夏区				
硚口区	1			
丹江口市				
江汉区				
仙桃市				
汉川市				
鄂州市				
大冶市				
武穴市				
宜昌市				
枝江市	1			
天门市				
曾都区				
襄阳区	1			
广水市				
利川市				
咸安区				
巴东县				
竹溪县				
神农架林区				
红安县				
南漳县				
通城县				
监利县				
黄梅县				
江陵县				
蕲春县				
京山县				

4－21　各地区18岁及以上智力残疾人分残疾等级的与人相处状况

单位：人

地　区	无障碍/无适用				轻度障碍			
	残疾一级	残疾二级	残疾三级	残疾四级	残疾一级	残疾二级	残疾三级	残疾四级
总　计		**1**	**3**	**22**	**1**	**3**	**34**	**83**
黄陂区								
武昌区				1			3	3
黄石市							1	1
江夏区				2			1	2
硚口区							1	
丹江口市				2				4
江汉区								
仙桃市					1			3
汉川市				1			1	1
鄂州市							1	
大冶市		1	1	3				
武穴市								4
宜昌市				1				4
枝江市				1				1
天门市								3
曾都区								
襄阳区							1	1
广水市								
利川市				1			1	4
咸安区							1	4
巴东县				5				10
竹溪县				2			4	6
神农架林区			2			1	6	
红安县							2	7
南漳县				2		1	4	3
通城县								3
监利县							1	4
黄梅县						1	4	2
江陵县							2	7
蕲春县								4
京山县				1				2

4－21 续表 1

单位：人

地 区	中度障碍				重度障碍			
	残疾一级	残疾二级	残疾三级	残疾四级	残疾一级	残疾二级	残疾三级	残疾四级
总 计	**4**	**19**	**85**	**40**	**9**	**39**	**34**	**9**
黄陂区							2	
武昌区		1				1		
黄石市		1				1		
江夏区	1		3			4	3	
硚口区			1				1	1
丹江口市			3	3		3	3	1
江汉区			4				2	
仙桃市		2	1			1		
汉川市		2	7	1	1			
鄂州市			4			3	4	
大冶市	1				2	1		
武穴市			1	7		2	1	2
宜昌市			1	1		1		1
枝江市		1	1			2	1	
天门市			3	1		4	3	
曾都区								
襄阳区		1	3	5	3	3	1	
广水市			2					
利川市		1	1			4	1	
咸安区			2	4	1			
巴东县								
竹溪县	1	4	2		2			
神农架林区			6				1	
红安县		1	8	3		3		
南漳县		2	2			1		
通城县			2	2		1	2	
监利县			2	1		1		
黄梅县			1					
江陵县		2	14	3		1	1	
蕲春县		1	7	9		2	8	4
京山县	1		4					

4－21　续表 2

单位：人

地　区	极重度障碍/不能完成			
	残疾一级	残疾二级	残疾三级	残疾四级
总　计	**16**	**20**	**10**	**2**
黄陂区	1	5		1
武昌区				
黄石市				
江夏区				
硚口区	1			
丹江口市	2	3	2	
江汉区				
仙桃市		1		
汉川市			1	
鄂州市			1	
大冶市	4	2	1	1
武穴市			1	
宜昌市		2		
枝江市	1			
天门市				
曾都区				
襄阳区	2			
广水市				
利川市		3		
咸安区		1	2	
巴东县				
竹溪县	3			
神农架林区				
红安县	1	1		
南漳县				
通城县				
监利县			1	
黄梅县				
江陵县		1		
蕲春县	1	1	1	
京山县				

4－22　各地区18岁及以上智力残疾人分残疾等级的生活活动状况

单位：人

地　区	无障碍/无适用				轻度障碍			
	残疾一级	残疾二级	残疾三级	残疾四级	残疾一级	残疾二级	残疾三级	残疾四级
总　计		**1**	**5**	**22**	**1**	**4**	**34**	**84**
黄陂区								
武昌区			1	2			2	1
黄石市			1					
江夏区				1				1
硚口区							1	1
丹江口市							2	8
江汉区								
仙桃市		1		1	1	2		1
汉川市				1			1	
鄂州市								
大冶市				1		1	1	1
武穴市							1	9
宜昌市				2			1	3
枝江市				1			1	1
天门市								2
曾都区								
襄阳区				1				2
广水市								
利川市							1	5
咸安区							1	4
巴东县				4				9
竹溪县							2	6
神农架林区			2			1	4	
红安县							1	5
南漳县				2			4	3
通城县								2
监利县				1				4
黄梅县							3	1
江陵县			1	2			6	7
蕲春县				1				7
京山县				2			2	1

4－22 续表 1

单位：人

地 区	中度障碍				重度障碍			
	残疾一级	残疾二级	残疾三级	残疾四级	残疾一级	残疾二级	残疾三级	残疾四级
总 计	**3**	**11**	**67**	**40**	**5**	**40**	**47**	**5**
黄陂区								
武昌区		1		1		1		
黄石市						1		
江夏区			4	2	1	4	3	
硚口区			1				1	
丹江口市		1	3	2		2	2	
江汉区							5	
仙桃市			1	1		1		
汉川市	1	1	7	2		1	1	
鄂州市			3				2	
大冶市	1			1	2			
武穴市				4		2	1	
宜昌市						1		1
枝江市						2	1	
天门市		1	4	2		2	2	
曾都区								
襄阳区			3	3	1	3	2	
广水市			2					
利川市		1	1			7	1	
咸安区			2	3			2	1
巴东县				2				
竹溪县		2	4	1	1	2		1
神农架林区			4				4	
红安县			5	2		1	4	2
南漳县		2				2	2	
通城县			3	3		1	1	
监利县		1	1				3	
黄梅县		1	1	1				
江陵县			8	1		4	2	
蕲春县			8	9		3	8	
京山县	1		2					

4－22 续表 2

单位：人

地区	极重度障碍/不能完成			
	残疾一级	残疾二级	残疾三级	残疾四级
总　计	**21**	**26**	**13**	**5**
黄陂区	1	5	2	1
武昌区				
黄石市		1		1
江夏区				
硚口区	1			
丹江口市	2	3	1	
江汉区			1	
仙桃市				
汉川市				
鄂州市		3	5	
大冶市	4	3	1	1
武穴市			1	
宜昌市		2		1
枝江市	1	1		
天门市		1		
曾都区				
襄阳区	4	1		
广水市				
利川市				
咸安区	1	1		
巴东县				
竹溪县	5			
神农架林区			1	
红安县	1	4		1
南漳县				
通城县				
监利县				
黄梅县			1	
江陵县				
蕲春县	1	1		
京山县				

4－23　各地区18岁及以上智力残疾人分残疾等级的社会参与状况

单位：人

地　区	无障碍/无适用				轻度障碍			
	残疾一级	残疾二级	残疾三级	残疾四级	残疾一级	残疾二级	残疾三级	残疾四级
总　计			**1**	**14**	**1**	**5**	**39**	**76**
黄陂区								
武昌区							2	2
黄石市						1	1	
江夏区				1			1	3
硚口区							1	1
丹江口市				1		1	2	5
江汉区								
仙桃市					1			1
汉川市				1			1	
鄂州市							1	
大冶市								1
武穴市							1	5
宜昌市				2			1	3
枝江市								2
天门市							1	2
曾都区								
襄阳区							1	1
广水市								
利川市				1			1	4
咸安区				1			2	4
巴东县				4				11
竹溪县							2	3
神农架林区			1			1	3	
红安县				1		1	3	6
南漳县							1	3
通城县								
监利县							1	4
黄梅县							3	2
江陵县						1	8	8
蕲春县								4
京山县				2			2	1

4－23　续表 1

单位：人

地　区	中度障碍				重度障碍			
	残疾一级	残疾二级	残疾三级	残疾四级	残疾一级	残疾二级	残疾三级	残疾四级
总　计	**4**	**20**	**71**	**49**	**3**	**43**	**45**	**14**
黄陂区			1				1	1
武昌区		2	1	2				
黄石市						1		1
江夏区	1		6			4		
硚口区			1				1	
丹江口市	1	1	4	3	1	4	2	1
江汉区			1				4	
仙桃市		2	1	2		1		
汉川市		1	7	2		1	1	
鄂州市			2			3	4	
大冶市				1	1	1	1	
武穴市				5		2	2	3
宜昌市		2		2		1		
枝江市			1			3	1	
天门市				1		2	4	1
曾都区								
襄阳区				3		3	4	1
广水市			2					
利川市		4	1			4	1	
咸安区		1	1	2	1			1
巴东县								
竹溪县			1	3		4	3	2
神农架林区			7				3	
红安县	1	3	6	2		1	1	1
南漳县		1	4	2		3	1	
通城县			1	4			2	1
监利县			1	1		1	2	
黄梅县		1	2					
江陵县		2	9	2				
蕲春县			9	12		4	7	1
京山县	1		2					

4－23 续表 2

单位：人

地 区	极重度障碍/不能完成			
	残疾一级	残疾二级	残疾三级	残疾四级
总 计	**22**	**14**	**10**	**3**
黄陂区	1	5		
武昌区				
黄石市				
江夏区				
硚口区	1			
丹江口市				
江汉区			1	
仙桃市		1		
汉川市	1			
鄂州市			3	
大冶市	6	3	1	2
武穴市				
宜昌市				
枝江市	1			
天门市		2	1	
曾都区				
襄阳区	5	1		1
广水市				
利川市				
咸安区			2	
巴东县				
竹溪县	6			
神农架林区			1	
红安县				
南漳县				
通城县		1	1	
监利县				
黄梅县				
江陵县		1		
蕲春县	1			
京山县				

4－24 各地区18岁及以上精神残疾人分残疾等级的理解和交流状况

单位：人

地区	无障碍/无适用				轻度障碍			
	残疾一级	残疾二级	残疾三级	残疾四级	残疾一级	残疾二级	残疾三级	残疾四级
总计	**2**		**1**	**40**	**3**	**5**	**19**	**130**
黄陂区				5		2	3	4
武昌区							1	1
黄石市							1	3
江夏区							1	7
硚口区	1				1			8
丹江口市								3
江汉区				2			1	
仙桃市				2			1	14
汉川市				1	1		2	
鄂州市							1	3
大冶市	1							4
武穴市				1			1	4
宜昌市				2				5
枝江市								1
天门市				2		1		8
曾都区				1				1
襄阳区				4				11
广水市								3
利川市								
咸安区							1	2
巴东县				2				11
竹溪县							1	1
神农架林区				5			1	7
红安县							1	8
南漳县			1	2				3
通城县						1		
监利县				2	1			2
黄梅县				7		1	1	7
江陵县				1			2	3
蕲春县								3
京山县				1				3

4－24　续表 1

单位：人

地　区	中度障碍				重度障碍			
	残疾一级	残疾二级	残疾三级	残疾四级	残疾一级	残疾二级	残疾三级	残疾四级
总　计	**12**	**37**	**68**	**58**	**55**	**21**	**16**	**4**
黄陂区			1	2			1	
武昌区		2	13	2				
黄石市			1		2			
江夏区	1	2	1	1	3			
硚口区		1	8	3				
丹江口市		2	2	2	4	6	3	
江汉区			2	1		1	2	1
仙桃市	1		1	1	1			
汉川市		1	1		3			
鄂州市					2		1	
大冶市	1	1	3	3			1	
武穴市				4				
宜昌市		1	1	3	3	2		1
枝江市		1	2	2	1		2	
天门市			1	3				
曾都区	2	3	1	5	12	3	1	2
襄阳区				2				
广水市	2	1	4	5	2			
利川市	1	2		2		1		
咸安区			4	2	1		1	
巴东县				3		2		
竹溪县				1	1			
神农架林区		2	3		2			
红安县		3	6	2	1			
南漳县			1	2	2	1		
通城县		2		1	4	1	1	
监利县		3	4	2	1	1		
黄梅县	1	4	4			1		
江陵县			1		1			
蕲春县	2	4	2	3	9	2	2	
京山县	1	2	1	1			1	

4－24 续表 2

单位：人

地 区	极重度障碍/不能完成			
	残疾一级	残疾二级	残疾三级	残疾四级
总 计	**51**	**4**	**1**	**2**
黄陂区				
武昌区				
黄石市				
江夏区				
硚口区				
丹江口市	4			
江汉区	3			
仙桃市	1			
汉川市				
鄂州市	2			
大冶市	1			
武穴市				
宜昌市				
枝江市	1			
天门市	1		1	
曾都区	3	1		
襄阳区	1			1
广水市	2			
利川市	3			
咸安区	1			
巴东县		1		
竹溪县	2	1		
神农架林区	1			
红安县				
南漳县	3			
通城县	9	1		
监利县	1			1
黄梅县				
江陵县	1			
蕲春县	8			
京山县	3			

4－25 各地区18岁及以上精神残疾人分残疾等级的身体移动状况

单位：人

地区	无障碍/无适用				轻度障碍			
	残疾一级	残疾二级	残疾三级	残疾四级	残疾一级	残疾二级	残疾三级	残疾四级
总　计	**97**	**56**	**82**	**218**	**17**	**9**	**22**	**14**
黄陂区		2	5	11				
武昌区			1	1		1	13	2
黄石市	1		2	3	1			
江夏区	3	2	1	7	1		1	1
硚口区	2	1	8	11				
丹江口市	7	8	5	5				
江汉区			4	3	2			1
仙桃市	2		2	16				1
汉川市	1	1	1	1	3		2	
鄂州市	3		2	3	1			
大冶市	2	1	2	4			2	3
武穴市			1	9				
宜昌市	1	2	1	10	1	1		1
枝江市	2	1	4	3				
天门市		1	2	13				
曾都区	17	5	2	9		2		
襄阳区	1			18				
广水市	4	1	3	5	1		1	2
利川市	4	2		2		1		
咸安区	1		6	4				
巴东县		3		14				2
竹溪县	3	1	1	2				
神农架林区	3	2	3	12			1	
红安县		3	7	10				
南漳县	5	1	2	7				
通城县	8	3	1	1	5	2		
监利县	3	3	3	6		1	1	
黄梅县	1	6	5	14				
江陵县	2		3	3				1
蕲春县	19	6	4	6				
京山县	2	1	1	5	2	1	1	

4－25　续表 1

单位：人

地　区	中度障碍				重度障碍			
	残疾一级	残疾二级	残疾三级	残疾四级	残疾一级	残疾二级	残疾三级	残疾四级
总　计	**6**	**2**	**1**	**2**	**1**			
黄陂区								
武昌区		1						
黄石市								
江夏区								
硚口区								
丹江口市	1							
江汉区		1	1					
仙桃市	1							
汉川市								
鄂州市								
大冶市								
武穴市								
宜昌市	1							
枝江市								
天门市					1			
曾都区								
襄阳区								
广水市	1			1				
利川市								
咸安区	1							
巴东县								
竹溪县								
神农架林区								
红安县	1							
南漳县								
通城县								
监利县				1				
黄梅县								
江陵县								
蕲春县								
京山县								

4－25 续表 2

单位：人

地　区	极重度障碍/不能完成			
	残疾一级	残疾二级	残疾三级	残疾四级
总　计	**2**			
黄陂区				
武昌区				
黄石市				
江夏区				
硚口区				
丹江口市				
江汉区	1			
仙桃市				
汉川市				
鄂州市				
大冶市	1			
武穴市				
宜昌市				
枝江市				
天门市				
曾都区				
襄阳区				
广水市				
利川市				
咸安区				
巴东县				
竹溪县				
神农架林区				
红安县				
南漳县				
通城县				
监利县				
黄梅县				
江陵县				
蕲春县				
京山县				

4－26 各地区18岁及以上精神残疾人分残疾等级的生活自理状况

单位：人

地 区	无障碍/无适用				轻度障碍			
	残疾一级	残疾二级	残疾三级	残疾四级	残疾一级	残疾二级	残疾三级	残疾四级
总 计	**10**	**18**	**31**	**197**	**54**	**35**	**65**	**32**
黄陂区		1	1	10		1	3	1
武昌区			2	3			8	
黄石市			2	3	1			
江夏区				8	2	2	2	
硚口区	2		2	10		1	6	1
丹江口市				2	1	2	5	3
江汉区				2			2	1
仙桃市			1	13	3		1	4
汉川市		1	1	1	4		2	
鄂州市			1	3	1		1	
大冶市			2	7	1	1	2	
武穴市				9			1	
宜昌市		2		11	2	1	1	
枝江市	1		3	3		1	1	
天门市		1		10			2	3
曾都区	5	3	2	7	7	2		1
襄阳区				17				
广水市				3	2	1	3	5
利川市				1		3		1
咸安区				1	1		6	2
巴东县		2		15		1		1
竹溪县		1	1	1	2			1
神农架林区		2		10	2		4	2
红安县				7		3	7	3
南漳县	1	1	1	7	2		1	
通城县				1	2	2	1	
监利县				4	2	4	4	2
黄梅县		1	3	13	1	5	2	1
江陵县			3	4	2			
蕲春县		2	4	6	14	4		
京山县	1	1	2	5	2	1		

4－26 续表 1

单位：人

地　区	中度障碍				重度障碍			
	残疾一级	残疾二级	残疾三级	残疾四级	残疾一级	残疾二级	残疾三级	残疾四级
总　计	**38**	**12**	**8**	**3**	**15**	**1**	**1**	**2**
黄陂区			1					
武昌区		1	4			1		
黄石市								
江夏区	1				1			
硚口区								
丹江口市	5	6			2			
江汉区			2		2		1	1
仙桃市								
汉川市								
鄂州市	2				1			
大冶市					1			
武穴市								
宜昌市	1							
枝江市	1							
天门市					1			
曾都区	4	2		1	1			
襄阳区	1			1				
广水市	3		1					
利川市	4							
咸安区				1	1			
巴东县								
竹溪县	1							
神农架林区	1							
红安县								
南漳县	2							
通城县	8	3			2			
监利县	1							1
黄梅县								
江陵县								
蕲春县	3				2			
京山县					1			

4－26　续表 2

单位：人

地　区	极重度障碍/不能完成			
	残疾一级	残疾二级	残疾三级	残疾四级
总　计	**6**	**1**		
黄陂区				
武昌区				
黄石市	1			
江夏区				
硚口区				
丹江口市				
江汉区	1	1		
仙桃市				
汉川市				
鄂州市				
大冶市	1			
武穴市				
宜昌市				
枝江市				
天门市				
曾都区				
襄阳区				
广水市	1			
利川市				
咸安区				
巴东县				
竹溪县				
神农架林区				
红安县	1			
南漳县				
通城县	1			
监利县				
黄梅县				
江陵县				
蕲春县				
京山县				

4－27 各地区18岁及以上精神残疾人分残疾等级的与人相处状况

单位：人

地 区	无障碍/无适用				轻度障碍			
	残疾一级	残疾二级	残疾三级	残疾四级	残疾一级	残疾二级	残疾三级	残疾四级
总 计	**1**	**1**	**2**	**25**	**4**	**4**	**16**	**108**
黄陂区				2				6
武昌区								
黄石市				1				2
江夏区				1				6
硚口区	1				1			5
丹江口市								2
江汉区		1					1	1
仙桃市					1		1	14
汉川市							1	
鄂州市								
大冶市				1				3
武穴市							1	2
宜昌市				4		2		6
枝江市						1	2	3
天门市								7
曾都区								
襄阳区				1				9
广水市			1					3
利川市								2
咸安区				2	1		5	1
巴东县				2				11
竹溪县								
神农架林区				6			2	1
红安县							1	6
南漳县								5
通城县							1	
监利县				1	1	1		2
黄梅县				2				9
江陵县				1			1	1
蕲春县				1				
京山县			1					1

4－27 续表 1

单位：人

地区	中度障碍				重度障碍			
	残疾一级	残疾二级	残疾三级	残疾四级	残疾一级	残疾二级	残疾三级	残疾四级
总 计	**18**	**18**	**49**	**89**	**52**	**40**	**36**	**10**
黄陂区		1	3	3		1	2	
武昌区			9	2		2	5	1
黄石市			1		1		1	
江夏区			1	1	4	2	1	
硚口区			7	6		1	1	
丹江口市			4	3	2	7	1	
江汉区	1		2	2	2		2	
仙桃市			1	3	1			
汉川市	1	1	1	1	1		1	
鄂州市				2			1	1
大冶市		1	2	3			2	
武穴市				7				
宜昌市	3	1	1	1				
枝江市			2		1			
天门市		1		5	1		2	1
曾都区	1	1	1	8	8	6	1	1
襄阳区				6	1			1
广水市	4	1	3	5	2			
利川市					1	2		
咸安区			1	1	1			
巴东县				3		3		
竹溪县		1						2
神农架林区	1		2	5	2	2		
红安县		1	3	4	1	2	3	
南漳县	2		1	2	2	1	1	
通城县	4	3		1	7	2		
监利县		2	1	3	2	1	3	1
黄梅县		3	1	2		3	4	1
江陵县				2	1		2	
蕲春县	1		1	4	10	4	3	1
京山县		1	1	4	1	1		

4－27 续表 2

单位：人

地 区	极重度障碍/不能完成			
	残疾一级	残疾二级	残疾三级	残疾四级
总 计	**48**	**4**	**2**	**2**
黄陂区				
武昌区				
黄石市	1			
江夏区				
硚口区				
丹江口市	6	1		
江汉区				1
仙桃市	1			
汉川市	2			
鄂州市	4		1	
大冶市	3			
武穴市				
宜昌市				
枝江市	1			
天门市				
曾都区	8			
襄阳区				1
广水市				
利川市	3	1		
咸安区				
巴东县				
竹溪县	3		1	
神农架林区				
红安县				
南漳县	1			
通城县	2			
监利县				
黄梅县	1			
江陵县	1			
蕲春县	8	2		
京山县	3			

4－28 各地区18岁及以上精神残疾人分残疾等级的生活活动状况

单位：人

地 区	无障碍/无适用				轻度障碍			
	残疾一级	残疾二级	残疾三级	残疾四级	残疾一级	残疾二级	残疾三级	残疾四级
总 计	**1**			**12**	**2**	**2**	**3**	**80**
黄陂区				2				2
武昌区				1				
黄石市								2
江夏区								4
硚口区				1	1			7
丹江口市						2	2	3
江汉区								2
仙桃市							1	7
汉川市				1				
鄂州市				1	1			2
大冶市								1
武穴市								3
宜昌市				1				2
枝江市								1
天门市								1
曾都区								5
襄阳区				2				9
广水市								4
利川市								
咸安区								1
巴东县								3
竹溪县								2
神农架林区								3
红安县				1				4
南漳县								2
通城县								
监利县	1			1				2
黄梅县								4
江陵县				1				2
蕲春县								1
京山县								1

4－28 续表 1

单位：人

地区	中度障碍				重度障碍			
	残疾一级	残疾二级	残疾三级	残疾四级	残疾一级	残疾二级	残疾三级	残疾四级
总计	**8**	**11**	**37**	**101**	**20**	**34**	**51**	**38**
黄陂区			2	5		1	3	2
武昌区		1	13	2		1	1	
黄石市				1	1		2	
江夏区			2	3	1	2		1
硚口区	1		4	3		1	4	
丹江口市	7	6	3	2				
江汉区							3	2
仙桃市				10	1		1	
汉川市			1		4			
鄂州市					1		2	
大冶市			1	4		1	3	2
武穴市				5			1	1
宜昌市				5			1	2
枝江市		1	4	1	1			1
天门市				10			2	2
曾都区		1		3	1	3	2	1
襄阳区				4				1
广水市			1	3	3	1	3	1
利川市		2		2		1		
咸安区				3			4	
巴东县				9		3		4
竹溪县			1			1		
神农架林区			1	6	1	2	3	3
红安县			1	2		2	2	3
南漳县				4	1	1	2	1
通城县			1	1	2	3		
监利县			1	2		2	2	2
黄梅县				6		1	4	4
江陵县							2	1
蕲春县			1	2	3	6	3	3
京山县				3		2	1	1

4－28 续表 2

单位：人

地 区	极重度障碍/不能完成			
	残疾一级	残疾二级	残疾三级	残疾四级
总 计	**92**	**20**	**14**	**3**
黄陂区		1		
武昌区				
黄石市	1			
江夏区	3			
硚口区				
丹江口市	1			
江汉区	3	1	2	
仙桃市	2			
汉川市		1	2	
鄂州市	2			
大冶市	3			
武穴市				
宜昌市	3	3		1
枝江市	1			
天门市	1	1		
曾都区	16	3		
襄阳区	1			2
广水市	3			
利川市	4			
咸安区	2		2	
巴东县				
竹溪县	3			
神农架林区	2			
红安县	1	1	4	
南漳县	4			
通城县	11	2		
监利县	2	2	1	
黄梅县	1	5	1	
江陵县	2		1	
蕲春县	16			
京山县	4		1	

4－29 各地区18岁及以上精神残疾人分残疾等级的社会参与状况

单位：人

地 区	无障碍/无适用				轻度障碍			
	残疾一级	残疾二级	残疾三级	残疾四级	残疾一级	残疾二级	残疾三级	残疾四级
总 计	**1**		**1**	**4**	**6**	**5**	**10**	**82**
黄陂区								3
武昌区								
黄石市								1
江夏区							1	4
硚口区	1							7
丹江口市								
江汉区								1
仙桃市								
汉川市								1
鄂州市								
大冶市							1	5
武穴市								2
宜昌市								
枝江市			1					
天门市				1			1	8
曾都区					2	1		3
襄阳区				2				11
广水市								3
利川市						1		
咸安区					2		3	2
巴东县								6
竹溪县								1
神农架林区								6
红安县				1		1	1	4
南漳县								3
通城县							1	
监利县					1			2
黄梅县						2	2	5
江陵县					1			4
蕲春县								
京山县								

4－29 续表 1

单位：人

地 区	中度障碍				重度障碍			
	残疾一级	残疾二级	残疾三级	残疾四级	残疾一级	残疾二级	残疾三级	残疾四级
总 计	**24**	**24**	**71**	**106**	**68**	**35**	**22**	**37**
黄陂区			3	8		2	2	
武昌区		2	14	3				
黄石市			2	2	1			
江夏区			1	3	3	2		1
硚口区	1		5	4		1	3	
丹江口市	1	1	2	5	5	7	3	
江汉区	1		4	2	1	1	1	1
仙桃市			1	5			1	12
汉川市		1	2		3		1	
鄂州市	1		1	1	2		1	2
大冶市	3	1	2	2			1	
武穴市				4			1	3
宜昌市				1	2	1		7
枝江市			1	1	1		2	2
天门市	1		1	4		1		
曾都区	2	5	2	6	10	1		
襄阳区				3	1			1
广水市	2		4	5	3	1		
利川市	1	1		1	2	1		1
咸安区			2	2			1	
巴东县		3		9				1
竹溪县	1	1	1	1	2			
神农架林区	2		3	6	1	2	1	
红安县		1	6	5		1		
南漳县			1	1	4	1	1	3
通城县	3	2		1	6	3		
监利县		3	4	3	2	1		1
黄梅县		2	3	9	1	2		
江陵县	1		2				1	
蕲春县	4	1	3	6	15	5	1	
京山县			1	3	3	2	1	2

4－29 续表 2

单位：人

地　区	极重度障碍/不能完成			
	残疾一级	残疾二级	残疾三级	残疾四级
总　计	**24**	**3**	**1**	**5**
黄陂区				
武昌区				
黄石市	1			
江夏区	1			
硚口区				
丹江口市	2			
江汉区	1			
仙桃市	3			
汉川市	1			
鄂州市	1			
大冶市				
武穴市				
宜昌市	1	2	1	3
枝江市	1	1		
天门市				
曾都区	3			
襄阳区				1
广水市	1			
利川市	1			
咸安区				
巴东县				
竹溪县				
神农架林区				
红安县	1			
南漳县	1			
通城县	4			
监利县				1
黄梅县				
江陵县				
蕲春县				
京山县	1			

4－30　各地区18岁及以上多重残疾人分残疾等级的理解和交流状况

单位：人

地　区	无障碍/无适用				轻度障碍			
	残疾一级	残疾二级	残疾三级	残疾四级	残疾一级	残疾二级	残疾三级	残疾四级
总　计	**34**	**20**	**31**	**27**	**81**	**34**	**57**	**26**
黄陂区		1			2	1		
武昌区	1		1	2		1		
黄石市	1	1	1	1	6	1		3
江夏区	2		2		1	3		1
硚口区	2	2		1	1			1
丹江口市	1	2	2		3	2		
江汉区					3	1		
仙桃市	1				1		1	1
汉川市				1	1	1	5	1
鄂州市					3	1	1	1
大冶市	2			1	1	2		1
武穴市	1		1	2	3	3	3	1
宜昌市	1	2	1	1	1			
枝江市		2			4	1	4	1
天门市	1			2	2	1		2
曾都区	2	2	4	2	4	1	5	2
襄阳区			2	2				
广水市						2		
利川市		1				1		
咸安区	4	1	1	2	3	1		
巴东县		1	2	2	6	2	1	2
竹溪县	7	1			13		3	
神农架林区	1		5	3	6		6	3
红安县	1	1			2			
南漳县		1	1		6	4	3	
通城县	1		1	1	1			
监利县			1	1	1	1		
黄梅县		1	3		2		9	1
江陵县	1				2	1	2	3
蕲春县	4	1	2	3	2	3	12	1
京山县			1		1		2	1

4－30 续表 1

单位：人

地 区	中度障碍				重度障碍			
	残疾一级	残疾二级	残疾三级	残疾四级	残疾一级	残疾二级	残疾三级	残疾四级
总 计	**145**	**40**	**49**	**11**	**144**	**30**	**19**	**2**
黄陂区	3	1			1		1	
武昌区	2	2						
黄石市	8	1	2		2	1		
江夏区	1	2	2		4	1		
硚口区	1		1		1			
丹江口市	4	2	4		7	5	1	
江汉区	1		1	1	1			
仙桃市	7		4	4	3			
汉川市	2	1				1		
鄂州市	5				2			
大冶市	4				3			
武穴市	9	1	2					
宜昌市	4	1	3		3		1	
枝江市	4	2	1		3	1		
天门市	3		1	2	3	6	2	
曾都区	3	4		1	6		1	
襄阳区	3	2	1		6	1		
广水市	1	1	1		4	1		
利川市	1	1	2		1		1	1
咸安区		5	1		1			
巴东县	12	2			2	1	1	
竹溪县	24	1	1		13	1		
神农架林区	17	5	9	2	25	2	3	
红安县	3		1		4	1		
南漳县	6	1			16		1	
通城县	1			1				
监利县	4		1		2			
黄梅县	5	1			5	1		
江陵县	4		1		1			
蕲春县	2	4	10		23	7	6	1
京山县	1				2		1	

4－30 续表 2

单位：人

地 区	极重度障碍/不能完成			
	残疾一级	残疾二级	残疾三级	残疾四级
总 计	**133**	**12**	**3**	
黄陂区	2	2		
武昌区	1			
黄石市	1			
江夏区				
硚口区				
丹江口市	16	2		
江汉区	1			
仙桃市	2	1		
汉川市	1			
鄂州市	2	1		
大冶市	3	1	1	
武穴市	5	1		
宜昌市	1			
枝江市	4			
天门市	5			
曾都区	2			
襄阳区	8			
广水市	1			
利川市	5			
咸安区	2			
巴东县				
竹溪县	11	1		
神农架林区	4	1		
红安县	1			
南漳县	2			
通城县	1			
监利县	7			
黄梅县	2	1		
江陵县	1			
蕲春县	36	1	2	
京山县	6			

4－31 各地区18岁及以上多重残疾人分残疾等级的身体移动状况

单位：人

地 区	无障碍/无适用				轻度障碍			
	残疾一级	残疾二级	残疾三级	残疾四级	残疾一级	残疾二级	残疾三级	残疾四级
总 计	**374**	**81**	**104**	**43**	**67**	**21**	**28**	**11**
黄陂区	5					2		
武昌区	3		1	2		2		
黄石市	12	1	2	3	4			1
江夏区	6	3	2	1	1	2	1	
硚口区	3	1	1					1
丹江口市	24	12	6		1	1		
江汉区	3			1		1	1	
仙桃市	6		4	3	4			1
汉川市	3	1	3	1			1	
鄂州市	7	1	1	1	1			
大冶市	3	2	1	1	5			1
武穴市	14	4	4	2	1		1	
宜昌市	10	2	4					
枝江市	8	3	4	1	3	2	1	
天门市	7	3	1	3	2	2	2	3
曾都区	12	5	9	4	3			
襄阳区	13	2	2	1	1			1
广水市	3	3			3	1	1	
利川市	5	2	2		1		1	
咸安区	5	4		1	1	1	1	
巴东县	16	4	2	3	2	1	2	1
竹溪县	56	1	1		6	1	1	
神农架林区	40	4	19	7	5	1	2	
红安县	7	1	1		1			
南漳县	21	4	3		6	2	1	
通城县	4		1					
监利县	11		1	1	1			
黄梅县	12	4	8	1	1		2	
江陵县	8	1		3			1	
蕲春县	42	13	21	2	12	2	7	2
京山县	5			1	2		2	

4-31 续表 1

单位：人

地区	中度障碍				重度障碍			
	残疾一级	残疾二级	残疾三级	残疾四级	残疾一级	残疾二级	残疾三级	残疾四级
总　计	**37**	**12**	**20**	**8**	**25**	**10**	**5**	**3**
黄陂区	3	2	1			1		
武昌区								
黄石市	1		1					
江夏区			1			1		
硚口区				1	1			
丹江口市	3				1		1	
江汉区	1							
仙桃市	2		1		1			1
汉川市	1	2					1	
鄂州市	1				1			
大冶市	3							
武穴市	1		1	1	2	1		
宜昌市		1	1	1				
枝江市	1				1			
天门市	2	1						
曾都区	1			1	1	2		
襄阳区	1	1	1					
广水市								
利川市		1			1			1
咸安区	2	1	1	1		1		
巴东县	1	1			1			
竹溪县	3		1		2	1	1	
神农架林区	3	2	2	1	4	1		
红安县	1				1			
南漳县	1		1		1			
通城县				1				1
监利县	1		1			1		
黄梅县			2					
江陵县	1		1				1	
蕲春县	3		3	1	6	1	1	
京山县			1		1			

4－31 续表 2

单位：人

地 区	极重度障碍/不能完成			
	残疾一级	残疾二级	残疾三级	残疾四级
总 计	**34**	**12**	**2**	**1**
黄陂区				
武昌区	1	1		
黄石市	1	3		
江夏区	1			
硚口区	1	1		
丹江口市	2			
江汉区	2			
仙桃市	1	1		
汉川市				1
鄂州市	2	1		
大冶市	2	1		
武穴市				
宜昌市				
枝江市	2	1		
天门市	3	1		
曾都区			1	
襄阳区	2			
广水市				
利川市				
咸安区	2			
巴东县				
竹溪县	1	1		
神农架林区	1			
红安县	1	1		
南漳县	1			
通城县				
监利县	1			
黄梅县	1			
江陵县				
蕲春县	4			
京山县	2		1	

4－32 各地区18岁及以上多重残疾人分残疾等级的生活自理状况

单位：人

地区	无障碍/无适用				轻度障碍			
	残疾一级	残疾二级	残疾三级	残疾四级	残疾一级	残疾二级	残疾三级	残疾四级
总　计	**227**	**59**	**114**	**46**	**156**	**45**	**35**	**13**
黄陂区	5	2			1	2	1	
武昌区	1		1	2	1	1		
黄石市	12	1	1	3	1		1	
江夏区	5	2	3	1	1	2	1	
硚口区	3		1			1		2
丹江口市	8	9	6		9	4		
江汉区	3	1					1	1
仙桃市	7		4	4	4		1	
汉川市	1	1	3	1		2	2	1
鄂州市	6		1		2			1
大冶市	3	2		2	3			
武穴市	9	2	3	2	6	3	3	1
宜昌市	9	2	5					1
枝江市	4	1	2	1	2	2	2	
天门市	6	2	2	5	1	4	1	1
曾都区	3	3	9	5	6	2		
襄阳区	5		3	2	7	2		
广水市		4			3		1	
利川市	3	2	3		1			
咸安区	3	4	1	1	3	2	1	
巴东县	10	1	1	2	8	4	3	2
竹溪县	41	1	2		20	1	2	
神农架林区	23	3	20	5	23	2	2	1
红安县	3		1		4			
南漳县	14	4	4		10	2	1	
通城县	2		1	1	2			
监利县	4		1	1	3		1	
黄梅县	9	1	11	1	4	3	1	
江陵县	8	1	1	3	1			
蕲春县	13	10	22	3	27	6	9	2
京山县	4		2	1	3		1	

4－32 续表 1

单位：人

地　区	中度障碍				重度障碍			
	残疾一级	残疾二级	残疾三级	残疾四级	残疾一级	残疾二级	残疾三级	残疾四级
总　计	**66**	**18**	**7**	**5**	**53**	**8**	**2**	**1**
黄陂区	1					1		
武昌区					2	2		
黄石市	2	1			2		1	1
江夏区	1	1			1	1		
硚口区		1			1			
丹江口市	8		1		6			
江汉区	1							
仙桃市	1			1				
汉川市	1				2			
鄂州市		1			1			
大冶市	2		1		1			
武穴市	1				2			
宜昌市		1			1			
枝江市	5	2	1		1			
天门市	2	1			4			
曾都区	6	2			1			
襄阳区	3	1			2			
广水市	1				2			
利川市	2	1			1			
咸安区	2			1		1		
巴东县	1	1						
竹溪县	4	2			2			
神农架林区	3	1	1	2	3	2		
红安县	2	1			1	1		
南漳县	3				2			
通城县				1				
监利县	3	1			1			
黄梅县								
江陵县			1				1	
蕲春县	11		1		12			
京山县			1		2			

4－32 续表 2

单位：人

地区	极重度障碍/不能完成			
	残疾一级	残疾二级	残疾三级	残疾四级
总 计	**35**	**6**	**1**	**1**
黄陂区	1			
武昌区				
黄石市	1	2		
江夏区				
硚口区	1			
丹江口市				
江汉区	2			
仙桃市	2	1		
汉川市				
鄂州市	3	1		
大冶市	4	1		
武穴市				
宜昌市				
枝江市	3	1		
天门市	1			
曾都区	1		1	
襄阳区				
广水市				
利川市				1
咸安区	2			
巴东县	1			
竹溪县	1			
神农架林区	1			
红安县	1			
南漳县	1			
通城县				
监利县	3			
黄梅县	1			
江陵县				
蕲春县	4			
京山县	1			

4－33 各地区18岁及以上多重残疾人分残疾等级的与人相处状况

单位：人

地 区	无障碍/无适用				轻度障碍			
	残疾一级	残疾二级	残疾三级	残疾四级	残疾一级	残疾二级	残疾三级	残疾四级
总 计	**50**	**34**	**44**	**30**	**94**	**33**	**58**	**25**
黄陂区		3					1	
武昌区				1	2			1
黄石市		1	1	1	6	2		3
江夏区	2	1	2			4		1
硚口区	1	2	1		2			1
丹江口市	2	2	2		2		2	
江汉区	1				2	1	1	
仙桃市	1	1		1	2		3	1
汉川市				1		1	3	1
鄂州市	1		1		3	1		
大冶市	2	2			2			2
武穴市	2		1	2	6	2	3	1
宜昌市	2	2	1	1	4	1	2	
枝江市		1			4	3	2	1
天门市	1	1		3				2
曾都区	4	2	4	3	3	2	4	2
襄阳区	1		2	1				
广水市		2				1	1	
利川市	1	1	1			1	1	
咸安区	5	4	2	2	1	1		
巴东县	2	1	2	3	5	2	2	1
竹溪县	4	1	1		22	1	2	
神农架林区	9	1	8	4	12	3	8	4
红安县	1	1					1	
南漳县	1	2	1		6	3	3	
通城县			1	1	1			
监利县		1	1	1	2		1	
黄梅县	1		7		2	1	3	
江陵县	1			1	2	1	2	2
蕲春县	3	2	3	3	3	2	12	2
京山县	2		2	1			1	

4－33 续表 1

单位：人

地 区	中度障碍				重度障碍			
	残疾一级	残疾二级	残疾三级	残疾四级	残疾一级	残疾二级	残疾三级	残疾四级
总 计	**118**	**29**	**35**	**10**	**148**	**33**	**17**	**1**
黄陂区	3				3			
武昌区		2			1	1	1	
黄石市	8		2		2			
江夏区	2		2		4	1		
硚口区	1			1	1			
丹江口市	6	2	2		5	7	1	
江汉区	1				2			1
仙桃市	1		1	3	6		1	
汉川市	2	1	2		1	1		
鄂州市	4			1	2			
大冶市	5				2	1		
武穴市	3	1	2		5	2		
宜昌市					2		2	
枝江市	3	2	3		2			
天门市	3	2	1	1	7	4	2	
曾都区	1	2	1		4	1		
襄阳区	3	1	1	1	8	2		
广水市	1	1			4			
利川市	2			1	1	1	1	
咸安区		1			3	1		
巴东县	7	3			5			
竹溪县	19		1		17	2		
神农架林区	23	4	7		7			
红安县	4				5	1		
南漳县	7	1			9		1	
通城县				1	1			
监利县	1				5			
黄梅县	4	1	2	1	6	2		
江陵县	3		1		2			
蕲春县	1	5	7		23	6	7	
京山县					3		1	

4-33 续表 2

单位：人

地 区	极重度障碍/不能完成			
	残疾一级	残疾二级	残疾三级	残疾四级
总 计	**127**	**7**	**5**	
黄陂区	2	2		
武昌区	1			
黄石市	2	1		
江夏区				
硚口区				
丹江口市	16	2		
江汉区				
仙桃市	4			
汉川市	1			
鄂州市	2	1		
大冶市	2		1	
武穴市	2			
宜昌市	2			
枝江市	6			
天门市	3			
曾都区	5		1	
襄阳区	5			
广水市	1			
利川市	3			
咸安区	1			
巴东县	1			
竹溪县	6			
神农架林区	2			
红安县	1			
南漳县	7			
通城县	2			
监利县	6			
黄梅县	1			
江陵县	1			
蕲春县	37	1	3	
京山县	5			

4－34 各地区18岁及以上多重残疾人分残疾等级的生活活动状况

单位：人

地区	无障碍/无适用				轻度障碍			
	残疾一级	残疾二级	残疾三级	残疾四级	残疾一级	残疾二级	残疾三级	残疾四级
总　计	**37**	**5**	**11**	**7**	**90**	**18**	**42**	**18**
黄陂区	1				3			
武昌区	1							1
黄石市	1		1	2	9		1	
江夏区	3		1					
硚口区	2						1	
丹江口市	3				1	4	3	
江汉区					3			
仙桃市	2				2		1	1
汉川市							1	
鄂州市	1		1		1			1
大冶市		2			1			
武穴市	2				2		1	
宜昌市	1				3	1		
枝江市	1				4		2	1
天门市					2		1	3
曾都区				1	1	1	2	1
襄阳区			1				1	1
广水市		1				1		
利川市					2	1	2	
咸安区	1				1	3		
巴东县				1	5		2	
竹溪县	6				24		2	
神农架林区	5		1	2	7		6	1
红安县	1							
南漳县	2	1			6	3	2	
通城县			1		1			
监利县	1				2			1
黄梅县			1		1		2	1
江陵县	2	1		1	3		1	2
蕲春县			4		4	4	11	3
京山县	1				2			1

4－34 续表 1

单位：人

地 区	中度障碍				重度障碍			
	残疾一级	残疾二级	残疾三级	残疾四级	残疾一级	残疾二级	残疾三级	残疾四级
总 计	**110**	**42**	**66**	**26**	**125**	**37**	**26**	**12**
黄陂区	1	2			1	1		
武昌区		1		1	1	1		
黄石市	2	1		2	2			
江夏区	1	2	1	1	3	2	2	
硚口区		1		2	1			
丹江口市	5	4	3		5	4	1	
江汉区		1	1	1	1			
仙桃市	5		3	3	2		1	1
汉川市	2	1	3	1	1	2		
鄂州市	4							
大冶市	5				2			2
武穴市	5	3	4	2	6	2	1	1
宜昌市	5	1	3	1		1	1	
枝江市		2	1		2	3	2	
天门市	4	1	1	1		2	1	2
曾都区	2	1	3	1	9	5	4	1
襄阳区	1	1		1	9	1	1	
广水市	2	2			4		1	
利川市	1	1	1		1	1		
咸安区	4	3	2	1	1			1
巴东县	8	4	1	3	3	1	1	
竹溪县	16	1			10	1	1	
神农架林区	11	2	14	4	22	4	2	1
红安县	1		1		3	1		
南漳县	7	2	3		12			
通城县	2							2
监利县	2		2		1			
黄梅县	7	1	7		4		1	
江陵县	2				1			
蕲春县	4	4	10	1	18	5	5	1
京山县	1		2				1	

4－34 续表 2

单位：人

地　区	极重度障碍/不能完成			
	残疾一级	残疾二级	残疾三级	残疾四级
总　计	**175**	**34**	**14**	**3**
黄陂区	2	2	1	
武昌区	2	1	1	
黄石市	4	3	1	
江夏区	1	2		
硚口区	2	1		
丹江口市	17	1		
江汉区	2			
仙桃市	3	1		
汉川市	1		1	1
鄂州市	6	2		
大冶市	5	1	1	
武穴市	3			
宜昌市	1		1	
枝江市	8	1		
天门市	8	4		
曾都区	5		1	1
襄阳区	7	1		
广水市				
利川市	3			1
咸安区	3	1		
巴东县	4	1		
竹溪县	12	2	1	
神农架林区	8	2		
红安县	6	1		
南漳县	3			
通城县	1			
监利县	8	1		
黄梅县	2	3	1	
江陵县	1		2	
蕲春县	41	3	2	
京山县	6		1	

4－35 各地区18岁及以上多重残疾人分残疾等级的社会参与状况

单位：人

地 区	无障碍/无适用				轻度障碍			
	残疾一级	残疾二级	残疾三级	残疾四级	残疾一级	残疾二级	残疾三级	残疾四级
总 计	**7**	**7**	**4**	**8**	**93**	**27**	**59**	**33**
黄陂区					1	2		
武昌区					1	1		2
黄石市					2	1	1	3
江夏区	2	2	1		2	1	1	
硚口区	1				1	1		1
丹江口市					5	4	3	
江汉区					2	1	1	
仙桃市							1	1
汉川市							1	
鄂州市			1		3			
大冶市		1			3			1
武穴市					9		1	1
宜昌市					2	2	1	1
枝江市					4		2	1
天门市					1			5
曾都区						1	8	3
襄阳区	1		1		1			1
广水市						2		
利川市					2	1	2	
咸安区		1		1	2	2	1	1
巴东县				1	5		3	3
竹溪县	1				20	1	1	
神农架林区	1			2	11	1	5	2
红安县							1	
南漳县					2	1	1	
通城县					1		1	1
监利县			1		3			1
黄梅县		1			2	3	7	1
江陵县				1		1	2	2
蕲春县	1	2		3	5	1	14	1
京山县					3		1	1

4－35 续表 1

单位：人

地 区	中度障碍				重度障碍			
	残疾一级	残疾二级	残疾三级	残疾四级	残疾一级	残疾二级	残疾三级	残疾四级
总 计	**163**	**50**	**67**	**19**	**181**	**40**	**25**	**5**
黄陂区	4	3	1		2			
武昌区	1				1	1	1	
黄石市	11		2	1	4	2		
江夏区	1	2	2	1	3	1		
硚口区	1		1	1		1		
丹江口市	12	7	3		12	2	1	
江汉区	1				3			1
仙桃市	8		2	3	2	1	1	1
汉川市	1		2	1	2	2	2	1
鄂州市	4			1	2	1		
大冶市	4	1		1	1	1		
武穴市	3	3	5	1	6	2		1
宜昌市	5	1	3				1	
枝江市	3	3	3		5	3		
天门市	6	2	1	1	3	1	2	
曾都区	9	1	1	2	5	4		
襄阳区	4	1	1	1	8	2	1	
广水市	2	1	1		2	1		
利川市	1	1				1		
咸安区	6	2			2	2	1	
巴东县	8	5			6	1	1	
竹溪县	21	2	3		11			
神农架林区	12	3	12	4	26	3	6	
红安县	4	1			6	1		
南漳县	5	5	3		16		1	
通城县				1	2			
监利县	4	1	1		2			
黄梅县	4		4		8		1	
江陵县	4		1		3			
蕲春县	12	5	13		35	7	5	1
京山县	2		2		3		1	

4-35 续表 2

单位：人

地 区	极重度障碍/不能完成			
	残疾一级	残疾二级	残疾三级	残疾四级
总 计	**93**	**12**	**4**	**1**
黄陂区	1			
武昌区	1	1		
黄石市	1	1		
江夏区				
硚口区	2			
丹江口市	2			
江汉区				
仙桃市	4		1	
汉川市	1	1		
鄂州市	3	1		
大冶市	5		1	
武穴市				
宜昌市	3			
枝江市	3			
天门市	4	4		
曾都区	3	1	1	
襄阳区	3			
广水市	2			
利川市	4		1	1
咸安区				
巴东县	1			
竹溪县	15	1		
神农架林区	3	1		
红安县	1			
南漳县	7			
通城县	1			
监利县	5			
黄梅县				
江陵县	2			
蕲春县	14	1		
京山县	2			

4－36 各地区视力残疾人分残疾等级的康复形式

单位：人

地区	机构康复				延伸服务			
	残疾一级	残疾二级	残疾三级	残疾四级	残疾一级	残疾二级	残疾三级	残疾四级
总计	**159**	**104**	**91**	**406**	**14**	**5**	**9**	**25**
黄陂区	3	5	1	3				
武昌区	3			28	2			1
黄石市	1	3	4	11				
江夏区		2	4	6				1
硚口区	2	9	11	22	1	2	1	1
丹江口市	13	3	7	30	1		1	2
江汉区	1	1		8		1		2
仙桃市	15	2	2	34				
汉川市	5	13	7	21				
鄂州市	8	5	4	16				
大冶市	9	5	1	10				
武穴市	2		1	7	1			
宜昌市	11		1	17				
枝江市	1	2	2	4				
天门市	10	3	1	29				
曾都区	3	1	3	13				
襄阳区	2	1	1	4	2	1	2	3
广水市	1	1	1	4	1			
利川市	3	6	5	6				
咸安区	6	7	4	10			1	1
巴东县	7	3	5	25				
竹溪县	3	1			1			
神农架林区	3	3		4	1	1	2	
红安县	3		1	12				
南漳县				3				1
通城县	15	4	4	16	3		2	10
监利县	13	2	8	3				
黄梅县	1	1	4	10				
江陵县	1	3	1	19	1			2
蕲春县	2	4	2	19				1
京山县	12	14	6	12				

4－36 续表

单位：人

地　区	社区和家庭服务			
	残疾一级	残疾二级	残疾三级	残疾四级
总　计	**164**	**37**	**28**	**100**
黄陂区		1		
武昌区	3		1	
黄石市	1			
江夏区	5			1
硚口区				
丹江口市	1			1
江汉区	3	1		
仙桃市	3	1		
汉川市	1			
鄂州市				1
大冶市	7		1	1
武穴市	7	1		4
宜昌市				
枝江市	5	1		2
天门市	2			
曾都区	10	2	1	7
襄阳区	7			2
广水市				1
利川市	4	1	4	1
咸安区	8	1	2	
巴东县	1			
竹溪县	44	18	3	
神农架林区	9		3	9
红安县	3	1		8
南漳县	7		4	2
通城县	1			4
监利县				
黄梅县	4	3	4	28
江陵县	5	1		2
蕲春县	20	5	5	26
京山县	3			

4－37 各地区视力残疾人分残疾等级的康复内容

单位：人

地 区	医疗服务				辅助器具			
	残疾一级	残疾二级	残疾三级	残疾四级	残疾一级	残疾二级	残疾三级	残疾四级
总 计	**216**	**125**	**104**	**404**	**82**	**20**	**31**	**115**
黄陂区	2	5		3	1	1	1	
武昌区	3			12	5		1	22
黄石市	1	2	4	11		1	3	10
江夏区		2	4	7	4			2
硚口区	1	10	9	21	3	8	12	20
丹江口市	12	3	7	24	2		1	9
江汉区	2	1		5		2		5
仙桃市	15	2	2	34				
汉川市	5	13	7	21	1			
鄂州市	8	5	4	16	3	1	1	2
大冶市	10	5	2	11	7		1	1
武穴市	2		1	7	8	1	1	5
宜昌市	11		1	17	1			
枝江市	6	3	2	5				
天门市	10	3	1	29	2			2
曾都区	3	2	3	14	10			9
襄阳区	2	2	3	7	9			1
广水市	1	1	1	5	1			1
利川市	7	7	9	7				
咸安区	8	7	5	11	7	1	2	
巴东县	7	3	5	25	4	2	2	6
竹溪县	47	19	3					
神农架林区	6	4	5	10	4		3	6
红安县	3		1	11	2			2
南漳县				3				1
通城县	15	4	4	16	2		2	5
监利县	10	2	8	3				
黄梅县	1	1	4	10				
江陵县	2	2	1	17	5	2		5
蕲春县	4	4	2	31	1	1	1	
京山县	12	13	6	11				1

4-37 续表

单位：人

地　区	康复训练与服务			
	残疾一级	残疾二级	残疾三级	残疾四级
总　计	**66**		**22**	**87**
黄陂区				
武昌区				
黄石市	1	1		
江夏区	1			
硚口区	1	1	2	2
丹江口市	1			
江汉区	2	2		6
仙桃市	3	1		
汉川市				
鄂州市	2		1	2
大冶市	3		1	2
武穴市			1	1
宜昌市	1			
枝江市				1
天门市				1
曾都区		1	1	1
襄阳区				1
广水市				
利川市				
咸安区				
巴东县	5	2	3	6
竹溪县	1			
神农架林区	8	1	1	1
红安县	1	1		8
南漳县	7		4	2
通城县	2			9
监利县	3			
黄梅县	4	3	4	28
江陵县				1
蕲春县	17	4	4	15
京山县	3			

4－38 各地区听力残疾人分残疾等级的康复形式

单位：人

地 区	机构康复				延伸服务			
	残疾一级	残疾二级	残疾三级	残疾四级	残疾一级	残疾二级	残疾三级	残疾四级
总 计	**57**	**64**	**192**	**129**	**15**	**16**	**28**	**29**
黄陂区			2	8				
武昌区	1	4	17	13				
黄石市	2		12	3			1	
江夏区			1				3	
硚口区		1	4					
丹江口市	7	5	29	9	1			
江汉区	1		1					
仙桃市					4	4	8	13
汉川市				1				
鄂州市	1	1	2	1	1		1	1
大冶市			2					
武穴市					1			
宜昌市	5	10	23	18	1	1	2	3
枝江市	4	7	10	11	3	4	3	3
天门市	1	3	26	22			1	
曾都区		1	2					
襄阳区		1	9	7		1		
广水市								1
利川市								
咸安区				3				
巴东县	11	4	8	11				
竹溪县			1			1	1	2
神农架林区	2	1	4	6		1	2	1
红安县	3	3	10	10				
南漳县	14	10	13	1				
通城县			1		1	2	2	3
监利县			1		1	1	1	
黄梅县	3	12	11	2	2	1	3	2
江陵县			1					
蕲春县			1	1				
京山县	2	1	1	2				

4－38 续表

单位：人

地 区	社区和家庭服务			
	残疾一级	残疾二级	残疾三级	残疾四级
总 计	**131**	**150**	**445**	**219**
黄陂区	1	2	8	7
武昌区				
黄石市	1	1	6	2
江夏区	3	6	9	7
硚口区	1	1	11	
丹江口市				
江汉区	6	2	17	2
仙桃市	2		7	10
汉川市	2	4	21	23
鄂州市	1	3	5	2
大冶市	4	4	15	12
武穴市	19	26	30	6
宜昌市				
枝江市	2	3	6	3
天门市	5	1	4	3
曾都区	3	6	22	20
襄阳区	7	3	12	5
广水市	8	4	16	16
利川市	3	5	22	10
咸安区	4	6	18	13
巴东县	4	2	7	6
竹溪县	16	17	19	4
神农架林区	8	21	59	21
红安县				
南漳县	3	3	4	1
通城县	2	2	5	2
监利县	14	11	20	13
黄梅县	1	2		
江陵县	4	3	12	5
蕲春县	2	3	58	17
京山县	5	9	32	9

4－39　各地区听力残疾人分残疾等级的康复内容

单位：人

地　区	医疗服务				辅助器具			
	残疾一级	残疾二级	残疾三级	残疾四级	残疾一级	残疾二级	残疾三级	残疾四级
总　计	**63**	**67**	**231**	**124**	**156**	**178**	**470**	**252**
黄陂区					1	2	10	14
武昌区				1	1	4	17	12
黄石市	2		10	4	1	1	17	4
江夏区					2	6	13	7
硚口区	1	2	8			1	7	
丹江口市			2		8	5	27	9
江汉区	1	1	1		7	2	18	2
仙桃市					6	4	15	23
汉川市		1	5	4			3	2
鄂州市	2	4	7	4	3	2	3	
大冶市			2	1	1	2	12	11
武穴市	3	3	4	2	20	24	30	4
宜昌市	6	11	24	20			1	1
枝江市		3	4	7	9	12	15	10
天门市	4	1	18	5	5	4	31	24
曾都区	1	4	17	17	2	4	12	8
襄阳区	1	1	3	3	7	4	19	10
广水市	4		1		4	4	15	17
利川市	1	2	15	9	1	2	4	2
咸安区				3	4	6	18	13
巴东县	10	5	10	12	9	5	15	14
竹溪县			1	1	14	18	19	4
神农架林区	2		7	5	10	23	64	28
红安县					3	3	10	10
南漳县	16	12	15	1	12	9	11	1
通城县	1	1	2	4	2	3	6	1
监利县		1	2	2	15	11	20	10
黄梅县	5	10	11	3	6	10	13	4
江陵县			2				4	
蕲春县	2	2	47	12		1	4	2
京山县	1	3	13	4	3	6	17	5

4－39 续表

单位：人

地　区	康复训练与服务			
	残疾一级	残疾二级	残疾三级	残疾四级
总　计	**23**	**17**	**49**	**35**
黄陂区				1
武昌区				
黄石市	1			1
江夏区	1			
硚口区				
丹江口市				
江汉区	1			
仙桃市				
汉川市	2	4	16	18
鄂州市				
大冶市	3	2	3	
武穴市		1		
宜昌市				
枝江市				
天门市				1
曾都区	1	1	1	1
襄阳区				
广水市				
利川市	1	1	3	
咸安区				
巴东县	4	1	1	1
竹溪县	2		1	1
神农架林区			1	
红安县				
南漳县		1		
通城县				
监利县				1
黄梅县		2		
江陵县	4	3	11	5
蕲春县			8	4
京山县	3	1	4	1

4－40 各地区言语残疾人分残疾等级的康复形式

单位：人

地 区	机构康复				延伸服务			
	残疾一级	残疾二级	残疾三级	残疾四级	残疾一级	残疾二级	残疾三级	残疾四级
总 计	**6**	**6**	**8**	**8**	**4**			
黄陂区								
武昌区								
黄石市	1							
江夏区								
硚口区								
丹江口市								
江汉区								
仙桃市								
汉川市								
鄂州市				1				
大冶市								
武穴市			1					
宜昌市		1						
枝江市								
天门市			1					
曾都区								
襄阳区	1	1	1	3				
广水市								
利川市								
咸安区		1		1				
巴东县	2	1						
竹溪县								
神农架林区	1		1		1			
红安县	1		1	3				
南漳县			2		2			
通城县		1						
监利县								
黄梅县		1			1			
江陵县								
蕲春县			1					
京山县								

4－40 续表

单位：人

地 区	社区和家庭服务			
	残疾一级	残疾二级	残疾三级	残疾四级
总 计	**31**	**7**	**15**	**21**
黄陂区				
武昌区				
黄石市				
江夏区			1	1
硚口区	2			
丹江口市	1			
江汉区				
仙桃市	1	1		2
汉川市	3			1
鄂州市	1			1
大冶市			1	
武穴市				
宜昌市				
枝江市				1
天门市		1	3	
曾都区				3
襄阳区				
广水市	1			1
利川市			1	1
咸安区	3			
巴东县		1	1	
竹溪县	3	2	3	
神农架林区	9	1	3	2
红安县				4
南漳县	6		1	
通城县		1		
监利县				
黄梅县				
江陵县	1		1	
蕲春县				4
京山县				

4-41 各地区言语残疾人分残疾等级的康复内容

单位：人

地区	医疗服务				辅助器具			
	残疾一级	残疾二级	残疾三级	残疾四级	残疾一级	残疾二级	残疾三级	残疾四级
总　计	**20**	**4**	**10**	**13**	**8**	**2**	**3**	
黄陂区								
武昌区								
黄石市	1							
江夏区				1				
硚口区	2							
丹江口市	1							
江汉区								
仙桃市								
汉川市								
鄂州市				1				
大冶市							1	
武穴市			1					
宜昌市		1						
枝江市								
天门市			2					
曾都区				1				
襄阳区	1	1	1	3				
广水市					1			
利川市								
咸安区	1				2			
巴东县	2	1			1	1	1	
竹溪县							1	
神农架林区	8	1	3		1			
红安县	1		1	6				
南漳县	2		1		2			
通城县								
监利县								
黄梅县					1	1		
江陵县	1							
蕲春县			1	1				
京山县								

4－41 续表

单位：人

地 区	康复训练与服务			
	残疾一级	残疾二级	残疾三级	残疾四级
总 计	**17**	**9**	**14**	**20**
黄陂区				
武昌区				
黄石市				
江夏区			1	
硚口区				
丹江口市	1			
江汉区				
仙桃市	1	1		2
汉川市	3			1
鄂州市	1			1
大冶市				
武穴市				
宜昌市				
枝江市				1
天门市		1	4	
曾都区				3
襄阳区				
广水市				1
利川市			1	1
咸安区		1		1
巴东县		1	1	
竹溪县	3	2	2	
神农架林区	3		1	2
红安县			1	4
南漳县	5		2	
通城县		2		
监利县				
黄梅县		1		
江陵县			1	
蕲春县				3
京山县				

4－42　各地区肢体残疾人分残疾等级的康复形式

单位：人

地　区	机构康复				延伸服务			
	残疾一级	残疾二级	残疾三级	残疾四级	残疾一级	残疾二级	残疾三级	残疾四级
总　计	**27**	**60**	**126**	**461**	**2**	**9**	**27**	**48**
黄陂区		3	3	3	1	1	6	2
武昌区		3	2	11				4
黄石市	2	1	2	3				
江夏区	2	1	2	6				
硚口区		1	2	3			1	
丹江口市	1	3	4	45				
江汉区			4	13				3
仙桃市			1	1				
汉川市			2	1				
鄂州市	1	3	2	14			1	1
大冶市		1	4	26				1
武穴市	1	3	8	8		1		
宜昌市		1	1	8		1	1	2
枝江市		1	5	3				
天门市			1	1				
曾都区	1	1		6				3
襄阳区	1	4	3	19				3
广水市								
利川市	2	10	31	71				
咸安区			1	2				
巴东县	2	2	7	36				
竹溪县	5	7	9	57				1
神农架林区	6	2	8	41				2
红安县		2	5	7				
南漳县		6	7	39		4	13	12
通城县	1	1		12	1	2	5	12
监利县			4	4				
黄梅县		1	2	1				
江陵县	1			4				
蕲春县	1	2	4	11				2
京山县		1	2	5				

4-42 续表

单位：人

地区	社区和家庭服务			
	残疾一级	残疾二级	残疾三级	残疾四级
总 计	**37**	**120**	**246**	**718**
黄陂区		12	28	25
武昌区	1	3	4	11
黄石市		1	8	6
江夏区	4	11	7	18
硚口区	4	10	8	26
丹江口市	1		1	15
江汉区			10	36
仙桃市	1	3	17	37
汉川市	1	2	2	29
鄂州市			5	13
大冶市	3	1	8	32
武穴市			9	14
宜昌市	1	2	19	44
枝江市	1	8	2	18
天门市	2	4	5	28
曾都区		5	4	10
襄阳区	1	2	4	31
广水市	2	12	2	34
利川市			2	2
咸安区	5	4	11	24
巴东县			5	17
竹溪县		2	1	9
神农架林区	1	8	8	40
红安县		11	9	30
南漳县	3		4	26
通城县		2	7	16
监利县	2	9	18	18
黄梅县	2	4	18	15
江陵县	1	2	10	21
蕲春县		1	4	26
京山县	1	1	6	47

4－43　各地区肢体残疾人分残疾等级的康复内容

单位：人

地　区	医疗服务				辅助器具			
	残疾一级	残疾二级	残疾三级	残疾四级	残疾一级	残疾二级	残疾三级	残疾四级
总　计	**37**	**93**	**146**	**597**	**16**	**38**	**123**	**151**
黄陂区		3	3	3		1	5	
武昌区	1	3	1	8		4	5	7
黄石市	1	1		2			1	
江夏区	2	1	2	7	1	3	1	5
硚口区	4	9	8	22		2	3	2
丹江口市	2	3	5	51		1	2	22
江汉区			4	14			6	5
仙桃市			3	2			2	1
汉川市				2			2	
鄂州市	1	2		11		1	4	7
大冶市	2	2	7	47	2		1	2
武穴市	1	3	9	10	1	4	10	11
宜昌市		2	9	22	1	3	18	19
枝江市		3	3	4		1		
天门市	1	4	1	4			1	
曾都区	1	5	3	12	1			4
襄阳区	1	4	4	24		2	3	4
广水市	2	5	1	18				
利川市	2	9	26	62	1	2	5	4
咸安区			1	6			3	6
巴东县	2	2	9	40	1	1	7	11
竹溪县	3	7	6	46	4	1	3	6
神农架林区	6	7	9	48		1	2	
红安县		2	4	7			2	
南漳县		6	6	38		4	14	11
通城县	1	1	1	21	1	2	8	4
监利县		3	4	7	1	5	9	7
黄梅县	1	1	3	1	1		1	
江陵县	2	2	8	24				1
蕲春县		3	6	29	1			4
京山县	1			5			5	8

4－43 续表

单位：人

地 区	康复训练与服务			
	残疾一级	残疾二级	残疾三级	残疾四级
总 计	**38**	**107**	**200**	**659**
黄陂区	1	12	29	26
武昌区	1	3		10
黄石市	1	1	9	7
江夏区	6	11	8	15
硚口区				4
丹江口市	2	2	3	41
江汉区			4	35
仙桃市	1	3	17	36
汉川市	1	2	2	29
鄂州市		1	4	10
大冶市			6	26
武穴市	1	3	15	16
宜昌市	1	3	6	26
枝江市	1	7	4	16
天门市	1	1	4	25
曾都区	1	3	2	7
襄阳区	1	1	1	28
广水市	1	12	2	30
利川市	1	3	6	9
咸安区	5	4	8	14
巴东县	1	2	6	31
竹溪县		3	1	17
神农架林区	1	2	5	37
红安县		11	8	30
南漳县	3		4	28
通城县	2	5	9	34
监利县	2	5	9	8
黄梅县	2	5	18	15
江陵县	1		5	2
蕲春县			2	8
京山县		2	3	39

4－44　各地区智力残疾人分残疾等级的康复形式

单位：人

地　区	机构康复				延伸服务			
	残疾一级	残疾二级	残疾三级	残疾四级	残疾一级	残疾二级	残疾三级	残疾四级
总　计	**10**	**24**	**20**	**48**	**1**	**2**	**7**	**1**
黄陂区	1	5	2	5				
武昌区			1					
黄石市		1						
江夏区				1				
硚口区	1		2					
丹江口市			1	5				
江汉区				1				
仙桃市		4		2				
汉川市							1	
鄂州市				2				1
大冶市								
武穴市	1		2	4		1		
宜昌市		3						
枝江市	1	2						
天门市	1	3	2	2				
曾都区								
襄阳区								
广水市								
利川市		2		6				
咸安区	1	2	1					
巴东县				5				
竹溪县				1			1	
神农架林区								
红安县	2		2	2	1	1		
南漳县				2				
通城县			1					
监利县		1		7			3	
黄梅县	1		2	1			1	
江陵县			1					
蕲春县		1	2					
京山县	1		1	2			1	

4－44 续表

单位：人

地　区	社区和家庭服务			
	残疾一级	残疾二级	残疾三级	残疾四级
总　计	**42**	**89**	**178**	**190**
黄陂区		1		
武昌区		2	3	4
黄石市	1	2	1	1
江夏区	1	7	8	4
硚口区			1	1
丹江口市	4	6	10	14
江汉区			6	
仙桃市	1	2	2	4
汉川市	2	3	12	8
鄂州市		4	10	
大冶市	9	4	4	6
武穴市		1	2	15
宜昌市		1	1	7
枝江市	2	4	2	2
天门市	1	3	6	10
曾都区				
襄阳区	6	7	5	6
广水市			3	3
利川市		8	4	8
咸安区		3	8	15
巴东县			3	19
竹溪县	7	5	7	9
神农架林区		1	15	1
红安县		4	9	10
南漳县		8	6	5
通城县	1	1	7	5
监利县	2	1	3	3
黄梅县		2	3	1
江陵县	1	5	18	11
蕲春县	4	4	17	17
京山县			2	1

4－45 各地区智力残疾人分残疾等级的康复内容

单位：人

地 区	医疗服务				辅助器具			
	残疾一级	残疾二级	残疾三级	残疾四级	残疾一级	残疾二级	残疾三级	残疾四级
总 计	**19**	**44**	**45**	**61**	**1**	**1**	**2**	
黄陂区	1	5	2	5				
武昌区		1						
黄石市		1		1		1		
江夏区		4		2				
硚口区	1		2					
丹江口市	1		1	5				
江汉区			3					
仙桃市		5						
汉川市								
鄂州市		1						
大冶市		1		1				
武穴市	1		2	4				
宜昌市		1						
枝江市	1	1						
天门市	2	6	7	6				
曾都区								
襄阳区	1	1			1			
广水市			2	1				
利川市		1	1	5				
咸安区	1	2						
巴东县			1	12				
竹溪县	6	4	6	7				
神农架林区			1					
红安县	2	4	4					
南漳县		4	2	5				
通城县							1	
监利县		1	4	3				
黄梅县				1				
江陵县	1		1				1	
蕲春县	1	1	3	3				
京山县			3					

4－45　续表

单位：人

地　区	康复训练与服务			
	残疾一级	残疾二级	残疾三级	残疾四级
总　计	**37**	**84**	**168**	**192**
黄陂区		1		
武昌区		1	4	4
黄石市	1	2	1	
江夏区	1	3	7	3
硚口区	1		1	1
丹江口市	4	6	10	17
江汉区			3	1
仙桃市	1	4	2	6
汉川市	2	3	13	8
鄂州市		4	10	3
大冶市	9	3	4	6
武穴市		2	2	16
宜昌市		3	1	7
枝江市	2	5	2	2
天门市	2	6	8	11
曾都区				
襄阳区	5	6	5	6
广水市			1	2
利川市		9	3	11
咸安区		3	9	15
巴东县			2	13
竹溪县		1	3	3
神农架林区		1	14	1
红安县		2	7	12
南漳县		6	4	4
通城县	1	1	8	5
监利县	2	1	2	7
黄梅县	1	2	6	2
江陵县	1	5	19	11
蕲春县	4	4	16	14
京山县			1	1

4－46　各地区精神残疾人分残疾等级的康复形式

单位：人

地　区	机构康复				延伸服务			
	残疾一级	残疾二级	残疾三级	残疾四级	残疾一级	残疾二级	残疾三级	残疾四级
总　计	**75**	**46**	**51**	**142**	**9**	**2**	**8**	**12**
黄陂区		1		3				
武昌区								
黄石市	2		2	3				
江夏区	1	1		5	1			
硚口区	1	1	8	9				
丹江口市	7	8	4	5				
江汉区	1		4	2				2
仙桃市			1	6				
汉川市	2		1	2				
鄂州市	4		2	4				
大冶市		1		1				
武穴市			1	1				
宜昌市	2	3	1	10				
枝江市					2		4	3
天门市	1	1	2	13				
曾都区	11	4	1	5		1		
襄阳区				17				1
广水市	1			2	5	1	4	6
利川市	4	3		3				
咸安区								
巴东县		1		9				
竹溪县	2	2	1	1				
神农架林区	2	2	4	13				
红安县	1	3	6	8				
南漳县			1					
通城县	10	5	1					
监利县		1	3	3				
黄梅县		1		5				
江陵县	1		2	3	1			
蕲春县	18	6	4	5				
京山县	4	2	2	4				

4－46 续表

单位：人

地 区	社区和家庭服务			
	残疾一级	残疾二级	残疾三级	残疾四级
总 计	**40**	**20**	**46**	**90**
黄陂区		1	5	8
武昌区		2	14	3
黄石市				
江夏区	2	1	2	3
硚口区	1			2
丹江口市	1		1	
江汉区	2	1	1	1
仙桃市	3		1	11
汉川市	2	1	2	
鄂州市				
大冶市	3		4	8
武穴市				8
宜昌市	1			1
枝江市		1		
天门市				
曾都区	6	2	1	4
襄阳区	1			1
广水市	1			
利川市				
咸安区	2		6	4
巴东县		2		7
竹溪县	1			1
神农架林区	1			
红安县			1	2
南漳县	5	1	1	7
通城县	3			1
监利县	3	3	1	4
黄梅县	1	5	5	11
江陵县			1	1
蕲春县	1			1
京山县				1

4－47 各地区精神残疾人分残疾等级的康复内容

单位：人

地区	医疗服务				辅助器具			
	残疾一级	残疾二级	残疾三级	残疾四级	残疾一级	残疾二级	残疾三级	残疾四级
总计					**1**	**1**	**1**	**1**
黄陂区								
武昌区								
黄石市								
江夏区								
硚口区								
丹江口市								
江汉区						1	1	
仙桃市								
汉川市								
鄂州市								
大冶市								
武穴市								
宜昌市								
枝江市								
天门市								
曾都区								
襄阳区								
广水市								
利川市								
咸安区								
巴东县								
竹溪县								
神农架林区								
红安县								
南漳县								
通城县								
监利县					1			1
黄梅县								
江陵县								
蕲春县								
京山县								

4－47 续表

单位：人

地　区	康复训练与服务			
	残疾一级	残疾二级	残疾三级	残疾四级
总　计	**28**	**17**	**25**	**70**
黄陂区				1
武昌区				
黄石市				
江夏区		1	1	2
硚口区	1		4	6
丹江口市	1			
江汉区	2		4	3
仙桃市	3		1	13
汉川市		1	3	1
鄂州市	4		2	3
大冶市	3		3	8
武穴市				2
宜昌市				
枝江市			1	
天门市		1	1	1
曾都区	3	2		3
襄阳区				
广水市				
利川市				
咸安区				
巴东县		3		11
竹溪县				
神农架林区				1
红安县				
南漳县	1			
通城县	5	2		
监利县	2	1		1
黄梅县	1	6	5	13
江陵县	1			1
蕲春县	1			
京山县				

4－48 各地区多重残疾人分残疾等级的康复形式

单位：人

地 区	机构康复				延伸服务			
	残疾一级	残疾二级	残疾三级	残疾四级	残疾一级	残疾二级	残疾三级	残疾四级
总 计	**143**	**40**	**54**	**29**	**37**	**5**	**6**	**3**
黄陂区	1	3						
武昌区	3		1	3		1		
黄石市	3		1	1				1
江夏区	2		1				1	
硚口区	1			1		1		
丹江口市	10	7	6		1	1		
江汉区				1				
仙桃市	3		1		1		1	1
汉川市	1	2	3	1	1			
鄂州市	6	1	1	2				
大冶市	1			1				
武穴市	6	1	2	1				
宜昌市	8	2	3		2	1		
枝江市	1	3	2	1	1			
天门市	4	3	2	4				
曾都区	10		2	1				
襄阳区	6		2	2				1
广水市		2			2			
利川市	1	1	1	1				
咸安区	3		1		1			
巴东县	10	2	3	3				
竹溪县	9	2	2		2			
神农架林区	10	1	7	3	2			
红安县	7	2	2					
南漳县	3	2	1		14	1		
通城县	1				1			
监利县	1			1	1			
黄梅县	7		3		5		4	
江陵县			1		1			
蕲春县	22	6	5	2	2			
京山县	3		1					

4－48 续表

单位：人

地　区	社区和家庭服务			
	残疾一级	残疾二级	残疾三级	残疾四级
总　计	**416**	**109**	**111**	**39**
黄陂区	7	3	1	
武昌区	3	2		
黄石市	17	4	2	2
江夏区	10	7	3	1
硚口区	5	2	1	1
丹江口市	24	6	3	
江汉区	6	1	1	
仙桃市	10	2	3	4
汉川市	2	2	3	1
鄂州市	8	1	1	
大冶市	16	4	1	1
武穴市	24	6	4	2
宜昌市	1		2	1
枝江市	13	3	3	
天门市	12	7	1	2
曾都区	10	8	8	5
襄阳区	12	4	1	
广水市	6	2	1	
利川市	7	2	3	
咸安区	7	7	2	3
巴东县	12	4	1	1
竹溪县	58	2	2	
神农架林区	41	7	17	5
红安县	5	1		
南漳县	13	4	4	
通城县	2	1	1	2
监利县	15	1	2	
黄梅县	5	4	5	1
江陵县	10	1	3	3
蕲春县	46	11	29	3
京山县	9		3	1

4－49　各地区多重残疾人分残疾等级的康复内容

单位：人

地　区	医疗服务				辅助器具			
	残疾一级	残疾二级	残疾三级	残疾四级	残疾一级	残疾二级	残疾三级	残疾四级
总　计	**231**	**69**	**98**	**42**	**143**	**49**	**44**	**24**
黄陂区	2	3			3			
武昌区	3	2		3	2		1	2
黄石市	4		2	2	1	2	1	3
江夏区	1	1			4	3	2	
硚口区	4	2	1	1	1			
丹江口市	12	5	4		3	8	5	
江汉区				1	4	1	1	
仙桃市	4		3	1	2	1	3	4
汉川市	1	2	2	1			2	1
鄂州市	7		1	2	3			
大冶市	6	1		2	3			
武穴市	5	2	4	3	15	2	5	2
宜昌市	8	2	3	1	1	2	1	1
枝江市	4	2	3	1	7	2	1	
天门市	10	8	3	5	6	4	1	3
曾都区	11	7	7	3	5	2	1	2
襄阳区	6		2	2	4	2		
广水市	3	4	1		2	1		
利川市	1	1	3		2			
咸安区	6		3		3	6		
巴东县	9	5	4	3	13	3	3	1
竹溪县	27	3	3		9	1		
神农架林区	27	4	14	5	18	3	7	2
红安县	8	2	2		3			
南漳县	8	3	3		11	3		
通城县	2				1		1	2
监利县	5		1	1	6		1	
黄梅县	6	4	4		5		5	
江陵县	2		4	1	3		1	
蕲春县	35	6	19	4	1	3	1	
京山县	4		2		2		1	1

4－49 续表

单位：人

地 区	康复训练与服务			
	残疾一级	残疾二级	残疾三级	残疾四级
总 计	**322**	**86**	**65**	**31**
黄陂区	4	3	1	
武昌区	3	1		
黄石市	16	2	1	1
江夏区	9	5	3	1
硚口区	3	1		1
丹江口市	29	10	5	
江汉区	4			1
仙桃市	8	2	1	2
汉川市	3	2	2	
鄂州市	10	2	1	1
大冶市	9	3	1	2
武穴市	19	6	3	2
宜昌市	3		1	
枝江市	4	2	2	
天门市	9	6	2	1
曾都区	10	4	2	2
襄阳区	9	2	1	1
广水市	2			
利川市	7	2	2	1
咸安区	3	1		3
巴东县	9	5	3	3
竹溪县	33		1	
神农架林区	23	4	9	3
红安县	6	1		
南漳县	13	2	2	
通城县	2	1		1
监利县	7	1		
黄梅县	11	4	5	1
江陵县	8	1	1	2
蕲春县	38	13	15	2
京山县	8		1	

4－50 各地区残疾人分城乡、残疾等级的持证情况

单位：人

地 区	持证残疾人			持证残疾证人		
				残疾一级		
	合计	城镇	农村	小计	城镇	农村
总 计	**823**	**403**	**420**	**168**	**68**	**100**
黄陂区	28	14	14	1		1
武昌区	53	53		6	6	
黄石市	38	38		16	16	
江夏区	27	14	13	8	3	5
硚口区	57	57		10	10	
丹江口市	20	12	8	8	4	4
江汉区	62	62		7	7	
仙桃市	16	6	10	2	1	1
汉川市	16		16	2		2
鄂州市	18	4	14	3	1	2
大冶市	27	12	15	9	3	6
武穴市	46		46	10		10
宜昌市	63	56	7	7	7	
枝江市	15	10	5	2	1	1
天门市	11	3	8	2		2
曾都区	11	5	6	4	2	2
襄阳区	28	6	22	10		10
广水市	10	2	8	3		3
利川市	28		28	6		6
咸安区	33	17	16	8	2	6
巴东县	14		14	1		1
竹溪县	17		17	2		2
神农架林区	14	2	12	3	1	2
红安县	48	7	41	12	1	11
南漳县	17	5	12	3		3
通城县	27	7	20	7	2	5
监利县	21	6	15	6	1	5
黄梅县	11		11	3		3
江陵县	10		10			
蕲春县	9		9	5		5
京山县	28	5	23	2		2

4－50 续表

单位：人

地 区	持证残疾证人								
	残疾二级			残疾三级			残疾四级		
	小计	城镇	农村	小计	城镇	农村	小计	城镇	农村
总 计	**94**	**46**	**48**	**208**	**103**	**105**	**353**	**186**	**167**
黄陂区	8	4	4	15	8	7	4	2	2
武昌区	5	5		19	19		23	23	
黄石市	5	5		8	8		9	9	
江夏区	7	4	3	3	1	2	9	6	3
硚口区	10	10		18	18		19	19	
丹江口市	2	1	1	2	1	1	8	6	2
江汉区	1	1		15	15		39	39	
仙桃市	1	1		5	2	3	8	2	6
汉川市	1		1	2		2	11		11
鄂州市				8	2	6	7	1	6
大冶市	3	2	1	4		4	11	7	4
武穴市	6		6	9		9	21		21
宜昌市	5	5		14	12	2	37	32	5
枝江市	3	2	1	4	3	1	6	4	2
天门市	1		1	1		1	7	3	4
曾都区	2	1	1				5	2	3
襄阳区	2	1	1	4	1	3	12	4	8
广水市				1		1	6	2	4
利川市	5		5	12		12	5		5
咸安区	1		1	10	7	3	14	8	6
巴东县	1		1	5		5	7		7
竹溪县	3		3	3		3	9		9
神农架林区	1		1	6	1	5	4		4
红安县	8		8	9	2	7	19	4	15
南漳县	3	2	1	6	1	5	5	2	3
通城县	1		1	5	1	4	14	4	10
监利县	1	1		9	1	8	5	3	2
黄梅县	3		3	3		3	2		2
江陵县				3		3	7		7
蕲春县	2		2				2		2
京山县	3	1	2	5		5	18	4	14

4－51　6-14岁视力残疾人分年龄、性别、残疾等级的在校生接受义务教育情况

单位：人

年　龄	残疾人		残疾一级							
			普通教育学校普通班		普通教育学校特教班		特殊教育学校		其他	
	男	女	男	女	男	女	男	女	男	女
总　计	**3**	**4**		**1**				**1**		
6岁										
7岁	2									
8岁										
9岁										
10岁	1	1								
11岁										
12岁		2		1				1		
13岁		1								
14岁										

4－51　续表 1

单位：人

年　龄	残疾二级							
	普通教育学校普通班		普通教育学校特教班		特殊教育学校		其他	
	男	女	男	女	男	女	男	女
总　计	**1**							
6岁								
7岁								
8岁								
9岁								
10岁	1							
11岁								
12岁								
13岁								
14岁								

4－51　续表 2

单位：人

年　龄	残疾三级							
	普通教育学校普通班		普通教育学校特教班		特殊教育学校		其他	
	男	女	男	女	男	女	男	女
总　计	**1**	**1**		**1**				
6岁								
7岁	1							
8岁								
9岁								
10岁				1				
11岁								
12岁								
13岁		1						
14岁								

4－51　续表 3

单位：人

年　龄	残疾四级							
	普通教育学校普通班		普通教育学校特教班		特殊教育学校		其他	
	男	女	男	女	男	女	男	女
总　计	**1**							
6岁								
7岁	1							
8岁								
9岁								
10岁								
11岁								
12岁								
13岁								
14岁								

4—52 6-14岁听力残疾人分年龄、性别、残疾等级的在校生接受义务教育情况

单位：人

年龄	残疾人		残疾一级							
			普通教育学校普通班		普通教育学校特教班		特殊教育学校		其他	
	男	女	男	女	男	女	男	女	男	女
总计	**4**	**6**		**1**						
6岁										
7岁										
8岁										
9岁										
10岁		2								
11岁	1									
12岁	1									
13岁	1	3		1						
14岁	1	1								

4－52 续表 1

单位：人

年龄	残疾二级							
	普通教育学校普通班		普通教育学校特教班		特殊教育学校		其他	
	男	女	男	女	男	女	男	女
总计								
6岁								
7岁								
8岁								
9岁								
10岁								
11岁								
12岁								
13岁								
14岁								

4－52　续表 2

单位：人

年　龄	残疾三级							
	普通教育学校普通班		普通教育学校特教班		特殊教育学校		其他	
	男	女	男	女	男	女	男	女
总　计	**1**							
6岁								
7岁								
8岁								
9岁								
10岁								
11岁	1							
12岁								
13岁								
14岁								

4－52　续表 3

单位：人

年　龄	残疾四级							
	普通教育学校普通班		普通教育学校特教班		特殊教育学校		其他	
	男	女	男	女	男	女	男	女
总　计	**2**	**3**		**1**				
6岁								
7岁								
8岁								
9岁		2						
10岁								
11岁	1							
12岁	1	1						
13岁				1				
14岁								

4—53 6-14岁言语残疾人分年龄、性别、残疾等级的在校生接受义务教育情况

单位：人

年 龄	残疾人		残疾一级							
			普通教育学校普通班		普通教育学校特教班		特殊教育学校		其他	
	男	女	男	女	男	女	男	女	男	女
总 计	**8**		**1**							
6岁	1									
7岁	1									
8岁										
9岁	1									
10岁										
11岁	1									
12岁										
13岁	4		1							
14岁										

4－53 续表 1

单位：人

年 龄	残疾二级							
	普通教育学校普通班		普通教育学校特教班		特殊教育学校		其他	
	男	女	男	女	男	女	男	女
总 计	**1**							
6岁								
7岁								
8岁								
9岁	1							
10岁								
11岁								
12岁								
13岁								
14岁								

4－53 续表 2

单位：人

年龄	残疾三级							
	普通教育学校普通班		普通教育学校特教班		特殊教育学校		其他	
	男	女	男	女	男	女	男	女
总　计	**4**							
6岁	1							
7岁	1							
8岁								
9岁								
10岁								
11岁								
12岁								
13岁	2							
14岁								

4－53 续表 3

单位：人

年龄	残疾四级							
	普通教育学校普通班		普通教育学校特教班		特殊教育学校		其他	
	男	女	男	女	男	女	男	女
总　计	**2**							
6岁								
7岁								
8岁								
9岁								
10岁								
11岁	1							
12岁								
13岁	1							
14岁								

4－54 6-14岁肢体残疾人分年龄、性别、残疾等级的在校生接受义务教育情况

单位：人

年 龄	残疾人		残疾一级							
			普通教育学校普通班		普通教育学校特教班		特殊教育学校		其他	
	男	女	男	女	男	女	男	女	男	女
总 计	**23**	**14**								
6岁	1									
7岁	2									
8岁	2	3								
9岁		2								
10岁	3	2								
11岁	3	2								
12岁	3	2								
13岁	5	1								
14岁	4	2								

4－54 续表 1

单位：人

年 龄	残疾二级							
	普通教育学校普通班		普通教育学校特教班		特殊教育学校		其他	
	男	女	男	女	男	女	男	女
总 计	**1**							
6岁								
7岁								
8岁								
9岁								
10岁								
11岁								
12岁								
13岁	1							
14岁								

4－54 续表 2

单位：人

年 龄	残疾三级							
	普通教育学校普通班		普通教育学校特教班		特殊教育学校		其他	
	男	女	男	女	男	女	男	女
总 计	**6**	**1**						
6岁								
7岁								
8岁								
9岁								
10岁	3							
11岁	1							
12岁		1						
13岁	1							
14岁	1							

4－54 续表 3

单位：人

年 龄	残疾四级							
	普通教育学校普通班		普通教育学校特教班		特殊教育学校		其他	
	男	女	男	女	男	女	男	女
总 计	**11**	**10**						
	1							
6岁								
7岁	1	3						
8岁		1						
9岁		2						
10岁	2	2						
11岁	3							
12岁	3							
13岁	1	2						
14岁								

4－55　6-14岁智力残疾人分年龄、性别、残疾等级的在校生接受义务教育情况

单位：人

年　龄	残疾人		残疾一级							
			普通教育学校普通班		普通教育学校特教班		特殊教育学校		其他	
	男	女	男	女	男	女	男	女	男	女
总　计	**46**	**39**	**3**	**2**			**1**	**1**	**1**	
6岁	3	1								
7岁	6	1								
8岁	2	3	1							
9岁	5	3					1			
10岁	7	6	2	1					1	
11岁	1	5								
12岁	6	8		1				1		
13岁	10	5								
14岁	6	7								

4－55　续表 1

单位：人

年　龄	残疾二级							
	普通教育学校普通班		普通教育学校特教班		特殊教育学校		其他	
	男	女	男	女	男	女	男	女
总　计	**3**	**5**			**3**		**1**	**1**
6岁		1						
7岁								
8岁					1			
9岁					1			
10岁		1						
11岁								
12岁	2	3					1	1
13岁	1				1			
14岁								

4－55 续表 2

单位：人

年龄	残疾三级							
	普通教育学校普通班		普通教育学校特教班		特殊教育学校		其他	
	男	女	男	女	男	女	男	女
总计	**5**	**2**						
6岁								
7岁								
8岁								
9岁	1	1						
10岁	1							
11岁	1	1						
12岁	1							
13岁	1							
14岁								

4－55 续表 3

单位：人

年龄	残疾四级							
	普通教育学校普通班		普通教育学校特教班		特殊教育学校		其他	
	男	女	男	女	男	女	男	女
总计	**14**	**13**			**2**			
6岁								
7岁	6	1						
8岁		2						
9岁		2			1			
10岁		2			1			
11岁		1						
12岁	1	1						
13岁	4	2						
14岁	3	2						

4－56　6-14岁精神残疾人分年龄、性别、残疾等级的在校生接受义务教育情况

单位：人

年龄	残疾人		残疾一级							
			普通教育学校普通班		普通教育学校特教班		特殊教育学校		其他	
	男	女	男	女	男	女	男	女	男	女
总　计	**1**	**1**								
6岁										
7岁										
8岁										
9岁										
10岁										
11岁										
12岁										
13岁		1								
14岁	1									

4－56　续表 1

单位：人

年龄	残疾二级							
	普通教育学校普通班		普通教育学校特教班		特殊教育学校		其他	
	男	女	男	女	男	女	男	女
总　计								
6岁								
7岁								
8岁								
9岁								
10岁								
11岁								
12岁								
13岁								
14岁								

4－56 续表 2

单位：人

年龄	残疾三级							
	普通教育学校普通班		普通教育学校特教班		特殊教育学校		其他	
	男	女	男	女	男	女	男	女
总　计								
6岁								
7岁								
8岁								
9岁								
10岁								
11岁								
12岁								
13岁								
14岁								

4－56 续表 3

单位：人

年龄	残疾四级							
	普通教育学校普通班		普通教育学校特教班		特殊教育学校		其他	
	男	女	男	女	男	女	男	女
总　计	**1**							
6岁								
7岁								
8岁								
9岁								
10岁								
11岁								
12岁								
13岁	1							
14岁								

4－57 6-14岁多重残疾人分年龄、性别、残疾等级的在校生接受义务教育情况

单位：人

年龄	残疾人		残疾一级							
			普通教育学校普通班		普通教育学校特教班		特殊教育学校		其他	
	男	女	男	女	男	女	男	女	男	女
总计	**29**	**19**	**3**	**1**	**1**		**4**	**2**		**2**
6岁	3	3		1						
7岁	3						1			
8岁	2	4	1							
9岁	4	2					1			1
10岁	3	3	1					1		
11岁	4		1							
12岁	7	3			1		1			
13岁	2	2								
14岁	1	2					1	1		1

4－57 续表 1

单位：人

年龄	残疾二级							
	普通教育学校普通班		普通教育学校特教班		特殊教育学校		其他	
	男	女	男	女	男	女	男	女
总计	**2**	**2**					**1**	
	1	1						
6岁								
7岁		1						
8岁							1	
9岁								
10岁								
11岁								
12岁	1							
13岁								
14岁								

4－57 续表 2

单位：人

年 龄	残疾三级							
	普通教育学校普通班		普通教育学校特教班		特殊教育学校		其他	
	男	女	男	女	男	女	男	女
总 计	**5**	**1**						
6岁								
7岁								
8岁	1	1						
9岁								
10岁								
11岁	1							
12岁	3							
13岁								
14岁								

4－57 续表 3

单位：人

年 龄	残疾四级							
	普通教育学校普通班		普通教育学校特教班		特殊教育学校		其他	
	男	女	男	女	男	女	男	女
总 计		**1**						
6岁								
7岁								
8岁								
9岁								
10岁								
11岁		1						
12岁								
13岁								
14岁								

4－58　各地区6–14岁残疾人分城乡、残疾等级的在校生接受义务教育情况

单位：人

地　区	残疾人		残疾一级							
			普通教育学校普通班		普通教育学校特教班		特殊教育学校		其他	
	城镇	农村	城镇	农村	城镇	农村	城镇	农村	城镇	农村
总　计	**41**	**156**	**2**	**10**		**1**	**4**	**5**	**1**	**2**
黄陂区	6	3								
武昌区	3									
黄石市	3						1			
江夏区	2	6						1		1
硚口区	1									
丹江口市	2	6	1							
江汉区	2									
仙桃市	1	3								
汉川市		11								
鄂州市		3								
大冶市		7		1				2		
武穴市		14		1						
宜昌市	4						2			
枝江市		4								
天门市	3	5					1			
曾都区	1	3		1						
襄阳区		4								
广水市	1	3						1	1	
利川市		8		1						
咸安区	3	11	1							
巴东县		7		1						
竹溪县		7		1						
神农架林区		5								
红安县	1	4						1		
南漳县	2	6		1						
通城县	3	3								
监利县	1	8								
黄梅县		5				1				
江陵县		6		1						
蕲春县		11		2						1
京山县	2	3								

4－58　续表 1

单位：人

地　区	残疾二级							
	普通教育学校普通班		普通教育学校特教班		特殊教育学校		其他	
	城镇	农村	城镇	农村	城镇	农村	城镇	农村
总　计	**6**	**9**			**2**	**1**		**3**
黄陂区	2							
武昌区								
黄石市					1			
江夏区		1						
硚口区								
丹江口市	1							
江汉区								
仙桃市		1						
汉川市								
鄂州市								
大冶市								
武穴市		1						
宜昌市					1			
枝江市						1		
天门市	1							
曾都区								
襄阳区								
广水市								
利川市								
咸安区		4						
巴东县								
竹溪县		1						
神农架林区								
红安县								1
南漳县	1	1						1
通城县	1							
监利县								
黄梅县								
江陵县								
蕲春县								1
京山县								

4－58 续表 2

单位：人

地 区	残疾三级							
	普通教育学校普通班		普通教育学校特教班		特殊教育学校		其他	
	城镇	农村	城镇	农村	城镇	农村	城镇	农村
总 计	**6**	**21**		**1**				
黄陂区	1							
武昌区	1							
黄石市								
江夏区		2						
硚口区								
丹江口市		2						
江汉区	1							
仙桃市		1						
汉川市		2						
鄂州市								
大冶市								
武穴市		2						
宜昌市	1							
枝江市								
天门市		2						
曾都区								
襄阳区								
广水市		1						
利川市		1		1				
咸安区		1						
巴东县								
竹溪县								
神农架林区		1						
红安县		1						
南漳县								
通城县	1							
监利县								
黄梅县		2						
江陵县								
蕲春县		3						
京山县	1							

4－58 续表 3

单位：人

地 区	残疾四级							
	普通教育学校普通班		普通教育学校特教班		特殊教育学校		其他	
	城镇	农村	城镇	农村	城镇	农村	城镇	农村
总 计	**12**	**46**		**1**		**2**		
黄陂区	3	3						
武昌区								
黄石市								
江夏区								
硚口区								
丹江口市		3						
江汉区	1							
仙桃市	1	1						
汉川市		4						
鄂州市		2						
大冶市		1						
武穴市		4						
宜昌市								
枝江市								
天门市	1							
曾都区	1	1						
襄阳区		1						
广水市		1						
利川市		2						
咸安区	1	2						
巴东县		4						
竹溪县		1				1		
神农架林区		2						
红安县								
南漳县	1	2						
通城县	1	2						
监利县	1	5						
黄梅县		1						
江陵县		1				1		
蕲春县		1		1				
京山县	1	2						

4-59 各地区16岁及以上视力残疾人分城乡的参加社会保险情况

单位：人

地 区	残疾人			参加社会保险人数					
				养老保险			医疗保险		
	合计	城镇	农村	小计	城镇	农村	小计	城镇	农村
总 计	**1129**	**259**	**870**	**90**	**83**	**7**	**333**	**86**	**247**
黄陂区	12	7	5				4	4	
武昌区	38	38		25	25		16	16	
黄石市	20	20		14	14		11	11	
江夏区	19	6	13				10	3	7
硚口区	47	47		30	30		26	26	
丹江口市	58	14	44	5	1	4	49	7	42
江汉区	17	17		11	11		11	11	
仙桃市	56	16	40						
汉川市	47		47						
鄂州市	34	1	33				1		1
大冶市	33	5	28				14	3	11
武穴市	22		22				19		19
宜昌市	28	19	9				1		1
枝江市	17	4	13						
天门市	45	7	38						
曾都区	40	10	30						
襄阳区	25	2	23						
广水市	9	2	7				7	1	6
利川市	28		28						
咸安区	40	8	32						
巴东县	41		41						
竹溪县	70		70				52		52
神农架林区	35		35				24		24
红安县	28	7	21				16	2	14
南漳县	17	6	11				3	1	2
通城县	58	13	45						
监利县	26	2	24				1		1
黄梅县	53		53	1		1	46		46
江陵县	35		35						
蕲春县	84		84	1		1			
京山县	47	8	39	3	2	1	22	1	21

4-59 续表

单位：人

地区	参加社会保险人数						未参加		
	工伤保险			失业保险					
	小计	城镇	农村	小计	城镇	农村	小计	城镇	农村
总　计	**6**	**5**	**1**	**4**	**4**		**766**	**149**	**617**
黄陂区							8	3	5
武昌区	1	1		1	1		9	9	
黄石市	3	3		3	3		6	6	
江夏区							9	3	6
硚口区							16	16	
丹江口市							6	6	
江汉区							5	5	
仙桃市							56	16	40
汉川市							47		47
鄂州市							33	1	32
大冶市							19	2	17
武穴市							3		3
宜昌市							27	19	8
枝江市							17	4	13
天门市							45	7	38
曾都区							40	10	30
襄阳区							25	2	23
广水市							2	1	1
利川市							28		28
咸安区							40	8	32
巴东县	1		1				40		40
竹溪县							18		18
神农架林区							11		11
红安县							12	5	7
南漳县	1	1					14	5	9
通城县							58	13	45
监利县							25	2	23
黄梅县							6		6
江陵县							35		35
蕲春县							83		83
京山县							23	6	17

4-60　各地区16岁及以上听力残疾人分城乡的参加社会保险情况

单位：人

地　区	残疾人			参加社会保险人数					
				养老保险			医疗保险		
	合计	城镇	农村	小计	城镇	农村	小计	城镇	农村
总　计	**1458**	**316**	**1142**	**109**	**106**	**3**	**508**	**120**	**388**
黄陂区	26	12	14				1	1	
武昌区	35	35		20	20		11	11	
黄石市	28	28		24	24		24	24	
江夏区	29	21	8				20	12	8
硚口区	18	18		12	12		12	12	
丹江口市	51	11	40				34	5	29
江汉区	29	29		26	26		22	22	
仙桃市	48	20	28	1	1				
汉川市	51		51				3		3
鄂州市	19	2	17				1	1	
大冶市	36	7	29				23	4	19
武穴市	81		81	2		2	55		55
宜昌市	63	39	24	11	11		11	11	
枝江市	58	9	49	3	3		2	2	
天门市	66	13	53						
曾都区	54	13	41						
襄阳区	45	2	43						
广水市	45	9	36				43	8	35
利川市	40		40						
咸安区	42	8	34	1	1		1	1	
巴东县	52		52						
竹溪县	61		61				50		50
神农架林区	125	4	121				87	2	85
红安县	26	3	23				18	1	17
南漳县	48	6	42						
通城县	20	5	15	1	1		1	1	
监利县	62	7	55	7	6	1	17	1	16
黄梅县	37		37				37		37
江陵县	25		25						
蕲春县	78		78						
京山县	60	15	45	1	1		35	1	34

4-60 续表

单位：人

地　区	参加社会保险人数						未参加		
	工伤保险			失业保险					
	小计	城镇	农村	小计	城镇	农村	小计	城镇	农村
总　计	**18**	**18**		**17**	**17**		**917**	**165**	**752**
黄陂区							25	11	14
武昌区							9	9	
黄石市	18	18		16	16		4	4	
江夏区							9	9	
硚口区							4	4	
丹江口市							17	6	11
江汉区							2	2	
仙桃市							47	19	28
汉川市							48		48
鄂州市							18	1	17
大冶市							13	3	10
武穴市							25		25
宜昌市							52	28	24
枝江市				1	1		54	5	49
天门市							66	13	53
曾都区							54	13	41
襄阳区							45	2	43
广水市							2	1	1
利川市							40		40
咸安区							41	7	34
巴东县							52		52
竹溪县							11		11
神农架林区							38	2	36
红安县							8	2	6
南漳县							48	6	42
通城县							19	4	15
监利县							39	1	38
黄梅县									
江陵县							25		25
蕲春县							78		78
京山县							24	13	11

4-61 各地区16岁及以上言语残疾人分城乡的参加社会保险情况

单位：人

地区	残疾人			参加社会保险人数					
				养老保险			医疗保险		
	合计	城镇	农村	小计	城镇	农村	小计	城镇	农村
总　计	**96**	**15**	**81**	**5**	**4**	**1**	**36**	**3**	**33**
黄陂区									
武昌区									
黄石市	1	1		1	1				
江夏区	1	1							
硚口区	2	2		2	2				
丹江口市	1		1				1		1
江汉区									
仙桃市	4		4						
汉川市	3		3						
鄂州市	3	2	1	1	1		2	2	
大冶市	1		1						
武穴市									
宜昌市	1		1				1		1
枝江市	1	1							
天门市	3	2	1						
曾都区	2		2						
襄阳区	6		6						
广水市	2		2				1		1
利川市	2		2	1		1			
咸安区	4	2	2						
巴东县	5		5						
竹溪县	7		7				7		7
神农架林区	18		18				14		14
红安县	9	4	5				6	1	5
南漳县	11		11				2		2
通城县	1		1						
监利县									
黄梅县	2		2				2		2
江陵县	1		1						
蕲春县	5		5						
京山县									

4-61 续表

单位：人

地　区	参加社会保险人数						未参加		
	工伤保险			失业保险					
	小计	城镇	农村	小计	城镇	农村	小计	城镇	农村
总　计							**56**	**9**	**47**
黄陂区									
武昌区									
黄石市									
江夏区							1	1	
硚口区									
丹江口市									
江汉区									
仙桃市							4		4
汉川市							3		3
鄂州市							1		1
大冶市							1		1
武穴市									
宜昌市									
枝江市							1	1	
天门市							3	2	1
曾都区							2		2
襄阳区							6		6
广水市							1		1
利川市							1		1
咸安区							4	2	2
巴东县							5		5
竹溪县									
神农架林区							4		4
红安县							3	3	
南漳县							9		9
通城县							1		1
监利县									
黄梅县									
江陵县							1		1
蕲春县							5		5
京山县									

4-62 各地区16岁及以上肢体残疾人分城乡的参加社会保险情况

单位：人

地 区	残疾人			参加社会保险人数					
				养老保险			医疗保险		
	合计	城镇	农村	小计	城镇	农村	小计	城镇	农村
总 计	**1832**	**531**	**1301**	**111**	**98**	**13**	**715**	**175**	**540**
黄陂区	82	43	39				29	19	10
武昌区	39	39		17	17		17	17	
黄石市	23	23		12	12		10	10	
江夏区	50	24	26				14	5	9
硚口区	55	55		38	38		30	30	
丹江口市	67	17	50				55	14	41
江汉区	65	65		3	3		30	30	
仙桃市	56	24	32						
汉川市	36		36	1		1	19		19
鄂州市	38	4	34	3	2	1			
大冶市	75	20	55				54	14	40
武穴市	42		42				28		28
宜昌市	78	63	15	19	17	2	17	17	
枝江市	37	14	23	4	4				
天门市	40	7	33						
曾都区	30	12	18						
襄阳区	67	12	55	3		3			
广水市	50	18	32	4	4		19		19
利川市	114		114						
咸安区	46	21	25				1	1	
巴东县	67		67	3		3	1		1
竹溪县	90		90	2		2	77		77
神农架林区	114	7	107				85	1	84
红安县	63	10	53				53		53
南漳县	111	14	97				97	11	86
通城县	55	12	43						
监利县	53	12	41	1		1	4		4
黄梅县	43		43				40		40
江陵县	36		36						
蕲春县	50		50						
京山县	60	15	45	1	1		35	6	29

4-62 续表

单位：人

地区	参加社会保险人数						未参加		
	工伤保险			失业保险					
	小计	城镇	农村	小计	城镇	农村	小计	城镇	农村
总计	**4**	**4**		**2**	**2**		**1066**	**316**	**750**
黄陂区							53	24	29
武昌区	1	1		1	1		17	17	
黄石市	2	2					9	9	
江夏区							36	19	17
硚口区							16	16	
丹江口市							12	3	9
江汉区							35	35	
仙桃市							56	24	32
汉川市							16		16
鄂州市							35	2	33
大冶市							21	6	15
武穴市							14		14
宜昌市							49	36	13
枝江市	1	1					32	9	23
天门市							40	7	33
曾都区							30	12	18
襄阳区							64	12	52
广水市							27	14	13
利川市							114		114
咸安区							45	20	25
巴东县							64		64
竹溪县							12		12
神农架林区							29	6	23
红安县							10	10	
南漳县							14	3	11
通城县							55	12	43
监利县				1	1		47	11	36
黄梅县							3		3
江陵县							36		36
蕲春县							50		50
京山县							25	9	16

4-63 各地区16岁及以上智力残疾人分城乡的参加社会保险情况

单位：人

地区	残疾人			参加社会保险人数					
				养老保险			医疗保险		
	合计	城镇	农村	小计	城镇	农村	小计	城镇	农村
总　计	**451**	**73**	**378**	**7**	**7**		**108**	**15**	**93**
黄陂区	9	5	4				1	1	
武昌区	9	9		3	3		1	1	
黄石市	4	4		2	2		1	1	
江夏区	16	7	9				8	6	2
硚口区	5	5		2	2		2	2	
丹江口市	27	4	23				14	1	13
江汉区	6	6							
仙桃市	10	2	8						
汉川市	16		16						
鄂州市	14		14						
大冶市	18	3	15				14	2	12
武穴市	18		18				10		10
宜昌市	11	6	5				1	1	
枝江市	10	2	8						
天门市	15	4	11						
曾都区									
襄阳区	20	1	19						
广水市	3		3						
利川市	16		16						
咸安区	16	4	12						
巴东县	15		15						
竹溪县	25		25				21		21
神农架林区	16		16				14		14
红安县	27	4	23				10		10
南漳县	15		15				2		2
通城县	11	3	8						
监利县	11	3	8						
黄梅县	9		9				8		8
江陵县	32		32						
蕲春县	39		39						
京山县	8	1	7				1		1

4-63 续表

单位：人

地 区	参加社会保险人数						未参加		
	工伤保险			失业保险					
	小计	城镇	农村	小计	城镇	农村	小计	城镇	农村
总 计							**340**	**55**	**285**
黄陂区							8	4	4
武昌区							6	6	
黄石市							2	2	
江夏区							8	1	7
硚口区							3	3	
丹江口市							13	3	10
江汉区							6	6	
仙桃市							10	2	8
汉川市							16		16
鄂州市							14		14
大冶市							4	1	3
武穴市							8		8
宜昌市							10	5	5
枝江市							10	2	8
天门市							15	4	11
曾都区									
襄阳区							20	1	19
广水市							3		3
利川市							16		16
咸安区							16	4	12
巴东县							15		15
竹溪县							4		4
神农架林区							2		2
红安县							17	4	13
南漳县							13		13
通城县							11	3	8
监利县							11	3	8
黄梅县							1		1
江陵县							32		32
蕲春县							39		39
京山县							7	1	6

4-64 各地区16岁及以上精神残疾人分城乡的参加社会保险情况

单位：人

地 区	残疾人			参加社会保险人数					
				养老保险			医疗保险		
	合计	城镇	农村	小计	城镇	农村	小计	城镇	农村
总 计	**536**	**147**	**389**	**34**	**31**	**3**	**165**	**51**	**114**
黄陂区	18	13	5				4	4	
武昌区	19	19		3	3		7	7	
黄石市	7	7		1	1				
江夏区	16	6	10				6	1	5
硚口区	22	22		16	16		11	11	
丹江口市	26	9	17				14	4	10
江汉区	14	14		7	7		9	9	
仙桃市	22	7	15						
汉川市	10		10				1		1
鄂州市	9	2	7				1		1
大冶市	15	3	12	1	1		1	1	
武穴市	10		10				7		7
宜昌市	18	14	4	2	2		16	12	4
枝江市	10	1	9						
天门市	17	2	15						
曾都区	35	4	31						
襄阳区	19		19	1		1			
广水市	20	4	16				9	1	8
利川市	10		10						
咸安区	12	5	7						
巴东县	19		19	1		1			
竹溪县	8		8				7		7
神农架林区	21		21				14		14
红安县	21	4	17				16		16
南漳县	15		15				12		12
通城县	20	4	16	2	1	1	1	1	
监利县	18	5	13						
黄梅县	28		28				21		21
江陵县	9		9						
蕲春县	35		35						
京山县	13	2	11				8		8

4-64 续表

单位：人

地区	参加社会保险人数						未参加		
	工伤保险			失业保险					
	小计	城镇	农村	小计	城镇	农村	小计	城镇	农村
总计	**4**	**4**					**356**	**84**	**272**
黄陂区							14	9	5
武昌区							9	9	
黄石市							6	6	
江夏区							10	5	5
硚口区	4	4					6	6	
丹江口市							12	5	7
江汉区							5	5	
仙桃市							22	7	15
汉川市							9		9
鄂州市							8	2	6
大冶市							13	1	12
武穴市							3		3
宜昌市									
枝江市							10	1	9
天门市							17	2	15
曾都区							35	4	31
襄阳区							18		18
广水市							11	3	8
利川市							10		10
咸安区							12	5	7
巴东县							18		18
竹溪县							1		1
神农架林区							7		7
红安县							5	4	1
南漳县							3		3
通城县							18	3	15
监利县							18	5	13
黄梅县							7		7
江陵县							9		9
蕲春县							35		35
京山县							5	2	3

4-65 各地区16岁及以上多重残疾人分城乡的参加社会保险情况

单位：人

地区	残疾人			参加社会保险人数					
				养老保险			医疗保险		
	合计	城镇	农村	小计	城镇	农村	小计	城镇	农村
总　计	**914**	**141**	**773**	**41**	**38**	**3**	**306**	**42**	**264**
黄陂区	15	5	10				3	1	2
武昌区	10	10		5	5		4	4	
黄石市	30	30		19	19		19	19	
江夏区	20	10	10	1	1		7	3	4
硚口区	10	10		7	7		7	7	
丹江口市	53	5	48				30		30
江汉区	9	9		5	5		4	4	
仙桃市	25	7	18						
汉川市	14		14						
鄂州市	16	2	14				1	1	
大冶市	19	3	16				8		8
武穴市	34		34				20		20
宜昌市	19	11	8	1	1		2	2	
枝江市	27	5	22						
天门市	30	5	25						
曾都区	39	11	28						
襄阳区	27	2	25	1		1			
广水市	11		11				6		6
利川市	14		14						
咸安区	22	5	17						
巴东县	34		34	1		1			
竹溪县	77		77				66		66
神农架林区	92	2	90				64	1	63
红安县	15		15				13		13
南漳县	42	4	38				18		18
通城县	7		7	1		1			
监利县	20	3	17				1		1
黄梅县	31		31				24		24
江陵县	16		16						
蕲春县	121		121				1		1
京山县	15	2	13				8		8

4-65 续表

单位：人

地区	参加社会保险人数						未参加		
	工伤保险			失业保险					
	小计	城镇	农村	小计	城镇	农村	小计	城镇	农村
总　计	**1**	**1**		**1**	**1**		**602**	**96**	**506**
黄陂区							12	4	8
武昌区							5	5	
黄石市	1	1		1	1		11	11	
江夏区							12	6	6
硚口区							3	3	
丹江口市							23	5	18
江汉区							4	4	
仙桃市							25	7	18
汉川市							14		14
鄂州市							15	1	14
大冶市							11	3	8
武穴市							14		14
宜昌市							17	9	8
枝江市							27	5	22
天门市							30	5	25
曾都区							39	11	28
襄阳区							26	2	24
广水市							5		5
利川市							14		14
咸安区							22	5	17
巴东县							33		33
竹溪县							11		11
神农架林区							28	1	27
红安县							2		2
南漳县							24	4	20
通城县							6		6
监利县							19	3	16
黄梅县							7		7
江陵县							16		16
蕲春县							120		120
京山县							7	2	5

4-66 各地区视力残疾人分城乡、残疾等级的领取低保金和救济情况

单位：人

地区	残疾人		残疾一级				残疾二级			
			领取低保人数		领取过救济人数		领取低保人数		领取过救济人数	
	城镇	农村	城镇	农村	城镇	农村	城镇	农村	城镇	农村
总　计	**263**	**879**	**5**	**39**	**11**	**54**	**4**	**4**	**2**	**10**
黄陂区	8	5								1
武昌区	38				2					
黄石市	20									
江夏区	6	13		1		2				
硚口区	49		1		1		2		2	
丹江口市	14	45	1	1	2	6				2
江汉区	17				2		1			
仙桃市	16	41								
汉川市		47								
鄂州市	1	33								
大冶市	5	29	1	2	3	2				1
武穴市		23		5		6				
宜昌市	20	9	1							
枝江市	4	13		2		2				
天门市	7	38								
曾都区	10	30								
襄阳区	2	23		1		3				
广水市	2	7		2		1				
利川市		30		2		1				
咸安区	8	32		3		8	1			1
巴东县		41		1		2				
竹溪县		70		5		5		1		2
神农架林区		35		2		4				2
红安县	7	21		1						
南漳县	6	11								
通城县	13	46								
监利县	2	24	1		1	3		2		
黄梅县		55								
江陵县		35		5		4				
蕲春县		84		3		2		1		1
京山县	8	39		3		3				

4-66 续表

单位：人

地 区	残疾三级				残疾四级			
	领取低保人数		领取过救济人数		领取低保人数		领取过救济人数	
	城镇	农村	城镇	农村	城镇	农村	城镇	农村
总 计	**4**	**3**	**3**	**5**	**17**	**16**	**18**	**24**
黄陂区		1						
武昌区					6		3	
黄石市								
江夏区				1	1		1	1
硚口区	2		2		7		7	
丹江口市		1		1	1	1	2	3
江汉区					1		2	
仙桃市								
汉川市								
鄂州市						3		2
大冶市			1	1				2
武穴市						2		2
宜昌市				1				
枝江市								
天门市								
曾都区							1	
襄阳区								1
广水市								
利川市								
咸安区	1					2		1
巴东县						2		3
竹溪县		1						
神农架林区						1		1
红安县								
南漳县				1	1		2	
通城县								
监利县	1							
黄梅县								
江陵县						2		4
蕲春县						3		4
京山县								

4–67 各地区听力残疾人分城乡、残疾等级的领取低保金和救济情况

单位：人

地 区	残疾人		残疾一级				残疾二级			
			领取低保人数		领取过救济人数		领取低保人数		领取过救济人数	
	城镇	农村	城镇	农村	城镇	农村	城镇	农村	城镇	农村
总 计	**318**	**1157**	**2**	**6**	**2**	**7**	**2**	**1**	**3**	**10**
黄陂区	14	14								
武昌区	35								1	
黄石市	28									
江夏区	21	8								
硚口区	18									
丹江口市	11	40	1		1					
江汉区	29									
仙桃市	20	28								
汉川市		51								
鄂州市	2	17				1				
大冶市	7	30								1
武穴市		82				2				2
宜昌市	39	24					1		1	
枝江市	9	50								
天门市	13	53								
曾都区	13	41								
襄阳区	2	43								
广水市	9	36		1		1				
利川市		40								1
咸安区	8	36								
巴东县		53				1		1		
竹溪县		61		2						
神农架林区	4	122		2		1				3
红安县	3	23								
南漳县	6	43		1						
通城县	5	15	1		1		1		1	
监利县	7	55								
黄梅县		39								1
江陵县		25								
蕲春县		82								1
京山县	15	46				1				1

4-67 续表

单位：人

地区	残疾三级				残疾四级			
	领取低保人数		领取过救济人数		领取低保人数		领取过救济人数	
	城镇	农村	城镇	农村	城镇	农村	城镇	农村
总　计	**7**	**13**	**5**	**21**	**4**	**5**	**3**	**7**
黄陂区								
武昌区	2		3		1		3	
黄石市								
江夏区			1		1	1		
硚口区	1							
丹江口市		2		5				1
江汉区								
仙桃市				1				1
汉川市		1		1				
鄂州市								
大冶市								1
武穴市				4				
宜昌市			1		1			
枝江市	1				1			
天门市		1						
曾都区								
襄阳区								
广水市		1		1				
利川市								
咸安区								1
巴东县				3		1		1
竹溪县		1				1		
神农架林区		6		5		1		1
红安县	2					1		1
南漳县								
通城县								
监利县	1							
黄梅县		1		1				
江陵县								
蕲春县								
京山县								

4-68 各地区言语残疾人分城乡、残疾等级的领取低保金和救济情况

单位：人

地区	残疾人		残疾一级				残疾二级			
			领取低保人数		领取过救济人数		领取低保人数		领取过救济人数	
	城镇	农村	城镇	农村	城镇	农村	城镇	农村	城镇	农村
总计	**15**	**91**	**1**	**3**	**1**	**3**				**1**
黄陂区										
武昌区										
黄石市	1									
江夏区	1	1								
硚口区	2									
丹江口市		1								
江汉区										
仙桃市		4								
汉川市		4								
鄂州市	2	1		1						
大冶市		1								
武穴市		1								
宜昌市		1								
枝江市	1									
天门市	2	3								
曾都区		3								
襄阳区		6								
广水市		2								
利川市		2								
咸安区	2	3	1		1					
巴东县		5								1
竹溪县		8								
神农架林区		18		2		1				
红安县	4	5								
南漳县		11				2				
通城县		2								
监利县										
黄梅县		2								
江陵县		2								
蕲春县		5								
京山县										

4-68 续表

单位：人

地区	残疾三级				残疾四级			
	领取低保人数		领取过救济人数		领取低保人数		领取过救济人数	
	城镇	农村	城镇	农村	城镇	农村	城镇	农村
总　计		**3**		**2**	**4**			**2**
黄陂区								
武昌区								
黄石市								
江夏区								
硚口区								
丹江口市								
江汉区								
仙桃市								
汉川市								
鄂州市					2			
大冶市								
武穴市								
宜昌市								
枝江市								
天门市								
曾都区								
襄阳区								
广水市								
利川市		1						
咸安区								
巴东县		1						
竹溪县								
神农架林区		1		1				1
红安县					2			1
南漳县				1				
通城县								
监利县								
黄梅县								
江陵县								
蕲春县								
京山县								

4-69 各地区肢体残疾人分城乡、残疾等级的领取低保金和救济情况

单位：人

地 区	残疾人		残疾一级				残疾二级			
			领取低保人数		领取过救济人数		领取低保人数		领取过救济人数	
	城镇	农村	城镇	农村	城镇	农村	城镇	农村	城镇	农村
总 计	**545**	**1336**	**5**	**15**	**3**	**13**	**13**	**15**	**12**	**16**
黄陂区	44	40		1			2	1		
武昌区	39		1				1		3	
黄石市	23				1					
江夏区	24	27	1	1		1	2	1	1	1
硚口区	55						5		5	
丹江口市	19	51				1		2		
江汉区	66									
仙桃市	26	34	1		1					
汉川市		37								
鄂州市	4	36								
大冶市	20	56		2		1				
武穴市		44								2
宜昌市	64	16								
枝江市	14	24							1	
天门市	8	33			1					2
曾都区	12	18				1				
襄阳区	12	56		1		1				
广水市	18	32					1	2		1
利川市		118		1						
咸安区	22	25		1		1				
巴东县		69		1		1				
竹溪县		91		2		1		1		
神农架林区	7	109		2		3		5		4
红安县	10	54						1		1
南漳县	15	99		2		1				
通城县	13	46	1					1		
监利县	13	42	1				2		2	1
黄梅县		43								3
江陵县		39		1		1				1
蕲春县		51								
京山县	17	46						1		

4-69 续表

单位：人

地 区	残疾三级				残疾四级			
	领取低保人数		领取过救济人数		领取低保人数		领取过救济人数	
	城镇	农村	城镇	农村	城镇	农村	城镇	农村
总 计	**34**	**27**	**26**	**48**	**79**	**61**	**52**	**83**
黄陂区		3	2	1		1		3
武昌区	4		5		9		7	
黄石市	2		3		2			
江夏区		1			3	1	4	2
硚口区	6		7		9		5	
丹江口市		1		1		3		6
江汉区	5		1		16		1	
仙桃市	2				3		3	1
汉川市				1		2		3
鄂州市		2		4		2		2
大冶市	1		1	1	1	5	2	6
武穴市				9				5
宜昌市	6	1	6	1	19	1	20	1
枝江市					2		3	
天门市				3	1		3	4
曾都区	1		1		1		1	3
襄阳区						2		5
广水市					3	2		
利川市		1				3		
咸安区	4	2			3	4	2	
巴东县		1		3		3		3
竹溪县		2				5		5
神农架林区		4		2	3	7		14
红安县	1	2		5	1	1	1	1
南漳县		2				2		5
通城县	1			1		5		1
监利县	1	2		2	2	1		
黄梅县				9				4
江陵县		1		4		3		6
蕲春县						1		1
京山县		2		1	1	7		2

4-70 各地区智力残疾人分城乡、残疾等级的领取低保金和救济情况

单位：人

地区	残疾人		残疾一级				残疾二级			
			领取低保人数		领取过救济人数		领取低保人数		领取过救济人数	
	城镇	农村	城镇	农村	城镇	农村	城镇	农村	城镇	农村
总计	**93**	**519**	**2**	**9**	**2**	**12**	**10**	**8**	**6**	**18**
黄陂区	7	7					2			
武昌区	10						2		2	
黄石市	6				1		1		1	
江夏区	9	12						1		1
硚口区	5									
丹江口市	6	34	2		1	1				2
江汉区	7									
仙桃市	2	13					1			
汉川市		26								
鄂州市		17								1
大冶市	3	20		3		4				
武穴市		26								1
宜昌市	7	5					2		3	1
枝江市	2	11					1			
天门市	8	20								1
曾都区										
襄阳区	2	22		1		3				
广水市		6								
利川市		28						3		
咸安区	5	25		1						
巴东县		27								
竹溪县		30		2		3				2
神农架林区		17								
红安县	5	26		1			1			
南漳县	1	20								3
通城县	4	11								
监利县	3	17								
黄梅县		11						1		
江陵县		36								3
蕲春县		45		1		1		3		3
京山县	1	7								

4-70 续表

单位：人

地 区	残疾三级				残疾四级			
	领取低保人数		领取过救济人数		领取低保人数		领取过救济人数	
	城镇	农村	城镇	农村	城镇	农村	城镇	农村
总 计	**11**	**19**	**9**	**30**	**11**	**11**	**8**	**23**
黄陂区								1
武昌区	3		3		4		3	
黄石市	1		1		1			
江夏区								
硚口区	1							
丹江口市	1		1	2				2
江汉区	4		2					
仙桃市				1				
汉川市								
鄂州市		4		1				
大冶市				1				
武穴市				1		4		4
宜昌市			1		3		3	1
枝江市								
天门市								
曾都区								
襄阳区								2
广水市								
利川市								1
咸安区		2		2	1		2	2
巴东县								
竹溪县		3		1				2
神农架林区		2		1				
红安县				1	1			
南漳县								
通城县								
监利县	1		1		1			
黄梅县		1						
江陵县				10				
蕲春县		7		9		6		7
京山县						1		1

4-71 各地区精神残疾人分城乡、残疾等级的领取低保金和救济情况

单位：人

地区	残疾人		残疾一级				残疾二级			
			领取低保人数		领取过救济人数		领取低保人数		领取过救济人数	
	城镇	农村	城镇	农村	城镇	农村	城镇	农村	城镇	农村
总计	**148**	**393**	**8**	**14**	**6**	**19**	**4**	**5**	**4**	**10**
黄陂区	13	5								
武昌区	19									
黄石市	7		1		1					
江夏区	6	10		1		3	1		1	
硚口区	22		1		1				1	
丹江口市	9	17	1							1
江汉区	14									
仙桃市	7	15								
汉川市		10								
鄂州市	3	7		1		1				
大冶市	3	14					1			
武穴市		10								
宜昌市	14	4		1			1	1	1	1
枝江市	1	9								
天门市	2	15			1					
曾都区	4	31	1	2	1	3				
襄阳区		20								
广水市	4	16				1				
利川市		10		2		2				1
咸安区	5	7			1	1				
巴东县		19								
竹溪县		8		1						
神农架林区		22		1		1				
红安县	4	17	1							1
南漳县		15				1				1
通城县	4	16	1			3				1
监利县	5	13	1				1		1	
黄梅县		28				1		4		4
江陵县		9		1		1				
蕲春县		35		3		1				
京山县	2	11	1	1	1					

4-71 续表

单位：人

地　区	残疾三级				残疾四级			
	领取低保人数		领取过救济人数		领取低保人数		领取过救济人数	
	城镇	农村	城镇	农村	城镇	农村	城镇	农村
总　计	**16**	**5**	**20**	**8**	**13**	**15**	**13**	**21**
黄陂区	2		3		2	3	2	3
武昌区	7		10		1		1	
黄石市			1					
江夏区		1		1	1	1	1	2
硚口区	3		5		5		6	
丹江口市				1				
江汉区	2				1			
仙桃市								
汉川市								
鄂州市								1
大冶市			1	1	1			
武穴市								2
宜昌市					2		2	
枝江市								
天门市						2		2
曾都区						1		
襄阳区						2		2
广水市						1	1	1
利川市								
咸安区	1					1		
巴东县								1
竹溪县								
神农架林区								1
红安县	1			2				1
南漳县				1				
通城县								
监利县								
黄梅县		1		1		4		5
江陵县		1						
蕲春县		1						
京山县		1		1				

4-72 各地区多重残疾人分城乡、残疾等级的领取低保金和救济情况

单位：人

地区	残疾人		残疾一级				残疾二级			
			领取低保人数		领取过救济人数		领取低保人数		领取过救济人数	
	城镇	农村	城镇	农村	城镇	农村	城镇	农村	城镇	农村
总　计	**159**	**833**	**19**	**56**	**16**	**102**	**5**	**11**	**5**	**24**
黄陂区	5	10	2		1					
武昌区	13		1		3					
黄石市	31		3		3					
江夏区	11	14	1	1	1	2	2		1	
硚口区	12				2					
丹江口市	7	51	1	1	1	5		1		5
江汉区	9		2		1					
仙桃市	7	19	2	1		2				
汉川市		16				1				1
鄂州市	2	18		3		1				
大冶市	4	20	1	2		4			1	
武穴市		46		3		3		1		1
宜昌市	12	8	1		1		2		2	
枝江市	5	22	1			1	1			
天门市	7	28		2		3				1
曾都区	12	32	1	1	1	4				1
襄阳区	2	26		1		5				
广水市	1	12		1		1				
利川市		16		1						
咸安区	7	17	1		1	2		1		1
巴东县		36		2		5				2
竹溪县		77		8		8		2		2
神农架林区	2	91		10		15		1		2
红安县		17		1		2				
南漳县	4	38	1		1	1			1	1
通城县	1	7				1				
监利县	3	18	1	1						
黄梅县		34		1		7				1
江陵县		19		1		3				
蕲春县		126		11		22		5		6
京山县	2	15		4		4				

4-72 续表

单位：人

地　区	残疾三级				残疾四级			
	领取低保人数		领取过救济人数		领取低保人数		领取过救济人数	
	城镇	农村	城镇	农村	城镇	农村	城镇	农村
总　计	**2**	**16**	**2**	**25**	**1**	**4**	**2**	**11**
黄陂区								
武昌区								
黄石市							1	
江夏区		1		1				
硚口区					1		1	
丹江口市								
江汉区								
仙桃市				1				
汉川市		1		1				
鄂州市				1				1
大冶市								1
武穴市				1				1
宜昌市	2		2					
枝江市		1						
天门市				1				
曾都区								1
襄阳区		1		1				
广水市								
利川市		2						1
咸安区								1
巴东县				1		1		1
竹溪县		1		1				
神农架林区		5		4		1		2
红安县								
南漳县				2				
通城县								
监利县								
黄梅县		1		4				1
江陵县				1				
蕲春县		3		5		2		1
京山县								

4－73 各地区残疾人分城乡的曾接受服务或扶助

单位：人

地 区	合计		医疗服务与救助		辅助器具	
	城镇	农村	城镇	农村	城镇	农村
总 计	**1933**	**5693**	**503**	**1080**	**113**	**85**
黄陂区	98	84	30	11	1	3
武昌区	195		29		5	
黄石市	171		53		24	
江夏区	88	94	8	10	4	3
硚口区	266		134		43	
丹江口市	94	299	46	112		1
江汉区	174		17		6	
仙桃市	85	158	28	48	1	1
汉川市		207		50		6
鄂州市	14	146	4	22		3
大冶市	50	191	20	72	4	6
武穴市		288		67		5
宜昌市	190	72	35	8	5	
枝江市	61	181	11	30	6	12
天门市	52	218	1	14	1	
曾都区	53	168	4	12		6
襄阳区	25	214	7	61		2
广水市	34	116	5	11		2
利川市		245		30		
咸安区	61	161	6	11		
巴东县		257		8		4
竹溪县		372		121		3
神农架林区	15	422	7	67		
红安县	40	188	27	87	3	4
南漳县	40	254	15	98	4	6
通城县	41	152	10	31	5	6
监利县	37	181	4	17	1	2
黄梅县		226		20		5
江陵县		165		15		1
蕲春县		446		37		3
京山县	49	188	2	10		1

4－73 续表 1

单位：人

地区	康复训练与服务		教育费用补助或减免		职业教育与培训	
	城镇	农村	城镇	农村	城镇	农村
总 计	**101**	**91**	**24**	**47**	**18**	**3**
黄陂区	1					
武昌区	16		2		3	
黄石市	8				10	
江夏区	1	1		5		
硚口区	35		2		1	
丹江口市	4		1	2		
江汉区	7		4		3	
仙桃市	2	4				
汉川市		3		2		
鄂州市		9		1		
大冶市		2	2	3		
武穴市		5		3		
宜昌市	7		5		1	
枝江市	12	24	1	2		2
天门市		2	3	3		
曾都区		2	2	1		
襄阳区		3	1			
广水市				1		
利川市		1		1		
咸安区	2			3		
巴东县		1				
竹溪县		2				
神农架林区	2			1		
红安县		7		1		
南漳县	2	4				
通城县		5	1	2		
监利县						1
黄梅县		6		8		
江陵县						
蕲春县		2				
京山县	2	8		8		

4－73 续表 2

单位：人

地区	就业安置或扶持		贫困残疾人救助与扶持		法律援助与服务	
	城镇	农村	城镇	农村	城镇	农村
总 计	**46**	**10**	**216**	**662**	**6**	**5**
黄陂区			13	4		
武昌区	7		28			
黄石市	12		11		3	
江夏区			13	17		
硚口区	2		15		1	
丹江口市			5	45		
江汉区	10		13			
仙桃市			7	5		
汉川市				6		
鄂州市		1	2	11		
大冶市			8	28		
武穴市				35		2
宜昌市	10		44	6		
枝江市	2		6	10		
天门市		1	3	18		
曾都区			12	27		
襄阳区			3	28	1	
广水市		1		7		
利川市				10		
咸安区	2		9	25		2
巴东县		1		32		
竹溪县				42		
神农架林区				99		
红安县			5	17		
南漳县			4	12	1	1
通城县			3	13		
监利县		2	10	12		
黄梅县				45		
江陵县				19		
蕲春县				70		
京山县	1	4	2	19		

4－73 续表 3

单位：人

地　区	无障碍设施		信息无障碍		生活服务	
	城镇	农村	城镇	农村	城镇	农村
总　计	**26**	**24**	**10**	**45**	**36**	**77**
黄陂区						
武昌区	1				4	
黄石市					6	
江夏区	1	1	7	3	3	
硚口区	1		1		8	
丹江口市	13	15			1	5
江汉区	9		1		6	
仙桃市						1
汉川市						2
鄂州市						1
大冶市			1	13		1
武穴市				26		
宜昌市	1				1	
枝江市		3			2	3
天门市				1	2	12
曾都区						5
襄阳区		1				1
广水市						1
利川市						
咸安区		1				9
巴东县						2
竹溪县				1		21
神农架林区						1
红安县				1		
南漳县		1				
通城县		2				2
监利县					3	5
黄梅县						
江陵县						
蕲春县						4
京山县						1

4－73 续表 4

单位：人

地区	文化服务		其他		未曾接受任何服务或扶助	
	城镇	农村	城镇	农村	城镇	农村
总计	**15**	**45**	**18**	**25**	**801**	**3494**
黄陂区					53	66
武昌区	1				99	
黄石市	2		3		39	
江夏区		1		1	51	52
硚口区	2		1		20	
丹江口市	6	23			18	96
江汉区	1		1		96	
仙桃市					47	99
汉川市						138
鄂州市				3	8	95
大冶市					15	66
武穴市		9				136
宜昌市			1	1	80	57
枝江市		1			21	94
天门市	2	9		1	40	157
曾都区	1	2			34	113
襄阳区				1	13	117
广水市			6	1	23	92
利川市						203
咸安区				2	42	108
巴东县						209
竹溪县						182
神农架林区			1		5	254
红安县					5	71
南漳县					14	132
通城县			4	4	18	87
监利县					19	142
黄梅县						142
江陵县						130
蕲春县				8		322
京山县			1	3	41	134

4－74 各地区视力残疾人分城乡的曾接受服务或扶助

单位：人

地 区	合计		医疗服务与救助		辅助器具	
	城镇	农村	城镇	农村	城镇	农村
总 计	**420**	**1008**	**120**	**211**	**68**	**21**
黄陂区	8	5	4	1		
武昌区	42					
黄石市	33		18		12	
江夏区	8	16	1	1		
硚口区	121		43		42	
丹江口市	35	88	14	39		1
江汉区	40		9		5	
仙桃市	16	41				
汉川市		52		15		4
鄂州市	1	33	1	12		
大冶市	11	39	4	12		
武穴市		25		7		
宜昌市	21	9	4	1		
枝江市	9	31	2	12	1	4
天门市	7	38		2		
曾都区	10	32		2		2
襄阳区	4	31	2	9		
广水市	2	7				
利川市		30				
咸安区	8	46		1		
巴东县		42		1		
竹溪县		70		15		
神农架林区		35				
红安县	9	25	6	17	2	1
南漳县	10	14	2	2	2	1
通城县	13	54	9	31	4	5
监利县	2	24		4		
黄梅县		55		3		
江陵县		35		10		1
蕲春县		90		12		2
京山县	10	41	1	2		

4－74 续表 1

单位：人

地区	康复训练与服务		教育费用补助或减免		职业教育与培训	
	城镇	农村	城镇	农村	城镇	农村
总　计	**37**	**16**	**9**	**6**	**4**	
黄陂区						
武昌区					2	
黄石市	1					
江夏区				2		
硚口区	32		2			
丹江口市						
江汉区	1		3		2	
仙桃市						
汉川市		1				
鄂州市						
大冶市			2	2		
武穴市						
宜昌市			1			
枝江市	3	7		1		
天门市						
曾都区			1			
襄阳区						
广水市						
利川市						
咸安区						
巴东县						
竹溪县						
神农架林区						
红安县				1		
南漳县						
通城县		5				
监利县						
黄梅县						
江陵县						
蕲春县		2				
京山县		1				

4－74 续表 2

单位：人

地区	就业安置或扶持		贫困残疾人救助与扶持		法律援助与服务	
	城镇	农村	城镇	农村	城镇	农村
总　计	**5**	**1**	**20**	**89**		**2**
黄陂区						
武昌区	2		5			
黄石市						
江夏区				4		
硚口区						
丹江口市			1	12		
江汉区	3		1			
仙桃市						
汉川市						
鄂州市						
大冶市			4	7		
武穴市				7		
宜昌市						
枝江市				3		
天门市						
曾都区				1		
襄阳区			2	8		
广水市				1		
利川市				3		
咸安区			2	12		2
巴东县		1		6		
竹溪县				1		
神农架林区				5		
红安县				1		
南漳县			2	2		
通城县				4		
监利县			2			
黄梅县						
江陵县						
蕲春县				11		
京山县			1	1		

4－74 续表 3

单位：人

地　区	无障碍设施		信息无障碍		生活服务	
	城镇	农村	城镇	农村	城镇	农村
总　计	**24**	**18**	**4**	**17**	**11**	**28**
黄陂区						
武昌区						
黄石市						
江夏区	1	1	2	3	2	
硚口区					1	
丹江口市	13	14			1	
江汉区	9		1		5	
仙桃市						
汉川市						
鄂州市						
大冶市			1	12		1
武穴市						
宜昌市	1					
枝江市					2	2
天门市						
曾都区						
襄阳区		1				
广水市						
利川市						
咸安区						9
巴东县						
竹溪县				1		15
神农架林区						
红安县				1		
南漳县						
通城县		2				1
监利县						
黄梅县						
江陵县						
蕲春县						
京山县						

4－74 续表 4

单位：人

地　区	文化服务		其他		未曾接受任何服务或扶助	
	城镇	农村	城镇	农村	城镇	农村
总　计	**7**	**24**	**1**	**12**	**110**	**563**
黄陂区					4	4
武昌区					33	
黄石市					2	
江夏区		1			2	4
硚口区					1	
丹江口市	6	22				
江汉区	1					
仙桃市					16	41
汉川市						32
鄂州市				1		20
大冶市						5
武穴市						11
宜昌市					15	8
枝江市		1			1	1
天门市					7	36
曾都区					9	27
襄阳区						13
广水市					2	6
利川市						27
咸安区				2	6	20
巴东县						34
竹溪县						38
神农架林区						30
红安县					1	4
南漳县					4	9
通城县				4		2
监利县						20
黄梅县						52
江陵县						24
蕲春县				4		59
京山县			1	1	7	36

4－75 各地区听力残疾人分城乡的曾接受服务或扶助

单位：人

地 区	合计		医疗服务与救助		辅助器具	
	城镇	农村	城镇	农村	城镇	农村
总 计	**348**	**1171**	**45**	**52**	**20**	**16**
黄陂区	14	14	5	1		2
武昌区	35		1		1	
黄石市	48		19		9	
江夏区	25	8	1		3	1
硚口区	18		4			
丹江口市	12	42	1			
江汉区	30		1			
仙桃市	20	28				
汉川市		53		10		1
鄂州市	2	17				
大冶市	8	32	2	12	3	3
武穴市		84				1
宜昌市	39	24	5		2	
枝江市	9	50		1		
天门市	13	53				
曾都区	13	44	3	7		2
襄阳区	2	43		13		
广水市	9	37				1
利川市		40				
咸安区	8	36				
巴东县		53				
竹溪县		61				
神农架林区	4	122		1		
红安县	3	23	1	5		1
南漳县	6	43				
通城县	6	15	1		1	
监利县	9	55	1		1	2
黄梅县		40				2
江陵县		25				
蕲春县		82		1		
京山县	15	47		1		

4－75　续表 1

单位：人

地　区	康复训练与服务		教育费用补助或减免		职业教育与培训	
	城镇	农村	城镇	农村	城镇	农村
总　计	**4**	**3**	**2**	**1**	**1**	
黄陂区						
武昌区						
黄石市	2				1	
江夏区	1					
硚口区						
丹江口市						
江汉区	1		1			
仙桃市						
汉川市		1				
鄂州市						
大冶市						
武穴市						
宜昌市			1			
枝江市						
天门市						
曾都区						
襄阳区						
广水市						
利川市						
咸安区				1		
巴东县						
竹溪县						
神农架林区						
红安县						
南漳县						
通城县						
监利县						
黄梅县		1				
江陵县						
蕲春县						
京山县		1				

4－75 续表 2

单位：人

地 区	就业安置或扶持		贫困残疾人救助与扶持		法律援助与服务	
	城镇	农村	城镇	农村	城镇	农村
总 计	**2**		**3**	**49**	**3**	**1**
黄陂区						
武昌区						
黄石市	2		2		3	
江夏区						
硚口区						
丹江口市			1	6		
江汉区						
仙桃市						
汉川市						
鄂州市				1		
大冶市				3		
武穴市				8		1
宜昌市						
枝江市						
天门市						
曾都区				5		
襄阳区						
广水市				2		
利川市						
咸安区						
巴东县				6		
竹溪县				4		
神农架林区				11		
红安县						
南漳县						
通城县						
监利县						
黄梅县				2		
江陵县						
蕲春县						
京山县				1		

4－75 续表 3

单位：人

地区	无障碍设施		信息无障碍		生活服务	
	城镇	农村	城镇	农村	城镇	农村
总 计	**1**		**5**	**1**	**3**	**3**
黄陂区						
武昌区						
黄石市					1	
江夏区			5			
硚口区	1					
丹江口市						2
江汉区						
仙桃市						
汉川市						
鄂州市						
大冶市						
武穴市				1		
宜昌市						
枝江市						
天门市						1
曾都区						
襄阳区						
广水市						
利川市						
咸安区						
巴东县						
竹溪县						
神农架林区						
红安县						
南漳县						
通城县						
监利县					2	
黄梅县						
江陵县						
蕲春县						
京山县						

4-75 续表 4

单位：人

地区	文化服务		其他		未曾接受任何服务或扶助	
	城镇	农村	城镇	农村	城镇	农村
总计	**1**	**1**	**5**	**1**	**253**	**1043**
黄陂区					9	11
武昌区					33	
黄石市	1		1		7	
江夏区					15	7
硚口区					13	
丹江口市					10	34
江汉区					27	
仙桃市					20	28
汉川市						41
鄂州市				1	2	15
大冶市					3	14
武穴市		1				72
宜昌市					31	24
枝江市					9	49
天门市					13	52
曾都区					10	30
襄阳区					2	30
广水市					9	34
利川市						40
咸安区					8	35
巴东县						47
竹溪县						57
神农架林区					4	110
红安县					2	17
南漳县					6	43
通城县			4			15
监利县					5	53
黄梅县						35
江陵县						25
蕲春县						81
京山县					15	44

4-76 各地区言语残疾人分城乡的曾接受服务或扶助

单位：人

地 区	合计		医疗服务与救助		辅助器具	
	城镇	农村	城镇	农村	城镇	农村
总 计	**18**	**94**	**7**	**10**		**1**
黄陂区						
武昌区						
黄石市	1		1			
江夏区	1	2		1		
硚口区	2		2			
丹江口市		1		1		
江汉区						
仙桃市		4				
汉川市		4				
鄂州市	2	1				
大冶市		2				1
武穴市		1				
宜昌市		1				
枝江市	1					
天门市	2	3		1		
曾都区		3				
襄阳区		6		1		
广水市		2				
利川市		2				
咸安区	3	3				
巴东县		5				
竹溪县		8				
神农架林区		18				
红安县	6	6	4	5		
南漳县		11		1		
通城县		2				
监利县						
黄梅县		2				
江陵县		2				
蕲春县		5				
京山县						

4-76 续表 1

单位：人

地 区	康复训练与服务		教育费用补助或减免		职业教育与培训	
	城镇	农村	城镇	农村	城镇	农村
总 计				**1**		
黄陂区						
武昌区						
黄石市						
江夏区				1		
硚口区						
丹江口市						
江汉区						
仙桃市						
汉川市						
鄂州市						
大冶市						
武穴市						
宜昌市						
枝江市						
天门市						
曾都区						
襄阳区						
广水市						
利川市						
咸安区						
巴东县						
竹溪县						
神农架林区						
红安县						
南漳县						
通城县						
监利县						
黄梅县						
江陵县						
蕲春县						
京山县						

4-76 续表 2

单位：人

地　区	就业安置或扶持		贫困残疾人救助与扶持		法律援助与服务	
	城镇	农村	城镇	农村	城镇	农村
总　计	**1**		**5**	**21**		
黄陂区						
武昌区						
黄石市						
江夏区						
硚口区						
丹江口市						
江汉区						
仙桃市						
汉川市						
鄂州市			2	1		
大冶市				1		
武穴市						
宜昌市						
枝江市						
天门市						
曾都区						
襄阳区						
广水市						
利川市						
咸安区	1		1			
巴东县				2		
竹溪县						
神农架林区				15		
红安县			2	1		
南漳县				1		
通城县						
监利县						
黄梅县						
江陵县						
蕲春县						
京山县						

4-76 续表 3

单位：人

地 区	无障碍设施		信息无障碍		生活服务	
	城镇	农村	城镇	农村	城镇	农村
总 计						
黄陂区						
武昌区						
黄石市						
江夏区						
硚口区						
丹江口市						
江汉区						
仙桃市						
汉川市						
鄂州市						
大冶市						
武穴市						
宜昌市						
枝江市						
天门市						
曾都区						
襄阳区						
广水市						
利川市						
咸安区						
巴东县						
竹溪县						
神农架林区						
红安县						
南漳县						
通城县						
监利县						
黄梅县						
江陵县						
蕲春县						
京山县						

4-76 续表 4

单位：人

地 区	文化服务		其他		未曾接受任何服务或扶助	
	城镇	农村	城镇	农村	城镇	农村
总 计					**5**	**61**
黄陂区						
武昌区						
黄石市						
江夏区					1	
硚口区						
丹江口市						
江汉区						
仙桃市						4
汉川市						4
鄂州市						
大冶市						
武穴市						1
宜昌市						1
枝江市					1	
天门市					2	2
曾都区						3
襄阳区						5
广水市						2
利川市						2
咸安区					1	3
巴东县						3
竹溪县						8
神农架林区						3
红安县						
南漳县						9
通城县						2
监利县						
黄梅县						2
江陵县						2
蕲春县						5
京山县						

4－77 各地区肢体残疾人分城乡的曾接受服务或扶助

单位：人

地 区	合计		医疗服务与救助		辅助器具	
	城镇	农村	城镇	农村	城镇	农村
总 计	**615**	**1468**	**182**	**428**	**15**	**28**
黄陂区	44	40	10			
武昌区	48		14		4	
黄石市	24					
江夏区	24	28				1
硚口区	61		53		1	
丹江口市	21	56	19	47		
江汉区	68		3			
仙桃市	33	37	21	31	1	1
汉川市		40		20		
鄂州市	4	36		1		
大冶市	20	57	13	38		1
武穴市		81		29		2
宜昌市	81	16	11	2	3	
枝江市	30	48	7	12	4	8
天门市	8	33				
曾都区	12	18				
襄阳区	14	64	4	25		2
广水市	18	33		3		
利川市		118		21		
咸安区	22	25				
巴东县		73		5		4
竹溪县		104		85		2
神农架林区	8	110	5	6		
红安县	12	59	10	21		
南漳县	18	107	11	76	2	5
通城县	13	47				1
监利县	13	44		1		
黄梅县		45				
江陵县		39				
蕲春县		52		3		
京山县	19	58	1	2		1

4－77 续表 1

单位：人

地区	康复训练与服务		教育费用补助或减免		职业教育与培训	
	城镇	农村	城镇	农村	城镇	农村
总计	**27**	**25**	**6**	**24**	**2**	
黄陂区						
武昌区	2		1		1	
黄石市						
江夏区				1		
硚口区	1				1	
丹江口市	2					
江汉区	3					
仙桃市	2	4				
汉川市				1		
鄂州市				1		
大冶市						
武穴市		1		3		
宜昌市	2		1			
枝江市	8	10				
天门市			2			
曾都区						
襄阳区		2	1			
广水市						
利川市				1		
咸安区	1					
巴东县		1				
竹溪县						
神农架林区	2					
红安县		3				
南漳县	2	1				
通城县			1	2		
监利县						
黄梅县				7		
江陵县						
蕲春县						
京山县	2	3		8		

4－77 续表 2

单位：人

地区	就业安置或扶持		贫困残疾人救助与扶持		法律援助与服务	
	城镇	农村	城镇	农村	城镇	农村
总　计	**20**	**4**	**86**	**166**	**2**	**2**
黄陂区						
武昌区	3		9			
黄石市			2			
江夏区			7	5		
硚口区	1		2			
丹江口市				7		
江汉区	5		5			
仙桃市			5			
汉川市				4		
鄂州市				1		
大冶市			2	1		
武穴市				7		1
宜昌市	9		28	1		
枝江市	1		4	5		
天门市			1	8		
曾都区			7	3		
襄阳区				9	1	
广水市				2		
利川市						
咸安区			3	6		
巴东县				8		
竹溪县				10		
神农架林区				29		
红安县			2	4		
南漳县				1	1	1
通城县			2	7		
监利县			6	7		
黄梅县				16		
江陵县				13		
蕲春县				1		
京山县	1	4	1	11		

4－77 续表 3

单位：人

地 区	无障碍设施		信息无障碍		生活服务	
	城镇	农村	城镇	农村	城镇	农村
总 计	**1**	**3**		**22**	**3**	**11**
黄陂区						
武昌区	1				2	
黄石市					1	
江夏区						
硚口区						
丹江口市						1
江汉区						
仙桃市						
汉川市						
鄂州市						
大冶市						
武穴市				22		
宜昌市						
枝江市		2				1
天门市						
曾都区						2
襄阳区						1
广水市						1
利川市						
咸安区						
巴东县						1
竹溪县						1
神农架林区						
红安县						
南漳县		1				
通城县						1
监利县						1
黄梅县						
江陵县						
蕲春县						1
京山县						

4－77 续表 4

单位：人

地 区	文化服务		其他		未曾接受任何服务或扶助	
	城镇	农村	城镇	农村	城镇	农村
总 计	**1**	**6**	**9**	**1**	**261**	**748**
黄陂区					34	40
武昌区	1				10	
黄石市			2		19	
江夏区					17	21
硚口区					2	
丹江口市						1
江汉区			1		51	
仙桃市					4	1
汉川市						15
鄂州市					4	33
大冶市					5	17
武穴市		6				10
宜昌市					27	13
枝江市					6	10
天门市					5	25
曾都区					5	13
襄阳区				1	8	24
广水市			6		12	27
利川市						96
咸安区					18	19
巴东县						54
竹溪县						6
神农架林区					1	75
红安县						31
南漳县					2	22
通城县					10	36
监利县					7	35
黄梅县						22
江陵县						26
蕲春县						47
京山县					14	29

4－78 各地区智力残疾人分城乡的曾接受服务或扶助

单位：人

地 区	合计		医疗服务与救助		辅助器具	
	城镇	农村	城镇	农村	城镇	农村
总 计	**133**	**571**	**24**	**84**	**2**	**4**
黄陂区	9	7	4	3	1	
武昌区	30		8			
黄石市	8		1			
江夏区	9	12				
硚口区	14		4			
丹江口市	8	36	1	2		
江汉区	8					
仙桃市	2	13				
汉川市		26				
鄂州市		30		6		3
大冶市	3	21		3		
武穴市		28		10		
宜昌市	7	6		1		
枝江市	2	16		2		
天门市	8	20				
曾都区						
襄阳区	2	22				
广水市		6				
利川市		28		4		
咸安区	6	27	3	10		
巴东县		27				
竹溪县		34		6		
神农架林区		18		17		
红安县	6	33	2	10	1	1
南漳县	1	24		3		
通城县	4	11				
监利县	5	17	1	1		
黄梅县		13		2		
江陵县		36				
蕲春县		48		1		
京山县	1	12		3		

4-78 续表 1

单位：人

地 区	康复训练与服务		教育费用补助或减免		职业教育与培训	
	城镇	农村	城镇	农村	城镇	农村
总 计	**14**	**20**	**2**	**4**	**1**	**1**
黄陂区	1					
武昌区	9		1			
黄石市	1					
江夏区						
硚口区	1					
丹江口市	1		1			
江汉区					1	
仙桃市						
汉川市						
鄂州市		7				
大冶市						
武穴市						
宜昌市	1					
枝江市		3		1		1
天门市						
曾都区						
襄阳区						
广水市						
利川市						
咸安区				1		
巴东县						
竹溪县		2				
神农架林区				1		
红安县		2				
南漳县		2				
通城县						
监利县						
黄梅县		3		1		
江陵县						
蕲春县						
京山县		1				

4－78　续表 2

单位：人

地　区	就业安置或扶持		贫困残疾人救助与扶持		法律援助与服务	
	城镇	农村	城镇	农村	城镇	农村
总　计	**2**		**31**	**89**		
黄陂区						
武昌区	2		9			
黄石市			2			
江夏区						
硚口区			2			
丹江口市			2	8		
江汉区			4			
仙桃市				1		
汉川市						
鄂州市				3		
大冶市				6		
武穴市				6		
宜昌市			5	1		
枝江市			1	1		
天门市			1	2		
曾都区						
襄阳区				3		
广水市						
利川市				4		
咸安区			2	4		
巴东县						
竹溪县				13		
神农架林区						
红安县			1	6		
南漳县				3		
通城县						
监利县			2			
黄梅县				2		
江陵县				3		
蕲春县				21		
京山县				2		

4－78 续表 3

单位：人

地 区	无障碍设施		信息无障碍		生活服务	
	城镇	农村	城镇	农村	城镇	农村
总 计			**1**		**6**	**4**
黄陂区						
武昌区					1	
黄石市					1	
江夏区						
硚口区			1		3	
丹江口市						
江汉区						
仙桃市						
汉川市						
鄂州市						1
大冶市						
武穴市						
宜昌市						
枝江市						
天门市						
曾都区						
襄阳区						
广水市						
利川市						
咸安区						
巴东县						
竹溪县						1
神农架林区						
红安县						
南漳县						
通城县						
监利县					1	
黄梅县						
江陵县						
蕲春县						1
京山县						1

4－78 续表 4

单位：人

地区	文化服务		其他		未曾接受任何服务或扶助	
	城镇	农村	城镇	农村	城镇	农村
总计	**3**		**1**	**3**	**46**	**362**
黄陂区					3	4
武昌区						
黄石市	1				2	
江夏区					9	12
硚口区	2		1			
丹江口市					3	26
江汉区					3	
仙桃市					2	12
汉川市						26
鄂州市						10
大冶市					3	12
武穴市						12
宜昌市					1	4
枝江市					1	8
天门市					7	18
曾都区						
襄阳区					2	19
广水市						6
利川市						20
咸安区					1	12
巴东县						27
竹溪县						12
神农架林区						
红安县					2	14
南漳县					1	16
通城县					4	11
监利县					1	16
黄梅县						5
江陵县						33
蕲春县				1		24
京山县				2	1	3

4－79 各地区精神残疾人分城乡的曾接受服务或扶助

单位：人

地区	合计		医疗服务与救助		辅助器具	
	城镇	农村	城镇	农村	城镇	农村
总计	**190**	**453**	**81**	**156**		
黄陂区	18	7	5	2		
武昌区	19					
黄石市	10		7			
江夏区	8	12	5	6		
硚口区	36		18			
丹江口市	9	17	6	6		
江汉区	14		3			
仙桃市	7	15	7	15		
汉川市		12		2		
鄂州市	3	7	3	2		
大冶市	3	14	1			
武穴市		12		8		
宜昌市	26	8	14	4		
枝江市	3	9	1			
天门市	6	37	1	9		
曾都区	4	32		1		
襄阳区		22		7		
广水市	4	16	4	7		
利川市		10		4		
咸安区	5	7				
巴东县		21		2		
竹溪县		8				
神农架林区		25		20		
红安县	4	20	4	16		
南漳县		15		5		
通城县	4	16				
监利县	5	21	2	9		
黄梅县		33		12		
江陵县		9		5		
蕲春县		35		13		
京山县	2	13		1		

4－79 续表 1

单位：人

地 区	康复训练与服务		教育费用补助或减免		职业教育与培训	
	城镇	农村	城镇	农村	城镇	农村
总 计	**4**	**3**	**1**	**4**		**1**
黄陂区						
武昌区						
黄石市						
江夏区				1		
硚口区	1					
丹江口市						
江汉区						
仙桃市						
汉川市		1				
鄂州市						
大冶市						
武穴市						
宜昌市	3					
枝江市			1			
天门市		1		2		
曾都区						
襄阳区						
广水市						
利川市						
咸安区				1		
巴东县						
竹溪县						
神农架林区						
红安县						
南漳县						
通城县						
监利县						1
黄梅县						
江陵县						
蕲春县						
京山县		1				

4－79 续表 2

单位：人

地区	就业安置或扶持		贫困残疾人救助与扶持		法律援助与服务	
	城镇	农村	城镇	农村	城镇	农村
总计	**1**	**3**	**40**	**65**	**1**	
黄陂区			13	4		
武昌区			2			
黄石市			1			
江夏区			3	5		
硚口区			9		1	
丹江口市				2		
江汉区						
仙桃市						
汉川市						
鄂州市				1		
大冶市				1		
武穴市				2		
宜昌市			8	4		
枝江市	1					
天门市		1	1	2		
曾都区			2	9		
襄阳区				3		
广水市				1		
利川市				3		
咸安区						
巴东县				1		
竹溪县						
神农架林区				3		
红安县				3		
南漳县				1		
通城县			1	1		
监利县		2		2		
黄梅县				12		
江陵县				1		
蕲春县				2		
京山县				2		

4－79 续表 3

单位：人

地 区	无障碍设施		信息无障碍		生活服务	
	城镇	农村	城镇	农村	城镇	农村
总 计				**1**	**9**	**14**
黄陂区						
武昌区						
黄石市					2	
江夏区						
硚口区					4	
丹江口市						
江汉区						
仙桃市						
汉川市						1
鄂州市						
大冶市						
武穴市						
宜昌市					1	
枝江市						
天门市				1	2	8
曾都区						
襄阳区						
广水市						
利川市						
咸安区						
巴东县						1
竹溪县						1
神农架林区						
红安县						
南漳县						
通城县						
监利县						3
黄梅县						
江陵县						
蕲春县						
京山县						

4－79 续表 4

单位：人

地 区	文化服务		其他		未曾接受任何服务或扶助	
	城镇	农村	城镇	农村	城镇	农村
总 计	**2**	**8**		**1**	**51**	**197**
黄陂区						1
武昌区					17	
黄石市						
江夏区						
硚口区					3	
丹江口市					3	9
江汉区					11	
仙桃市						
汉川市						8
鄂州市						4
大冶市					2	13
武穴市						2
宜昌市						
枝江市						9
天门市	2	8		1		4
曾都区					2	22
襄阳区						12
广水市						8
利川市						3
咸安区					5	6
巴东县						17
竹溪县						7
神农架林区						2
红安县						1
南漳县						9
通城县					3	15
监利县					3	4
黄梅县						9
江陵县						3
蕲春县						20
京山县					2	9

4－80　各地区多重残疾人分城乡的曾接受服务或扶助

单位：人

地　区	合计		医疗服务与救助		辅助器具	
	城镇	农村	城镇	农村	城镇	农村
总　计	**209**	**928**	**44**	**139**	**8**	**15**
黄陂区	5	11	2	4		1
武昌区	21		6			
黄石市	47		7		3	
江夏区	13	16	1	2	1	1
硚口区	14		10			
丹江口市	9	59	5	17		
江汉区	14		1		1	
仙桃市	7	20		2		
汉川市		20		3		1
鄂州市	2	22		1		
大冶市	5	26		7	1	1
武穴市		57		13		2
宜昌市	16	8	1			
枝江市	7	27	1	3	1	
天门市	8	34		2	1	
曾都区	14	39	1	2		2
襄阳区	3	26	1	6		
广水市	1	15	1	1		1
利川市		17		1		
咸安区	9	17	3			
巴东县		36				
竹溪县		87		15		1
神农架林区	3	94	2	23		
红安县		22		13		1
南漳县	5	40	2	11		
通城县	1	7				
监利县	3	20		2		
黄梅县		38		3		3
江陵县		19				
蕲春县		134		7		1
京山县	2	17		1		

4－80 续表 1

单位：人

地 区	康复训练与服务		教育费用补助或减免		职业教育与培训	
	城镇	农村	城镇	农村	城镇	农村
总 计	**15**	**24**	**4**	**7**	**10**	**1**
黄陂区						
武昌区	5					
黄石市	4				9	
江夏区		1				
硚口区						
丹江口市	1			2		
江汉区	2					
仙桃市						
汉川市				1		
鄂州市		2				
大冶市		2		1		
武穴市		4				
宜昌市	1		2		1	
枝江市	1	4				1
天门市		1	1	1		
曾都区		2	1	1		
襄阳区		1				
广水市				1		
利川市		1				
咸安区	1					
巴东县						
竹溪县						
神农架林区						
红安县		2				
南漳县		1				
通城县						
监利县						
黄梅县		2				
江陵县						
蕲春县						
京山县		1				

4－80 续表 2

单位：人

地 区	就业安置或扶持		贫困残疾人救助与扶持		法律援助与服务	
	城镇	农村	城镇	农村	城镇	农村
总 计	**15**	**2**	**31**	**183**		
黄陂区						
武昌区			3			
黄石市	10		4			
江夏区			3	3		
硚口区	1		2			
丹江口市			1	10		
江汉区	2		3			
仙桃市			2	4		
汉川市				2		
鄂州市		1		4		
大冶市			2	9		
武穴市				5		
宜昌市	1		3			
枝江市			1	1		
天门市				6		
曾都区			3	9		
襄阳区			1	5		
广水市		1		1		
利川市						
咸安区	1		1	3		
巴东县				9		
竹溪县				14		
神农架林区				36		
红安县				2		
南漳县			2	4		
通城县				1		
监利县				3		
黄梅县				13		
江陵县				2		
蕲春县				35		
京山县				2		

4－80　续表 3

单位：人

地　区	无障碍设施		信息无障碍		生活服务	
	城镇	农村	城镇	农村	城镇	农村
总　计		**3**		**4**	**4**	**17**
黄陂区						
武昌区					1	
黄石市					1	
江夏区					1	
硚口区						
丹江口市		1				2
江汉区					1	
仙桃市						1
汉川市						1
鄂州市						
大冶市				1		
武穴市				3		
宜昌市						
枝江市		1				
天门市						3
曾都区						3
襄阳区						
广水市						
利川市						
咸安区		1				
巴东县						
竹溪县						3
神农架林区						1
红安县						
南漳县						
通城县						
监利县						1
黄梅县						
江陵县						
蕲春县						2
京山县						

4－80 续表 4

单位：人

地 区	文化服务		其他		未曾接受任何服务或扶助	
	城镇	农村	城镇	农村	城镇	农村
总 计	**1**	**6**	**2**	**7**	**75**	**520**
黄陂区					3	6
武昌区					6	
黄石市					9	
江夏区				1	7	8
硚口区					1	
丹江口市		1			2	26
江汉区					4	
仙桃市					5	13
汉川市						12
鄂州市				1	2	13
大冶市					2	5
武穴市		2				28
宜昌市			1	1	6	7
枝江市					3	17
天门市		1			6	20
曾都区	1	2			8	18
襄阳区					1	14
广水市				1		9
利川市						15
咸安区					3	13
巴东县						27
竹溪县						54
神农架林区			1			34
红安县						4
南漳县					1	24
通城县					1	6
监利县					3	14
黄梅县						17
江陵县						17
蕲春县				3		86
京山县					2	13

4-81 各地区视力残疾人分残疾等级的曾接受服务或扶助

单位：人

地区	医疗服务与救助				辅助器具			
	残疾一级	残疾二级	残疾三级	残疾四级	残疾一级	残疾二级	残疾三级	残疾四级
总　计	**86**	**48**	**44**	**153**	**7**	**14**	**18**	**50**
黄陂区	1	1		3				
武昌区								
黄石市	2	3	4	9	1	2	3	6
江夏区				2				
硚口区	3	8	12	20	3	9	10	20
丹江口市	15	3	7	28				1
江汉区	1	1		7				5
仙桃市								
汉川市	3	3	5	4	1	1	2	
鄂州市	3	3	2	5				
大冶市	7	4	1	4				
武穴市	2	1		4				
宜昌市	3			2				
枝江市	4	3	1	6	1	2		2
天门市	1			1				
曾都区				2				2
襄阳区	5	2	2	2				
广水市								
利川市								
咸安区	1							
巴东县				1				
竹溪县	6	7	2					
神农架林区								
红安县	6	1	1	15	1			2
南漳县	1			3				3
通城县	15	4	4	17			2	7
监利县	1		2	1				
黄梅县				3				
江陵县	1			9				1
蕲春县	3	3	1	5			1	1
京山县	2	1						

4-81 续表 1

单位：人

地 区	康复训练与服务				教育费用补助或减免			
	残疾一级	残疾二级	残疾三级	残疾四级	残疾一级	残疾二级	残疾三级	残疾四级
总 计	**9**	**10**	**14**	**20**	**9**	**2**	**1**	**3**
黄陂区								
武昌区								
黄石市	1							
江夏区					2			
硚口区	1	5	12	14		1	1	
丹江口市								
江汉区	1				2	1		
仙桃市								
汉川市		1						
鄂州市								
大冶市					3			1
武穴市								
宜昌市					1			
枝江市	3	3	1	3				1
天门市								
曾都区								1
襄阳区								
广水市								
利川市								
咸安区								
巴东县								
竹溪县								
神农架林区								
红安县					1			
南漳县								
通城县	2			3				
监利县								
黄梅县								
江陵县								
蕲春县	1		1					
京山县		1						

4-81 续表 2

单位：人

地区	职业教育与培训				就业安置或扶持			
	残疾一级	残疾二级	残疾三级	残疾四级	残疾一级	残疾二级	残疾三级	残疾四级
总　计	**4**				**4**	**1**		**1**
黄陂区								
武昌区	2				2			
黄石市								
江夏区								
硚口区								
丹江口市								
江汉区	2				2	1		
仙桃市								
汉川市								
鄂州市								
大冶市								
武穴市								
宜昌市								
枝江市								
天门市								
曾都区								
襄阳区								
广水市								
利川市								
咸安区								
巴东县								1
竹溪县								
神农架林区								
红安县								
南漳县								
通城县								
监利县								
黄梅县								
江陵县								
蕲春县								
京山县								

4-81 续表 3

单位：人

地　区	贫困残疾人救助与扶持				法律援助与服务			
	残疾一级	残疾二级	残疾三级	残疾四级	残疾一级	残疾二级	残疾三级	残疾四级
总　计	**58**	**12**	**8**	**31**	**2**			
黄陂区								
武昌区	2			3				
黄石市								
江夏区	2		1	1				
硚口区								
丹江口市	7	3	1	2				
江汉区		1						
仙桃市								
汉川市								
鄂州市								
大冶市	7		2	2				
武穴市	6			1				
宜昌市								
枝江市	2			1				
天门市								
曾都区				1				
襄阳区	4	2	2	2				
广水市	1							
利川市	3							
咸安区	9	2	1	2	2			
巴东县	2			4				
竹溪县	1							
神农架林区	2	1		2				
红安县	1							
南漳县	1			3				
通城县	2			2				
监利县	1		1					
黄梅县								
江陵县								
蕲春县	4	2		5				
京山县	1	1						

4-81 续表 4

单位：人

地 区	无障碍设施				信息无障碍			
	残疾一级	残疾二级	残疾三级	残疾四级	残疾一级	残疾二级	残疾三级	残疾四级
总 计	**10**	**1**	**5**	**26**	**6**	**6**		**9**
黄陂区								
武昌区								
黄石市								
江夏区				2		1		4
硚口区								
丹江口市	6		5	16				
江汉区	1	1		7		1		
仙桃市								
汉川市								
鄂州市								
大冶市					4	4		5
武穴市								
宜昌市	1							
枝江市								
天门市								
曾都区								
襄阳区	1							
广水市								
利川市								
咸安区								
巴东县								
竹溪县					1			
神农架林区								
红安县					1			
南漳县								
通城县	1			1				
监利县								
黄梅县								
江陵县								
蕲春县								
京山县								

4-81 续表 5

单位：人

地 区	生活服务				文化服务			
	残疾一级	残疾二级	残疾三级	残疾四级	残疾一级	残疾二级	残疾三级	残疾四级
总 计	**21**	**6**	**3**	**9**	**6**		**5**	**20**
黄陂区								
武昌区								
黄石市								
江夏区			1	1				1
硚口区			1					
丹江口市	1				5		5	18
江汉区	1	1		3	1			
仙桃市								
汉川市								
鄂州市								
大冶市				1				
武穴市								
宜昌市								
枝江市	1		1	2				1
天门市								
曾都区								
襄阳区								
广水市								
利川市								
咸安区	7	1		1				
巴东县								
竹溪县	11	4						
神农架林区								
红安县								
南漳县								
通城县				1				
监利县								
黄梅县								
江陵县								
蕲春县								
京山县								

4-81 续表 6

单位：人

地 区	其他				未曾接受任何服务或扶助			
	残疾一级	残疾二级	残疾三级	残疾四级	残疾一级	残疾二级	残疾三级	残疾四级
总 计	**9**	**1**		**3**	**190**	**81**	**75**	**327**
黄陂区					2	5	1	
武昌区					6		1	26
黄石市								2
江夏区					2	1	2	1
硚口区								1
丹江口市								
江汉区								
仙桃市					18	3	2	34
汉川市					3	10	2	17
鄂州市	1				4	2	2	12
大冶市					3			2
武穴市					4		1	6
宜昌市					7		1	15
枝江市					1		1	
天门市					11	3	1	28
曾都区					13	3	4	16
襄阳区					5		1	7
广水市					1	1	1	5
利川市					4	7	9	7
咸安区	1			1	5	6	6	9
巴东县					6	3	5	20
竹溪县					29	8	1	
神农架林区					11	3	5	11
红安县								5
南漳县					6		4	3
通城县	4							2
监利县					11	2	5	2
黄梅县					5	4	8	35
江陵县					6	4	1	13
蕲春县	2			2	14	4	5	36
京山县	1	1			13	12	6	12

4－82　各地区听力残疾人分残疾等级的曾接受服务或扶助

单位：人

地　区	医疗服务与救助				辅助器具			
	残疾一级	残疾二级	残疾三级	残疾四级	残疾一级	残疾二级	残疾三级	残疾四级
总　计	**9**	**10**	**49**	**29**	**4**	**4**	**19**	**9**
黄陂区	1		2	3		1	1	
武昌区			1					1
黄石市	1		14	4	1	1	5	2
江夏区			1				2	2
硚口区			4					
丹江口市	1							
江汉区			1					
仙桃市								
汉川市		1	4	5				1
鄂州市								
大冶市	1	1	7	5	1		4	1
武穴市							1	
宜昌市			2	3			2	
枝江市		1						
天门市								
曾都区	1	4	3	2			2	
襄阳区	2		6	5				
广水市							1	
利川市								
咸安区								
巴东县								
竹溪县								
神农架林区			1					
红安县	1	1	2	2			1	
南漳县								
通城县	1				1			
监利县			1			1		2
黄梅县					1	1		
江陵县								
蕲春县		1						
京山县		1						

4－82 续表 1

单位：人

地　区	康复训练与服务				教育费用补助或减免			
	残疾一级	残疾二级	残疾三级	残疾四级	残疾一级	残疾二级	残疾三级	残疾四级
总　计	**2**	**1**	**2**	**2**	**1**		**1**	**1**
黄陂区								
武昌区								
黄石市			2					
江夏区				1				
硚口区								
丹江口市								
江汉区	1				1			
仙桃市								
汉川市				1				
鄂州市								
大冶市								
武穴市								
宜昌市							1	
枝江市								
天门市								
曾都区								
襄阳区								
广水市								
利川市								
咸安区								1
巴东县								
竹溪县								
神农架林区								
红安县								
南漳县								
通城县								
监利县								
黄梅县	1							
江陵县								
蕲春县								
京山县		1						

4－82 续表 2

单位：人

地　区	职业教育与培训				就业安置或扶持			
	残疾一级	残疾二级	残疾三级	残疾四级	残疾一级	残疾二级	残疾三级	残疾四级
总　计			**1**				**1**	**1**
黄陂区								
武昌区								
黄石市			1				1	1
江夏区								
硚口区								
丹江口市								
江汉区								
仙桃市								
汉川市								
鄂州市								
大冶市								
武穴市								
宜昌市								
枝江市								
天门市								
曾都区								
襄阳区								
广水市								
利川市								
咸安区								
巴东县								
竹溪县								
神农架林区								
红安县								
南漳县								
通城县								
监利县								
黄梅县								
江陵县								
蕲春县								
京山县								

4－82 续表 3

单位：人

地 区	贫困残疾人救助与扶持				法律援助与服务			
	残疾一级	残疾二级	残疾三级	残疾四级	残疾一级	残疾二级	残疾三级	残疾四级
总 计	**10**	**9**	**25**	**8**			**2**	**2**
黄陂区								
武昌区								
黄石市			1	1			2	1
江夏区								
硚口区								
丹江口市	1		5	1				
江汉区								
仙桃市								
汉川市								
鄂州市	1							
大冶市		2		1				
武穴市	2	2	4					1
宜昌市								
枝江市								
天门市								
曾都区		1	3	1				
襄阳区								
广水市			2					
利川市								
咸安区								
巴东县	1	1	2	2				
竹溪县	2		1	1				
神农架林区	2	2	6	1				
红安县								
南漳县								
通城县								
监利县								
黄梅县		1	1					
江陵县								
蕲春县								
京山县	1							

4－82 续表 4

单位：人

地 区	无障碍设施				信息无障碍			
	残疾一级	残疾二级	残疾三级	残疾四级	残疾一级	残疾二级	残疾三级	残疾四级
总 计	**1**						**4**	**2**
黄陂区								
武昌区								
黄石市								
江夏区							4	1
硚口区	1							
丹江口市								
江汉区								
仙桃市								
汉川市								
鄂州市								
大冶市								
武穴市								1
宜昌市								
枝江市								
天门市								
曾都区								
襄阳区								
广水市								
利川市								
咸安区								
巴东县								
竹溪县								
神农架林区								
红安县								
南漳县								
通城县								
监利县								
黄梅县								
江陵县								
蕲春县								
京山县								

4－82 续表 5

单位：人

地 区	生活服务				文化服务			
	残疾一级	残疾二级	残疾三级	残疾四级	残疾一级	残疾二级	残疾三级	残疾四级
总 计			**5**	**1**			**1**	**1**
黄陂区								
武昌区								
黄石市			1				1	
江夏区								
硚口区								
丹江口市			2					
江汉区								
仙桃市								
汉川市								
鄂州市								
大冶市								
武穴市								1
宜昌市								
枝江市								
天门市			1					
曾都区								
襄阳区								
广水市								
利川市								
咸安区								
巴东县								
竹溪县								
神农架林区								
红安县								
南漳县								
通城县								
监利县			1	1				
黄梅县								
江陵县								
蕲春县								
京山县								

4－82 续表 6

单位：人

地区	其他				未曾接受任何服务或扶助			
	残疾一级	残疾二级	残疾三级	残疾四级	残疾一级	残疾二级	残疾三级	残疾四级
总计		**2**	**4**		**181**	**207**	**575**	**333**
黄陂区						1	7	12
武昌区					1	4	16	12
黄石市			1		2		4	1
江夏区					3	6	8	5
硚口区						2	11	
丹江口市					7	5	24	8
江汉区					6	2	17	2
仙桃市					6	4	15	23
汉川市					2	3	17	19
鄂州市			1		2	4	7	4
大冶市					2	2	8	5
武穴市					18	24	25	5
宜昌市					6	11	20	18
枝江市					9	13	19	17
天门市					6	4	30	25
曾都区					2	3	18	17
襄阳区					5	5	15	7
广水市					8	4	14	17
利川市					3	5	22	10
咸安区					4	6	18	15
巴东县					14	5	13	15
竹溪县					14	18	20	5
神农架林区					8	21	58	27
红安县					2	2	7	8
南漳县					17	13	17	2
通城县		2	2		2	2	6	5
监利县					15	11	21	11
黄梅县					5	13	13	4
江陵县					4	3	13	5
蕲春县					2	2	59	18
京山县					6	9	33	11

4-83 各地区言语残疾人分残疾等级的曾接受服务或扶助

单位：人

地区	医疗服务与救助				辅助器具			
	残疾一级	残疾二级	残疾三级	残疾四级	残疾一级	残疾二级	残疾三级	残疾四级
总　计	**5**		**5**	**7**			**1**	
黄陂区								
武昌区								
黄石市	1							
江夏区			1					
硚口区	2							
丹江口市	1							
江汉区								
仙桃市								
汉川市								
鄂州市								
大冶市							1	
武穴市								
宜昌市								
枝江市								
天门市			1					
曾都区								
襄阳区			1					
广水市								
利川市								
咸安区								
巴东县								
竹溪县								
神农架林区								
红安县	1		1	7				
南漳县			1					
通城县								
监利县								
黄梅县								
江陵县								
蕲春县								
京山县								

4－83 续表 1

单位：人

地 区	康复训练与服务				教育费用补助或减免			
	残疾一级	残疾二级	残疾三级	残疾四级	残疾一级	残疾二级	残疾三级	残疾四级
总 计							**1**	
黄陂区								
武昌区								
黄石市								
江夏区							1	
硚口区								
丹江口市								
江汉区								
仙桃市								
汉川市								
鄂州市								
大冶市								
武穴市								
宜昌市								
枝江市								
天门市								
曾都区								
襄阳区								
广水市								
利川市								
咸安区								
巴东县								
竹溪县								
神农架林区								
红安县								
南漳县								
通城县								
监利县								
黄梅县								
江陵县								
蕲春县								
京山县								

4－83 续表 2

单位：人

地 区	职业教育与培训				就业安置或扶持			
	残疾一级	残疾二级	残疾三级	残疾四级	残疾一级	残疾二级	残疾三级	残疾四级
总 计					**1**			
黄陂区								
武昌区								
黄石市								
江夏区								
硚口区								
丹江口市								
江汉区								
仙桃市								
汉川市								
鄂州市								
大冶市								
武穴市								
宜昌市								
枝江市								
天门市								
曾都区								
襄阳区								
广水市								
利川市								
咸安区					1			
巴东县								
竹溪县								
神农架林区								
红安县								
南漳县								
通城县								
监利县								
黄梅县								
江陵县								
蕲春县								
京山县								

4－83 续表 3

单位：人

地 区	贫困残疾人救助与扶持				法律援助与服务			
	残疾一级	残疾二级	残疾三级	残疾四级	残疾一级	残疾二级	残疾三级	残疾四级
总 计	**12**	**2**	**5**	**7**				
黄陂区								
武昌区								
黄石市								
江夏区								
硚口区								
丹江口市								
江汉区								
仙桃市								
汉川市								
鄂州市	1			2				
大冶市			1					
武穴市								
宜昌市								
枝江市								
天门市								
曾都区								
襄阳区								
广水市								
利川市								
咸安区	1							
巴东县		1	1					
竹溪县								
神农架林区	9	1	3	2				
红安县				3				
南漳县	1							
通城县								
监利县								
黄梅县								
江陵县								
蕲春县								
京山县								

4－83 续表 4

单位：人

地 区	无障碍设施				信息无障碍			
	残疾一级	残疾二级	残疾三级	残疾四级	残疾一级	残疾二级	残疾三级	残疾四级
总 计								
黄陂区								
武昌区								
黄石市								
江夏区								
硚口区								
丹江口市								
江汉区								
仙桃市								
汉川市								
鄂州市								
大冶市								
武穴市								
宜昌市								
枝江市								
天门市								
曾都区								
襄阳区								
广水市								
利川市								
咸安区								
巴东县								
竹溪县								
神农架林区								
红安县								
南漳县								
通城县								
监利县								
黄梅县								
江陵县								
蕲春县								
京山县								

4－83 续表 5

单位：人

地　区	生活服务				文化服务			
	残疾一级	残疾二级	残疾三级	残疾四级	残疾一级	残疾二级	残疾三级	残疾四级
总　计								
黄陂区								
武昌区								
黄石市								
江夏区								
硚口区								
丹江口市								
江汉区								
仙桃市								
汉川市								
鄂州市								
大冶市								
武穴市								
宜昌市								
枝江市								
天门市								
曾都区								
襄阳区								
广水市								
利川市								
咸安区								
巴东县								
竹溪县								
神农架林区								
红安县								
南漳县								
通城县								
监利县								
黄梅县								
江陵县								
蕲春县								
京山县								

4－83 续表 6

单位：人

地区	其他				未曾接受任何服务或扶助			
	残疾一级	残疾二级	残疾三级	残疾四级	残疾一级	残疾二级	残疾三级	残疾四级
总　计					**24**	**11**	**13**	**18**
黄陂区								
武昌区								
黄石市								
江夏区								1
硚口区								
丹江口市								
江汉区								
仙桃市					1	1		2
汉川市					3			1
鄂州市								
大冶市								
武穴市							1	
宜昌市						1		
枝江市								1
天门市						1	3	
曾都区								3
襄阳区					1	1		3
广水市					1			1
利川市							1	1
咸安区					2	1		1
巴东县					2	1		
竹溪县					3	2	3	
神农架林区					2		1	
红安县								
南漳县					7		2	
通城县						2		
监利县								
黄梅县					1	1		
江陵县					1		1	
蕲春县							1	4
京山县								

4-84 各地区肢体残疾人分残疾等级的曾接受服务或扶助

单位：人

地区	医疗服务与救助				辅助器具			
	残疾一级	残疾二级	残疾三级	残疾四级	残疾一级	残疾二级	残疾三级	残疾四级
总　计	**20**	**63**	**108**	**419**	**2**	**10**	**13**	**18**
黄陂区			4	6				
武昌区		2	2	10		2	2	
黄石市								
江夏区					1			
硚口区	4	11	11	27			1	
丹江口市	2	3	5	56				
江汉区			1	2				
仙桃市	1	1	14	36			2	
汉川市		1	1	18				
鄂州市				1				
大冶市	1	2	6	42	1			
武穴市	1	4	10	14				2
宜昌市		3	2	8		1		2
枝江市	1	4	6	8		3	6	3
天门市								
曾都区								
襄阳区	2	3	3	21		2		
广水市		2		1				
利川市	1	2	6	12				
咸安区								
巴东县			1	4			1	3
竹溪县	5	9	9	62			1	1
神农架林区			2	9				
红安县		5	8	18				
南漳县	2	10	16	59		2		5
通城县								1
监利县				1				
黄梅县								
江陵县								
蕲春县			1	2				
京山县		1		2				1

4-84 续表 1

单位：人

地 区	康复训练与服务				教育费用补助或减免			
	残疾一级	残疾二级	残疾三级	残疾四级	残疾一级	残疾二级	残疾三级	残疾四级
总 计	**1**	**6**	**14**	**31**	**1**	**2**	**11**	**16**
黄陂区								
武昌区				2			1	
黄石市								
江夏区							1	
硚口区				1				
丹江口市				2				
江汉区			1	2				
仙桃市			3	3				
汉川市							1	
鄂州市								1
大冶市								
武穴市			1				1	2
宜昌市		1		1			1	
枝江市	1	3	6	8				
天门市								2
曾都区								
襄阳区				2				1
广水市								
利川市								1
咸安区				1				
巴东县				1				
竹溪县								
神农架林区			1	1				
红安县			1	2				
南漳县		1	1	1				
通城县							1	2
监利县								
黄梅县					1	1	2	3
江陵县								
蕲春县								
京山县		1		4		1	3	4

4-84 续表 2

单位：人

地区	职业教育与培训				就业安置或扶持			
	残疾一级	残疾二级	残疾三级	残疾四级	残疾一级	残疾二级	残疾三级	残疾四级
总　计				**2**		**1**	**4**	**19**
黄陂区								
武昌区				1		1		2
黄石市								
江夏区								
硚口区				1				1
丹江口市								
江汉区							1	4
仙桃市								
汉川市								
鄂州市								
大冶市								
武穴市								
宜昌市							2	7
枝江市								1
天门市								
曾都区								
襄阳区								
广水市								
利川市								
咸安区								
巴东县								
竹溪县								
神农架林区								
红安县								
南漳县								
通城县								
监利县								
黄梅县								
江陵县								
蕲春县								
京山县							1	4

4-84 续表 3

单位：人

地区	贫困残疾人救助与扶持				法律援助与服务			
	残疾一级	残疾二级	残疾三级	残疾四级	残疾一级	残疾二级	残疾三级	残疾四级
总　计	**18**	**30**	**63**	**141**			**1**	**3**
黄陂区								
武昌区	1	1	2	5				
黄石市				2				
江夏区	2	3		7				
硚口区		1	1					
丹江口市			1	6				
江汉区			1	4				
仙桃市	1		2	2				
汉川市			1	3				
鄂州市			1					
大冶市	1		1	1				
武穴市		1	3	3			1	
宜昌市			8	21				
枝江市	1	2		6				
天门市		2	2	5				
曾都区		3	2	5				
襄阳区		1	1	7				1
广水市		1		1				
利川市								
咸安区	2		3	4				
巴东县	1		4	3				
竹溪县	1	1	2	6				
神农架林区	5	5	2	17				
红安县		1	3	2				
南漳县				1				2
通城县	1	1	3	4				
监利县	1	3	6	3				
黄梅县		3	9	4				
江陵县	1		3	9				
蕲春县				1				
京山县		1	2	9				

4-84 续表 4

单位：人

地区	无障碍设施				信息无障碍			
	残疾一级	残疾二级	残疾三级	残疾四级	残疾一级	残疾二级	残疾三级	残疾四级
总计	**1**			**3**		**2**	**7**	**13**
黄陂区								
武昌区				1				
黄石市								
江夏区								
硚口区								
丹江口市								
江汉区								
仙桃市								
汉川市								
鄂州市								
大冶市								
武穴市						2	7	13
宜昌市								
枝江市				2				
天门市								
曾都区								
襄阳区								
广水市								
利川市								
咸安区								
巴东县								
竹溪县								
神农架林区								
红安县								
南漳县	1							
通城县								
监利县								
黄梅县								
江陵县								
蕲春县								
京山县								

4-84 续表 5

单位：人

地 区	生活服务				文化服务			
	残疾一级	残疾二级	残疾三级	残疾四级	残疾一级	残疾二级	残疾三级	残疾四级
总 计	**3**	**1**	**2**	**8**			**2**	**5**
黄陂区								
武昌区		1		1				1
黄石市				1				
江夏区								
硚口区								
丹江口市			1					
江汉区								
仙桃市								
汉川市								
鄂州市								
大冶市								
武穴市							2	4
宜昌市								
枝江市				1				
天门市								
曾都区	1			1				
襄阳区	1							
广水市				1				
利川市								
咸安区								
巴东县	1							
竹溪县			1					
神农架林区								
红安县								
南漳县								
通城县				1				
监利县				1				
黄梅县								
江陵县								
蕲春县				1				
京山县								

4-84 续表 6

单位：人

地 区	其他				未曾接受任何服务或扶助			
	残疾一级	残疾二级	残疾三级	残疾四级	残疾一级	残疾二级	残疾三级	残疾四级
总 计	**1**	**1**	**2**	**6**	**28**	**98**	**226**	**657**
黄陂区					1	16	33	24
武昌区						3		7
黄石市			1	1	2	2	9	6
江夏区					4	9	8	17
硚口区								2
丹江口市								1
江汉区				1			10	41
仙桃市						2	3	
汉川市					1	1	2	11
鄂州市					1	3	7	26
大冶市					1		5	16
武穴市							5	5
宜昌市					1	1	11	27
枝江市						5	1	10
天门市					2	2	4	22
曾都区						3	2	13
襄阳区	1					1	4	27
广水市		1	1	4	2	8	1	28
利川市					1	8	27	60
咸安区					3	4	9	21
巴东县						2	7	45
竹溪县							1	5
神农架林区					2	5	12	57
红安县						7	6	18
南漳县					1		7	16
通城县					1	4	8	33
监利县					1	6	16	19
黄梅县					1	1	10	10
江陵县					1	2	7	16
蕲春县					1	3	7	36
京山县					1		4	38

4-85 各地区智力残疾人分残疾等级的曾接受服务或扶助

单位：人

地 区	医疗服务与救助				辅助器具			
	残疾一级	残疾二级	残疾三级	残疾四级	残疾一级	残疾二级	残疾三级	残疾四级
总 计	**9**	**23**	**37**	**39**	**2**	**3**		**1**
黄陂区	1	4	1	1		1		
武昌区		2	3	3				
黄石市		1						
江夏区								
硚口区	1		3					
丹江口市	1		1	1				
江汉区								
仙桃市								
汉川市								
鄂州市		3	1	2		2		1
大冶市	1			2				
武穴市		1	2	7				
宜昌市		1						
枝江市		2						
天门市								
曾都区								
襄阳区								
广水市								
利川市				4				
咸安区	1		6	6				
巴东县								
竹溪县		2	1	3				
神农架林区		1	15	1				
红安县	2	3	3	4	2			
南漳县		3						
通城县								
监利县				2				
黄梅县	1			1				
江陵县								
蕲春县				1				
京山县	1		1	1				

4-85 续表 1

单位：人

地　区	康复训练与服务				教育费用补助或减免			
	残疾一级	残疾二级	残疾三级	残疾四级	残疾一级	残疾二级	残疾三级	残疾四级
总　计	**3**	**13**	**8**	**10**		**1**	**3**	**2**
黄陂区		1						
武昌区		2	3	4			1	
黄石市		1						
江夏区								
硚口区	1							
丹江口市	1						1	
江汉区								
仙桃市								
汉川市								
鄂州市		3	2	2				
大冶市								
武穴市								
宜昌市		1						
枝江市		3				1		
天门市								
曾都区								
襄阳区								
广水市								
利川市								
咸安区								1
巴东县								
竹溪县				2				
神农架林区								1
红安县			1	1				
南漳县		2						
通城县								
监利县								
黄梅县			2	1			1	
江陵县								
蕲春县								
京山县	1							

4-85 续表 2

单位：人

地　区	职业教育与培训				就业安置或扶持			
	残疾一级	残疾二级	残疾三级	残疾四级	残疾一级	残疾二级	残疾三级	残疾四级
总　计		**1**	**1**				**1**	**1**
黄陂区								
武昌区							1	1
黄石市								
江夏区								
硚口区								
丹江口市								
江汉区			1					
仙桃市								
汉川市								
鄂州市								
大冶市								
武穴市								
宜昌市								
枝江市		1						
天门市								
曾都区								
襄阳区								
广水市								
利川市								
咸安区								
巴东县								
竹溪县								
神农架林区								
红安县								
南漳县								
通城县								
监利县								
黄梅县								
江陵县								
蕲春县								
京山县								

4-85 续表 3

单位：人

地 区	贫困残疾人救助与扶持				法律援助与服务			
	残疾一级	残疾二级	残疾三级	残疾四级	残疾一级	残疾二级	残疾三级	残疾四级
总 计	**16**	**29**	**41**	**34**				
黄陂区								
武昌区		2	3	4				
黄石市		1	1					
江夏区								
硚口区			1	1				
丹江口市	2	2	4	2				
江汉区			4					
仙桃市			1					
汉川市								
鄂州市		1	2					
大冶市	4		1	1				
武穴市		1	1	4				
宜昌市		3		3				
枝江市		2						
天门市		1	1	1				
曾都区								
襄阳区	2			1				
广水市								
利川市		3		1				
咸安区	1		2	3				
巴东县								
竹溪县	5	4	3	1				
神农架林区								
红安县	1	2	1	3				
南漳县		3						
通城县								
监利县			1	1				
黄梅县		1	1					
江陵县			3					
蕲春县	1	3	9	8				
京山县			2					

4-85 续表 4

单位：人

地 区	无障碍设施				信息无障碍			
	残疾一级	残疾二级	残疾三级	残疾四级	残疾一级	残疾二级	残疾三级	残疾四级
总 计							**1**	
黄陂区								
武昌区								
黄石市								
江夏区								
硚口区							1	
丹江口市								
江汉区								
仙桃市								
汉川市								
鄂州市								
大冶市								
武穴市								
宜昌市								
枝江市								
天门市								
曾都区								
襄阳区								
广水市								
利川市								
咸安区								
巴东县								
竹溪县								
神农架林区								
红安县								
南漳县								
通城县								
监利县								
黄梅县								
江陵县								
蕲春县								
京山县								

4-85 续表 5

单位：人

地　区	生活服务				文化服务			
	残疾一级	残疾二级	残疾三级	残疾四级	残疾一级	残疾二级	残疾三级	残疾四级
总　计	**2**	**1**	**3**	**4**		**1**	**2**	
黄陂区								
武昌区			1					
黄石市		1				1		
江夏区								
硚口区	1		1	1			2	
丹江口市								
江汉区								
仙桃市								
汉川市								
鄂州市			1					
大冶市								
武穴市								
宜昌市								
枝江市								
天门市								
曾都区								
襄阳区								
广水市								
利川市								
咸安区								
巴东县								
竹溪县				1				
神农架林区								
红安县								
南漳县								
通城县								
监利县				1				
黄梅县								
江陵县								
蕲春县				1				
京山县	1							

4-85 续表 6

单位：人

地区	其他				未曾接受任何服务或扶助			
	残疾一级	残疾二级	残疾三级	残疾四级	残疾一级	残疾二级	残疾三级	残疾四级
总　计			**3**	**1**	**30**	**72**	**135**	**171**
黄陂区						2	1	4
武昌区								
黄石市					1			1
江夏区					1	7	8	5
硚口区			1					
丹江口市					1	4	7	17
江汉区							2	1
仙桃市					1	6	1	6
汉川市					2	3	13	8
鄂州市						1	8	1
大冶市					5	4	3	3
武穴市					1	1	2	8
宜昌市							1	4
枝江市					3	2	2	2
天门市					2	5	7	11
曾都区								
襄阳区					4	7	5	5
广水市							3	3
利川市						7	4	9
咸安区						5	2	6
巴东县							3	24
竹溪县					2	1	5	4
神农架林区								
红安县						2	8	6
南漳县						4	6	7
通城县					1	1	8	5
监利县					2	2	5	8
黄梅县						1	3	1
江陵县					1	5	16	11
蕲春县				1	3	2	10	9
京山县			2				2	2

4－86 各地区精神残疾人分残疾等级的曾接受服务或扶助

单位：人

地 区	医疗服务与救助				辅助器具			
	残疾一级	残疾二级	残疾三级	残疾四级	残疾一级	残疾二级	残疾三级	残疾四级
总 计	**34**	**24**	**46**	**133**				
黄陂区			2	5				
武昌区								
黄石市	2		2	3				
江夏区	2	2	1	6				
硚口区	2	1	7	8				
丹江口市	3	3	3	3				
江汉区				3				
仙桃市	3		2	17				
汉川市		1		1				
鄂州市	1		1	3				
大冶市			1					
武穴市			1	7				
宜昌市	3	3	1	11				
枝江市		1						
天门市		1		9				
曾都区				1				
襄阳区	1			6				
广水市	3		3	5				
利川市	2			2				
咸安区								
巴东县				2				
竹溪县								
神农架林区	3	1	4	12				
红安县	1	3	7	9				
南漳县			1	4				
通城县								
监利县	1	4	3	3				
黄梅县		2	2	8				
江陵县			3	2				
蕲春县	7	2	1	3				
京山县			1					

4－86 续表 1

单位：人

地 区	康复训练与服务				教育费用补助或减免			
	残疾一级	残疾二级	残疾三级	残疾四级	残疾一级	残疾二级	残疾三级	残疾四级
总 计		**2**	**2**	**3**	**2**	**1**	**1**	**1**
黄陂区								
武昌区								
黄石市								
江夏区					1			
硚口区			1					
丹江口市								
江汉区								
仙桃市								
汉川市		1						
鄂州市								
大冶市								
武穴市								
宜昌市		1		2				
枝江市						1		
天门市				1			1	1
曾都区								
襄阳区								
广水市								
利川市								
咸安区					1			
巴东县								
竹溪县								
神农架林区								
红安县								
南漳县								
通城县								
监利县								
黄梅县								
江陵县								
蕲春县								
京山县			1					

4－86 续表 2

单位：人

地区	职业教育与培训				就业安置或扶持			
	残疾一级	残疾二级	残疾三级	残疾四级	残疾一级	残疾二级	残疾三级	残疾四级
总计			**1**			**1**	**2**	**1**
黄陂区								
武昌区								
黄石市								
江夏区								
硚口区								
丹江口市								
江汉区								
仙桃市								
汉川市								
鄂州市								
大冶市								
武穴市								
宜昌市								
枝江市						1		
天门市								1
曾都区								
襄阳区								
广水市								
利川市								
咸安区								
巴东县								
竹溪县								
神农架林区								
红安县								
南漳县								
通城县								
监利县			1				2	
黄梅县								
江陵县								
蕲春县								
京山县								

4－86 续表 3

单位：人

地 区	贫困残疾人救助与扶持				法律援助与服务			
	残疾一级	残疾二级	残疾三级	残疾四级	残疾一级	残疾二级	残疾三级	残疾四级
总 计	**23**	**15**	**23**	**44**				**1**
黄陂区		2	5	10				
武昌区			1	1				
黄石市	1							
江夏区	2	1	1	4				
硚口区	1		3	5				1
丹江口市		1	1					
江汉区								
仙桃市								
汉川市								
鄂州市	1							
大冶市			1					
武穴市				2				
宜昌市	3	2	1	6				
枝江市								
天门市	1		1	1				
曾都区	5	2	1	3				
襄阳区				3				
广水市				1				
利川市	2	1						
咸安区								
巴东县				1				
竹溪县								
神农架林区	1		1	1				
红安县		1	2					
南漳县	1							
通城县	2							
监利县		1		1				
黄梅县	1	4	2	5				
江陵县	1							
蕲春县	1		1					
京山县			2					

4－86　续表 4

单位：人

地　区	无障碍设施				信息无障碍			
	残疾一级	残疾二级	残疾三级	残疾四级	残疾一级	残疾二级	残疾三级	残疾四级
总　计								**1**
黄陂区								
武昌区								
黄石市								
江夏区								
硚口区								
丹江口市								
江汉区								
仙桃市								
汉川市								
鄂州市								
大冶市								
武穴市								
宜昌市								
枝江市								
天门市								1
曾都区								
襄阳区								
广水市								
利川市								
咸安区								
巴东县								
竹溪县								
神农架林区								
红安县								
南漳县								
通城县								
监利县								
黄梅县								
江陵县								
蕲春县								
京山县								

4－86 续表 5

单位：人

地　区	生活服务				文化服务			
	残疾一级	残疾二级	残疾三级	残疾四级	残疾一级	残疾二级	残疾三级	残疾四级
总　计	**3**	**4**	**2**	**14**	**1**	**1**		**8**
黄陂区								
武昌区								
黄石市	1			1				
江夏区								
硚口区	1		1	2				
丹江口市								
江汉区								
仙桃市								
汉川市		1						
鄂州市								
大冶市								
武穴市								
宜昌市		1						
枝江市								
天门市	1	1		8	1	1		8
曾都区								
襄阳区								
广水市								
利川市								
咸安区								
巴东县				1				
竹溪县				1				
神农架林区								
红安县								
南漳县								
通城县								
监利县		1	1	1				
黄梅县								
江陵县								
蕲春县								
京山县								

4－86 续表 6

单位：人

地区	其他				未曾接受任何服务或扶助			
	残疾一级	残疾二级	残疾三级	残疾四级	残疾一级	残疾二级	残疾三级	残疾四级
总　计			**1**		**72**	**36**	**46**	**94**
黄陂区								1
武昌区						2	13	2
黄石市								
江夏区								
硚口区								3
丹江口市					5	4	1	2
江汉区					3	1	5	2
仙桃市								
汉川市					4		3	1
鄂州市					2		1	1
大冶市					3	1	2	9
武穴市								2
宜昌市								
枝江市					2		4	3
天门市			1				1	3
曾都区					12	5	1	6
襄阳区								12
广水市					4	1	1	2
利川市						2		1
咸安区					1		6	4
巴东县						3		14
竹溪县					3	2	1	1
神农架林区						1		1
红安县								1
南漳县					4	1	1	3
通城县					11	5	1	1
监利县					2		1	4
黄梅县						2	2	5
江陵县					1			2
蕲春县					11	4	2	3
京山县					4	2		5

4－87 各地区多重残疾人分残疾等级的曾接受服务或扶助

单位：人

地 区	医疗服务与救助				辅助器具			
	残疾一级	残疾二级	残疾三级	残疾四级	残疾一级	残疾二级	残疾三级	残疾四级
总 计	**103**	**33**	**32**	**15**	**10**	**8**	**4**	**1**
黄陂区	4	2			1			
武昌区	3	2		1				
黄石市	4	1	1	1	1	2		
江夏区	2			1	1		1	
硚口区	5	3		2				
丹江口市	16	4	2					
江汉区	1				1			
仙桃市				2				
汉川市		1	2			1		
鄂州市	1							
大冶市	4	2		1	1	1		
武穴市	8	1	2	2	1	1		
宜昌市	1							
枝江市	1	1	2		1			
天门市	2				1			
曾都区	1		2				1	1
襄阳区	2	1	2	2				
广水市	1	1				1		
利川市	1							
咸安区	1	1		1				
巴东县								
竹溪县	10	3	2			1		
神农架林区	11	2	11	1				
红安县	8	3	2			1		
南漳县	8	3	2					
通城县								
监利县	2							
黄梅县	1	1	1		1		2	
江陵县								
蕲春县	4	1	1	1	1			
京山县	1							

4－87　续表 1

单位：人

地　区	康复训练与服务				教育费用补助或减免			
	残疾一级	残疾二级	残疾三级	残疾四级	残疾一级	残疾二级	残疾三级	残疾四级
总　计	**23**	**8**	**4**	**4**	**10**			**1**
黄陂区								
武昌区	3	1		1				
黄石市	2	2						
江夏区	1							
硚口区								
丹江口市		1			2			
江汉区	2							
仙桃市								
汉川市					1			
鄂州市	1			1				
大冶市	1	1			1			
武穴市	4							
宜昌市	1				2			
枝江市	2	1	2					
天门市		1			2			
曾都区	1		1		1			1
襄阳区				1				
广水市					1			
利川市	1							
咸安区				1				
巴东县								
竹溪县								
神农架林区								
红安县	1	1						
南漳县			1					
通城县								
监利县								
黄梅县	2							
江陵县								
蕲春县								
京山县	1							

4－87　续表 2

单位：人

地　区	职业教育与培训				就业安置或扶持			
	残疾一级	残疾二级	残疾三级	残疾四级	残疾一级	残疾二级	残疾三级	残疾四级
总　计	**11**				**14**		**1**	**2**
黄陂区								
武昌区								
黄石市	9				9			1
江夏区								
硚口区							1	
丹江口市								
江汉区					2			
仙桃市								
汉川市								
鄂州市								1
大冶市								
武穴市								
宜昌市	1				1			
枝江市	1							
天门市								
曾都区								
襄阳区								
广水市					1			
利川市								
咸安区					1			
巴东县								
竹溪县								
神农架林区								
红安县								
南漳县								
通城县								
监利县								
黄梅县								
江陵县								
蕲春县								
京山县								

4－87 续表 3

单位：人

地 区	贫困残疾人救助与扶持				法律援助与服务			
	残疾一级	残疾二级	残疾三级	残疾四级	残疾一级	残疾二级	残疾三级	残疾四级
总 计	**132**	**36**	**28**	**18**				
黄陂区								
武昌区	2	1						
黄石市	2			2				
江夏区	3	2	1					
硚口区	1			1				
丹江口市	6	5						
江汉区	3							
仙桃市	5		1					
汉川市	1		1					
鄂州市	2		1	1				
大冶市	8	2		1				
武穴市	2	1	1	1				
宜昌市		2	1					
枝江市	1	1						
天门市	3	2	1					
曾都区	5	3	2	2				
襄阳区	5			1				
广水市	1							
利川市								
咸安区	2	1		1				
巴东县	5	1	1	2				
竹溪县	12	1	1					
神农架林区	26	3	5	2				
红安县	1	1						
南漳县	2	2	2					
通城县	1							
监利县	3							
黄梅县	7	1	4	1				
江陵县	1		1					
蕲春县	20	7	5	3				
京山县	2							

4－87 续表 4

单位：人

地 区	无障碍设施				信息无障碍			
	残疾一级	残疾二级	残疾三级	残疾四级	残疾一级	残疾二级	残疾三级	残疾四级
总 计	**2**	**1**				**1**	**1**	**2**
黄陂区								
武昌区								
黄石市								
江夏区								
硚口区								
丹江口市		1						
江汉区								
仙桃市								
汉川市								
鄂州市								
大冶市								1
武穴市						1	1	1
宜昌市								
枝江市	1							
天门市								
曾都区								
襄阳区								
广水市								
利川市								
咸安区	1							
巴东县								
竹溪县								
神农架林区								
红安县								
南漳县								
通城县								
监利县								
黄梅县								
江陵县								
蕲春县								
京山县								

4－87 续表 5

单位：人

地 区	生活服务				文化服务			
	残疾一级	残疾二级	残疾三级	残疾四级	残疾一级	残疾二级	残疾三级	残疾四级
总 计	**11**	**4**	**4**	**2**	**2**	**2**	**1**	**2**
黄陂区								
武昌区				1				
黄石市	1							
江夏区			1					
硚口区								
丹江口市	1	1					1	
江汉区	1							
仙桃市			1					
汉川市			1					
鄂州市								
大冶市								
武穴市						1		1
宜昌市								
枝江市								
天门市	2	1				1		
曾都区	3				2			1
襄阳区								
广水市								
利川市								
咸安区								
巴东县								
竹溪县	2		1					
神农架林区		1						
红安县								
南漳县								
通城县								
监利县	1							
黄梅县								
江陵县								
蕲春县		1		1				
京山县								

4－87 续表 6

单位：人

地　区	其他				未曾接受任何服务或扶助			
	残疾一级	残疾二级	残疾三级	残疾四级	残疾一级	残疾二级	残疾三级	残疾四级
总　计	**5**	**2**	**2**		**357**	**86**	**112**	**40**
黄陂区					4	4	1	
武昌区					2	1	1	2
黄石市					5	1	2	1
江夏区	1				7	5	3	
硚口区					1			
丹江口市					15	6	7	
江汉区					1	1	1	1
仙桃市					9	2	4	3
汉川市					3	3	4	2
鄂州市	1				11	2	1	1
大冶市					5	1	1	
武穴市					19	4	4	1
宜昌市	2				7	1	4	1
枝江市					12	4	3	1
天门市					11	7	2	6
曾都区					12	5	6	3
襄阳区					11	3	1	
广水市		1			5	3	1	
利川市					7	3	4	1
咸安区					7	5	3	1
巴东县					17	5	3	2
竹溪县					52		2	
神农架林区			1		18	3	8	5
红安县					4			
南漳县					21	2	2	
通城县					3	1	1	2
监利县					13	1	2	1
黄梅县					8	3	6	
江陵县					10	1	3	3
蕲春县	1	1	1		47	9	28	2
京山县					10		4	1

4－88　各地区残疾人分城乡的主要需求

单位：人

地　区	合计		医疗服务与救助		辅助器具	
	城镇	农村	城镇	农村	城镇	农村
总　计	**3532**	**11318**	**1056**	**3472**	**522**	**1424**
黄陂区	246	227	72	73	27	23
武昌区	323		83		66	
黄石市	266		79		51	
江夏区	184	185	58	40	41	30
硚口区	414		132		71	
丹江口市	151	563	40	137	16	77
江汉区	357		94		41	
仙桃市	138	254	34	83	26	41
汉川市		293		83		26
鄂州市	23	246	8	85	4	30
大冶市	88	332	31	97	2	13
武穴市		515		90		126
宜昌市	342	145	125	64	25	8
枝江市	86	343	20	107	10	72
天门市	104	445	33	130	18	72
曾都区	109	329	39	112	22	55
襄阳区	41	403	19	132	5	51
广水市	79	262	34	93	10	38
利川市		532		177		78
咸安区	117	309	24	52	19	55
巴东县		510		163		82
竹溪县		826		329		24
神农架林区	24	757	6	187	4	148
红安县	82	345	26	113	11	27
南漳县	67	482	25	161	11	48
通城县	94	313	32	124	10	11
监利县	75	466	14	101	14	81
黄梅县		444		140		43
江陵县		387		112		53
蕲春县		934		368		62
京山县	122	471	28	119	18	50

4-88 续表 1

单位：人

地　区	康复训练与服务		教育费用补助或减免		职业教育与培训	
	城镇	农村	城镇	农村	城镇	农村
总　计	**366**	**876**	**45**	**134**	**19**	**68**
黄陂区	48	39	3	2		2
武昌区	19		5		4	
黄石市	26		1		1	
江夏区	8	6	1	5		1
硚口区	73		5			
丹江口市	13	32	2	4	1	4
江汉区	49		3		3	
仙桃市	17	36	1	2	3	1
汉川市		13		2		3
鄂州市	1	31	1	2	1	2
大冶市	7	28		2		8
武穴市		58		25		3
宜昌市	22	2	3		2	
枝江市	13	77	1	5	1	4
天门市	8	34	2	5	1	2
曾都区	7	8	1	2		1
襄阳区	2	15	1	5		
广水市	1	5				1
利川市		64		1		3
咸安区	7	22	4	11	1	2
巴东县		38				
竹溪县		38		6		
神农架林区	4	20		3		1
红安县	8	41		4		4
南漳县	4	27	2	1	1	3
通城县	1	19	5	8		5
监利县	11	40	1			7
黄梅县		81		12		
江陵县		34		7		5
蕲春县		7		7		6
京山县	17	61	3	13		

4－88 续表 2

单位：人

地 区	就业安置或扶持		贫困残疾人救助与扶持		法律援助与服务	
	城镇	农村	城镇	农村	城镇	农村
总 计	**137**	**242**	**931**	**3884**	**41**	**63**
黄陂区		2	86	79		
武昌区	14		54		3	
黄石市	6		41		13	
江夏区	5	7	58	70		
硚口区	10		87		3	
丹江口市	6	7	53	212		2
江汉区	27		75		1	
仙桃市	4	2	49	80		1
汉川市		10		151		1
鄂州市	2	8	5	61		
大冶市	12	28	30	124		1
武穴市		23		141		
宜昌市	16	4	101	60	17	1
枝江市	8	4	19	49		1
天门市	2	7	23	98	2	1
曾都区	1	3	37	138		
襄阳区		2	13	144		10
广水市		8	27	90		5
利川市		12		169		
咸安区	3	1	44	115		4
巴东县		9		198		5
竹溪县		14		260		
神农架林区	1	15	8	360		1
红安县	7	6	28	128		
南漳县		6	24	208		3
通城县	7	6	24	92		4
监利县	3	13	22	134		
黄梅县		2		154		1
江陵县		18		141		3
蕲春县		15		307		3
京山县	3	10	23	121	2	16

4－88 续表 3

单位：人

地 区	无障碍设施		信息无障碍		生活服务	
	城镇	农村	城镇	农村	城镇	农村
总 计	**68**	**29**	**18**	**37**	**212**	**819**
黄陂区					10	7
武昌区	38				19	
黄石市	1		10		28	
江夏区		2	3	2	1	4
硚口区	2		2		18	
丹江口市	3	2		1	15	72
江汉区	9		1		43	
仙桃市	3				1	5
汉川市						3
鄂州市		2				20
大冶市		2	2	9	3	10
武穴市		3		14		19
宜昌市	7				8	3
枝江市	1	2		1	3	7
天门市				1	13	83
曾都区					2	9
襄阳区		1			1	32
广水市		1		1	7	14
利川市						
咸安区					2	26
巴东县				1		4
竹溪县						153
神农架林区		2			1	18
红安县		1			1	15
南漳县		4		2		8
通城县	4	2			10	38
监利县				2	7	64
黄梅县		1				1
江陵县				1		7
蕲春县						151
京山县		4		2	19	46

4－88 续表 4

单位：人

地　区	文化服务		其他		不选择	
	城镇	农村	城镇	农村	城镇	农村
总　计	**28**	**62**	**30**	**74**	**59**	**134**
黄陂区						
武昌区			3		15	
黄石市	4				5	
江夏区		1	9	16		1
硚口区	1				10	
丹江口市					2	13
江汉区	7				4	
仙桃市		2				1
汉川市						1
鄂州市	1	2				3
大冶市					1	10
武穴市		5		1		7
宜昌市	7	1	2		7	2
枝江市		1			10	13
天门市	1	10	1	1		1
曾都区						1
襄阳区		6				5
广水市		1		1		4
利川市				1		27
咸安区	2	1	9	20	2	
巴东县		4		1		5
竹溪县		2				
神农架林区						2
红安县				1	1	5
南漳县		3				8
通城县		1	1	3		
监利县	2	21		3	1	
黄梅县						9
江陵县						6
蕲春县				1		7
京山县	3	1	5	25	1	3

4－89 各地区视力残疾人分城乡的主要需求

单位：人

地 区	合计		医疗服务与救助		辅助器具	
	城镇	农村	城镇	农村	城镇	农村
总 计	**605**	**1707**	**201**	**697**	**122**	**154**
黄陂区	24	15	8	5	7	4
武昌区	114		22		27	
黄石市	39		19		18	
江夏区	10	25	5	10	1	1
硚口区	132		32		44	
丹江口市	27	89	12	42	1	3
江汉区	44		10		3	
仙桃市	16	41	16	38		
汉川市		84		46		18
鄂州市	1	51	1	32		8
大冶市	10	75	3	22		5
武穴市		41		10		16
宜昌市	36	18	19	9		
枝江市	10	39	3	13	1	5
天门市	13	91	7	38	2	2
曾都区	18	57	5	17	4	11
襄阳区	4	48	2	14		8
广水市	6	20	2	7	1	2
利川市		57		29		
咸安区	24	91	7	22		4
巴东县		84		34		16
竹溪县		90		62		1
神农架林区		78		32		9
红安县	19	43	7	15	6	5
南漳县	11	16	3	4	2	1
通城县	18	57	9	34	4	5
监利县	5	51	2	21		
黄梅县		109		38		
江陵县		86		25		22
蕲春县		134		44		6
京山县	24	117	7	34	1	2

4－89 续表 1

单位：人

地　区	康复训练与服务		教育费用补助或减免		职业教育与培训	
	城镇	农村	城镇	农村	城镇	农村
总　计	**47**	**73**	**5**	**5**		**6**
黄陂区		1	1			
武昌区						
黄石市						
江夏区	1					
硚口区	38		3			
丹江口市						
江汉区	2					
仙桃市						
汉川市		1				
鄂州市		3				
大冶市	1	1				3
武穴市		2		1		
宜昌市			1			
枝江市	2	11				
天门市	1					
曾都区	1					
襄阳区		1				
广水市						
利川市						1
咸安区						
巴东县		8				
竹溪县						
神农架林区		6				
红安县		1		1		
南漳县						
通城县		6				
监利县	1	5				1
黄梅县		19		1		
江陵县		8		1		
蕲春县				1		1
京山县						

4－89 续表 2

单位：人

地 区	就业安置或扶持		贫困残疾人救助与扶持		法律援助与服务	
	城镇	农村	城镇	农村	城镇	农村
总 计	**10**	**24**	**122**	**564**	**3**	**6**
黄陂区			8	5		
武昌区	2		29			
黄石市						
江夏区		1	3	8		
硚口区	3		4			
丹江口市			13	41		
江汉区	3		5		1	
仙桃市				3		
汉川市		1		18		
鄂州市				3		
大冶市	1	14		10		1
武穴市				12		
宜昌市			15	9	1	
枝江市			1	7		
天门市			3	30		
曾都区			8	29		
襄阳区			2	22		
广水市			2	7		
利川市		2		24		
咸安区	1		8	31		1
巴东县				22		
竹溪县				2		
神农架林区				30		
红安县			6	21		
南漳县			6	11		
通城县				7		
监利县			2	24		
黄梅县				51		
江陵县				30		
蕲春县		5		71		1
京山县		1	7	36	1	3

4－89 续表 3

单位：人

地 区	无障碍设施		信息无障碍		生活服务	
	城镇	农村	城镇	农村	城镇	农村
总 计	**39**	**12**	**3**	**11**	**34**	**105**
黄陂区						
武昌区	25				9	
黄石市	1				1	
江夏区		2		1		2
硚口区	2				5	
丹江口市	1					2
江汉区	6		1		8	
仙桃市						
汉川市						
鄂州市						5
大冶市		1	2	9	3	9
武穴市						
宜昌市						
枝江市					2	3
天门市						21
曾都区						
襄阳区		1				2
广水市		1			1	3
利川市						
咸安区					1	17
巴东县				1		1
竹溪县						25
神农架林区		1				
红安县						
南漳县						
通城县	4	2				1
监利县						
黄梅县						
江陵县						
蕲春县						3
京山县		4			4	11

4－89 续表 4

单位：人

地 区	文化服务		其他		不选择	
	城镇	农村	城镇	农村	城镇	农村
总 计	**5**	**1**	**12**	**43**	**2**	**6**
黄陂区						
武昌区						
黄石市						
江夏区						
硚口区					1	
丹江口市						1
江汉区	5					
仙桃市						
汉川市						
鄂州市						
大冶市						
武穴市						
宜昌市						
枝江市					1	
天门市						
曾都区						
襄阳区						
广水市						
利川市						1
咸安区			7	16		
巴东县						2
竹溪县						
神农架林区						
红安县						
南漳县						
通城县			1	2		
监利县						
黄梅县						
江陵县						
蕲春县						2
京山县		1	4	25		

4－90　各地区听力残疾人分城乡的主要需求

单位：人

地　区	合计		医疗服务与救助		辅助器具	
	城镇	农村	城镇	农村	城镇	农村
总　计	**711**	**2511**	**220**	**650**	**230**	**769**
黄陂区	41	40	14	13	13	13
武昌区	55		21		24	
黄石市	74		23		24	
江夏区	51	11	17	2	20	8
硚口区	32		10		7	
丹江口市	32	117		5	11	37
江汉区	56		22		25	
仙桃市	41	56	1	2	20	28
汉川市		77		19		4
鄂州市	4	39	2	15	1	11
大冶市	8	33	3	9	1	2
武穴市		154		13		69
宜昌市	88	47	34	23	3	
枝江市	27	144	9	47	8	48
天门市	30	110	8	24	12	50
曾都区	30	98	13	36	11	31
襄阳区	2	71	1	23	1	38
广水市	26	101	9	32	9	33
利川市		44		1		3
咸安区	10	62	1	3	7	33
巴东县		129		40		39
竹溪县		181		61		2
神农架林区	8	252	1	29	4	114
红安县	9	49	3	19	3	12
南漳县	14	97	6	31	4	30
通城县	15	45	5	15	3	
监利县	14	163	2	13	5	46
黄梅县		74		34		34
江陵县		56		20		11
蕲春县		126		77		35
京山县	44	135	15	44	14	38

4－90　续表 1

单位：人

地　区	康复训练与服务		教育费用补助或减免		职业教育与培训	
	城镇	农村	城镇	农村	城镇	农村
总　计	**16**	**85**		**4**		**1**
黄陂区	2	1				
武昌区						
黄石市	3					
江夏区	2					
硚口区	2					
丹江口市						
江汉区	1					
仙桃市						
汉川市		6				
鄂州市	1	1				
大冶市						
武穴市		1		2		
宜昌市						
枝江市	1	38				1
天门市						
曾都区						
襄阳区						
广水市						
利川市						
咸安区				1		
巴东县		3				
竹溪县						
神农架林区		1				
红安县						
南漳县		2				
通城县						
监利县						
黄梅县		3				
江陵县						
蕲春县		1				
京山县	4	28		1		

4－90 续表 2

单位：人

地区	就业安置或扶持		贫困残疾人救助与扶持		法律援助与服务	
	城镇	农村	城镇	农村	城镇	农村
总计	**5**	**11**	**135**	**665**	**26**	**2**
黄陂区			12	13		
武昌区			1		2	
黄石市			9		10	
江夏区			8	1		
硚口区	1		4			
丹江口市			10	40		
江汉区			4			
仙桃市			20	26		
汉川市		3		45		
鄂州市				11		
大冶市	1	2	2	12		
武穴市				31		
宜昌市			29	22	14	1
枝江市	2		7	8		
天门市				1		
曾都区			6	29		
襄阳区				8		1
广水市		4	3	22		
利川市				24		
咸安区			2	18		
巴东县				45		
竹溪县				58		
神农架林区	1	1	2	106		
红安县			3	17		
南漳县			4	31		
通城县			3	15		
监利县				30		
黄梅县				2		
江陵县				24		
蕲春县		1		6		
京山县			6	20		

4-90 续表 3

单位：人

地 区	无障碍设施		信息无障碍		生活服务	
	城镇	农村	城镇	农村	城镇	农村
总 计	**1**	**2**	**7**	**17**	**42**	**236**
黄陂区						
武昌区						
黄石市			2		2	
江夏区			3		1	
硚口区			2			
丹江口市					11	35
江汉区					1	
仙桃市						
汉川市						
鄂州市		1				
大冶市						
武穴市		1		12		12
宜昌市	1					
枝江市						
天门市				1	10	34
曾都区						2
襄阳区						1
广水市					5	7
利川市						
咸安区						6
巴东县						
竹溪县						60
神农架林区						1
红安县						
南漳县				2		1
通城县					4	15
监利县				2	6	55
黄梅县						
江陵县						1
蕲春县						2
京山县					2	4

4－90 续表 4

单位：人

地 区	文化服务		其他		不选择	
	城镇	农村	城镇	农村	城镇	农村
总 计	**11**	**24**		**3**	**18**	**42**
黄陂区						
武昌区					7	
黄石市					1	
江夏区						
硚口区					6	
丹江口市						
江汉区					3	
仙桃市						
汉川市						
鄂州市						
大冶市					1	8
武穴市		5		1		7
宜昌市	7					1
枝江市						2
天门市						
曾都区						
襄阳区						
广水市						3
利川市						16
咸安区		1				
巴东县		1				1
竹溪县						
神农架林区						
红安县				1		
南漳县						
通城县						
监利县	1	17				
黄梅县						1
江陵县						
蕲春县				1		3
京山县	3					

4－91 各地区言语残疾人分城乡的主要需求

单位：人

地 区	合计		医疗服务与救助		辅助器具	
	城镇	农村	城镇	农村	城镇	农村
总 计	**34**	**182**	**10**	**49**		**7**
黄陂区						
武昌区						
黄石市	3		1			
江夏区	2	2	1			
硚口区	4		2			
丹江口市		3		1		
江汉区						
仙桃市		7		3		
汉川市		5		1		
鄂州市	4	3		1		
大冶市		2				1
武穴市		3		1		
宜昌市		2		1		
枝江市	3		1			
天门市	2	7		2		
曾都区		4				
襄阳区		14		6		
广水市		4		1		
利川市		3		2		
咸安区	5	9	1			1
巴东县		10		3		3
竹溪县		24		8		
神农架林区		21				1
红安县	11	13	4	4		
南漳县		23		6		1
通城县		5		2		
监利县						
黄梅县		3		1		
江陵县		5		2		
蕲春县		10		4		
京山县						

4－91 续表 1

单位：人

地区	康复训练与服务		教育费用补助或减免		职业教育与培训	
	城镇	农村	城镇	农村	城镇	农村
总 计	**1**	**14**	**1**	**6**	**1**	**3**
黄陂区						
武昌区						
黄石市	1					
江夏区				1		
硚口区						
丹江口市		1				
江汉区						
仙桃市						
汉川市						
鄂州市			1	1	1	
大冶市						
武穴市				1		1
宜昌市						
枝江市						
天门市		2		2		
曾都区						1
襄阳区						
广水市						
利川市						
咸安区		2		1		
巴东县		2				
竹溪县		1				
神农架林区		1				
红安县						
南漳县		3				1
通城县		1				
监利县						
黄梅县						
江陵县		1				
蕲春县						
京山县						

4-91 续表 2

单位：人

地 区	就业安置或扶持		贫困残疾人救助与扶持		法律援助与服务	
	城镇	农村	城镇	农村	城镇	农村
总 计	**5**	**6**	**11**	**77**		**1**
黄陂区						
武昌区						
黄石市						
江夏区			1	1		
硚口区			2			
丹江口市				1		
江汉区						
仙桃市				4		
汉川市				4		
鄂州市	1	1				
大冶市				1		
武穴市						
宜昌市		1				
枝江市	1		1			
天门市			2	1		
曾都区				3		
襄阳区				6		
广水市				1		1
利川市				1		
咸安区	1		1	2		
巴东县				2		
竹溪县				8		
神农架林区				18		
红安县	2	2	4	5		
南漳县		1		11		
通城县				1		
监利县						
黄梅县				2		
江陵县				2		
蕲春县		1		3		
京山县						

4-91 续表 3

单位：人

地区	无障碍设施		信息无障碍		生活服务	
	城镇	农村	城镇	农村	城镇	农村
总计					**2**	**15**
黄陂区						
武昌区						
黄石市					1	
江夏区						
硚口区						
丹江口市						
江汉区						
仙桃市						
汉川市						
鄂州市						
大冶市						
武穴市						
宜昌市						
枝江市						
天门市						
曾都区						
襄阳区						2
广水市						
利川市						
咸安区						1
巴东县						
竹溪县						7
神农架林区						1
红安县					1	2
南漳县						
通城县						1
监利县						
黄梅县						
江陵县						
蕲春县						1
京山县						

4－91 续表 4

单位：人

地 区	文化服务		其他		不选择	
	城镇	农村	城镇	农村	城镇	农村
总 计	**2**		**1**	**2**		**2**
黄陂区						
武昌区						
黄石市						
江夏区						
硚口区						
丹江口市						
江汉区						
仙桃市						
汉川市						
鄂州市	1					
大冶市						
武穴市						
宜昌市						
枝江市						
天门市						
曾都区						
襄阳区						
广水市						1
利川市						
咸安区	1		1	2		
巴东县						
竹溪县						
神农架林区						
红安县						
南漳县						
通城县						
监利县						
黄梅县						
江陵县						
蕲春县						1
京山县						

4－92　各地区肢体残疾人分城乡的主要需求

单位：人

地区	合计		医疗服务与救助		辅助器具	
	城镇	农村	城镇	农村	城镇	农村
总　计	**1272**	**3029**	**333**	**859**	**112**	**266**
黄陂区	132	120	33	36	4	4
武昌区	57		9		6	
黄石市	43		8		2	
江夏区	63	67	20	16	14	14
硚口区	148		53		16	
丹江口市	48	146	19	49	3	21
江汉区	189		42		7	
仙桃市	55	62	6	7	3	3
汉川市		51		5		1
鄂州市	7	50	1	5	3	6
大冶市	45	92	16	25	1	4
武穴市		122		24		16
宜昌市	145	38	41	14	19	5
枝江市	24	49	4	11	1	5
天门市	14	76	4	21		11
曾都区	26	40	7	14	2	3
襄阳区	26	134	12	39	3	1
广水市	35	58	18	28		1
利川市		351		117		71
咸安区	45	49	6	6	10	8
巴东县		122		33		8
竹溪县		239		86		19
神农架林区	11	165	3	40		4
红安县	19	93	3	21	2	9
南漳县	31	205	14	82	4	6
通城县	38	115	9	39	3	4
监利县	30	123	2	28	7	23
黄梅县		68		11		
江陵县		116		39		9
蕲春县		150		50		6
京山县	41	128	3	13	2	4

4－92 续表 1

单位：人

地 区	康复训练与服务		教育费用补助或减免		职业教育与培训	
	城镇	农村	城镇	农村	城镇	农村
总 计	**206**	**348**	**24**	**62**	**4**	**20**
黄陂区	41	32		2		
武昌区	7		2			
黄石市	9					
江夏区	1	5	1	1		
硚口区	18		2			
丹江口市	9	23			1	
江汉区	38		3			
仙桃市	17	22	1	1	2	
汉川市		1		1		
鄂州市		3		1		1
大冶市	1	3				2
武穴市		21		14		1
宜昌市	15	2	2		1	
枝江市	5	6		1		
天门市	2	16				
曾都区	5	3		2		
襄阳区	2	9	1	1		
广水市						
利川市		58				2
咸安区	5	10	2	1		
巴东县		5				
竹溪县		28		5		
神农架林区	4	11				1
红安县	3	20				2
南漳县	3	6	1			2
通城县		6	5	8		5
监利县	9	16	1			1
黄梅县		7		9		
江陵县		16		2		3
蕲春县				1		
京山县	12	19	3	12		

4－92 续表 2

单位：人

地　区	就业安置或扶持		贫困残疾人救助与扶持		法律援助与服务	
	城镇	农村	城镇	农村	城镇	农村
总　计	**74**	**110**	**389**	**1155**	**5**	**16**
黄陂区		1	44	40		
武昌区	3		8		1	
黄石市	3		16			
江夏区	4	5	23	26		
硚口区	4		47		3	
丹江口市	3	3	11	49		
江汉区	17		50			
仙桃市	3		21	26		1
汉川市		6		36		
鄂州市	1	3	2	28		
大冶市	9	6	18	51		
武穴市		2		39		
宜昌市	14	3	33	13	1	
枝江市	1	2	3	10		
天门市			8	24		1
曾都区	1	1	11	17		
襄阳区		1	7	48		4
广水市		1	17	27		
利川市		9		93		
咸安区			20	24		
巴东县		8		62		4
竹溪县		11		88		
神农架林区		11	4	87		
红安县	2	2	8	31		
南漳县		5	9	93		2
通城县	7	6	13	41		3
监利县		5	10	42		
黄梅县				33		
江陵县		9		36		1
蕲春县		1		49		
京山县	2	9	6	42		

4－92 续表 3

单位：人

地 区	无障碍设施		信息无障碍		生活服务	
	城镇	农村	城镇	农村	城镇	农村
总 计	**24**	**7**		**3**	**65**	**131**
黄陂区					10	5
武昌区	11				2	
黄石市					3	
江夏区						
硚口区					2	
丹江口市	2	1				
江汉区	3				27	
仙桃市	2					1
汉川市						
鄂州市						1
大冶市						
武穴市		2		2		1
宜昌市	5				5	
枝江市	1	2			1	2
天门市						1
曾都区						
襄阳区					1	22
广水市						1
利川市						
咸安区					1	
巴东县						
竹溪县						1
神农架林区						9
红安县		1				2
南漳县		1				5
通城县					1	3
监利县						5
黄梅县						
江陵县						1
蕲春县						43
京山县				1	12	28

4－92 续表 4

单位：人

地 区	文化服务		其他		不选择	
	城镇	农村	城镇	农村	城镇	农村
总 计	**3**	**11**	**4**	**1**	**29**	**40**
黄陂区						
武昌区			1		7	
黄石市	1				1	
江夏区						
硚口区	1				2	
丹江口市						
江汉区	1				1	
仙桃市						1
汉川市						1
鄂州市						2
大冶市						1
武穴市						
宜昌市			2		7	1
枝江市					8	10
天门市				1		1
曾都区						
襄阳区		5				4
广水市						
利川市						1
咸安区					1	
巴东县						2
竹溪县		1				
神农架林区						2
红安县					1	5
南漳县		2				1
通城县						
监利县		3			1	
黄梅县						8
江陵县						
蕲春县						
京山县			1			

4－93　各地区智力残疾人分城乡的主要需求

单位：人

地　区	合计		医疗服务与救助		辅助器具	
	城镇	农村	城镇	农村	城镇	农村
总　计	**212**	**1123**	**47**	**298**		**4**
黄陂区	10	15	1	6		
武昌区	30		4			
黄石市	9		3			
江夏区	20	28	3	1		1
硚口区	14		4			
丹江口市	13	57		6		
江汉区	8		1			
仙桃市	6	38	1	9		
汉川市		32				
鄂州市		50		15		2
大冶市	9	48	3	17		
武穴市		62		9		
宜昌市	16	14	7	5		
枝江市	6	25		5		
天门市	21	49	5	8		
曾都区						
襄阳区	4	38	2	15		
广水市		17		4		
利川市		36		12		
咸安区	7	41	1	6		
巴东县		50		14		
竹溪县		68		28		
神农架林区		39		17		
红安县	14	63	5	23		
南漳县	3	34		9		
通城县	12	33	4	11		
监利县	9	48	3	16		
黄梅县		30		7		
江陵县		62		10		1
蕲春县		131		41		
京山县	1	15		4		

4－93 续表 1

单位：人

地 区	康复训练与服务		教育费用补助或减免		职业教育与培训	
	城镇	农村	城镇	农村	城镇	农村
总 计	**28**	**145**	**6**	**24**	**7**	**31**
黄陂区	1		2			2
武昌区	5				3	
黄石市	1					
江夏区	1	1				1
硚口区	5					
丹江口市	1	2	1	1		3
江汉区					1	
仙桃市		8		1	1	1
汉川市		3				3
鄂州市		14				1
大冶市	2	5		2		3
武穴市		12		3		1
宜昌市						
枝江市	2	5		2		3
天门市	5	9	1			2
曾都区						
襄阳区		3				
广水市		2				1
利川市		6				
咸安区		7	1	5	1	2
巴东县		14				
竹溪县		3		1		
神农架林区		1		1		
红安县	5	14		2		1
南漳县		8	1	1	1	
通城县						
监利县		12				5
黄梅县		10		1		
江陵县		3		2		1
蕲春县				2		1
京山县		3				

4－93 续表 2

单位：人

地 区	就业安置或扶持		贫困残疾人救助与扶持		法律援助与服务	
	城镇	农村	城镇	农村	城镇	农村
总 计	**21**	**43**	**71**	**418**	**2**	**5**
黄陂区			6	7		
武昌区	8		9			
黄石市	1		2			
江夏区	1	1	9	11		
硚口区			1			
丹江口市	1		5	21		
江汉区	1		5			
仙桃市	1	1	2	12		
汉川市				26		
鄂州市		2		8		
大冶市	1	4	3	17		
武穴市		14		23		
宜昌市	1		6	5		
枝江市	2	2	2	6		1
天门市	1		5	13	2	
曾都区						
襄阳区			2	18		1
广水市				6		
利川市				15		
咸安区		1	3	20		
巴东县				18		1
竹溪县		2		29		
神农架林区		3		17		
红安县	1		3	23		
南漳县			1	16		
通城县			4	11		
监利县	2	4	3	8		
黄梅县				11		
江陵县		7		32		2
蕲春县		2		43		
京山县				2		

4－93 续表 3

单位：人

地　区	无障碍设施		信息无障碍		生活服务	
	城镇	农村	城镇	农村	城镇	农村
总　计	**1**			**4**	**16**	**105**
黄陂区						
武昌区					1	
黄石市						
江夏区						1
硚口区					4	
丹江口市				1	4	13
江汉区						
仙桃市					1	4
汉川市						
鄂州市						8
大冶市						
武穴市						
宜昌市	1				1	3
枝江市						
天门市					1	10
曾都区						
襄阳区						
广水市				1		2
利川市						
咸安区						
巴东县						
竹溪县						5
神农架林区						
红安县						
南漳县						
通城县					4	11
监利县						
黄梅县						1
江陵县				1		2
蕲春县						42
京山县				1		3

4－93 续表 4

单位：人

地区	文化服务		其他		不选择	
	城镇	农村	城镇	农村	城镇	农村
总计	**3**	**16**	**6**	**12**	**4**	**18**
黄陂区						
武昌区						
黄石市	1				1	
江夏区		1	6	10		
硚口区						
丹江口市					1	10
江汉区						
仙桃市		2				
汉川市						
鄂州市						
大冶市						
武穴市						
宜昌市		1				
枝江市						1
天门市	1	7				
曾都区						
襄阳区						1
广水市		1				
利川市						3
咸安区					1	
巴东县		3				
竹溪县						
神农架林区						
红安县						
南漳县						
通城县						
监利县	1	1		2		
黄梅县						
江陵县						1
蕲春县						
京山县					1	2

4－94 各地区精神残疾人分城乡的主要需求

单位：人

地区	合计		医疗服务与救助		辅助器具	
	城镇	农村	城镇	农村	城镇	农村
总计	**314**	**851**	**139**	**355**	**8**	**1**
黄陂区	26	10	13	5		
武昌区	36		19		5	
黄石市	19		7			
江夏区	11	19	5	6		
硚口区	53		20			
丹江口市	17	32	6	13		
江汉区	39		13		3	
仙桃市	8	18	7	15		
汉川市		17		5		
鄂州市	4	14	3	5		
大冶市	7	42	3	14		
武穴市		20		9		1
宜昌市	26	8	14	4		
枝江市	3	20	1	9		
天门市	6	45	2	15		
曾都区	8	61	4	29		
襄阳区		47		19		
广水市	9	30	4	14		
利川市		15		8		
咸安区	9	18	4	7		
巴东县		37		19		
竹溪县		18		8		
神农架林区		36		19		
红安县	10	42	4	17		
南漳县		27		8		
通城县	8	38	4	16		
监利县	9	34	4	13		
黄梅县		82		28		
江陵县		13		4		
蕲春县		75		35		
京山县	6	33	2	11		

4－94 续表 1

单位：人

地 区	康复训练与服务		教育费用补助或减免		职业教育与培训	
	城镇	农村	城镇	农村	城镇	农村
总 计	**20**	**59**	**2**	**11**	**2**	**3**
黄陂区						
武昌区	2		1			
黄石市	2					
江夏区				2		
硚口区	4					
丹江口市	2	1				
江汉区	4				2	
仙桃市		1				
汉川市		2				
鄂州市		2				
大冶市	1	14				
武穴市		1				
宜昌市	3					
枝江市			1	1		
天门市		1		2		
曾都区						
襄阳区				1		
广水市	1					
利川市						
咸安区				3		
巴东县						
竹溪县						
神农架林区				1		
红安县						1
南漳县						
通城县	1	6				
监利县		4				
黄梅县		26		1		
江陵县						1
蕲春县						1
京山县		1				

4－94 续表 2

单位：人

地区	就业安置或扶持		贫困残疾人救助与扶持		法律援助与服务	
	城镇	农村	城镇	农村	城镇	农村
总计	**13**	**22**	**102**	**317**	**1**	**17**
黄陂区			13	5		
武昌区	1		2			
黄石市			3			
江夏区			6	9		
硚口区	2		20			
丹江口市	1	4	8	14		
江汉区	5		7			
仙桃市			1	2		
汉川市				8		
鄂州市			1	3		
大冶市			3	14		
武穴市		2		7		
宜昌市			8	4		
枝江市			1	8		
天门市	1	7	2	13		
曾都区		1	4	30		
襄阳区				20		3
广水市			4	16		
利川市				4		
咸安区			5	6		2
巴东县				16		
竹溪县				2		
神农架林区				15		
红安县	2	1	4	17		
南漳县				8		1
通城县			3	12		
监利县		3	5	13		
黄梅县		1		26		
江陵县						
蕲春县		3		34		1
京山县	1		2	11	1	10

4－94 续表 3

单位：人

地 区	无障碍设施		信息无障碍		生活服务	
	城镇	农村	城镇	农村	城镇	农村
总 计			**1**		**21**	**40**
黄陂区						
武昌区					4	
黄石市			1		5	
江夏区						1
硚口区					6	
丹江口市						
江汉区					5	
仙桃市						
汉川市						2
鄂州市						2
大冶市						
武穴市						
宜昌市					1	
枝江市						1
天门市						4
曾都区						1
襄阳区						4
广水市						
利川市						
咸安区						
巴东县						1
竹溪县						8
神农架林区						1
红安县						6
南漳县						2
通城县						2
监利县						1
黄梅县						
江陵县						3
蕲春县						1
京山县						

4－94　续表 4

单位：人

地　区	文化服务		其他		不选择	
	城镇	农村	城镇	农村	城镇	农村
总　计	**1**	**7**	**3**	**3**	**1**	**16**
黄陂区						
武昌区			2			
黄石市	1					
江夏区						1
硚口区					1	
丹江口市						
江汉区						
仙桃市						
汉川市						
鄂州市		1				1
大冶市						
武穴市						
宜昌市						
枝江市		1				
天门市		3	1			
曾都区						
襄阳区						
广水市						
利川市				1		2
咸安区						
巴东县				1		
竹溪县						
神农架林区						
红安县						
南漳县		1				7
通城县		1		1		
监利县						
黄梅县						
江陵县						5
蕲春县						
京山县						

4－95　各地区多重残疾人分城乡的主要需求

单位：人

地　区	合计		医疗服务与救助		辅助器具	
	城镇	农村	城镇	农村	城镇	农村
总　计	**384**	**1915**	**106**	**564**	**50**	**223**
黄陂区	13	27	3	8	3	2
武昌区	31		8		4	
黄石市	79		18		7	
江夏区	27	33	7	5	6	6
硚口区	31		11		4	
丹江口市	14	119	3	21	1	16
江汉区	21		6		3	
仙桃市	12	32	3	9	3	10
汉川市		27		7		3
鄂州市	3	39	1	12		3
大冶市	9	40	3	10		1
武穴市		113		24		24
宜昌市	31	18	10	8	3	3
枝江市	13	66	2	22		14
天门市	18	67	7	22	4	9
曾都区	27	69	10	16	5	10
襄阳区	5	51	2	16	1	4
广水市	3	32	1	7		2
利川市		26		8		4
咸安区	17	39	4	8	2	9
巴东县		78		20		16
竹溪县		206		76		2
神农架林区	5	166	2	50		20
红安县		42		14		1
南漳县	8	80	2	21	1	10
通城县	3	20	1	7		2
监利县	8	47	1	10	2	12
黄梅县		78		21		9
江陵县		49		12		10
蕲春县		308		117		15
京山县	6	43	1	13	1	6

4－95　续表 1

单位：人

地　区	康复训练与服务		教育费用补助或减免		职业教育与培训	
	城镇	农村	城镇	农村	城镇	农村
总　计	**48**	**152**	**7**	**22**	**5**	**4**
黄陂区	4	5				
武昌区	5		2		1	
黄石市	10		1		1	
江夏区	3			1		
硚口区	6					
丹江口市	1	5	1	3		1
江汉区	4					
仙桃市		5				
汉川市				1		
鄂州市		8				
大冶市	2	5				
武穴市		21		4		
宜昌市	4				1	
枝江市	3	17		1	1	
天门市		6	1	1	1	
曾都区	1	5	1			
襄阳区		2		3		
广水市		3				
利川市				1		
咸安区	2	3	1			
巴东县		6				
竹溪县		6				
神农架林区				1		
红安县		6		1		
南漳县	1	8				
通城县						
监利县	1	3				
黄梅县		16				
江陵县		6		2		
蕲春县		6		3		3
京山县	1	10				

4－95 续表 2

单位：人

地　区	就业安置或扶持		贫困残疾人救助与扶持		法律援助与服务	
	城镇	农村	城镇	农村	城镇	农村
总　计	**9**	**26**	**101**	**688**	**4**	**16**
黄陂区		1	3	9		
武昌区			5			
黄石市	2		11		3	
江夏区			8	14		
硚口区			9			
丹江口市	1		6	46		2
江汉区	1		4			
仙桃市		1	5	7		
汉川市				14		1
鄂州市		2	2	8		
大冶市		2	4	19		
武穴市		5		29		
宜昌市	1		10	7	1	
枝江市	2		4	10		
天门市			3	16		
曾都区		1	8	30		
襄阳区		1	2	22		1
广水市		3	1	11		4
利川市		1		8		
咸安区	1		5	14		1
巴东县		1		33		
竹溪县		1		73		
神农架林区			2	87		1
红安县		1		14		
南漳县			4	38		
通城县			1	5		1
监利县	1	1	2	17		
黄梅县		1		29		1
江陵县		2		17		
蕲春县		2		101		1
京山县			2	10		3

4－95 续表 3

单位：人

地 区	无障碍设施		信息无障碍		生活服务	
	城镇	农村	城镇	农村	城镇	农村
总 计	**3**	**8**	**7**	**2**	**32**	**187**
黄陂区						2
武昌区	2				3	
黄石市			7		16	
江夏区				1		
硚口区					1	
丹江口市		1				22
江汉区					2	
仙桃市	1					
汉川市						1
鄂州市		1				4
大冶市		1				1
武穴市						6
宜昌市					1	
枝江市				1		1
天门市					2	13
曾都区					2	6
襄阳区						1
广水市					1	1
利川市						
咸安区						2
巴东县						2
竹溪县						47
神农架林区		1			1	6
红安县						5
南漳县		3				
通城县					1	5
监利县					1	3
黄梅县		1				
江陵县						
蕲春县						59
京山县					1	

4－95　续表 4

单位：人

地　区	文化服务		其他		不选择	
	城镇	农村	城镇	农村	城镇	农村
总　计	**3**	**3**	**4**	**10**	**5**	**10**
黄陂区						
武昌区					1	
黄石市	1				2	
江夏区			3	6		
硚口区						
丹江口市					1	2
江汉区	1					
仙桃市						
汉川市						
鄂州市		1				
大冶市						1
武穴市						
宜昌市						
枝江市					1	
天门市						
曾都区						1
襄阳区		1				
广水市				1		
利川市						4
咸安区	1		1	2		
巴东县						
竹溪县		1				
神农架林区						
红安县						
南漳县						
通城县						
监利县				1		
黄梅县						
江陵县						
蕲春县						1
京山县						1

4－96　各地区视力残疾人分残疾等级的主要需求

单位：人

地　区	医疗服务与救助				辅助器具			
	残疾一级	残疾二级	残疾三级	残疾四级	残疾一级	残疾二级	残疾三级	残疾四级
总　计	**229**	**134**	**102**	**433**	**67**	**35**	**33**	**141**
黄陂区	3	6	1	3	3	5	1	2
武昌区	6			16	4		1	22
黄石市	2	3	4	10	1	3	4	10
江夏区	1	2	4	8	1			1
硚口区		10	6	16	3	9	11	21
丹江口市	15	3	8	28				4
江汉区	1	2		7				3
仙桃市	15	3	2	34				
汉川市	6	12	7	21	1	6	4	7
鄂州市	8	5	4	16	4		2	2
大冶市	9	5	2	9	4			1
武穴市	2		1	7	9	1	1	5
宜昌市	10		1	17				
枝江市	6	3	1	6	1	2	1	2
天门市	12	3	1	29	3			1
曾都区	3	2	3	14	10			5
襄阳区	4	2	3	7	7			1
广水市	2	1	1	5	1			2
利川市	7	7	9	6				
咸安区	7	7	4	11	3	1		
巴东县	5	3	4	22	3	2	3	8
竹溪县	42	18	2				1	
神农架林区	11	4	5	12	1	1	2	5
红安县	3	1	1	17	2	1		8
南漳县	2			5				3
通城县	16	4	4	19	1		2	6
监利县	10	2	8	3				
黄梅县	1	4	6	27				
江陵县	2	2	1	20	5	3		14
蕲春县	7	6	3	28		1		5
京山县	11	14	6	10				3

4-96 续表 1

单位：人

地区	康复训练与服务				教育费用补助或减免			
	残疾一级	残疾二级	残疾三级	残疾四级	残疾一级	残疾二级	残疾三级	残疾四级
总　计	**23**	**19**	**17**	**61**	**2**	**2**	**1**	**5**
黄陂区				1		1		
武昌区								
黄石市								
江夏区				1				
硚口区	2	8	10	18		1	1	1
丹江口市								
江汉区				2				
仙桃市								
汉川市			1					
鄂州市	1		1	1				
大冶市	1			1				
武穴市				2				1
宜昌市					1			
枝江市	4	2	1	6				
天门市				1				
曾都区			1					
襄阳区				1				
广水市								
利川市								
咸安区								
巴东县	3	2	1	2				
竹溪县								
神农架林区	5			1				
红安县				1	1			
南漳县								
通城县	2			4				
监利县	5			1				
黄梅县		3	2	14				1
江陵县		4		4				1
蕲春县								1
京山县								

4－96 续表 2

单位：人

地区	职业教育与培训				就业安置或扶持			
	残疾一级	残疾二级	残疾三级	残疾四级	残疾一级	残疾二级	残疾三级	残疾四级
总 计	**3**			**3**	**11**	**4**	**6**	**13**
黄陂区								
武昌区								2
黄石市								
江夏区					1			
硚口区							2	1
丹江口市								
江汉区						1		2
仙桃市								
汉川市							1	
鄂州市								
大冶市	1			2	6	3	1	5
武穴市								
宜昌市								
枝江市								
天门市								
曾都区								
襄阳区								
广水市								
利川市	1				2			
咸安区							1	
巴东县								
竹溪县								
神农架林区								
红安县								
南漳县								
通城县								
监利县	1							
黄梅县								
江陵县								
蕲春县				1	1		1	3
京山县					1			

4－96 续表 3

单位：人

地区	贫困残疾人救助与扶持				法律援助与服务			
	残疾一级	残疾二级	残疾三级	残疾四级	残疾一级	残疾二级	残疾三级	残疾四级
总　计	**219**	**78**	**78**	**311**	**2**	**4**	**1**	**2**
黄陂区	3	6	1	3				
武昌区	7			22				
黄石市								
江夏区	5		2	4				
硚口区	1	1		2				
丹江口市	15	3	7	29				
江汉区	1	2		2		1		
仙桃市	3							
汉川市	5	8	1	4				
鄂州市	1			2				
大冶市	7	1		2				1
武穴市	8		1	3				
宜昌市	11		1	12				1
枝江市	4	1		3				
天门市	10	1		22				
曾都区	13	3	4	17				
襄阳区	10	2	3	9				
广水市	2	1	1	5				
利川市	6	6	8	4				
咸安区	14	8	7	10	1			
巴东县	4	1	3	14				
竹溪县	2							
神农架林区	11	4	5	10				
红安县	6	1	1	19				
南漳县	7		4	6				
通城县	2	1		4				
监利县	13	2	8	3				
黄梅县	5	3	8	35				
江陵县	7	3	1	19				
蕲春县	22	9	6	34			1	
京山县	14	11	6	12	1	3		

4－96 续表 4

单位：人

地区	无障碍设施				信息无障碍			
	残疾一级	残疾二级	残疾三级	残疾四级	残疾一级	残疾二级	残疾三级	残疾四级
总　计	**17**	**3**	**2**	**29**	**5**	**1**	**3**	**5**
黄陂区								
武昌区	5		1	19				
黄石市	1							
江夏区		1		1			1	
硚口区	1	1						
丹江口市	1							
江汉区	3			3				1
仙桃市								
汉川市								
鄂州市								
大冶市		1			4	1	2	4
武穴市								
宜昌市								
枝江市								
天门市								
曾都区								
襄阳区	1							
广水市				1				
利川市								
咸安区								
巴东县					1			
竹溪县								
神农架林区	1							
红安县								
南漳县								
通城县			1	5				
监利县								
黄梅县								
江陵县								
蕲春县								
京山县	4							

4－96 续表 5

单位：人

地区	生活服务				文化服务			
	残疾一级	残疾二级	残疾三级	残疾四级	残疾一级	残疾二级	残疾三级	残疾四级
总计	**63**	**23**	**11**	**42**	**3**	**1**		**2**
黄陂区								
武昌区	2		1	6				
黄石市	1							
江夏区			1	1				
硚口区	1		2	2				
丹江口市	2							
江汉区	3			5	3	1		1
仙桃市								
汉川市								
鄂州市	2	2		1				
大冶市	7	3		2				
武穴市								
宜昌市								
枝江市	3	1		1				
天门市	7	1		13				
曾都区								
襄阳区	1			1				
广水市	1	1	1	1				
利川市								
咸安区	10	2	3	3				
巴东县				1				
竹溪县	15	8	2					
神农架林区								
红安县								
南漳县								
通城县				1				
监利县								
黄梅县								
江陵县								
蕲春县	2			1				
京山县	6	5	1	3				1

4－96 续表 6

单位：人

地 区	其他				不选择			
	残疾一级	残疾二级	残疾三级	残疾四级	残疾一级	残疾二级	残疾三级	残疾四级
总 计	**15**	**15**	**10**	**15**	**1**		**1**	**6**
黄陂区								
武昌区								
黄石市								
江夏区								
硚口区								1
丹江口市								1
江汉区								
仙桃市								
汉川市								
鄂州市								
大冶市								
武穴市								
宜昌市								
枝江市							1	
天门市								
曾都区								
襄阳区								
广水市								
利川市								1
咸安区	5	6	5	7				
巴东县					1			1
竹溪县								
神农架林区								
红安县								
南漳县								
通城县	2			1				
监利县								
黄梅县								
江陵县								
蕲春县								2
京山县	8	9	5	7				

4－97 各地区听力残疾人分残疾等级的主要需求

单位：人

地 区	医疗服务与救助				辅助器具			
	残疾一级	残疾二级	残疾三级	残疾四级	残疾一级	残疾二级	残疾三级	残疾四级
总 计	**118**	**138**	**389**	**225**	**143**	**164**	**457**	**235**
黄陂区	1	1	10	15		2	10	14
武昌区	1	3	9	8	1	3	10	10
黄石市	2		17	4	1	1	17	5
江夏区	2	5	8	4	3	6	12	7
硚口区	1	2	7			2	5	
丹江口市			2	3	8	5	27	8
江汉区	6	2	13	1	7	2	15	1
仙桃市		1	1	1	6	4	15	23
汉川市	1	1	7	10			1	3
鄂州市	3	4	7	3	3	2	6	1
大冶市	1	3	5	3	1		2	
武穴市	3	3	5	2	18	26	21	4
宜昌市	6	11	23	17			1	2
枝江市	9	12	19	16	9	13	18	16
天门市	2	1	16	13	4	4	31	23
曾都区	3	6	21	19	3	6	20	13
襄阳区	2	2	12	8	6	5	19	9
广水市	8	4	15	14	8	4	16	14
利川市			1			1	2	
咸安区				4	4	6	18	12
巴东县	12	6	10	12	7	5	15	12
竹溪县	16	18	21	6	1		1	
神农架林区	2	4	14	10	10	21	62	25
红安县	3	3	9	7	1	3	6	5
南漳县	11	10	14	2	13	10	11	
通城县	3	4	8	5	1	1	1	
监利县	2	3	4	6	14	9	19	9
黄梅县	6	13	12	3	5	12	14	3
江陵县	3	3	10	4	1	1	8	1
蕲春县	2	3	57	15	1		28	6
京山县	7	10	32	10	7	10	26	9

4－97 续表 1

单位：人

地区	康复训练与服务				教育费用补助或减免			
	残疾一级	残疾二级	残疾三级	残疾四级	残疾一级	残疾二级	残疾三级	残疾四级
总计	**15**	**18**	**44**	**24**		**1**		**3**
黄陂区	1			2				
武昌区								
黄石市			3					
江夏区		2						
硚口区			2					
丹江口市								
江汉区	1							
仙桃市								
汉川市		1	1	4				
鄂州市			2					
大冶市								
武穴市	1					1		1
宜昌市								
枝江市	6	8	15	10				
天门市								
曾都区								
襄阳区								
广水市								
利川市								
咸安区								1
巴东县	2			1				
竹溪县								
神农架林区		1						
红安县								
南漳县	1		1					
通城县								
监利县								
黄梅县		3						
江陵县								
蕲春县			1					
京山县	3	3	19	7				1

4－97　续表 2

单位：人

地　区	职业教育与培训				就业安置或扶持			
	残疾一级	残疾二级	残疾三级	残疾四级	残疾一级	残疾二级	残疾三级	残疾四级
总　计	**1**				**3**		**10**	**3**
黄陂区								
武昌区								
黄石市								
江夏区								
硚口区							1	
丹江口市								
江汉区								
仙桃市								
汉川市							1	2
鄂州市								
大冶市							2	1
武穴市								
宜昌市								
枝江市	1						2	
天门市								
曾都区								
襄阳区								
广水市					1		3	
利川市								
咸安区								
巴东县								
竹溪县								
神农架林区					1		1	
红安县								
南漳县								
通城县								
监利县								
黄梅县								
江陵县								
蕲春县					1			
京山县								

4－97 续表 3

单位：人

地 区	贫困残疾人救助与扶持				法律援助与服务			
	残疾一级	残疾二级	残疾三级	残疾四级	残疾一级	残疾二级	残疾三级	残疾四级
总 计	**125**	**137**	**342**	**196**	**3**	**3**	**16**	**6**
黄陂区	1	2	9	13				
武昌区				1			1	1
黄石市	1		6	2	1		7	2
江夏区	1	2	4	2				
硚口区	1	1	2					
丹江口市	7	5	29	9				
江汉区	2		2					
仙桃市	6	3	15	22				
汉川市	2	4	19	20				
鄂州市	1	3	3	4				
大冶市		1	9	4				
武穴市	11	9	9	2				
宜昌市	6	11	22	12	2	3	7	3
枝江市	2	4	3	6				
天门市				1				
曾都区	2	5	16	12				
襄阳区	1	1	5	1			1	
广水市	4	2	11	8				
利川市	3	4	15	2				
咸安区	3	3	7	7				
巴东县	14	6	14	11				
竹溪县	14	17	21	6				
神农架林区	10	23	51	24				
红安县	3	2	8	7				
南漳县	16	11	8					
通城县	2	4	7	5				
监利县	3	7	15	5				
黄梅县			1	1				
江陵县	4	3	12	5				
蕲春县	1		4	1				
京山县	4	4	15	3				

4－97 续表 4

单位：人

地 区	无障碍设施				信息无障碍			
	残疾一级	残疾二级	残疾三级	残疾四级	残疾一级	残疾二级	残疾三级	残疾四级
总 计	**1**		**2**		**4**	**5**	**10**	**5**
黄陂区								
武昌区								
黄石市						1		1
江夏区							2	1
硚口区					1		1	
丹江口市								
江汉区								
仙桃市								
汉川市								
鄂州市	1							
大冶市								
武穴市			1		1	4	6	1
宜昌市			1					
枝江市								
天门市								1
曾都区								
襄阳区								
广水市								
利川市								
咸安区								
巴东县								
竹溪县								
神农架林区								
红安县								
南漳县					1		1	
通城县								
监利县					1			1
黄梅县								
江陵县								
蕲春县								
京山县								

4－97 续表 5

单位：人

地 区	生活服务				文化服务			
	残疾一级	残疾二级	残疾三级	残疾四级	残疾一级	残疾二级	残疾三级	残疾四级
总 计	**58**	**52**	**115**	**53**	**10**	**4**	**9**	**12**
黄陂区								
武昌区								
黄石市			2					
江夏区			1					
硚口区								
丹江口市	7	5	28	6				
江汉区			1					
仙桃市								
汉川市								
鄂州市								
大冶市								
武穴市	7	3	2		1	1	2	1
宜昌市							1	6
枝江市								
天门市	6	3	21	14				
曾都区		1	1					
襄阳区	1							
广水市	2	2	2	6				
利川市								
咸安区	1	1	3	1			1	
巴东县								1
竹溪县	16	18	20	6				
神农架林区			1					
红安县								
南漳县		1						
通城县	3	3	8	5				
监利县	15	12	22	12	9	3	2	4
黄梅县								
江陵县			1					
蕲春县				2				
京山县		3	2	1			3	

4-97 续表 6

单位：人

地区	其他				不选择			
	残疾一级	残疾二级	残疾三级	残疾四级	残疾一级	残疾二级	残疾三级	残疾四级
总计			**2**	**1**	**3**	**4**	**29**	**24**
黄陂区								
武昌区						1	4	2
黄石市					1			
江夏区								
硚口区							6	
丹江口市								
江汉区							2	1
仙桃市								
汉川市								
鄂州市								
大冶市					2		2	5
武穴市			1				7	
宜昌市								1
枝江市						1		1
天门市								
曾都区								
襄阳区								
广水市								3
利川市						1	7	8
咸安区								
巴东县								1
竹溪县								
神农架林区								
红安县				1				
南漳县								
通城县								
监利县								
黄梅县						1		
江陵县								
蕲春县			1				1	2
京山县								

4－98 各地区言语残疾人分残疾等级的主要需求

单位：人

地区	医疗服务与救助				辅助器具			
	残疾一级	残疾二级	残疾三级	残疾四级	残疾一级	残疾二级	残疾三级	残疾四级
总 计	**20**	**9**	**12**	**18**	**4**	**1**	**2**	
黄陂区								
武昌区								
黄石市	1							
江夏区				1				
硚口区	2							
丹江口市	1							
江汉区								
仙桃市	1	1		1				
汉川市				1				
鄂州市	1							
大冶市							1	
武穴市			1					
宜昌市		1						
枝江市				1				
天门市			2					
曾都区								
襄阳区	1	1	1	3				
广水市				1				
利川市			1	1				
咸安区	1				1			
巴东县	2	1			1	1	1	
竹溪县	3	2	3					
神农架林区					1			
红安县	1		1	6				
南漳县	5		1		1			
通城县		2						
监利县								
黄梅县		1						
江陵县	1		1					
蕲春县			1	3				
京山县								

4－98 续表 1

单位：人

地 区	康复训练与服务				教育费用补助或减免			
	残疾一级	残疾二级	残疾三级	残疾四级	残疾一级	残疾二级	残疾三级	残疾四级
总 计	**7**	**4**	**4**		**1**	**1**	**4**	**1**
黄陂区								
武昌区								
黄石市	1							
江夏区							1	
硚口区								
丹江口市	1							
江汉区								
仙桃市								
汉川市								
鄂州市					1			1
大冶市								
武穴市							1	
宜昌市								
枝江市								
天门市			2				2	
曾都区								
襄阳区								
广水市								
利川市								
咸安区	1	1				1		
巴东县		2						
竹溪县	1							
神农架林区	1							
红安县								
南漳县	1		2					
通城县		1						
监利县								
黄梅县								
江陵县	1							
蕲春县								
京山县								

4－98 续表 2

单位：人

地 区	职业教育与培训				就业安置或扶持			
	残疾一级	残疾二级	残疾三级	残疾四级	残疾一级	残疾二级	残疾三级	残疾四级
总 计			**2**	**2**	**2**	**1**		**8**
黄陂区								
武昌区								
黄石市								
江夏区								
硚口区								
丹江口市								
江汉区								
仙桃市								
汉川市								
鄂州市				1	1			1
大冶市								
武穴市			1					
宜昌市						1		
枝江市								1
天门市								
曾都区				1				
襄阳区								
广水市								
利川市								
咸安区								1
巴东县								
竹溪县								
神农架林区								
红安县								4
南漳县			1		1			
通城县								
监利县								
黄梅县								
江陵县								
蕲春县								1
京山县								

4-98 续表 3

单位：人

地 区	贫困残疾人救助与扶持				法律援助与服务			
	残疾一级	残疾二级	残疾三级	残疾四级	残疾一级	残疾二级	残疾三级	残疾四级
总 计	**37**	**8**	**18**	**25**				**1**
黄陂区								
武昌区								
黄石市								
江夏区			1	1				
硚口区	2							
丹江口市	1							
江汉区								
仙桃市	1	1		2				
汉川市	3			1				
鄂州市								
大冶市			1					
武穴市								
宜昌市								
枝江市				1				
天门市		1	2					
曾都区				3				
襄阳区	1	1	1	3				
广水市				1				1
利川市				1				
咸安区	2			1				
巴东县	2							
竹溪县	3	2	3					
神农架林区	11	1	4	2				
红安县	1		1	7				
南漳县	8		3					
通城县		1						
监利县								
黄梅县	1	1						
江陵县	1		1					
蕲春县			1	2				
京山县								

4－98 续表 4

单位：人

地 区	无障碍设施				信息无障碍			
	残疾一级	残疾二级	残疾三级	残疾四级	残疾一级	残疾二级	残疾三级	残疾四级
总 计								
黄陂区								
武昌区								
黄石市								
江夏区								
硚口区								
丹江口市								
江汉区								
仙桃市								
汉川市								
鄂州市								
大冶市								
武穴市								
宜昌市								
枝江市								
天门市								
曾都区								
襄阳区								
广水市								
利川市								
咸安区								
巴东县								
竹溪县								
神农架林区								
红安县								
南漳县								
通城县								
监利县								
黄梅县								
江陵县								
蕲春县								
京山县								

4－98 续表 5

单位：人

地区	生活服务				文化服务			
	残疾一级	残疾二级	残疾三级	残疾四级	残疾一级	残疾二级	残疾三级	残疾四级
总　计	**4**	**3**	**3**	**7**	**1**			**1**
黄陂区								
武昌区								
黄石市	1							
江夏区								
硚口区								
丹江口市								
江汉区								
仙桃市								
汉川市								
鄂州市								1
大冶市								
武穴市								
宜昌市								
枝江市								
天门市								
曾都区								
襄阳区				2				
广水市								
利川市								
咸安区	1				1			
巴东县								
竹溪县	2	2	3					
神农架林区				1				
红安县				3				
南漳县								
通城县		1						
监利县								
黄梅县								
江陵县								
蕲春县				1				
京山县								

4－98　续表 6

单位：人

地　区	其他				不选择			
	残疾一级	残疾二级	残疾三级	残疾四级	残疾一级	残疾二级	残疾三级	残疾四级
总　计	**1**	**1**		**1**	**1**			**1**
黄陂区								
武昌区								
黄石市								
江夏区								
硚口区								
丹江口市								
江汉区								
仙桃市								
汉川市								
鄂州市								
大冶市								
武穴市								
宜昌市								
枝江市								
天门市								
曾都区								
襄阳区								
广水市					1			
利川市								
咸安区	1	1		1				
巴东县								
竹溪县								
神农架林区								
红安县								
南漳县								
通城县								
监利县								
黄梅县								
江陵县								
蕲春县								1
京山县								

4－99 各地区肢体残疾人分残疾等级的主要需求

单位：人

地区	医疗服务与救助				辅助器具			
	残疾一级	残疾二级	残疾三级	残疾四级	残疾一级	残疾二级	残疾三级	残疾四级
总　计	**51**	**133**	**245**	**763**	**26**	**55**	**115**	**182**
黄陂区	1	11	32	25		2	5	1
武昌区		2	1	6	1	1	1	3
黄石市	2	1	2	3			1	1
江夏区	6	9	5	16	4	9	4	11
硚口区	4	11	10	28	1	5	5	5
丹江口市	2	3	5	58	2	1	2	19
江汉区			11	31			6	1
仙桃市		1	6	6			2	4
汉川市				5			1	
鄂州市	1	1	1	3	1	1	3	4
大冶市		2	3	36	1		3	1
武穴市	1	4	9	10	1	3	5	7
宜昌市	1	4	16	34	1		14	9
枝江市	1	3	5	6		2	2	2
天门市	2	4	3	16	1	2	2	6
曾都区	1	5	3	12			1	4
襄阳区	2	4	4	41				4
广水市	2	11	2	31	1			
利川市	2	10	32	73	2	9	17	43
咸安区	1	1	2	8		1	8	9
巴东县	1	2	7	23			2	6
竹溪县	5	9	10	62	3	4	3	9
神农架林区	5	2	6	30	1	2		1
红安县		7	7	10		6	3	2
南漳县	2	10	20	64	1	2	1	6
通城县	2	4	9	33	1	1	2	3
监利县	1	4	11	14	2	4	14	10
黄梅县	2	2	5	2				
江陵县	2	2	10	25	1		3	5
蕲春县	1	3	8	38	1		2	3
京山县	1	1		14			3	3

4－99 续表 1

单位：人

地区	康复训练与服务				教育费用补助或减免			
	残疾一级	残疾二级	残疾三级	残疾四级	残疾一级	残疾二级	残疾三级	残疾四级
总计	**21**	**67**	**141**	**325**	**2**	**2**	**21**	**61**
黄陂区	1	14	30	28			1	1
武昌区			1	6				2
黄石市	2	2	2	3				
江夏区	1	1	1	3				2
硚口区	3	4	3	8				2
丹江口市	1	2	3	26				
江汉区			5	33			1	2
仙桃市		3	12	24			1	1
汉川市			1					1
鄂州市		2	1					1
大冶市			2	2				
武穴市	1	1	8	11			5	9
宜昌市	1	3	4	9			1	1
枝江市	1	1	5	4				1
天门市		2	4	12				
曾都区	1	2		5				2
襄阳区		1	3	7				2
广水市								
利川市	1	4	20	33				
咸安区	4	2	4	5				3
巴东县	1			4				
竹溪县		5	3	20				5
神农架林区		1		14				
红安县		4	6	13				
南漳县		2	4	3				1
通城县		1	1	4		1	4	8
监利县	2	6	10	7				1
黄梅县		2	3	2	2		3	4
江陵县	1	1	4	10				2
蕲春县								1
京山县		1	1	29		1	5	9

4－99 续表 2

单位：人

地 区	职业教育与培训				就业安置或扶持			
	残疾一级	残疾二级	残疾三级	残疾四级	残疾一级	残疾二级	残疾三级	残疾四级
总 计		**1**	**7**	**16**	**2**	**4**	**33**	**145**
黄陂区							1	
武昌区						1		2
黄石市							2	1
江夏区						1	1	7
硚口区							1	3
丹江口市				1		1		5
江汉区							3	14
仙桃市			2		1			2
汉川市							1	5
鄂州市				1			2	2
大冶市			1	1			1	14
武穴市				1				2
宜昌市				1			3	14
枝江市								3
天门市								
曾都区								2
襄阳区								1
广水市								1
利川市			1	1				9
咸安区								
巴东县					1		1	6
竹溪县								11
神农架林区				1			2	9
红安县			1	1			1	3
南漳县			1	1			1	4
通城县				5		1	3	9
监利县				1			4	1
黄梅县								
江陵县		1	1	1			3	6
蕲春县							1	
京山县							2	9

4－99 续表 3

单位：人

地 区	贫困残疾人救助与扶持				法律援助与服务			
	残疾一级	残疾二级	残疾三级	残疾四级	残疾一级	残疾二级	残疾三级	残疾四级
总 计	**54**	**156**	**329**	**1005**			**4**	**17**
黄陂区	1	16	37	30				
武昌区		1	1	6			1	
黄石市	2	2	5	7				
江夏区	6	12	8	23				
硚口区	4	9	10	24				3
丹江口市	1	2	5	52				
江汉区			10	40				
仙桃市	1	3	14	29				1
汉川市	1	2	3	30				
鄂州市	1	2	5	22				
大冶市	3	2	10	54				
武穴市		4	15	20				
宜昌市		1	14	31				1
枝江市	1	3	3	6				
天门市	2	3	3	24				1
曾都区		6	4	18				
襄阳区	2	5	7	41			2	2
广水市	2	11	2	29				
利川市	1	7	25	60				
咸安区	5	4	12	23				
巴东县		2	10	50				4
竹溪县	5	7	10	66				
神农架林区	6	10	11	64				
红安县		9	11	19				
南漳县	3	10	22	67			1	1
通城县	2	5	10	37				3
监利县	1	7	22	22				
黄梅县	1	5	16	11				
江陵县	2	1	9	24				1
蕲春县	1	3	7	38				
京山县		2	8	38				

4－99　续表 4

单位：人

地　区	无障碍设施				信息无障碍			
	残疾一级	残疾二级	残疾三级	残疾四级	残疾一级	残疾二级	残疾三级	残疾四级
总　计	**2**	**5**	**7**	**17**				**3**
黄陂区								
武昌区	1	2	2	6				
黄石市								
江夏区								
硚口区								
丹江口市				3				
江汉区				3				
仙桃市	1			1				
汉川市								
鄂州市								
大冶市								
武穴市			1	1				2
宜昌市		2	3					
枝江市			1	2				
天门市								
曾都区								
襄阳区								
广水市								
利川市								
咸安区								
巴东县								
竹溪县								
神农架林区								
红安县		1						
南漳县				1				
通城县								
监利县								
黄梅县								
江陵县								
蕲春县								
京山县								1

4－99 续表 5

单位：人

地区	生活服务				文化服务			
	残疾一级	残疾二级	残疾三级	残疾四级	残疾一级	残疾二级	残疾三级	残疾四级
总计	**4**	**19**	**28**	**145**	**1**		**3**	**10**
黄陂区		5	5	5				
武昌区			1	1				
黄石市			2	1				1
江夏区								
硚口区				2				1
丹江口市								
江汉区			4	23				1
仙桃市				1				
汉川市								
鄂州市			1					
大冶市								
武穴市				1				
宜昌市		1		4				
枝江市			1	2				
天门市		1						
曾都区								
襄阳区	1	4	1	17	1			4
广水市				1				
利川市								
咸安区				1				
巴东县								
竹溪县				1				1
神农架林区	2	2	1	4				
红安县		1	1					
南漳县			1	4				2
通城县		1		3				
监利县			2	3			3	
黄梅县								
江陵县				1				
蕲春县		3	6	34				
京山县	1	1	2	36				

4－99 续表 6

单位：人

地区	其他				不选择			
	残疾一级	残疾二级	残疾三级	残疾四级	残疾一级	残疾二级	残疾三级	残疾四级
总计			**2**	**3**		**9**	**10**	**50**
黄陂区								
武昌区			1			2	1	4
黄石市							1	
江夏区								
硚口区							1	1
丹江口市								
江汉区								1
仙桃市								1
汉川市							1	
鄂州市								2
大冶市								1
武穴市								
宜昌市				2			1	7
枝江市						6		12
天门市			1					1
曾都区								
襄阳区								4
广水市								
利川市							1	
咸安区								1
巴东县							1	1
竹溪县								
神农架林区								2
红安县								6
南漳县								1
通城县								
监利县						1		
黄梅县							3	5
江陵县								
蕲春县								
京山县				1				

4－100　各地区智力残疾人分残疾等级的主要需求

单位：人

地　区	医疗服务与救助				辅助器具			
	残疾一级	残疾二级	残疾三级	残疾四级	残疾一级	残疾二级	残疾三级	残疾四级
总　计	**37**	**63**	**111**	**134**		**2**	**2**	
黄陂区		3	2	2				
武昌区		2	1	1				
黄石市		2		1				
江夏区	1	2		1		1		
硚口区	1		2	1				
丹江口市			2	4				
江汉区			1					
仙桃市		6		4				
汉川市								
鄂州市		4	8	3		1	1	
大冶市	6	4	4	6				
武穴市	1			8				
宜昌市		4	1	7				
枝江市	1	3	1					
天门市	2	3	4	4				
曾都区								
襄阳区	6	4	5	2				
广水市			1	3				
利川市		2	2	8				
咸安区		1	1	5				
巴东县				14				
竹溪县	7	5	7	9				
神农架林区		1	15	1				
红安县	3	4	11	10				
南漳县		4	1	4				
通城县	1	1	8	5				
监利县	1	2	6	10				
黄梅县	1	2	3	1				
江陵县	1		6	3			1	
蕲春县	4	4	16	17				
京山县	1		3					

4－100 续表 1

单位：人

地　区	康复训练与服务				教育费用补助或减免			
	残疾一级	残疾二级	残疾三级	残疾四级	残疾一级	残疾二级	残疾三级	残疾四级
总　计	**10**	**42**	**56**	**65**	**7**	**8**	**5**	**10**
黄陂区		1				1		1
武昌区		1	2	2				
黄石市		1						
江夏区		1		1				
硚口区	1		3	1				
丹江口市	1			2	1	1		
江汉区								
仙桃市		4	1	3			1	
汉川市		1		2				
鄂州市		3	8	3				
大冶市	1	2	2	2	2			
武穴市		1	3	8	1			2
宜昌市								
枝江市	1	4	1	1	1	1		
天门市	2	4	4	4				1
曾都区								
襄阳区		1	1	1				
广水市			2					
利川市		3	1	2				
咸安区		2	2	3		3	1	2
巴东县			2	12				
竹溪县		1	1	1				1
神农架林区			1					1
红安县	1	3	8	7	1			1
南漳县		5	1	2		2		
通城县								
监利县	2	1	3	6				
黄梅县	1	2	5	2			1	
江陵县		1	2		1			1
蕲春县							2	
京山县			3					

4－100 续表 2

单位：人

地 区	职业教育与培训				就业安置或扶持			
	残疾一级	残疾二级	残疾三级	残疾四级	残疾一级	残疾二级	残疾三级	残疾四级
总 计	**5**	**8**	**10**	**15**	**4**	**7**	**23**	**30**
黄陂区				2				
武昌区			3			1	3	4
黄石市						1		
江夏区			1				1	1
硚口区								
丹江口市				3			1	
江汉区				1			1	
仙桃市	1			1	1			1
汉川市			2	1				
鄂州市			1				2	
大冶市	2		1		3			2
武穴市				1		2	2	10
宜昌市							1	
枝江市		1	1	1		1	1	2
天门市	1	1				1		
曾都区								
襄阳区								
广水市			1					
利川市								
咸安区		2		1				1
巴东县								
竹溪县								2
神农架林区							3	
红安县				1			1	
南漳县		1						
通城县								
监利县	1	1		3		1	3	2
黄梅县								
江陵县		1					3	4
蕲春县		1					1	1
京山县								

4－100 续表 3

单位：人

地 区	贫困残疾人救助与扶持				法律援助与服务			
	残疾一级	残疾二级	残疾三级	残疾四级	残疾一级	残疾二级	残疾三级	残疾四级
总 计	**44**	**100**	**169**	**176**	**1**	**2**		**4**
黄陂区	1	5	2	5				
武昌区		2	3	4				
黄石市		1	1					
江夏区	1	7	8	4				
硚口区			1					
丹江口市	4	6	7	9				
江汉区			5					
仙桃市	1	6	2	5				
汉川市	2	3	13	8				
鄂州市		4	4					
大冶市	9	4	3	4				
武穴市	1	2	4	16				
宜昌市		4		7				
枝江市	2	3	1	2	1			
天门市		6	6	6				2
曾都区								
襄阳区	6	6	4	4				1
广水市			3	3				
利川市		7	3	5				
咸安区	1	2	8	12				
巴东县			1	17				1
竹溪县	7	5	7	10				
神农架林区		1	15	1				
红安县	1	5	9	11				
南漳县		7	6	4				
通城县	1	1	8	5				
监利县		1	3	7				
黄梅县	1	2	6	2				
江陵县	1	5	18	8		2		
蕲春县	4	5	17	17				
京山县	1		1					

4－100 续表 4

单位：人

地 区	无障碍设施				信息无障碍			
	残疾一级	残疾二级	残疾三级	残疾四级	残疾一级	残疾二级	残疾三级	残疾四级
总 计		**1**					**1**	**3**
黄陂区								
武昌区								
黄石市								
江夏区								
硚口区								
丹江口市								1
江汉区								
仙桃市								
汉川市								
鄂州市								
大冶市								
武穴市								
宜昌市		1						
枝江市								
天门市								
曾都区								
襄阳区								
广水市								1
利川市								
咸安区								
巴东县								
竹溪县								
神农架林区								
红安县								
南漳县								
通城县								
监利县								
黄梅县								
江陵县								1
蕲春县								
京山县							1	

4－100 续表 5

单位：人

地 区	生活服务				文化服务			
	残疾一级	残疾二级	残疾三级	残疾四级	残疾一级	残疾二级	残疾三级	残疾四级
总 计	**10**	**19**	**54**	**38**	**1**	**1**	**3**	**14**
黄陂区								
武昌区				1				
黄石市						1		
江夏区				1				1
硚口区	1		2	1				
丹江口市	2	5	6	4				
江汉区								
仙桃市		2	1	2			1	1
汉川市								
鄂州市			6	2				
大冶市								
武穴市								
宜昌市			1	3				1
枝江市								
天门市		3	6	2			1	7
曾都区								
襄阳区								
广水市			2					1
利川市								
咸安区								
巴东县							1	2
竹溪县	1	1	1	2				
神农架林区								
红安县								
南漳县								
通城县	1	1	8	5				
监利县					1			1
黄梅县			1					
江陵县		2						
蕲春县	4	5	18	15				
京山县	1		2					

4-100 续表 6

单位：人

地　区	其他				不选择			
	残疾一级	残疾二级	残疾三级	残疾四级	残疾一级	残疾二级	残疾三级	残疾四级
总　计	**1**	**5**	**9**	**3**	**1**	**3**	**4**	**14**
黄陂区								
武昌区								
黄石市					1			
江夏区	1	5	7	3				
硚口区								
丹江口市							4	7
江汉区								
仙桃市								
汉川市								
鄂州市								
大冶市								
武穴市								
宜昌市								
枝江市						1		
天门市								
曾都区								
襄阳区								1
广水市								
利川市						2		1
咸安区								1
巴东县								
竹溪县								
神农架林区								
红安县								
南漳县								
通城县								
监利县			2					
黄梅县								
江陵县								1
蕲春县								
京山县								3

4－101 各地区精神残疾人分残疾等级的主要需求

单位：人

地区	医疗服务与救助				辅助器具			
	残疾一级	残疾二级	残疾三级	残疾四级	残疾一级	残疾二级	残疾三级	残疾四级
总计	**106**	**59**	**97**	**232**	**1**	**3**	**4**	**1**
黄陂区		2	5	11				
武昌区		2	14	3		2	3	
黄石市	2		2	3				
江夏区	2	1	2	6				
硚口区	1	1	8	10				
丹江口市	5	6	4	4				
江汉区	3	1	5	4	1	1	1	
仙桃市	3		2	17				
汉川市	3	1		1				
鄂州市	3		1	4				
大冶市	3	1	4	9				
武穴市			1	8				1
宜昌市	3	3	1	11				
枝江市	2	1	4	3				
天门市	1	1	2	13				
曾都区	16	6	2	9				
襄阳区	1			18				
广水市	6	1	4	7				
利川市	4	1		3				
咸安区	1		6	4				
巴东县		3		16				
竹溪县	3	2	1	2				
神农架林区	3	1	3	12				
红安县	1	3	7	10				
南漳县			2	6				
通城县	13	5	1	1				
监利县	3	3	4	7				
黄梅县	1	6	5	16				
江陵县			1	3				
蕲春县	19	6	4	6				
京山县	4	2	2	5				

4－101　续表 1

单位：人

地　区	康复训练与服务				教育费用补助或减免			
	残疾一级	残疾二级	残疾三级	残疾四级	残疾一级	残疾二级	残疾三级	残疾四级
总　计	**14**	**14**	**12**	**39**	**3**	**1**	**4**	**5**
黄陂区								
武昌区			2				1	
黄石市	1		1					
江夏区					1			1
硚口区				4				
丹江口市		2	1					
江汉区	1			3				
仙桃市				1				
汉川市		1		1				
鄂州市	2							
大冶市	3	1	3	8				
武穴市				1				
宜昌市		1		2				
枝江市					1	1		
天门市				1			1	1
曾都区								
襄阳区								1
广水市				1				
利川市								
咸安区					1		1	1
巴东县								
竹溪县								
神农架林区								1
红安县								
南漳县								
通城县	5	2						
监利县		1	1	2				
黄梅县	1	6	4	15			1	
江陵县								
蕲春县								
京山县	1							

4－101 续表 2

单位：人

地 区	职业教育与培训				就业安置或扶持			
	残疾一级	残疾二级	残疾三级	残疾四级	残疾一级	残疾二级	残疾三级	残疾四级
总 计			**2**	**3**	**3**	**4**	**12**	**16**
黄陂区								
武昌区							1	
黄石市								
江夏区								
硚口区							2	
丹江口市						1	2	2
江汉区			1	1			3	2
仙桃市								
汉川市								
鄂州市								
大冶市								
武穴市							1	1
宜昌市								
枝江市								
天门市					1	1		6
曾都区					1			
襄阳区								
广水市								
利川市								
咸安区								
巴东县								
竹溪县								
神农架林区								
红安县			1				1	2
南漳县								
通城县								
监利县							2	1
黄梅县						1		
江陵县				1				
蕲春县				1	1	1		1
京山县								1

4－101 续表 3

单位：人

地 区	贫困残疾人救助与扶持				法律援助与服务			
	残疾一级	残疾二级	残疾三级	残疾四级	残疾一级	残疾二级	残疾三级	残疾四级
总 计	**100**	**54**	**77**	**188**	**4**	**3**	**4**	**7**
黄陂区		2	5	11				
武昌区			1	1				
黄石市	1		1	1				
江夏区	4	2	2	7				
硚口区	1	1	7	11				
丹江口市	8	7	3	4				
江汉区	1		3	3				
仙桃市				3				
汉川市	4		3	1				
鄂州市	2			2				
大冶市	3	1	4	9				
武穴市			1	6				
宜昌市	3	2	1	6				
枝江市	1	1	4	3				
天门市	1	1	2	11				
曾都区	16	7	2	9				
襄阳区	1			19	1			2
广水市	7	1	4	8				
利川市	2			2				
咸安区	2		6	3			2	
巴东县		3		13				
竹溪县	1	1						
神农架林区	3	2	3	7				
红安县	1	3	7	10				
南漳县			2	6				1
通城县	11	3	1					
监利县	3	4	4	7				
黄梅县	1	5	5	15				
江陵县								
蕲春县	19	6	4	5		1		
京山县	4	2	2	5	3	2	2	4

4－101　续表 4

单位：人

地　区	无障碍设施				信息无障碍			
	残疾一级	残疾二级	残疾三级	残疾四级	残疾一级	残疾二级	残疾三级	残疾四级
总　计					**1**			
黄陂区								
武昌区								
黄石市					1			
江夏区								
硚口区								
丹江口市								
江汉区								
仙桃市								
汉川市								
鄂州市								
大冶市								
武穴市								
宜昌市								
枝江市								
天门市								
曾都区								
襄阳区								
广水市								
利川市								
咸安区								
巴东县								
竹溪县								
神农架林区								
红安县								
南漳县								
通城县								
监利县								
黄梅县								
江陵县								
蕲春县								
京山县								

4－101 续表 5

单位：人

地 区	生活服务				文化服务			
	残疾一级	残疾二级	残疾三级	残疾四级	残疾一级	残疾二级	残疾三级	残疾四级
总 计	**10**	**10**	**14**	**27**	**3**			**5**
黄陂区								
武昌区			2	2				
黄石市	1		1	3				1
江夏区		1						
硚口区			2	4				
丹江口市								
江汉区	3	1	1					
仙桃市								
汉川市		1	1					
鄂州市				2	1			
大冶市								
武穴市								
宜昌市		1						
枝江市			1		1			
天门市			1	3				3
曾都区	1							
襄阳区				4				
广水市								
利川市								
咸安区								
巴东县				1				
竹溪县	3	2	1	2				
神农架林区		1						
红安县		2	2	2				
南漳县				2				1
通城县	1	1			1			
监利县			1					
黄梅县								
江陵县			1	2				
蕲春县	1							
京山县								

4－101 续表 6

单位：人

地区	其他				不选择			
	残疾一级	残疾二级	残疾三级	残疾四级	残疾一级	残疾二级	残疾三级	残疾四级
总计			**2**	**4**	**8**	**3**	**3**	**3**
黄陂区								
武昌区			2					
黄石市								
江夏区								1
硚口区					1			
丹江口市								
江汉区								
仙桃市								
汉川市								
鄂州市							1	
大冶市								
武穴市								
宜昌市								
枝江市								
天门市				1				
曾都区								
襄阳区								
广水市								
利川市				1		2		
咸安区								
巴东县				1				
竹溪县								
神农架林区								
红安县								
南漳县					5	1		1
通城县				1				
监利县								
黄梅县								
江陵县					2		2	1
蕲春县								
京山县								

4－102 各地区多重残疾人分残疾等级的主要需求

单位：人

地　区	医疗服务与救助				辅助器具			
	残疾一级	残疾二级	残疾三级	残疾四级	残疾一级	残疾二级	残疾三级	残疾四级
总　计	**69**	**48**	**81**	**129**	**29**	**19**	**29**	**71**
黄陂区		2	1	2		1		1
武昌区		1	1	2			1	1
黄石市	3	2		4				3
江夏区	1	2	1	2		1	1	1
硚口区	1	2	1	1	1	1		
丹江口市	2	1	3	6	1		3	6
江汉区			2	2			1	1
仙桃市	1		1	5			3	8
汉川市			3	1			1	1
鄂州市	1		1	2				
大冶市	3			4		1		
武穴市	3	3	2	4	4	3	2	5
宜昌市	2	1	1	5		1		2
枝江市	1	1	2	6			2	6
天门市	1	5	4	9		2	2	6
曾都区	1		2	11	2			7
襄阳区	5	3	3	1	1	2	1	
广水市	1	1	2	2				2
利川市	1				1			
咸安区	2		1	6	3	1	1	5
巴东县	3	1	1	3	4	1		2
竹溪县	21	7	5	1			1	
神农架林区	2	3	7	6		2	3	1
红安县			1	6				1
南漳县		2	6	3	3		1	1
通城县	3			1	1			
监利县	2		1	1	5		2	2
黄梅县	1	2	4	3	1	1	2	1
江陵县		1	1	3	1		1	1
蕲春县	5	7	23	24		1	1	4
京山县	3	1	1	3	1	1		3

4－102 续表 1

单位：人

地区	康复训练与服务				教育费用补助或减免			
	残疾一级	残疾二级	残疾三级	残疾四级	残疾一级	残疾二级	残疾三级	残疾四级
总　计	**18**	**16**	**19**	**47**	**4**		**5**	**2**
黄陂区	1	1		1				
武昌区		1		1				
黄石市	2			3				
江夏区		1	1					
硚口区		1	1	1				
丹江口市		1		2	1			
江汉区			1	1				
仙桃市			1	2				
汉川市							1	
鄂州市				3				
大冶市	2			3				
武穴市	4	5	2	1	1		1	
宜昌市	1							
枝江市		1	2	5				
天门市			2				2	
曾都区	2		1					1
襄阳区			1	1	2			
广水市			1					
利川市								
咸安区				4				
巴东县				3				
竹溪县			3	1				
神农架林区								
红安县		1		3				
南漳县		1						
通城县								
监利县	1			2				
黄梅县		2	3	4				
江陵县				2				
蕲春县	2	1		1			1	1
京山县	3			3				

4－102 续表 2

单位：人

地　区	职业教育与培训				就业安置或扶持			
	残疾一级	残疾二级	残疾三级	残疾四级	残疾一级	残疾二级	残疾三级	残疾四级
总　计			**1**	**1**	**3**	**5**	**1**	**4**
黄陂区								
武昌区								
黄石市				1		1		1
江夏区								
硚口区								
丹江口市								
江汉区								
仙桃市								
汉川市								
鄂州市								1
大冶市								
武穴市						2		
宜昌市					1			
枝江市							1	
天门市								
曾都区						1		
襄阳区								1
广水市						1		
利川市								
咸安区					1			
巴东县								
竹溪县								
神农架林区								
红安县								
南漳县								
通城县								
监利县								
黄梅县					1			
江陵县								
蕲春县			1					1
京山县								

4－102 续表 3

单位：人

地 区	贫困残疾人救助与扶持				法律援助与服务			
	残疾一级	残疾二级	残疾三级	残疾四级	残疾一级	残疾二级	残疾三级	残疾四级
总 计	**95**	**63**	**92**	**133**	**5**	**1**	**4**	**2**
黄陂区	1	2	1	2				
武昌区		1	1	1				
黄石市	3	1		3	1			
江夏区	1	2		2				
硚口区	1	1	1					
丹江口市	4	4	9	8			1	1
江汉区			1	1				
仙桃市	4		1	3				
汉川市			4	2				
鄂州市	1		2	2				
大冶市	5	1		7				
武穴市	3	5	3	4				
宜昌市	1	1	1	5	1			
枝江市	1	1	2	1				
天门市	4	4	1	3				
曾都区	3	2	5	14				
襄阳区	7	1	3	7		1		
广水市	2	1	2	2	1		1	
利川市			1					
咸安区	4	1	1	11				1
巴东县	5	2	1	5				
竹溪县	20	7	5	1				
神农架林区	4	10	11	12				
红安县		1	1	5				
南漳县	3	4	7	4				
通城县	2			1	1			
监利县	5		2	3				
黄梅县	3	2	3	4	1			
江陵县	1	1	2	2				
蕲春县	5	7	20	16			1	
京山县	2	1	1	2			1	

4－102 续表 4

单位：人

地区	无障碍设施				信息无障碍			
	残疾一级	残疾二级	残疾三级	残疾四级	残疾一级	残疾二级	残疾三级	残疾四级
总　计		**2**	**1**	**3**	**3**	**1**		**2**
黄陂区								
武昌区		1						
黄石市					2	1		2
江夏区								
硚口区								
丹江口市								
江汉区								
仙桃市				1				
汉川市								
鄂州市								
大冶市		1						
武穴市								
宜昌市								
枝江市					1			
天门市								
曾都区								
襄阳区								
广水市								
利川市								
咸安区								
巴东县								
竹溪县								
神农架林区								
红安县								
南漳县			1	1				
通城县								
监利县								
黄梅县				1				
江陵县								
蕲春县								
京山县								

4－102 续表 5

单位：人

地 区	生活服务				文化服务			
	残疾一级	残疾二级	残疾三级	残疾四级	残疾一级	残疾二级	残疾三级	残疾四级
总 计	**35**	**17**	**25**	**32**				
黄陂区			1					
武昌区		1		2				
黄石市	6			2				
江夏区								
硚口区								
丹江口市		1	6	3				
江汉区				1				
仙桃市								
汉川市								
鄂州市				1				
大冶市								
武穴市			1	2				
宜昌市				1				
枝江市								
天门市		4	1	4				
曾都区	1	1		1				
襄阳区	1							
广水市	1							
利川市								
咸安区		1	1					
巴东县	1							
竹溪县	20	2	1					
神农架林区		2	1	1				
红安县			1	2				
南漳县								
通城县	2			1				
监利县			1					
黄梅县								
江陵县								
蕲春县	3	5	11	10				
京山县				1				

4－102 续表 6

单位：人

地 区	其他				不选择			
	残疾一级	残疾二级	残疾三级	残疾四级	残疾一级	残疾二级	残疾三级	残疾四级
总 计	**2**	**1**		**2**		**1**	**4**	**3**
黄陂区								
武昌区								1
黄石市							1	
江夏区		1		1				
硚口区								
丹江口市							2	
江汉区								
仙桃市								
汉川市								
鄂州市								
大冶市								1
武穴市								
宜昌市								
枝江市								1
天门市								
曾都区								
襄阳区								
广水市	1							
利川市						1	1	
咸安区	1			1				
巴东县								
竹溪县								
神农架林区								
红安县								
南漳县								
通城县								
监利县								
黄梅县								
江陵县								
蕲春县								
京山县								

第五部分　社区和住户基本情况

5－1 调查社区基本情况

地 区	调查社区(个)			社区人口情况		社区残疾人情况(人)			
	合计	居委会	村委会	户数（户）	人口（人）	残疾人数	持证残疾人	享受定期救助人数	享受临时救助人数
总 计	**248**	**68**	**180**	**209251**	**725025**	**27058**	**8651**	**5880**	**3961**
黄陂区	8		8	3484	14245	774	332	56	35
武昌区	8	8		12908	39342	1105	301	109	106
黄石市	8	8		13795	48225	567	402	171	95
江夏区	8	2	6	2632	10101	329	94	58	86
硚口区	8	8		13048	39191	559	489	192	241
丹江口市	8	3	5	7356	20986	1446	198	212	131
江汉区	8	8		14829	43428	531	474	112	276
仙桃市	8	2	6	3924	14878	430	138	98	192
汉川市	8		8	2354	11072	477	133	56	75
鄂州市	8	2	6	7842	25445	745	131	249	69
大冶市	8	1	7	6101	22147	300	94	89	66
武穴市	8		8	4236	17513	529	255	91	288
宜昌市	8	6	2	9654	31573	458	289	180	67
枝江市	8	3	5	19171	55005	1563	807	334	133
天门市	8		8	2950	11874	749	205	42	64
曾都区	8	1	7	5503	21697	979	165	52	96
襄阳区	8	1	7	3826	15807	866	434	120	184
广水市	8	2	6	6882	25135	938	167	206	154
利川市	8		8	3300	12970	753	298	142	38
咸安区	8	3	5	12943	42198	2291	537	371	162
巴东县	8		8	2782	9821	751	75	170	55
竹溪县	8		8	2090	8130	812	79	167	91
神农架林区	8	1	7	3723	12810	518	90	191	78
红安县	8	2	6	11853	43509	1674	559	159	182
南漳县	8	2	6	3306	11530	722	59	22	99
通城县	8	2	6	9479	38561	2039	1135	1309	508
监利县	8	1	7	2385	11394	574	88	130	79
黄梅县	8		8	2790	11649	797	61	67	94
江陵县	8		8	2341	10944	549	4	28	9
蕲春县	8		8	2163	8694	801	44	92	103
京山县	8	2	6	9601	35151	1432	514	605	105

5-1 续表

地 区	社区残疾人基层组织建设情况				
	有残疾人协会(小组)的社区(个)	有残疾人专职委员会的社区(个)	有康复站的社区(个)	有社区康复协调员的社区(个)	有无障碍设施的城市社区(居委会)(个)
总 计	**66**	**48**	**40**	**57**	**20**
黄陂区					
武昌区	8	1	6	3	1
黄石市	8	4	7	8	5
江夏区	1	2		1	1
硚口区	8	6	2	5	3
丹江口市	1	1	1	1	1
江汉区	8	7	3	4	
仙桃市	1	1	5	4	1
汉川市				8	
鄂州市	2	2	2		2
大冶市	2	3			
武穴市	7		1	1	
宜昌市	6	6	6	6	4
枝江市	5	4	4	6	1
天门市					
曾都区		2	1	1	
襄阳区					
广水市	1	1	2	1	
利川市					
咸安区					
巴东县					
竹溪县					
神农架林区					
红安县					
南漳县					
通城县	8	8		8	
监利县					
黄梅县					
江陵县					
蕲春县					
京山县					1

5－2 各地区调查社区公共服务机构的覆盖情况

单位：个

地 区	距离法律服务所(司法所)				距离特教学校(班)			
	0公里	1－2公里	3－5公里	5公里以上	0公里	1－2公里	3－5公里	5公里以上
总 计	**30**	**55**	**50**	**113**	**14**	**19**	**19**	**196**
黄陂区	1		4	3			2	6
武昌区	1	4	2	1		2	2	4
黄石市	3	4	1			2	2	4
江夏区			5	3	1	1		6
硚口区	3	4	1			1	4	3
丹江口市	1	1		6		2		6
江汉区		4	2	2	2			6
仙桃市	4			4	1			7
汉川市		2	3	3				8
鄂州市		6	1	1				8
大冶市	5			3	1			7
武穴市	2	1	3	2		1		7
宜昌市		5	1	2		3	2	3
枝江市	2	2	2	2	1	1		6
天门市		1	4	3				8
曾都区	1	1	1	5			1	7
襄阳区			1	7				8
广水市		2	3	3	1	1	2	4
利川市		2	2	4	5			3
咸安区	1	1	3	3		1	2	5
巴东县	1			7				8
竹溪县		1	2	5				8
神农架林区	2		1	5				8
红安县		2		6	1	1		6
南漳县	1	1	1	5				8
通城县	1	2		5		2	1	5
监利县		1	4	3	1			7
黄梅县	1	4	2	1				8
江陵县			1	7				8
蕲春县		1		7				8
京山县		3		5		1	1	6

5-2 续表

单位：个

地 区	距离文化活动站(室)				距离卫生室(所、站)			
	0公里	1-2公里	3-5公里	5公里以上	0公里	1-2公里	3-5公里	5公里以上
总 计	**76**	**42**	**27**	**103**	**171**	**59**	**7**	**11**
黄陂区	1		3	4	7	1		
武昌区	8				5	1	1	1
黄石市	6	2			6	2		
江夏区	1		2	5	8			
硚口区	7	1			7	1		
丹江口市	1	1		6	6			2
江汉区	6	2			6	2		
仙桃市	8				8			
汉川市		2	3	3	7	1		
鄂州市	2	4	1	1	7	1		
大冶市	3			5	7			1
武穴市	5	1		2	7	1		
宜昌市	4	3	1		5	3		
枝江市	2	2	1	3	6	2		
天门市		1	1	6	8			
曾都区	3	1		4	7			1
襄阳区		8				8		
广水市	1	2	2	3	2	2	3	1
利川市	5			3	7	1		
咸安区	1	1	1	5	5	3		
巴东县	2			6	7	1		
竹溪县			3	5	6	1	1	
神农架林区				8	6			2
红安县		2		6		7	1	
南漳县	4		1	3	8			
通城县	1	3		4	7			1
监利县		1	4	3		8		
黄梅县	2	2	3	1	7	1		
江陵县				8	6	2		
蕲春县		1		7		5	1	2
京山县	3	2	1	2	3	5		

5－2a 各地区调查城镇社区公共服务机构的覆盖情况

单位：个

地　区	距离法律服务所(司法所)				距离特教学校(班)			
	0公里	1－2公里	3－5公里	5公里以上	0公里	1－2公里	3－5公里	5公里以上
总　计	**18**	**36**	**14**	**12**	**7**	**17**	**15**	**41**
黄陂区	1		1	2			2	2
武昌区	1	4	2	1		2	2	4
黄石市	3	4	1			2	2	4
江夏区			3	1				4
硚口区	3	4	1			1	4	3
丹江口市	1	1		1		2		1
江汉区		4	2	2	2			6
仙桃市	2			1	1			2
汉川市								
鄂州市		2						2
大冶市	2				1			1
武穴市								
宜昌市		5	1			3	2	1
枝江市	2	1			1	1		1
天门市			2					2
曾都区	1	1		1			1	2
襄阳区			1					1
广水市		2			1	1		
利川市								
咸安区	1	1		1		1	1	1
巴东县								
竹溪县								
神农架林区	1							1
红安县		2			1	1		
南漳县		1		1				2
通城县		2				2		
监利县		1						1
黄梅县								
江陵县								
蕲春县								
京山县		1		1		1	1	

5－2a 续表

单位：个

地 区	距离文化活动站(室)				距离卫生室(所、站)			
	0公里	1－2公里	3－5公里	5公里以上	0公里	1－2公里	3－5公里	5公里以上
总 计	**49**	**17**	**3**	**11**	**64**	**14**	**1**	**1**
黄陂区	1		1	2	3	1		
武昌区	8				5	1	1	1
黄石市	6	2			6	2		
江夏区	1		1	2	4			
硚口区	7	1			7	1		
丹江口市	1	1		1	3			
江汉区	6	2			6	2		
仙桃市	3				3			
汉川市								
鄂州市	2				2			
大冶市	2				2			
武穴市								
宜昌市	4	1	1		5	1		
枝江市	1	1		1	3			
天门市				2	2			
曾都区	2			1	3			
襄阳区		1				1		
广水市	1	1			1	1		
利川市								
咸安区	1	1		1	3			
巴东县								
竹溪县								
神农架林区				1	1			
红安县		2				2		
南漳县	2				2			
通城县		2			2			
监利县		1				1		
黄梅县								
江陵县								
蕲春县								
京山县	1	1			1	1		

5－2b 各地区调查农村社区公共服务机构的覆盖情况

单位：个

地 区	距离法律服务所(司法所)				距离特教学校(班)			
	0公里	1－2公里	3－5公里	5公里以上	0公里	1－2公里	3－5公里	5公里以上
总 计	**12**	**19**	**36**	**101**	**7**	**2**	**4**	**155**
黄陂区			3	1				4
武昌区								
黄石市								
江夏区			2	2	1	1		2
硚口区								
丹江口市				5				5
江汉区								
仙桃市	2			3				5
汉川市		2	3	3				8
鄂州市		4	1	1				6
大冶市	3			3				6
武穴市	2	1	3	2		1		7
宜昌市				2				2
枝江市		1	2	2				5
天门市		1	2	3				6
曾都区			1	4				5
襄阳区				7				7
广水市			3	3			2	4
利川市		2	2	4	5			3
咸安区			3	2			1	4
巴东县	1			7				8
竹溪县		1	2	5				8
神农架林区	1		1	5				7
红安县				6				6
南漳县	1		1	4				6
通城县	1			5			1	5
监利县			4	3	1			6
黄梅县	1	4	2	1				8
江陵县			1	7				8
蕲春县		1		7				8
京山县		2		4				6

5-2b 续表

单位：个

地 区	距离文化活动站(室)				距离卫生室(所、站)			
	0公里	1-2公里	3-5公里	5公里以上	0公里	1-2公里	3-5公里	5公里以上
总 计	**27**	**25**	**24**	**92**	**107**	**45**	**6**	**10**
黄陂区			2	2	4			
武昌区								
黄石市								
江夏区			1	3	4			
硚口区								
丹江口市				5	3			2
江汉区								
仙桃市	5				5			
汉川市		2	3	3	7	1		
鄂州市		4	1	1	5	1		
大冶市	1			5	5			1
武穴市	5	1		2	7	1		
宜昌市		2				2		
枝江市	1	1	1	2	3	2		
天门市		1	1	4	6			
曾都区	1	1		3	4			1
襄阳区		7				7		
广水市		1	2	3	1	1	3	1
利川市	5			3	7	1		
咸安区			1	4	2	3		
巴东县	2			6	7	1		
竹溪县			3	5	6	1	1	
神农架林区				7	5			2
红安县				6		5	1	
南漳县	2		1	3	6			
通城县	1	1		4	5			1
监利县			4	3		7		
黄梅县	2	2	3	1	7	1		
江陵县				8	6	2		
蕲春县		1		7		5	1	2
京山县	2	1	1	2	2	4		

5－3 调查农村社区的收入水平与公共服务机构覆盖情况

单位：个、人

2005年本村人均收入	社区个数	社区享受定期救助人数	社区享受临时救助人数	距离法律服务所(司法所)			
				0公里	1－2公里	3－5公里	5公里以上
总　计	**168**	**2559**	**2350**	**12**	**19**	**36**	**101**
1000元以下	2	47	14				2
1000-1500元	11	126	108		1		10
1500-2000元	29	460	333	2	3	7	17
2000-2500元	30	475	395	3	2	5	20
2500-3000元	50	808	829	4	5	15	26
3000-3500元	31	512	461	2	7	8	14
3500-4000元	12	105	168		1	1	10
4000-4500元	3	26	42	1			2
4500-5000元							
5000元以上							

5－3 续表 1

单位：个

2005年本村人均收入	距离特教学校(班)				距离文化活动站(室)			
	0公里	1－2公里	3－5公里	5公里以上	0公里	1－2公里	3－5公里	5公里以上
总　计	**7**	**2**	**4**	**155**	**27**	**25**	**24**	**92**
1000元以下				2				2
1000-1500元				11	1	1		9
1500-2000元	5			24	7		5	17
2000-2500元	1		1	28	4	1	3	22
2500-3000元		1	2	47	11	10	8	21
3000-3500元	1	1	1	28	3	10	8	10
3500-4000元				12	1	3		8
4000-4500元				3				3
4500-5000元								
5000元以上								

5－3 续表 2

单位：个

2005年本村人均收入	距离卫生室(所、站)			
	0公里	1－2公里	3－5公里	5公里以上
总　计	**107**	**45**	**6**	**10**
1000元以下	2			
1000-1500元	3	5	1	2
1500-2000元	21	6		2
2000-2500元	18	6	3	3
2500-3000元	32	16	2	
3000-3500元	21	9		1
3500-4000元	8	2		2
4000-4500元	2	1		
4500-5000元				
5000元以上				

5－4 各地区调查户2005年人均收入

地 区	总人口(人)	总户数(户)	2005年度调查户人均收入(元)	按人均收入分组的户数(户)			
				0－683元	684－944元	945－2000元	2001－3000元
总 计	**101674**	**31153**	**3693**	**796**	**743**	**8953**	**6341**
黄陂区	3239	966	3062	14	17	321	255
武昌区	3240	1140	8194			50	105
黄石市	3284	1155	7827			32	67
江夏区	3409	1118	2567	51	54	503	207
硚口区	3244	1170	6435	3	1	17	150
丹江口市	3248	1046	3831	30	27	371	153
江汉区	3257	1111	6548	5	5	75	148
仙桃市	3283	1015	3146	15	12	314	261
汉川市	3242	957	3333	8	21	220	250
鄂州市	3227	959	3114	38	35	262	232
大冶市	3260	938	3062	50	22	324	203
武穴市	3225	1054	4052	19	32	195	184
宜昌市	3355	1060	5713	7	2	169	151
枝江市	3217	1013	4258	9	9	173	182
天门市	3271	854	3592	3	6	184	213
曾都区	3215	1049	3010	27	15	323	313
襄阳区	3420	1049	2281	74	83	453	231
广水市	3087	940	3166	8	8	264	264
利川市	3342	946	2129	45	46	541	137
咸安区	3240	919	2976	5	20	385	191
巴东县	3226	1041	2566	48	44	461	189
竹溪县	3365	951	2028	47	26	578	176
神农架林区	3482	1064	2860	49	45	389	214
红安县	3236	909	2908	21	20	256	318
南漳县	3296	962	2628	15	26	360	275
通城县	3246	899	3403	11	6	292	202
监利县	3286	860	3402	12	7	221	227
黄梅县	3323	908	3511	33	18	222	200
江陵县	3219	843	3069	22	5	235	228
蕲春县	3332	1098	2041	102	103	512	196
京山县	3358	1159	3976	25	28	251	219

5-4 续表

地区	按人均收入分组的户数(户)						
	3001-4000元	4001-5000元	5001-6000元	6001-7000元	7001-10000元	10001-20000元	20000元以上
总 计	**4753**	**2879**	**1602**	**1146**	**2322**	**1403**	**215**
黄陂区	166	97	22	25	35	13	1
武昌区	103	132	107	78	241	267	57
黄石市	116	97	165	95	267	290	26
江夏区	128	81	25	19	36	13	1
硚口区	177	137	168	107	241	144	25
丹江口市	126	85	37	52	112	46	7
江汉区	163	106	153	67	199	166	24
仙桃市	183	115	36	26	45	7	1
汉川市	206	91	70	31	45	13	2
鄂州市	163	101	42	29	49	5	3
大冶市	146	74	45	33	27	9	5
武穴市	214	124	94	51	87	45	9
宜昌市	172	134	57	62	157	128	21
枝江市	221	135	82	71	99	29	3
天门市	186	125	45	28	44	17	3
曾都区	184	85	27	22	42	10	1
襄阳区	101	53	13	12	19	6	4
广水市	195	87	41	17	45	10	1
利川市	87	39	21	11	12	6	1
咸安区	116	82	25	29	49	17	
巴东县	143	73	16	22	32	13	
竹溪县	83	26	6	4	5		
神农架林区	137	79	28	37	65	19	2
红安县	128	58	37	22	36	12	1
南漳县	157	59	20	11	29	10	
通城县	134	117	28	25	62	21	1
监利县	153	103	25	39	62	11	
黄梅县	180	91	44	30	54	31	5
江陵县	172	106	21	22	30	1	1
蕲春县	89	50	10	9	23	4	
京山县	224	137	92	60	73	40	10

5－4a 各地区城镇调查户2005年人均收入

地 区	总人口(人)	总户数(户)	2005年度调查户人均收入(元)	按人均收入分组的户数(户)			
				0－683元	684－944元	945－2000元	2001－3000元
总 计	**32782**	**10687**	**5484**	**83**	**75**	**1478**	**1654**
黄陂区	1616	473	3284	3	7	119	139
武昌区	3240	1140	8194			50	105
黄石市	3284	1155	7827			32	67
江夏区	1667	565	2469	24	29	273	101
硚口区	3244	1170	6435	3	1	17	150
丹江口市	1240	409	6413	4		43	27
江汉区	3257	1111	6548	5	5	75	148
仙桃市	1290	371	3574	4	1	82	100
汉川市							
鄂州市	813	260	4237		2	34	48
大冶市	823	228	3554	2	2	63	50
武穴市							
宜昌市	2518	811	6454	4	1	109	93
枝江市	1191	363	4909	3	1	36	60
天门市	813	210	3402		1	47	55
曾都区	1240	417	3220	16	1	143	109
襄阳区	455	125	4017	1	6	22	29
广水市	754	257	4395			38	57
利川市							
咸安区	1243	375	4010		2	82	73
巴东县							
竹溪县							
神农架林区	437	158	5181	1	3	15	24
红安县	805	243	4483	2	3	23	52
南漳县	806	207	3209	1	2	42	65
通城县	792	214	4432	3	1	44	35
监利县	424	136	3814	2	1	47	22
黄梅县							
江陵县							
蕲春县							
京山县	830	289	5286	5	6	42	45

5－4a 续表

地 区	按人均收入分组的户数(户)						
	3001－4000元	4001－5000元	5001－6000元	6001－7000元	7001－10000元	10001－20000元	20000元以上
总 计	**1642**	**1232**	**925**	**660**	**1599**	**1157**	**182**
黄陂区	112	44	13	6	21	8	1
武昌区	103	132	107	78	241	267	57
黄石市	116	97	165	95	267	290	26
江夏区	60	41	9	8	13	6	1
硚口区	177	137	168	107	241	144	25
丹江口市	58	47	26	47	105	45	7
江汉区	163	106	153	67	199	166	24
仙桃市	77	59	18	10	14	5	1
汉川市							
鄂州市	58	49	24	13	27	3	2
大冶市	41	29	16	10	10	4	1
武穴市							
宜昌市	116	97	47	57	142	124	21
枝江市	82	47	35	34	49	14	2
天门市	47	40	9	2	8	1	
曾都区	67	30	4	9	31	6	1
襄阳区	25	14	8	7	9	2	2
广水市	53	37	22	8	35	6	1
利川市							
咸安区	62	65	15	20	41	15	
巴东县							
竹溪县							
神农架林区	23	19	8	20	35	9	1
红安县	48	31	26	18	31	9	
南漳县	59	21	5	5	5	2	
通城县	29	41	16	9	23	13	
监利县	20	18	6	6	12	2	
黄梅县							
江陵县							
蕲春县							
京山县	46	31	25	24	40	16	9

5－4b　各地区农村调查户2005年人均收入

地　区	总人口(人)	总户数(户)	2005年度调查户人均收入(元)	按人均收入分组的户数(户)			
				0－683元	684－944元	945－2000元	2001－3000元
总　计	**68892**	**20466**	**2841**	**713**	**668**	**7475**	**4687**
黄陂区	1623	493	2840	11	10	202	116
武昌区							
黄石市							
江夏区	1742	553	2660	27	25	230	106
硚口区							
丹江口市	2008	637	2237	26	27	328	126
江汉区							
仙桃市	1993	644	2869	11	11	232	161
汉川市	3242	957	3333	8	21	220	250
鄂州市	2414	699	2736	38	33	228	184
大冶市	2437	710	2896	48	20	261	153
武穴市	3225	1054	4052	19	32	195	184
宜昌市	837	249	3486	3	1	60	58
枝江市	2026	650	3876	6	8	137	122
天门市	2458	644	3655	3	5	137	158
曾都区	1975	632	2878	11	14	180	204
襄阳区	2965	924	2014	73	77	431	202
广水市	2333	683	2769	8	8	226	207
利川市	3342	946	2129	45	46	541	137
咸安区	1997	544	2333	5	18	303	118
巴东县	3226	1041	2566	48	44	461	189
竹溪县	3365	951	2028	47	26	578	176
神农架林区	3045	906	2527	48	42	374	190
红安县	2431	666	2386	19	17	233	266
南漳县	2490	755	2440	14	24	318	210
通城县	2454	685	3070	8	5	248	167
监利县	2862	724	3341	10	6	174	205
黄梅县	3323	908	3511	33	18	222	200
江陵县	3219	843	3069	22	5	235	228
蕲春县	3332	1098	2041	102	103	512	196
京山县	2528	870	3546	20	22	209	174

5－4b 续表

地 区	按人均收入分组的户数(户)						
	3001－4000元	4001－5000元	5001－6000元	6001－7000元	7001－10000元	10001－20000元	20000元以上
总 计	**3111**	**1647**	**677**	**486**	**723**	**246**	**33**
黄陂区	54	53	9	19	14	5	
武昌区							
黄石市							
江夏区	68	40	16	11	23	7	
硚口区							
丹江口市	68	38	11	5	7	1	
江汉区							
仙桃市	106	56	18	16	31	2	
汉川市	206	91	70	31	45	13	2
鄂州市	105	52	18	16	22	2	1
大冶市	105	45	29	23	17	5	4
武穴市	214	124	94	51	87	45	9
宜昌市	56	37	10	5	15	4	
枝江市	139	88	47	37	50	15	1
天门市	139	85	36	26	36	16	3
曾都区	117	55	23	13	11	4	
襄阳区	76	39	5	5	10	4	2
广水市	142	50	19	9	10	4	
利川市	87	39	21	11	12	6	1
咸安区	54	17	10	9	8	2	
巴东县	143	73	16	22	32	13	
竹溪县	83	26	6	4	5		
神农架林区	114	60	20	17	30	10	1
红安县	80	27	11	4	5	3	1
南漳县	98	38	15	6	24	8	
通城县	105	76	12	16	39	8	1
监利县	133	85	19	33	50	9	
黄梅县	180	91	44	30	54	31	5
江陵县	172	106	21	22	30	1	1
蕲春县	89	50	10	9	23	4	
京山县	178	106	67	36	33	24	1

5－5　各地区有残疾人调查户2005年人均收入

地　区	有残疾人的调查户(户)	有残疾人调查户总人口(人)	残疾人总数(人)	2005年度有残疾人的调查户人均收入(元)	按人均收入分组的户数(户)		
					0－683元	684－944元	945－2000元
总　计	**5998**	**20571**	**6749**	**2624**	**385**	**317**	**2522**
黄陂区	166	562	172	2604	5	5	71
武昌区	145	424	154	5299			8
黄石市	106	330	116	6163			8
江夏区	155	470	163	2010	19	18	80
硚口区	147	475	163	4944			5
丹江口市	262	863	305	2240	26	18	138
江汉区	133	423	142	4957		3	14
仙桃市	198	669	232	2304	9	7	94
汉川市	169	595	191	2717	5	8	64
鄂州市	131	467	143	2272	14	14	47
大冶市	188	661	212	2511	23	9	79
武穴市	208	673	232	2960	7	13	69
宜昌市	197	686	223	3746	4	1	57
枝江市	147	507	165	3096	3	2	44
天门市	199	803	237	3074	3	5	65
曾都区	188	598	206	2388	14	9	89
襄阳区	195	624	216	1753	23	25	107
广水市	132	438	145	2412	4	4	62
利川市	224	771	244	1665	23	13	143
咸安区	180	638	202	2123	4	13	110
巴东县	226	712	250	1971	27	13	111
竹溪县	306	1167	345	1807	26	13	202
神农架林区	357	1263	427	2188	22	21	174
红安县	174	605	196	2409	8	6	72
南漳县	237	865	269	2152	7	17	116
通城县	166	619	183	2786	4	5	72
监利县	180	706	202	2794	5	2	65
黄梅县	188	697	212	2691	18	10	68
江陵县	144	567	165	2433	10	4	57
蕲春县	363	1096	428	1732	61	51	169
京山县	187	597	209	2969	11	8	62

5－5 续表

地 区	按人均收入分组的户数(户)							
	2001－3000元	3001－4000元	4001－5000元	5001－6000元	6001－7000元	7001－10000元	10001－20000元	20000元以上
总 计	**1188**	**660**	**359**	**189**	**110**	**173**	**89**	**6**
黄陂区	42	24	9	6	4			
武昌区	30	20	25	16	12	21	13	
黄石市	17	14	3	17	9	18	19	1
江夏区	20	6	4	3	2	3		
硚口区	34	31	20	19	8	22	8	
丹江口市	29	23	14	5	3	6		
江汉区	31	21	13	16	9	12	14	
仙桃市	51	22	5	6	3	1		
汉川市	35	28	16	4	5	3	1	
鄂州市	29	16	6		2	3		
大冶市	31	21	10	7	5	1	1	1
武穴市	48	24	16	12	5	8	6	
宜昌市	51	33	22	8	3	7	9	2
枝江市	42	25	14	6	6	3	2	
天门市	55	41	15	6	2	4	2	1
曾都区	37	16	11	2	3	6	1	
襄阳区	22	11	3	1	1	1	1	
广水市	29	18	7	3		4	1	
利川市	24	12	5	2	2			
咸安区	23	12	10	4	3		1	
巴东县	42	21	6	3		2	1	
竹溪县	38	18	6	3				
神农架林区	76	29	18	7	3	5	2	
红安县	52	14	7	6	4	4	1	
南漳县	57	22	9	4		5		
通城县	34	21	19	5	1	4	1	
监利县	48	26	18	4	4	8		
黄梅县	35	28	10	6	4	7	1	1
江陵县	38	20	9	1	1	4		
蕲春县	47	14	8	1	2	8	2	
京山县	41	29	21	6	4	3	2	

5－5a 各地区城镇有残疾人调查户2005年人均收入

地 区	有残疾人的调查户(户)	有残疾人调查户总人口(人)	残疾人总数(人)	2005年度有残疾人的调查户人均收入(元)	按人均收入分组的户数(户)		
					0－683元	684－944元	945－2000元
总 计	**1410**	**4708**	**1541**	**3917**	**33**	**27**	**326**
黄陂区	87	311	91	2879	1	2	25
武昌区	145	424	154	5299			8
黄石市	106	330	116	6163			8
江夏区	72	212	78	1907	9	9	38
硚口区	147	475	163	4944			5
丹江口市	59	196	66	3749	4		19
江汉区	133	423	142	4957		3	14
仙桃市	68	249	78	2600	1	1	27
汉川市							
鄂州市	14	55	14	2858		1	2
大冶市	40	164	42	2672	1	1	15
武穴市							
宜昌市	135	460	156	4222	1		38
枝江市	33	133	36	3470	1		6
天门市	41	167	47	2693		1	14
曾都区	50	145	51	2972	7	1	21
襄阳区	18	72	20	2418	1	1	8
广水市	32	94	34	3315			9
利川市							
咸安区	54	190	57	2934		2	24
巴东县							
竹溪县							
神农架林区	12	39	13	3270		1	2
红安县	28	100	33	4255	1	1	6
南漳县	29	118	32	3102		1	9
通城县	34	126	40	3567	3		9
监利县	31	88	33	3201	1		13
黄梅县							
江陵县							
蕲春县							
京山县	42	137	45	3375	2	2	6

5－5a 续表

地 区	按人均收入分组的户数(户)							
	2001－3000元	3001－4000元	4001－5000元	5001－6000元	6001－7000元	7001－10000元	10001－20000元	20000元以上
总 计	**311**	**224**	**142**	**105**	**63**	**106**	**70**	**3**
黄陂区	30	19	5	3	2			
武昌区	30	20	25	16	12	21	13	
黄石市	17	14	3	17	9	18	19	1
江夏区	10	2		1	1	2		
硚口区	34	31	20	19	8	22	8	
丹江口市	4	14	7	3	3	5		
江汉区	31	21	13	16	9	12	14	
仙桃市	23	9	2	4	1			
汉川市								
鄂州市	6	3	1		1			
大冶市	11	6	1	3	1		1	
武穴市								
宜昌市	33	18	20	6	3	5	9	2
枝江市	8	11	2	1	2	1	1	
天门市	12	9	5					
曾都区	8	1	2		3	6	1	
襄阳区	4	2	1	1				
广水市	8	8	2	2		2	1	
利川市								
咸安区	5	9	7	3	3		1	
巴东县								
竹溪县								
神农架林区	1	4	3	1				
红安县	3	5	2	2	3	4	1	
南漳县	8	6	3	1		1		
通城县	6	4	6	3		2	1	
监利县	7	1	5	2		2		
黄梅县								
江陵县								
蕲春县								
京山县	12	7	7	1	2	3		

5－5b 各地区农村有残疾人调查户2005年人均收入

地 区	有残疾人的调查户(户)	有残疾人调查户总人口(人)	残疾人总数(人)	2005年度有残疾人的调查户人均收入(元)	按人均收入分组的户数(户)		
					0－683元	684－944元	945－2000元
总 计	**4588**	**15863**	**5208**	**2240**	**352**	**290**	**2196**
黄陂区	79	251	81	2264	4	3	46
武昌区							
黄石市							
江夏区	83	258	85	2095	10	9	42
硚口区							
丹江口市	203	667	239	1796	22	18	119
江汉区							
仙桃市	130	420	154	2129	8	6	67
汉川市	169	595	191	2717	5	8	64
鄂州市	117	412	129	2194	14	13	45
大冶市	148	497	170	2458	22	8	64
武穴市	208	673	232	2960	7	13	69
宜昌市	62	226	67	2777	3	1	19
枝江市	114	374	129	2963	2	2	38
天门市	158	636	190	3174	3	4	51
曾都区	138	453	155	2201	7	8	68
襄阳区	177	552	196	1666	22	24	99
广水市	100	344	111	2165	4	4	53
利川市	224	771	244	1665	23	13	143
咸安区	126	448	145	1779	4	11	86
巴东县	226	712	250	1971	27	13	111
竹溪县	306	1167	345	1807	26	13	202
神农架林区	345	1224	414	2153	22	20	172
红安县	146	505	163	2044	7	5	66
南漳县	208	747	237	2002	7	16	107
通城县	132	493	143	2586	1	5	63
监利县	149	618	169	2736	4	2	52
黄梅县	188	697	212	2691	18	10	68
江陵县	144	567	165	2433	10	4	57
蕲春县	363	1096	428	1732	61	51	169
京山县	145	460	164	2849	9	6	56

5－5b 续表

地 区	按人均收入分组的户数(户)							
	2001－3000元	3001－4000元	4001－5000元	5001－6000元	6001－7000元	7001－10000元	10001－20000元	20000元以上
总 计	**877**	**436**	**217**	**84**	**47**	**67**	**19**	**3**
黄陂区	12	5	4	3	2			
武昌区								
黄石市								
江夏区	10	4	4	2	1	1		
硚口区								
丹江口市	25	9	7	2		1		
江汉区								
仙桃市	28	13	3	2	2	1		
汉川市	35	28	16	4	5	3	1	
鄂州市	23	13	5		1	3		
大冶市	20	15	9	4	4	1		1
武穴市	48	24	16	12	5	8	6	
宜昌市	18	15	2	2		2		
枝江市	34	14	12	5	4	2	1	
天门市	43	32	10	6	2	4	2	1
曾都区	29	15	9	2				
襄阳区	18	9	2		1	1	1	
广水市	21	10	5	1		2		
利川市	24	12	5	2	2			
咸安区	18	3	3	1				
巴东县	42	21	6	3		2	1	
竹溪县	38	18	6	3				
神农架林区	75	25	15	6	3	5	2	
红安县	49	9	5	4	1			
南漳县	49	16	6	3		4		
通城县	28	17	13	2	1	2		
监利县	41	25	13	2	4	6		
黄梅县	35	28	10	6	4	7	1	1
江陵县	38	20	9	1	1	4		
蕲春县	47	14	8	1	2	8	2	
京山县	29	22	14	5	2		2	

5－6 各地区调查户的住房状况

单位：户、平方米

地 区	总户数	人均住房面积	住房结构				
			钢筋混凝土	混合结构	砖木结构	木、竹、草结构	其他
总 计	**31153**	**33.47**	**2964**	**15355**	**10395**	**2210**	**229**
黄陂区	966	34.03		564	396	6	
武昌区	1140	23.21	264	831	45		
黄石市	1155	27.31	333	821	1		
江夏区	1118	35.59	8	415	657	35	3
硚口区	1170	17.33	40	1064	66		
丹江口市	1046	29.71	317	224	149	355	1
江汉区	1111	18.01	141	913	56		1
仙桃市	1015	33.21	1	629	382	3	
汉川市	957	36.03	118	432	407		
鄂州市	959	38.07	104	718	126	2	9
大冶市	938	42.19		699	230	8	1
武穴市	1054	51.43	14	770	270		
宜昌市	1060	41.19	27	934	52	44	3
枝江市	1013	43.25	22	548	413	4	26
天门市	854	25.17	1	541	311	1	
曾都区	1049	33.68	183	400	384	78	4
襄阳区	1049	31.61	65	441	525	16	2
广水市	940	31.93	39	369	512	2	18
利川市	946	33.29	310	187	214	230	5
咸安区	919	28.82	16	468	433	2	
巴东县	1041	41.25	36	411	550	40	4
竹溪县	951	35.19	21	179	298	453	
神农架林区	1064	38.31	196	168	133	462	105
红安县	909	27.61	51	191	667		
南漳县	962	31.38	155	60	312	413	22
通城县	899	39.11	1	665	232	1	
监利县	860	23.6	181	231	441	7	
黄梅县	908	38.12	63	729	108	1	7
江陵县	843	27.66	99	106	633	4	1
蕲春县	1098	39.35	66	279	751		2
京山县	1159	40.08	92	368	641	43	15

5－6 续表

单位：户

地　区	住房来源			
	自有	租赁	借用	其他来源
总　计	**28123**	**2437**	**387**	**206**
黄陂区	944	3	19	
武昌区	792	270	7	71
黄石市	1022	110	17	6
江夏区	1025	49	35	9
硚口区	694	465	10	1
丹江口市	948	86	4	8
江汉区	515	552	33	11
仙桃市	993	19	3	
汉川市	948	1	8	
鄂州市	895	53	11	
大冶市	875	39	23	1
武穴市	1042	7	3	2
宜昌市	977	71	2	10
枝江市	980	26	5	2
天门市	853	1		
曾都区	1001	39	2	7
襄阳区	1015	17	11	6
广水市	866	51	9	14
利川市	918	12	8	8
咸安区	750	124	44	1
巴东县	985	25	13	18
竹溪县	929	12	10	
神农架林区	1006	20	28	10
红安县	756	144	8	1
南漳县	919	32	2	9
通城县	812	72	15	
监利县	782	69	8	1
黄梅县	896	2	9	1
江陵县	840		3	
蕲春县	1071	2	23	2
京山县	1074	64	14	7

5－6a 各地区城镇调查户的住房状况

单位：户、平方米

地 区	总户数	人均住房面积	住房结构				
			钢筋混凝土	混合结构	砖木结构	木、竹、草结构	其他
总 计	**10687**	**29.28**	**1791**	**7494**	**1373**	**23**	**6**
黄陂区	473	35.33		315	153	5	
武昌区	1140	23.21	264	831	45		
黄石市	1155	27.31	333	821	1		
江夏区	565	38.67	3	258	291	12	1
硚口区	1170	17.33	40	1064	66		
丹江口市	409	31.9	298	87	21	2	1
江汉区	1111	18.01	141	913	56		1
仙桃市	371	36.33	1	277	92	1	
汉川市							
鄂州市	260	26.88	83	173	4		
大冶市	228	40.79		211	17		
武穴市							
宜昌市	811	36.48	27	765	18	1	
枝江市	363	46.63	18	322	23		
天门市	210	24.02	1	145	64		
曾都区	417	29.48	147	199	68		3
襄阳区	125	45.89	16	102	7		
广水市	257	31.95		185	72		
利川市							
咸安区	375	28.08	15	265	94	1	
巴东县							
竹溪县							
神农架林区	158	34.74	130	24	4		
红安县	243	27.64	37	102	104		
南漳县	207	33.68	155	25	27		
通城县	214	33.7		183	31		
监利县	136	18.53	13	42	80	1	
黄梅县							
江陵县							
蕲春县							
京山县	289	41.09	69	185	35		

5－6a 续表

单位：户

地 区	住房来源			
	自有	租赁	借用	其他来源
总 计	**8130**	**2264**	**156**	**137**
黄陂区	458	1	14	
武昌区	792	270	7	71
黄石市	1022	110	17	6
江夏区	537	16	10	2
硚口区	694	465	10	1
丹江口市	329	75		5
江汉区	515	552	33	11
仙桃市	351	19	1	
汉川市				
鄂州市	211	48	1	
大冶市	185	36	7	
武穴市				
宜昌市	728	71	2	10
枝江市	333	26	3	1
天门市	210			
曾都区	377	33	1	6
襄阳区	108	16	1	
广水市	195	47	2	13
利川市				
咸安区	219	122	34	
巴东县				
竹溪县				
神农架林区	133	14	5	6
红安县	98	143	2	
南漳县	197	8	1	1
通城县	143	70	1	
监利县	72	62	2	
黄梅县				
江陵县				
蕲春县				
京山县	223	60	2	4

5－6b 各地区农村调查户的住房状况

单位：户、平方米

地区	总户数	人均住房面积	住房结构				
			钢筋混凝土	混合结构	砖木结构	木、竹、草结构	其他
总计	**20466**	**35.46**	**1173**	**7861**	**9022**	**2187**	**223**
黄陂区	493	32.73		249	243	1	
武昌区							
黄石市							
江夏区	553	32.65	5	157	366	23	2
硚口区							
丹江口市	637	28.36	19	137	128	353	
江汉区							
仙桃市	644	31.19		352	290	2	
汉川市	957	36.03	118	432	407		
鄂州市	699	41.84	21	545	122	2	9
大冶市	710	42.66		488	213	8	1
武穴市	1054	51.43	14	770	270		
宜昌市	249	55.33		169	34	43	3
枝江市	650	41.27	4	226	390	4	26
天门市	644	25.55		396	247	1	
曾都区	632	36.31	36	201	316	78	1
襄阳区	924	29.42	49	339	518	16	2
广水市	683	31.92	39	184	440	2	18
利川市	946	33.29	310	187	214	230	5
咸安区	544	29.28	1	203	339	1	
巴东县	1041	41.25	36	411	550	40	4
竹溪县	951	35.19	21	179	298	453	
神农架林区	906	38.83	66	144	129	462	105
红安县	666	27.6	14	89	563		
南漳县	755	30.64		35	285	413	22
通城县	685	40.86	1	482	201	1	
监利县	724	24.35	168	189	361	6	
黄梅县	908	38.12	63	729	108	1	7
江陵县	843	27.66	99	106	633	4	1
蕲春县	1098	39.35	66	279	751		2
京山县	870	39.75	23	183	606	43	15

5－6b 续表

单位：户

地 区	住房来源			
	自有	租赁	借用	其他来源
总 计	**19993**	**173**	**231**	**69**
黄陂区	486	2	5	
武昌区				
黄石市				
江夏区	488	33	25	7
硚口区				
丹江口市	619	11	4	3
江汉区				
仙桃市	642		2	
汉川市	948	1	8	
鄂州市	684	5	10	
大冶市	690	3	16	1
武穴市	1042	7	3	2
宜昌市	249			
枝江市	647		2	1
天门市	643	1		
曾都区	624	6	1	1
襄阳区	907	1	10	6
广水市	671	4	7	1
利川市	918	12	8	8
咸安区	531	2	10	1
巴东县	985	25	13	18
竹溪县	929	12	10	
神农架林区	873	6	23	4
红安县	658	1	6	1
南漳县	722	24	1	8
通城县	669	2	14	
监利县	710	7	6	1
黄梅县	896	2	9	1
江陵县	840		3	
蕲春县	1071	2	23	2
京山县	851	4	12	3

5－7 各地区有残疾人调查户的住房状况

单位：户、平方米

地 区	总户数	人均住房面积	住房结构				
			钢筋混凝土	混合结构	砖木结构	木、竹、草结构	其他
总 计	**5998**	**30.86**	**381**	**2313**	**2449**	**767**	**88**
黄陂区	166	30.99		81	83	2	
武昌区	145	20.04	26	112	7		
黄石市	106	24.42	28	77	1		
江夏区	155	31.83	1	47	96	11	
硚口区	147	16.61	4	133	10		
丹江口市	262	27.09	37	52	44	128	1
江汉区	133	16.41	11	115	7		
仙桃市	198	27.3		104	92	2	
汉川市	169	31.07	22	52	95		
鄂州市	131	34.81	13	85	33		
大冶市	188	37.08		114	71	2	1
武穴市	208	42.18	2	128	78		
宜昌市	197	40.22	3	162	17	12	3
枝江市	147	38.58	2	61	78		6
天门市	199	22.94		108	91		
曾都区	188	31.27	7	62	85	33	1
襄阳区	195	27.48	9	53	124	7	2
广水市	132	30.09	3	40	84	2	3
利川市	224	31.22	64	39	50	66	5
咸安区	180	24.12	2	65	111	2	
巴东县	226	37.79	5	60	151	8	2
竹溪县	306	32.6	7	47	88	164	
神农架林区	357	36.19	28	55	43	187	44
红安县	174	27.66	9	24	141		
南漳县	237	29.05	18	10	70	131	8
通城县	166	35.48		107	59		
监利县	180	21.2	27	47	103	3	
黄梅县	188	33.6	7	140	36	1	4
江陵县	144	25.05	10	17	115	1	1
蕲春县	363	35.86	24	62	275		2
京山县	187	35.9	12	54	111	5	5

5－7 续表

单位：户

地　区	住房来源			
	自有	租赁	借用	其他来源
总　计	**5575**	**274**	**104**	**45**
黄陂区	165		1	
武昌区	99	36	1	9
黄石市	97	7	2	
江夏区	142	6	6	1
硚口区	106	39	2	
丹江口市	241	11	3	7
江汉区	71	57	2	3
仙桃市	195	3		
汉川市	168		1	
鄂州市	125	2	4	
大冶市	176	2	10	
武穴市	203	2	3	
宜昌市	181	11		5
枝江市	146	1		
天门市	199			
曾都区	177	8	1	2
襄阳区	185	3	4	3
广水市	121	7	4	
利川市	220		2	2
咸安区	151	18	10	1
巴东县	219		5	2
竹溪县	300	2	4	
神农架林区	347	4	4	2
红安县	157	14	3	
南漳县	228	5	2	2
通城县	147	16	3	
监利县	159	15	5	1
黄梅县	179	1	7	1
江陵县	143		1	
蕲春县	352		10	1
京山县	176	4	4	3

5－7a　各地区城镇有残疾人调查户的住房状况

单位：户、平方米

地　区	总户数	人均住房面积	住房结构				
			钢筋混凝土	混合结构	砖木结构	木、竹、草结构	其他
总　计	**1410**	**27.29**	**163**	**966**	**273**	**6**	**2**
黄陂区	87	31.14		48	38	1	
武昌区	145	20.04	26	112	7		
黄石市	106	24.42	28	77	1		
江夏区	72	33.62	1	29	40	2	
硚口区	147	16.61	4	133	10		
丹江口市	59	31.01	30	17	10	1	1
江汉区	133	16.41	11	115	7		
仙桃市	68	28.86		45	22	1	
汉川市							
鄂州市	14	21.69	7	7			
大冶市	40	42		32	8		
武穴市							
宜昌市	135	36.39	3	125	7		
枝江市	33	40.75	2	29	2		
天门市	41	22.92		23	18		
曾都区	50	27.79	3	27	19		1
襄阳区	18	41.53	3	14	1		
广水市	32	31.17		19	13		
利川市							
咸安区	54	21.33	2	30	21	1	
巴东县							
竹溪县							
神农架林区	12	36.87	11	1			
红安县	28	28.3	6	12	10		
南漳县	29	32.35	18	4	7		
通城县	34	32.02		26	8		
监利县	31	17.47	1	10	20		
黄梅县							
江陵县							
蕲春县							
京山县	42	38.64	7	31	4		

5－7a 续表

单位：户

地 区	住房来源			
	自有	租赁	借用	其他来源
总 计	**1109**	**253**	**22**	**26**
黄陂区	86		1	
武昌区	99	36	1	9
黄石市	97	7	2	
江夏区	68	1	3	
硚口区	106	39	2	
丹江口市	47	8		4
江汉区	71	57	2	3
仙桃市	65	3		
汉川市				
鄂州市	12	2		
大冶市	37	2	1	
武穴市				
宜昌市	119	11		5
枝江市	32	1		
天门市	41			
曾都区	41	7		2
襄阳区	15	3		
广水市	25	6	1	
利川市				
咸安区	31	18	5	
巴东县				
竹溪县				
神农架林区	11	1		
红安县	13	14	1	
南漳县	25	2	1	1
通城县	18	16		
监利县	15	15	1	
黄梅县				
江陵县				
蕲春县				
京山县	35	4	1	2

5－7b 各地区农村有残疾人调查户的住房状况

单位：户、平方米

地 区	总户数	人均住房面积	住房结构				
			钢筋混凝土	混合结构	砖木结构	木、竹、草结构	其他
总 计	**4588**	**31.93**	**218**	**1347**	**2176**	**761**	**86**
黄陂区	79	30.8		33	45	1	
武昌区							
黄石市							
江夏区	83	30.36		18	56	9	
硚口区							
丹江口市	203	25.94	7	35	34	127	
江汉区							
仙桃市	130	26.37		59	70	1	
汉川市	169	31.07	22	52	95		
鄂州市	117	36.57	6	78	33		
大冶市	148	35.46		82	63	2	1
武穴市	208	42.18	2	128	78		
宜昌市	62	48.02		37	10	12	3
枝江市	114	37.8		32	76		6
天门市	158	22.95		85	73		
曾都区	138	32.38	4	35	66	33	
襄阳区	177	25.65	6	39	123	7	2
广水市	100	29.79	3	21	71	2	3
利川市	224	31.22	64	39	50	66	5
咸安区	126	25.31		35	90	1	
巴东县	226	37.79	5	60	151	8	2
竹溪县	306	32.6	7	47	88	164	
神农架林区	345	36.17	17	54	43	187	44
红安县	146	27.54	3	12	131		
南漳县	208	28.52		6	63	131	8
通城县	132	36.37		81	51		
监利县	149	21.74	26	37	83	3	
黄梅县	188	33.6	7	140	36	1	4
江陵县	144	25.05	10	17	115	1	1
蕲春县	363	35.86	24	62	275		2
京山县	145	35.08	5	23	107	5	5

5－7b 续表

单位：户

地 区	住房来源			
	自有	租赁	借用	其他来源
总 计	**4466**	**21**	**82**	**19**
黄陂区	79			
武昌区				
黄石市				
江夏区	74	5	3	1
硚口区				
丹江口市	194	3	3	3
江汉区				
仙桃市	130			
汉川市	168		1	
鄂州市	113		4	
大冶市	139		9	
武穴市	203	2	3	
宜昌市	62			
枝江市	114			
天门市	158			
曾都区	136	1	1	
襄阳区	170		4	3
广水市	96	1	3	
利川市	220		2	2
咸安区	120		5	1
巴东县	219		5	2
竹溪县	300	2	4	
神农架林区	336	3	4	2
红安县	144		2	
南漳县	203	3	1	1
通城县	129		3	
监利县	144		4	1
黄梅县	179	1	7	1
江陵县	143		1	
蕲春县	352		10	1
京山县	141		3	1

5－8 各地区调查户家用电器拥有和用电状况

单位：户、度

地区	总户数	有家用电器户数						户月均生活用电量
		彩色电视机	电冰箱	洗衣机	电话	电脑	无上述家电	
总计	**31153**	**23918**	**8862**	**9451**	**20070**	**2334**	**5197**	**50**
黄陂区	966	706	195	234	583	4	177	33
武昌区	1140	1043	990	917	941	528	42	126
黄石市	1155	1133	1032	997	1048	381	8	124
江夏区	1118	827	198	155	683	7	198	35
硚口区	1170	1099	924	807	888	268	28	96
丹江口市	1046	658	310	326	652	149	279	76
江汉区	1111	1078	950	865	787	304	27	123
仙桃市	1015	844	96	185	725	5	105	36
汉川市	957	703	75	123	515	1	206	34
鄂州市	959	775	408	284	715	28	121	49
大冶市	938	759	345	278	621	16	141	60
武穴市	1054	842	143	50	529	13	186	32
宜昌市	1060	965	665	691	842	303	57	82
枝江市	1013	861	268	305	864	70	85	45
天门市	854	600	77	112	474	4	176	31
曾都区	1049	718	190	162	717	12	219	29
襄阳区	1049	623	65	147	408	3	345	23
广水市	940	643	211	120	641	13	176	31
利川市	946	580	51	218	504	2	258	24
咸安区	919	652	258	283	657	30	172	42
巴东县	1041	670	107	492	629	13	261	34
竹溪县	951	723	58	179	446	2	193	24
神农架林区	1064	673	129	476	586	45	276	32
红安县	909	647	111	108	568	3	181	27
南漳县	962	715	69	159	531	13	205	23
通城县	899	623	296	255	440	25	246	50
监利县	860	721	133	207	480	9	119	36
黄梅县	908	719	176	77	597	20	145	34
江陵县	843	697	55	52	599	4	91	35
蕲春县	1098	696	62	14	524	2	322	18
京山县	1159	925	215	173	876	57	152	47

5－8a 各地区城镇调查户家用电器拥有和用电状况

单位：户、度

地区	总户数	有家用电器户数						户月均生活用电量
		彩色电视机	电冰箱	洗衣机	电话	电脑	无上述家电	
总计	**10687**	**9602**	**6892**	**6599**	**8469**	**2208**	**640**	**88**
黄陂区	473	347	139	144	309	3	75	35
武昌区	1140	1043	990	917	941	528	42	126
黄石市	1155	1133	1032	997	1048	381	8	124
江夏区	565	422	127	87	317	3	107	35
硚口区	1170	1099	924	807	888	268	28	96
丹江口市	409	369	285	310	365	148	22	163
江汉区	1111	1078	950	865	787	304	27	123
仙桃市	371	319	66	103	297	5	33	41
汉川市								
鄂州市	260	247	213	177	237	25	7	81
大冶市	228	208	144	128	184	7	11	103
武穴市								
宜昌市	811	786	633	646	710	301	15	96
枝江市	363	341	227	219	340	64	8	63
天门市	210	139	28	32	123	1	45	30
曾都区	417	311	160	155	322	10	65	40
襄阳区	125	111	50	78	69	3	11	59
广水市	257	225	157	98	227	11	18	54
利川市								
咸安区	375	321	198	195	315	30	27	60
巴东县								
竹溪县								
神农架林区	158	146	87	138	138	43	6	63
红安县	243	211	101	99	185	3	20	50
南漳县	207	197	50	81	187	8	3	45
通城县	214	186	148	130	160	25	22	83
监利县	136	110	48	68	69	1	25	46
黄梅县								
江陵县								
蕲春县								
京山县	289	253	135	125	251	36	15	61

5－8b　各地区农村调查户家用电器拥有和用电状况

单位：户、度

地　区	总户数	有家用电器户数						户月均生活用电量
		彩色电视机	电冰箱	洗衣机	电话	电脑	无上述家电	
总　计	**20466**	**14316**	**1970**	**2852**	**11601**	**126**	**4557**	**30**
黄陂区	493	359	56	90	274	1	102	30
武昌区								
黄石市								
江夏区	553	405	71	68	366	4	91	35
硚口区								
丹江口市	637	289	25	16	287	1	257	20
江汉区								
仙桃市	644	525	30	82	428		72	33
汉川市	957	703	75	123	515	1	206	34
鄂州市	699	528	195	107	478	3	114	37
大冶市	710	551	201	150	437	9	130	47
武穴市	1054	842	143	50	529	13	186	32
宜昌市	249	179	32	45	132	2	42	35
枝江市	650	520	41	86	524	6	77	35
天门市	644	461	49	80	351	3	131	31
曾都区	632	407	30	7	395	2	154	21
襄阳区	924	512	15	69	339		334	18
广水市	683	418	54	22	414	2	158	22
利川市	946	580	51	218	504	2	258	24
咸安区	544	331	60	88	342		145	29
巴东县	1041	670	107	492	629	13	261	34
竹溪县	951	723	58	179	446	2	193	24
神农架林区	906	527	42	338	448	2	270	26
红安县	666	436	10	9	383		161	19
南漳县	755	518	19	78	344	5	202	17
通城县	685	437	148	125	280		224	40
监利县	724	611	85	139	411	8	94	35
黄梅县	908	719	176	77	597	20	145	34
江陵县	843	697	55	52	599	4	91	35
蕲春县	1098	696	62	14	524	2	322	18
京山县	870	672	80	48	625	21	137	43

5-9 各地区有残疾人户家用电器拥有和用电状况

单位：户、度

地 区	总户数	有家用电器户数						户月均生活用电量
		彩色电视机	电冰箱	洗衣机	电话	电脑	无上述家电	
总 计	**5998**	**3725**	**1041**	**1223**	**2947**	**148**	**1844**	**35**
黄陂区	166	102	24	39	76	1	52	27
武昌区	145	129	122	106	103	30	10	97
黄石市	106	101	97	91	94	23	2	133
江夏区	155	79	13	17	63	1	65	30
硚口区	147	139	122	108	103	21	3	92
丹江口市	262	119	39	39	110	4	118	32
江汉区	133	130	121	105	99	23	1	97
仙桃市	198	135	11	19	119		40	33
汉川市	169	94	16	18	74		66	32
鄂州市	131	84	34	21	70		37	35
大冶市	188	132	55	40	94	2	50	52
武穴市	208	132	15	6	65		73	26
宜昌市	197	161	85	86	129	22	23	54
枝江市	147	110	20	24	108	3	28	37
天门市	199	117	16	22	90	2	65	27
曾都区	188	89	10	7	87	1	82	18
襄阳区	195	82	6	20	42		104	17
广水市	132	77	19	16	72	2	41	24
利川市	224	122	7	37	95		81	23
咸安区	180	92	25	30	93	2	67	30
巴东县	226	113	11	80	100		93	26
竹溪县	306	209	16	53	128	1	84	23
神农架林区	357	184	13	116	171	2	119	25
红安县	174	101	13	12	82		58	22
南漳县	237	154	10	21	119	2	66	20
通城县	166	94	31	26	64	1	66	39
监利县	180	132	21	27	74		45	32
黄梅县	188	115	19	7	95	1	61	26
江陵县	144	99	8	8	88	2	34	32
蕲春县	363	173	15	1	127		161	15
京山县	187	125	27	21	113	2	49	43

5－9a 各地区城镇有残疾人户家用电器拥有和用电状况

单位：户、度

地 区	总户数	有家用电器户数						户月均生活用电量
		彩色电视机	电冰箱	洗衣机	电话	电脑	无上述家电	
总 计	**1410**	**1149**	**769**	**733**	**962**	**135**	**187**	**70**
黄陂区	87	51	15	27	43	1	26	29
武昌区	145	129	122	106	103	30	10	97
黄石市	106	101	97	91	94	23	2	133
江夏区	72	38	10	13	29		29	28
硚口区	147	139	122	108	103	21	3	92
丹江口市	59	49	32	36	44	4	8	90
江汉区	133	130	121	105	99	23	1	97
仙桃市	68	50	8	9	48		10	38
汉川市								
鄂州市	14	13	13	9	11			90
大冶市	40	34	19	20	27	2	5	109
武穴市								
宜昌市	135	122	81	79	100	21	7	63
枝江市	33	33	18	15	32	3		56
天门市	41	22	6	6	22		13	30
曾都区	50	25	6	6	23	1	23	16
襄阳区	18	14	5	9	9		4	42
广水市	32	29	14	12	30	1	1	44
利川市								
咸安区	54	37	22	18	35	2	11	46
巴东县								
竹溪县								
神农架林区	12	11	1	9	10	1		49
红安县	28	22	11	11	18		5	49
南漳县	29	27	8	9	27	1		49
通城县	34	21	15	12	16	1	11	51
监利县	31	20	7	9	9		11	36
黄梅县								
江陵县								
蕲春县								
京山县	42	32	16	14	30		7	46

5－9b 各地区农村有残疾人户家用电器拥有和用电状况

单位：户、度

地 区	总户数	有家用电器户数						户月均生活用电量
		彩色电视机	电冰箱	洗衣机	电话	电脑	无上述家电	
总 计	**4588**	**2576**	**272**	**490**	**1985**	**13**	**1657**	**25**
黄陂区	79	51	9	12	33		26	25
武昌区								
黄石市								
江夏区	83	41	3	4	34	1	36	32
硚口区								
丹江口市	203	70	7	3	66		110	15
江汉区								
仙桃市	130	85	3	10	71		30	30
汉川市	169	94	16	18	74		66	32
鄂州市	117	71	21	12	59		37	28
大冶市	148	98	36	20	67		45	36
武穴市	208	132	15	6	65		73	26
宜昌市	62	39	4	7	29	1	16	33
枝江市	114	77	2	9	76		28	31
天门市	158	95	10	16	68	2	52	26
曾都区	138	64	4	1	64		59	19
襄阳区	177	68	1	11	33		100	15
广水市	100	48	5	4	42	1	40	18
利川市	224	122	7	37	95		81	23
咸安区	126	55	3	12	58		56	23
巴东县	226	113	11	80	100		93	26
竹溪县	306	209	16	53	128	1	84	23
神农架林区	345	173	12	107	161	1	119	24
红安县	146	79	2	1	64		53	17
南漳县	208	127	2	12	92	1	66	16
通城县	132	73	16	14	48		55	35
监利县	149	112	14	18	65		34	31
黄梅县	188	115	19	7	95	1	61	26
江陵县	144	99	8	8	88	2	34	32
蕲春县	363	173	15	1	127		161	15
京山县	145	93	11	7	83	2	42	42

主要统计指标解释

总抚养比 指人口总体中非劳动年龄人口数与劳动年龄人口数之比。通常用百分比表示。说明每100名劳动年龄人口大致要负担多少名非劳动年龄人口。用于从人口角度反映人口与经济发展的基本关系。计算公式为:

$$GDR=\frac{P_{0-14}+P_{65+}}{P_{15-64}}\times100\%$$

其中：GDR为总抚养比;

P_{0-14}为0~14岁少年儿童人口数;

P_{65+}为65岁及以上的老年人口数;

P_{15-64}为15~64岁劳动年龄人口数。

老年抚养比 指人口中老年人口数与劳动年龄人口数之比。通常用百分比表示。用以表明每100名劳动年龄人口要负担多少名老年人。老年人口抚养比是从经济角度反映人口老化社会后果的指标之一。计算公式为:

$$ODR=\frac{P_{65+}}{P_{15-64}}\times100\%$$

其中：ODR为老年人口抚养比;

P_{65+}为65岁及以上的老年人口数;

P_{15-64}为15~64岁劳动年龄人口数。

少儿抚养比 也称少年儿童抚养系数。指某一人口中少年儿童人口数与劳动年龄人口数之比。通常用百分比表示。以反映每100名劳动年龄人口要负担多少名少年儿童。计算公式为:

$$CDR=\frac{P_{0-14}}{P_{15-64}}\times100\%$$

其中：CDR为少年儿童抚养比;

P_{0-14}为0~14岁少年儿童人口数;

P_{15-64}为15~64岁劳动年龄人口数。

文盲人口 指15岁及以上不识字或识字很少的人口。根据《住户调查表》指标“R8.是否识字”登记为“2.否”的数据汇总。

经济活动人口 指15岁及以上参加或未参加社会经济活动的人口。包括在业人口和不在业人口。

在业人口和不在业人口分别根据《住户调查表》指标“R11.当前是否有工作”的登记数据汇总。

职业状况 指15岁及以上在业人口所从事的社会劳动工作种类。本资料中职业分类参照国家分类标准《职业分类与代码》(GB/T 6565-1999)，将全国职业分类划分为大类和中类。

未工作状况 指15岁及以上不在业人口的未工作状况。根据《住户调查表》指标“R13.当前未工作状况”的登记数据汇总。

致残主要原因 根据被调查残疾人从《残疾人调查表》“C4.致残主要原因”多个选项中选出的主要两项合并汇总。

曾接受服务或扶助 根据被调查残疾人从《残疾人调查表》“T6.曾接受过何种服务或扶助”的14个选项中选出的主要三项合并汇总。

主要需求 根据被调查残疾人从《残疾人调查表》“T7. 本人主要需求”的14个选项中选出的主要三项合并汇总。

附　　录

附录 1

湖北省第二次全国残疾人抽样调查
主要数据公报(第一号)

湖北省第二次全国残疾人抽样调查领导小组

湖北省统计局

2006 年 12 月 26 日

经国务院批准，我国进行了第二次全国残疾人抽样调查。在第二次全国残疾人抽样调查领导小组统一领导下，按照全国统一的调查方案，湖北省第二次全国残疾人抽样调查领导小组组织实施我省的调查。经过两年多的充分准备，我省于 2006 年 4 月 1 日开始全面调查，通过调查工作人员的艰苦努力，调查的各项任务已基本完成。现将初步汇总的主要数据公布如下:

一、调查的基本情况

本次调查采取分层、多阶段、整群概率比例抽样方法，在我省抽取 31 个县(市、区)，124 个乡(镇、街道)，共 248 个调查小区，平均每个调查小区 410 人左右。

本次调查标准时间为 2006 年 4 月 1 日零时，入户调查时间自 2006 年 4 月 1 日起至 5 月 31 日结束。在省政府和各抽中县（市、区）政府直接领导下，组织了 31 个调查队、535 名调查员、256 名各科医生、31 名统计员以及 1984 名陪调员，逐户进行询问登记、筛查和残疾评定，现已全部完成入户调查、复查和调查质量的核查工作。

我省共调查了 31153 户、101674 人，调查的抽样比为 1.78‰。入户见面 82049 人，占调查总人数的 80.70%；按照《第二次全国残疾人抽样调查残疾筛查方法》，7 岁以上疑似残疾人筛出率为 14.34%，疑似残疾人检查率达到 97.83%。

二、残疾人数及其比例

根据调查初步汇总，被调查户中有残疾人的家庭共 5998 户，确定视力、听力、言语、肢体、智力、精神和多重残疾共 6749 人。其中，视力残疾 1142 人，听力残疾 1475 人，言语残疾 106 人，肢体残疾 1881 人，智力残疾 612 人，精神残疾 541 人，多重残疾 992 人。

根据调查数据显示，我省残疾人占总人口的比例为 6.64%，据此推算 2006 年 4 月 1 日零时我省各类残疾人的总数为 379.4 万人。各类残疾人的人数及各占残疾人总人数的比重分别是: 视力残疾 64.2 万人，占 16.92%; 听力残疾 82.9 万人，占 21.85%; 言语残疾 6.0 万人，占 1.58%; 肢体残疾 105.7 万人，占 27.86%; 智力残疾 34.4 万人，占 9.07%; 精神残疾 30.4 万人，占 8.01%; 多重残疾 55.8 万人，占 14.71%。

与 1987 年第一次全国残疾人抽样调查比较，我省残疾人口总量增加，残疾人比例有所上升，残疾类别结构变动。影响这一变化的因素有，两次调查间人口增长与结构变动、社会与环境变化、残疾标准修订等，更深入的分析有待于在详细数据汇总和更全面的资料收集后进行。

三、调查质量评价

在入户调查、复查完毕后，按照《事后质量核查工作细则》规定，我省随机抽取了 6 个样本小区重新入户进行核查，核查结果符合调查方案设计的要求。经对调查实施过程和数据质量进行综合评估，本次调查是一次成功的调查，数据真实可信。调查获得的丰富数据，将为我省经济社会和残疾人事业的发展提供可靠依据。

注：

1、本公报为初步汇总数。

2、本次调查登记对象为具有中华人民共和国国籍并居住在中华人民共和国湖北省内的常住人口，残疾人按照《第二次全国残疾人抽样调查残疾标准》评定。

湖北省第二次全国残疾人抽样调查主要数据公报（第二号）

湖北省第二次全国残疾人抽样调查领导小组

湖北省统计局

2007 年 9 月 21 日

根据第二次全国残疾人抽样调查办公室的要求，湖北省第二次全国残疾人抽样调查办公室会同省统计局和有关专业机构，在手工汇总得出第一期数据的基础上，采用先进的计算机汇总处理方法，科学严谨地推算出第二期数据。湖北省第二次全国残疾人抽样调查残疾人地区分布和主要社会经济数据如下：

一、残疾人口的地区分布

据推算，全省 102 个县、市、区 2006 年 4 月 1 日 0 时的残疾人口数及占本地总人口依其分层的情况计算得出，全省共计 379.4 万人，具体数据如下：

1、城市层（4.86%）

武汉市 43.8 万人，其中江岸区 3.6 万人，江汉区 3 万人，硚口区 3.5 万人，汉阳区 3 万人，武昌区 5.6 万人，青山区 2.4 万人，洪山区 4.8 万人，东西湖区 1.7 万人，汉南区 0.5 万人，蔡甸区 2.2 万人，江夏区 3 万人，黄陂区 5.2 万人，新州区 5.3 万人。黄石市 3.5 万人，其中黄石港区 1.1 万人，西塞山区 1.3 万人，下陆区 0.8 万人，铁山区 0.3 万人。十堰市 3.1 万人，其中茅箭区 1.5 万人，张湾区 1.6 万人。荆州市 5.5 万人，其中沙市区 2.8 万人，荆州区 2.7 万人。宜昌市（不含夷陵区）4.7 万人，其中西陵区 2.7 万人，伍家岗 1.1 万人，点军区 0.6 万人，猇亭区 0.3 万人。襄樊市（不含襄阳区）7.3 万人，其中襄城区 2.8 万人，樊城区 4.5 万人。鄂州市 5.1 万人，其中鄂城区 2.9 万人，华容区 1.4 万人，梁子湖区 0.8 万人。荆门市 2.7 万人，其中东宝区 1.7 万人，掇刀区 1 万人。

2、平原层(6.28%)

公安县 5.9 万人，监利县 8.1 万人，江陵县 2.3 万人，石首市 3.6 万人，洪湖市 5.3 万人，枝江市 2.5 万人，沙洋县 4.2 万人，云梦县 3.3 万人，应城市 3.6 万人，汉川市 6.3 万人，团风县 2.1 万人，浠水县 6 万人，武穴市 4.3 万人，黄梅县 5.8 万人，嘉鱼县 2.2 万人， 黄州区.2.2 万人，仙桃市 8.7 万人，潜江市 6 万人，天门市 8.9 万人。

3、小山区和丘陵地区层(6.80%)

阳新县 5.9 万人，大冶市 5.7 万人，松滋市 5.3 万人，夷陵区 3.7 万人，宜都市 2.6 万人，当阳市 3.2 万人，襄阳区 6.2 万人，老河口市 3.3 万人，枣阳市 7 万人，宜城市 3.5 万人，京山县 4.2 万人，钟祥市 6.9 万人，孝南区 6 万人，孝昌县 4 万人，大悟县 3.9 万人，安陆市 3.8 万人，红安县 4.1 万人，麻城市 7.3 万人，罗田县 3.8 万人，莫山县 2.5 万人，蕲春县 8.1 万人，咸安区 3.4 万人，通城县 2.7 万人，崇阳县 2.9 万人，通山县 2.6 万人，赤壁市 3.3 万人，曾都区 9.8 万人，广水市 4.4 万人。

4、大山区层(9.20%)

丹江口市 4.5 万人，郧县 5.3 万人， 郧西县 4.6 万人，竹山县 4 万人，竹溪县 3 万人，房县 4.1 万人，远安县 1.7 万人，兴山县 1.6 万人，秭归县 3.5 万人，长阳县 3.8 万人，五峰县 1.8 万人，南漳县 4.5 万人，谷城县 4.7 万人，保康县 2.5 万人，恩施市 6.8 万人，利川市 6.1 万人，建始县 4.5 万人，巴东县 4 万人，宣恩县 2.8 万人，咸丰县 3.1 万人，来凤县 2.6 万人，鹤峰县 2 万人，神农架林区 0.8 万人。

二、残疾人口基本构成

1、性别构成

男性残疾人约 199.4 万，占 52.56%，女性残疾人约 180 万，占 47.44%。

2、城乡构成

城市残疾人约 86.6 万，占 22.83%；农村残疾人约 292.8 万，占 77.17%。

3、年龄构成

0-14 岁残疾人约 16.6 万，占残疾人总数的 4.37%，15-59 岁残疾人约 188.1 万，占残疾人总数的 49.58%，60 岁及 60 岁以上残疾人约 174.7 万，占残疾人总数的 46.05%，其中，65 岁及 65 岁以上残疾人约 140.6 万，占残疾人总数的 37.06%。

4、残疾类别构成

视力残疾人约 64.2 万，占 16.92%，听力残疾人约 82.9 万，占 21.85%，言语残疾人约 6.0 万，占 1.58%，肢体残疾人约 105.7 万，占 27.86%，智力残疾人约 34.4 万，占 9.07%，精神残疾人约 30.4 万，占 8.01%，多重残疾约 55.8 万，占 14.71%。多重残疾中，有肢体残疾的约 16.0 万，占 28.73%；有听力残疾的约 37.0 万，占 66.23%；有视力残疾的约 15.6 万，占 28.02%；有智力残疾的约 19.1 万，占 34.27%；有精神残疾的约 7.5 万，占 13.41%；有言语残疾的约 29.6 万，占 53.02%。

5、残疾等级构成

按残疾等级分，一级残疾人口约 79.8 万，占 21.04%；二级残疾人口约 51.4 万，占 13.56%；三级残疾人口约 95.4 万，占 25.13%；四级残疾人口约 152.8 万，占 40.27%。

三、有残疾人的家庭户基本情况

湖北省残疾人家庭户有 321.3 万,占全省家庭户的 19.25%，有残疾人的家庭户与总户数的比值为 1：5.2。在有残疾人的家庭户中，有 2 个以上残疾人的家庭户 36.15 万户，占残疾人家庭户的 11.25%。有残疾人的家庭户的总人口占总人口的 20.23%。有残疾人的家庭户户规模为 3.43 人。（湖北省相关数据与全国调查数据比较见表 3-1）

表 3-1 湖北省与全国调查有残疾人的家庭户状况比较

调查数据类别	有残疾人的家庭户比重（100%）	有 2 个以上残疾人家庭户比重（100%）	有残疾人家庭户的总人口占总人口比重（100%）	有残疾人的家庭户户规模
全　国	17.8	12.43	19.98	3.51
湖北省	19.25	11.25	20.23	3.43

四、残疾人家庭户的收入

有残疾人的家庭户 2005 年人均收入为 2624 元，其中，城市有残疾人的家庭户人均收入为 3917 元，农村有残疾人的家庭户人均收入为2240元。10.01%的残疾人家庭户 59.4 万人年均收入低于或等于683 元，8.23%的残疾人家庭户 53.9 万人年均收入在 684 元至 944 元。全省残疾人贫困户中的残疾人约 113.3 万人。（湖北省相关数据与全国调查数据比较见表 3-2）

表 3-2 2005 年湖北省与全国残疾人家庭户收入比较(单位：元)

调查数据类别	人均收入	城市有残疾人家庭户人均收入	农村有残疾人家庭户年人均收入	低于或等于 683 元的农村家庭户比重（100%）	在 684 至 944 元之间的农村家庭户比重（100%）
全　国		4864	2260	12.95	7.96
湖北省	2624	3917	2240	10.01	8.23

五、残疾人口的婚姻状况

我省残疾人中，在婚有配偶的残疾人口约 218.5 万，占 15 岁以上残疾人数的 60.23%，离婚及丧偶人口约 88.8 万，占 15 岁以上残疾人数 24.46%。（湖北省相关数据与全国调查数据比较见表 3-3）

表 3–3　湖北省与全国 15 以上残疾人口婚姻状况比较

调查数据类别	未婚人口比重（100%）	在婚有配偶比重（100%）	离婚及丧偶比重（100%）
全　国	12.42	60.82	26.76
湖北省	15.31	60.23	24.46

六、残疾人口的受教育程度

湖北省 6 岁以上的残疾人口中，大学文化程度的残疾人口约 2.5 万，占残疾人口的 0.65%，高中（含中专）文化程度的残疾人口约 18.8 万，占残疾人口的 4.95%，初中文化程度的残疾人口约 55.5 万，占残疾人口的 14.64%，小学文化程度的残疾人口约 117.2 万，占残疾人口的 30.88%。（湖北省相关数据与全国调查数据比较见表 3-4）

15 岁及 15 岁以上残疾人文盲人口（不识字或识字很少的人）172.9 万人,文盲率为 47.6%。

表 3–4　湖北省与全国 6 岁以上残疾人口受教育程度构成比较

调查数据类别	小学程度比重（100%）	初中程度比重（100%）	高中程度比重（100%）	大学程度比重（100%）
全　国	31.85	15.04	4.89	1.13
湖北省	30.88	14.64	4.95	0.65

七、残疾学龄儿童受教育状况

湖北省 6-14 岁学龄残疾儿童约 11.08 万人,占全部残疾人口的 2.92%。正在接受义务教育的残疾学龄儿童数量占学龄残疾儿童总数的 75.63%，其中，正在接受小学教育的占学龄残疾儿童的 67.51%，正在接受初中教育的占学龄残疾儿童数的 8.12%。

表 3–5　湖北省与全国 6–14 岁以上残疾人口比例及受教育比例比较

调查数据类别	6-14 儿童占残疾人比例	残疾儿童义务教育入学率
全　国	2.96%	63.19%
湖北省	2.92%	75.63%

八、残疾人口的在业与有关社会保障情况

湖北省 18-59 岁就业年龄段的残疾人总数为 181.96 万人，占残疾人总数的 47.96%。（男性为 103.72 万人，占 57.3%，女性为 78.24 万人，占 42.7%。）其中有劳动能力的 136.66 万人,占就业年龄段残疾人数的 75.1%,已经在业的 106.64 万人，占劳动年龄阶段具有劳动能力的残疾人数量的 78.03 %。没有在业的 30.02 万人，占劳动年龄阶段具有劳动能力的残疾人数量的 21.97%。

城市户口的残疾人有 21.04 万人享受当地居民最低生活保障,占城镇残疾人总数的 24.3%，农村户口的残疾人享受当地居民最低生活保障或定期救助的有 21.2 万人,占农村残疾人口总数的的 7.1%，12.5%残疾人领取了定期或不定期救济金，其中城市户口残疾人领取救济金的比重是 17.0%，农村户口残疾人领取救济金的比重是 11.6%。

表 3–6　全国与湖北省残疾人口社会救助情况比例比较

调查数据类别	城市享受低保比例	农村享受低保比例	城市领取救助率	农村领取救助率
全国调查	13.28%	5.12%	9.75%	11.68%
湖北省	24.30%	7.10%	17.00%	11.60%

九、残疾人曾接受的扶助、服务和需求

湖北省调查中，残疾人选择的曾接受的扶助、服务的前四项及比例分别为：曾接受过医疗服务与救助和

康复服务的有 29.2%，曾接受过贫困残疾人救助与扶持的有 13.0%。未接受任何服务的有 63.6%。

湖北省调查中残疾人几项主要需求的比例分别为：有贫困残疾人救助与扶持需求的有 71.3%，有医疗服务需求与救助需求的有 67.1%，有康复需求和辅助器具需求的有 47.2%。

十、残疾人的生活环境

在湖北省此次调查的残疾人所在社区（村、居委会）中，69.0%的社区设有卫生室（所、站），21.0%的社区距离最近的特教学校（班）在 5 公里以内，有 30.6%的社区建有文化活动室，有 54.5%的社区距离最近的法律服务所（司法所）在 5 公里以内,有 8.1%的社区有无障碍设施。

说明：

1. 各地残疾人总数 = 2006 年 4 月 1 日常住人口数 × 各层残疾人平均比例。
2. 2006 年 4 月 1 日常住人口数由省统计部门提供。
3. 根据调查中的特殊情况，个别市、县残疾人比例在推算中进行了分析处理。
4. 各地的残疾人总数为抽样调查推算的约数。
5. 调查的城乡口径为：城镇包括街道和镇的居委会，农村包括乡和镇的村委会。
6. 调查中家庭全部收入包括工薪收入、经营性净收入、财产性收入、转移性收入，农村住户的全部收入还包括各种农作物、养殖等实物折算收入。

附录 2

第二次全国残疾人抽样调查方案

（国务院 2005 年 11 月 4 日批准）

为贯彻国务院办公厅《关于开展第二次全国残疾人抽样调查的通知》（国办发[2004]73 号），根据《中华人民共和国统计法》、《中华人民共和国残疾人保障法》，制定本方案。

一、组织领导

第二次全国残疾人抽样调查工作在国务院和地方各级人民政府的领导下，按照全国统一部署、部门分工协作、地方分级负责、各方共同参与的原则组织实施。

（一）国务院成立第二次全国残疾人抽样调查领导小组，由有关部门负责人组成，负责这次残疾人抽样调查工作的全面领导与部署。领导小组下设第二次全国残疾人抽样调查办公室，负责这次抽样调查的组织实施工作。

（二）第二次全国残疾人抽样调查办公室成立专家委员会，协助制定和审核调查的重要技术文件，提供决策建议和技术咨询。

（三）各省、自治区、直辖市和被抽中县（市、区）成立残疾人抽样调查领导小组和办公室，负责本地区的残疾人抽样调查工作。

被抽中县（市、区）要做好调查队组建、经费落实和现场组织工作。

被抽中县（市、区）所在地（市）成立相应的领导或工作机构，帮助、督促本地区被抽中县（市、区）做好调查队组建、经费落实和现场调查组织等工作。

各级残疾人抽样调查领导小组组长是本次调查工作的全面负责人,办公室主任是本次调查的具体负责人。

二、调查目的

通过调查，掌握全国和各省、自治区、直辖市各类残疾人的数量、结构、地区分布、致残原因、家庭状况及其康复、教育、劳动就业和参与社会生活等情况，为国家制定经济和社会发展规划，以及有关残疾人的法律法规、政策和规划提供可靠的依据，促进残疾人事业与国民经济和社会协调发展。

三、调查对象

此次调查的对象是具有中华人民共和国国籍，并在被抽中调查小区内常住的人（指自然人，下同）。

调查采用按常住人口登记的原则，以户为单位填报，只调查家庭户，不调查集体户，单身居住独自生活的也作为一个家庭户进行登记。

此次不调查中国人民解放军现役军人和武装警察（包括军队管理的离退休干部）。

应当在本调查小区进行登记的人包括:

1. 居住本调查小区，户口在本乡、镇、街道;
2. 居住本调查小区半年以上，户口在外乡、镇、街道;
3. 居住本调查小区不满半年，离开户口所在地半年以上;
4. 居住本调查小区，户口待定。

常住户口虽然在本乡、镇、街道，但已离开本乡、镇、街道半年以上的人，不属于本调查小区的调查对象。

此次调查的重点是残疾人。残疾人是指在心理、生理、人体结构上，某种组织、功能丧失或者不正常，全部或部分丧失以正常方式从事某种活动能力的人。残疾类别包括：视力残疾、听力残疾、言语残疾、肢体残疾、智力残疾、精神残疾。凡有两种及两种以上残疾的人，列为多重残疾。残疾评定标准和方法按照第二次全国残疾人抽样调查专家委员会重新修订的《残疾标准》及相关方法实施。

四、调查内容

第二次全国残疾人抽样调查使用三种调查表，一是《住户调查表》,二是《残疾人调查表》，三是《社区调查表》。调查项目共有 52 个，调查样本人群的家庭及其个人的状况，重点调查残疾人的致残原因、生活状况及其主要需求。

五、调查的范围、规模和标准时间

第二次全国残疾人抽样调查在 31 个省、自治区、直辖市同时进行，设计总样本量为 260 万人。

调查的标准时间为：2006 年 4 月 1 日 0 时。

六、样本的设计和抽取

此次调查以全国为总体，各省、自治区、直辖市为次总体，采用分层、多阶段、整群、概率比例抽样方法。各省、自治区、直辖市的调查样本量，由第二次全国残疾人抽样调查领导小组确定分配。

各省、自治区、直辖市根据第二次全国残疾人抽样调查办公室规定的分层原则，结合本地的实际情况，对第一级的县（市、区）进行科学、合理的分层，编制抽样框，由第二次全国残疾人抽样调查办公室与各省、自治区、直辖市共同抽取一级样本单位。

各省、自治区、直辖市按照第二次全国残疾人抽样调查办公室规定的抽样原则和要求，制定本省抽样实施方案，经第二次全国残疾人抽样调查办公室审核后，抽取县级以下样本单位，并将具体的抽取步骤和抽中单位名称一起报第二次全国残疾人抽样调查办公室审定。

七、调查队的组建、培训与试点

（一）被抽中县（市、区）都要按照规定组建调查队。调查队在县级残疾人抽样调查领导小组领导下开展调查工作。

调查队由队长、调查副队长、医务副队长、调查员、各科医生和统计员组成。调查队组成人员要具备一定的工作经验，责任心强，身体条件胜任调查工作。调查工作人员必须稳定，在调查工作未结束前，不得变动。

调查队实行责任制，明确职责分工，加强团结协作。

（二）第二次全国残疾人抽样调查办公室负责省级调查业务骨干和医生的系统培训，使之成为省级培训班的教员；各省、自治区、直辖市残疾人抽样调查办公室负责本地区调查队的培训。

（三）第二次全国残疾人抽样调查办公室组织不同层次的试点，检验调查方案的科学性和可操作性，锻炼和提高省级骨干组织调查的实际能力和现场登记的水平。

各省、自治区、直辖市在正式调查前，要结合培训安排被抽中县（市、区）调查队的业务骨干参加试点调查，试点调查不能代替正式调查。

八、现场登记和复查

此次调查的现场登记和复查工作，从 2006 年 4 月 1 日开始到 5 月 31 日以前结束。

现场登记和复查工作要求做到：坚持入户调查，努力提高见面率；积极动员被调查人如实申报，做到不重复，不遗漏；认真询问、筛查和检查评定，提高准确度；搞好自查、互查和议查，最大限度地控制调查误差。

各调查小区要由熟悉当地情况、责任心强的同志担任陪调员，组成陪调组，协同调查员和医生入户，做好宣传、摸底、现场调查登记和复查工作。

（一）摸底工作

调查前的摸底工作，是做好入户调查登记的基础。调查员要提前进入调查小区，在陪调员的协助下摸清本调查小区范围内需要调查的户数、人口数，重点摸清疑似残疾人和 0—6 岁的儿童人数，编制好《调查底册》。

各省、自治区、直辖市残疾人抽样调查办公室将摸底汇总数据于 2006 年 3 月 25 日前报送到第二次全国残疾人抽样调查办公室。

（二）现场登记

1. 入户调查。调查员根据《调查底册》入户，按照《住户调查表》的登记项目，逐人逐项询问，填写《住户调查表》；对 7 岁及以上人群，按照残疾筛查问卷逐人询问、筛查，并对筛查出的疑似残疾人填写《7 岁及以上人群筛查交接单》；对 0～6 岁的儿童，填写《0-6 岁儿童健康检查记录表》。

2. 残疾检查评定。各科医生根据调查员筛查出的《7 岁及以上人群筛查交接单》和《0-6 岁儿童健康检查记录表》，采取设站与入户相结合的方式逐人检查、评定，对确诊的残疾人，填写《残疾评定记录表》和《残疾人调查表》。

调查期间，医生应对确诊的残疾人进行医疗、康复指导。

（三）复查

调查队组织调查员和医生按照规定的方法进行全面复查。复查采取自查、互查和议查三种形式进行。

调查员和医生每天应对当日调查填写的调查表进行自查。

每个调查小区登记结束后，调查员应分小组对《住户调查表》进行互查和逻辑检查；各科医生要对自己填写的《残疾评定记录表》、《残疾人调查表》进行综合分析检查。

在现场调查登记中和小区调查登记结束后，调查队都要按照规定的方法进行议查，重点议查疑似残疾人的漏筛。

复查中发现的有疑问的人和户，要进一步核查，发现差错，经核实后，予以改正。

（四）调查的后续工作

各级残疾人抽样调查办公室负责收集、汇总调查中残疾人亟待解决的问题，报当地人民政府或有关部门酌处。

九、事后质量核查

现场登记和复查工作结束后，各省、自治区、直辖市残疾人抽样调查办公室应按照全国统一规定的事后质量核查办法和要求，选调高素质的调查员作为核查人员，组建事后质量核查队，对事后质量核查的调查小区，重新入户进行调查登记，计算全国的调查误差。核查人员不得在原来的调查小区参加质量核查工作。

全国统一组织的事后质量核查结果将作为评估第二次全国残疾人抽样调查数据质量的主要依据之一。

十、调查数据的处理

（一）快速汇总

各地按照第二次全国残疾人抽样调查办公室统一规定，对调查的主要数据进行逐级快速汇总。

1. 各县（市、区）残疾人抽样调查办公室将调查数据快速汇总结果于 2006 年 6 月 5 日前报送到省级残疾人抽样调查办公室。

2. 各省、自治区、直辖市残疾人抽样调查办公室将各县（市、区）上报的数据，经审核无误后汇总，将结果于 2006 年 6 月 15 日前报送到第二次全国残疾人抽样调查办公室。

3. 第二次全国残疾人抽样调查办公室负责汇总全国调查主要数据，并对数据进行分析评估后发布公报。

（二）电子计算机数据处理

第二次全国残疾人抽样调查办公室负责制定本次调查的数据处理方案。

1. 省级残疾人抽样调查办公室对调查表进行验收后，组织编码员按照统一规定的标准进行编码。编码前要对编码员进行统一的培训。

编码资料经全面复核、验收合格后，方可交付录入。

2. 第二次全国残疾人抽样调查办公室组织对调查资料进行电子计算机数据处理，对调查的全部数据进行录入汇总，建立国家级和省级残疾人数据库。

3. 调查数据的全面汇总和处理工作，于 2007 年底前全部完成。

4. 本次调查的原始资料由各省、自治区、直辖市残疾人抽样调查办公室保管。

十一、调查数据的分析研究

对本次调查获得的不同数据进行分析研究，撰写综合分析报告；同时，对调查数据反映出的有关残疾人的突出问题，制定专题研究课题，邀请政府有关部门、大专院校和国内外研究机构共同研究开发。研究结果以专题报告、论文集形式发表或出版。

全国和各省、自治区、直辖市残疾人抽样调查领导小组组织专人分析研究调查资料，就制定残疾人的法规、方针、政策和工作规划提出建议，供政府和各有关部门研究处理。

十二、宣传工作

各省、自治区、直辖市和被抽中县（市、区）要依靠各级宣传部门，按照第二次全国残疾人抽样调查办公室制定的宣传提纲和宣传口径，利用各种宣传媒体和多种宣传形式，积极开展残疾人抽样调查的宣传活动，在 2006 年 3 月中旬要掀起宣传高潮，以取得广大群众和社会对现场调查的支持与配合。

十三、调查经费

根据国务院要求，第二次全国残疾人抽样调查经费由中央和地方财政共同负担。各级财政应根据需要，统筹安排经费，以保证这次残疾人抽样调查各项工作的顺利开展。

残疾人抽样调查办公室要严格按照专款专用的原则，加强调查经费的管理使用，杜绝挤占挪用。

十四、总结表彰

各级残疾人抽样调查机构要认真做好调查的总结工作，各省、自治区、直辖市于 2006 年 12 月底前将调查业务技术总结和现场调查工作总结报送第二次全国残疾人抽样调查办公室；第二次全国残疾人抽样调查领导小组于 2007 年 11 月底前向国务院报送第二次全国残疾人抽样调查工作总结。

第二次全国残疾人抽样调查领导小组将于 2007 年初表彰调查工作先进单位和个人。

十五、实施本方案的文件

为保证全国按照统一标准、统一要求、高质量地搞好本次调查工作，第二次全国残疾人抽样调查领导小组统一制定各种文件、表格和工作细则。

（一）《第二次全国残疾人抽样调查残疾标准》包括：视力残疾标准、听力残疾标准、言语残疾标准、肢体残疾标准、智力残疾标准和精神残疾标准。

（二）调查、统计表格包括：《住户调查表》、《残疾人调查表》（主表）；《社区调查表》、《失查疑似残疾人登记表》；《7 岁及以上人群残疾筛查问卷》、《0-6 岁儿童健康体检记录表》、《残疾评定记录表》、《调查底册》；过录、快速汇总和计算机汇总等统计用表；调查各个环节的交接用表。

（三）工作细则包括：《调查登记和复查工作细则》、《质量控制和验收工作细则》、《摸底工作细则》、《快速汇总工作细则》、《编码工作细则》、《抽样方案》、《数据处理方案》、《资料装订、包装、运输、管理工作细则》等。

（四）填表说明包括：《住户调查表》、《残疾人调查表》、《社区调查表》、《残疾评定记录表》等填表说明。

（五）工作手册包括：《调查工作手册》、《调查员手册》、《医生手册》。

附录 3

第二次全国残疾人抽样调查残疾标准

（国务院 2005 年 11 月 4 日批准）

视力残疾标准

一、视力残疾的定义

视力残疾，是指由于各种原因导致双眼视力低下并且不能矫正或视野缩小，以致影响其日常生活和社会参与。

视力残疾包括盲及低视力。

二、视力残疾的分级

<table>
<tr><th>类　　别</th><th>级别</th><th>最佳矫正视力</th></tr>
<tr><td rowspan="2">盲</td><td>一级</td><td>无光感~＜0.02；或视野半径＜5 度</td></tr>
<tr><td>二级</td><td>0.02~＜0.05；或视野半径＜10 度</td></tr>
<tr><td rowspan="2">低视力</td><td>三级</td><td>0.05~＜0.1</td></tr>
<tr><td>四级</td><td>0.1~＜0.3</td></tr>
</table>

〔注〕

1. 盲或低视力均指双眼而言，若双眼视力不同，则以视力较好的一眼为准。如仅有单眼为盲或低视力，而另一眼的视力达到或优于 0.3，则不属于视力残疾范畴。
2. 最佳矫正视力是指以适当镜片矫正所能达到的最好视力或针孔视力。
3. 以注视点为中心，视野半径＜10 度者，不论其视力如何均属于盲。

听力残疾标准

一、听力残疾的定义

听力残疾，是指人由于各种原因导致双耳不同程度的永久性听力障碍，听不到或听不清周围环境声及言语声，以致影响日常生活和社会参与。

二、听力残疾的分级

听力残疾一级：

听觉系统的结构和功能方面极重度损伤，较好耳平均听力损失≥91 dB HL，在无助听设备帮助下，不能依靠听觉进行言语交流，在理解和交流等活动上极度受限，在参与社会生活方面存在极严重障碍。

听力残疾二级：

听觉系统的结构和功能重度损伤，较好耳平均听力损失在 81 ~ 90 dB HL 之间，在无助听设备帮助下，在理解和交流等活动上重度受限，在参与社会生活方面存在严重障碍。

听力残疾三级：

听觉系统的结构和功能中重度损伤，较好耳平均听力损失在 61 ~ 80 dB HL 之间，在无助听设备帮助下，在理解和交流等活动上中度受限，在参与社会生活方面存在中度障碍。

听力残疾四级：

听觉系统的结构和功能中度损伤，较好耳平均听力损失在 41 ~ 60dB HL 之间，在无助听设备帮助下，在理解和交流等活动上轻度受限，在参与社会生活方面存在轻度障碍。

言语残疾标准

一、言语残疾的定义

言语残疾，是指由于各种原因导致的不同程度的言语障碍，经治疗一年以上不愈或病程超过两年者,而不能或难以进行正常的言语交往活动，以致影响日常生活和社会参与（3 岁以下不定残）。

言语残疾包括：

1. 失语：是指由于大脑言语区域以及相关部位损伤所导致的获得性言语功能丧失或受损。

2. 运动性构音障碍：是指由于神经肌肉病变导致构音器官的运动障碍，主要表现为不会说话、说话费力、发声和发音不清等。

3. 器官结构异常所致的构音障碍：是指构音器官形态结构异常所致的构音障碍。其代表为腭裂以及舌或颌面部术后造成的构音障碍。主要表现为不能说话、鼻音过重、发音不清等。

4. 发声障碍（嗓音障碍）：是指由于呼吸及喉存在器质性病变导致的失声、发声困难、声音嘶哑等。

5. 儿童言语发育迟滞：指儿童在生长发育过程中其言语发育落后于实际年龄的状态。主要表现不会说话、说话晚、发音不清等。

6. 听力障碍所致的语言障碍：是指由于听觉障碍所致的言语障碍。主要表现为不会说话或者发音不清。

7. 口吃：是指言语的流畅性障碍。常表现为在说话的过程中拖长音、重复、语塞并伴有面部及其他行为变化等。

二、言语残疾的分级

言语残疾一级：

无任何言语功能或语音清晰度 ≤ 10%，言语表达能力等级测试未达到一级测试水平，不能进行任何言语交流。

言语残疾二级：

具有一定的发声及言语能力。语音清晰度在 11% ~ 25%之间，言语表达能力等级测试未达到二级测试水平。

言语残疾三级：

可以进行部分言语交流。语音清晰度在 26% ~ 45%之间，言语表达能力等级测试未达到三级测试水平。

言语残疾四级：

能进行简单会话，但用较长句或长篇表达困难。语音清晰度在 46% ~ 65%之间，言语表达能力等级测试未达到四级测试水平。

肢体残疾标准

一、肢体残疾的定义

肢体残疾，是指人体运动系统的结构、功能损伤造成四肢残缺或四肢、躯干麻痹(瘫痪)、畸形等而致人体运动功能不同程度丧失以及活动受限或参与的局限。

肢体残疾包括：

1. 上肢或下肢因伤、病或发育异常所致的缺失、畸形或功能障碍；

2. 脊柱因伤、病或发育异常所致的畸形或功能障碍；

3. 中枢、周围神经因伤、病或发育异常造成躯干或四肢的功能障碍。

二、肢体残疾的分级

肢体残疾一级：不能独立实现日常生活活动。

1. 四肢瘫：四肢运动功能重度丧失；
2. 截瘫：双下肢运动功能完全丧失；
3. 偏瘫：一侧肢体运动功能完全丧失；
4. 单全上肢和双小腿缺失；
5. 单全下肢和双前臂缺失；
6. 双上臂和单大腿（或单小腿）缺失；
7. 双全上肢或双全下肢缺失；
8. 四肢在不同部位缺失；
9. 双上肢功能极重度障碍或三肢功能重度障碍。

肢体残疾二级：基本上不能独立实现日常生活活动。

1. 偏瘫或截瘫，残肢保留少许功能（不能独立行走）；
2. 双上臂或双前臂缺失；
3. 双大腿缺失；
4. 单全上肢和单大腿缺失；
5. 单全下肢和单上臂缺失；
6. 三肢在不同部位缺失（除外一级中的情况）；
7. 二肢功能重度障碍或三肢功能中度障碍。

肢体残疾三级：能部分独立实现日常生活活动。

1. 双小腿缺失；
2. 单前臂及其以上缺失；
3. 单大腿及其以上缺失；
4. 双手拇指或双手拇指以外其他手指全缺失；
5. 二肢在不同部位缺失（除外二级中的情况）；
6. 一肢功能重度障碍或二肢功能中度障碍。

肢体残疾四级：基本上能独立实现日常生活活动。

1. 单小腿缺失；
2. 双下肢不等长，差距在5厘米以上（含5厘米）；
3. 脊柱强（僵）直；
4. 脊柱畸形，驼背畸形大于70度或侧凸大于45度；
5. 单手拇指以外其他四指全缺失；
6. 单侧拇指全缺失；
7. 单足跗跖关节以上缺失；
8. 双足趾完全缺失或失去功能；
9. 侏儒症（身高不超过130厘米的成年人）；
10. 一肢功能中度障碍或两肢功能轻度障碍；
11. 类似上述的其他肢体功能障碍。

智力残疾标准

一、智力残疾的定义

智力残疾，是指智力显著低于一般人水平，并伴有适应行为的障碍。此类残疾是由于神经系统结构、功能障碍，使个体活动和参与受到限制，需要环境提供全面、广泛、有限和间歇的支持。

智力残疾包括：在智力发育期间（18 岁之前），由于各种有害因素导致的精神发育不全或智力迟滞；或者智力发育成熟以后，由于各种有害因素导致智力损害或智力明显衰退。

二、智力残疾的分级

级别	分级标准			
	发展商（DQ） 0-6 岁	智商（IQ） 7 岁及以上	适应性行为 （AB）	WHO-DAS Ⅱ分值 18 岁以上
一级	≤25	<20	极重度	≥116 分
二级	26~39	20~34	重度	106~115 分
三级	40~54	35~49	中度	96~105 分
四级	55~75	50~69	轻度	52~95 分

精神残疾标准

一、精神残疾的定义

精神残疾，是指各类精神障碍持续一年以上未痊愈，由于存在认知、情感和行为障碍，以致影响其日常生活和社会参与。

二、精神残疾的分级

18 岁以上（含）的精神障碍患者根据《世界卫生组织残疾评定量表Ⅱ》（WHO-DASⅡ）分数和下述的适应行为表现，18 岁以下者依据下述的适应行为的表现，把精神残疾划分为四级：

精神残疾一级：

WHO-DASⅡ值≥116 分，适应行为严重障碍；生活完全不能自理，忽视自己的生理、心理的基本要求。不与人交往，无法从事工作，不能学习新事物。需要环境提供全面、广泛的支持，生活长期、全部需他人监护。

精神残疾二级：

WHO-DASⅡ值在 106~115 分之间，适应行为重度障碍；生活大部分不能自理，基本不与人交往，只与照顾者简单交往，能理解照顾者的简单指令，有一定学习能力。监护下能从事简单劳动。能表达自己的基本需求，偶尔被动参与社交活动；需要环境提供广泛的支持，大部分生活仍需他人照料。

精神残疾三级：

WHO-DASⅡ值在 96~105 分之间，适应行为中度障碍；生活上不能完全自理，可以与人进行简单交流，能表达自己的情感。能独立从事简单劳动，能学习新事物，但学习能力明显比一般人差。被动参与社交活动，偶尔能主动参与社交活动；需要环境提供部分的支持，即所需要的支持服务是经常性的、短时间的需求，部分生活需由他人照料。

精神残疾四级：

WHO-DASⅡ值在 52~95 分之间，适应行为轻度障碍；生活上基本自理，但自理能力比一般人差，有时忽略个人卫生。能与人交往，能表达自己的情感，体会他人情感的能力较差，能从事一般的工作，学习新事物的能力比一般人稍差；偶尔需要环境提供支持，一般情况下生活不需要由他人照料。

多重残疾

存在两种或两种以上残疾为多重残疾。多重残疾应指出其残疾的类别。多重残疾分级按所属残疾中最重类别残疾分级标准进行分级。

附录 4

第二次全国残疾人抽样调查住户调查表

经国务院批准进行第二次全国残疾人抽样调查
调查登记的标准时间：2006 年 4 月 1 日 0 时
调查登记的原始资料不向任何单位和个人提供，仅供汇总使用
公民应履行如实申报调查项目的义务

表　　号：残调 1 表
制表机关：第二次全国残疾人抽样调查办公室
批准机关：国家统计局
批准文号：国统函【2005】227 号
有效期截止时间：2006 年 6 月 30 日

本户地址：__________省（自治区、直辖市）__________县（市、区）__________乡（镇、街道）__________村（居）委会调查小区

H1.本户编号	H2.本户登记人数	H3.本户残疾人数	H4.本户住房建筑面积	H5.本户住房建筑结构	H6.本户住房来源	H7.上年度本户全部收入	H8.本户拥有的主要家电	H9.本户月均生活用电量
______号	合计___人 男___人 女___人	合计___人 男___人 女___人	______平方米	1. 钢筋混凝土 2. 混合结构 3. 砖木结构 4. 木、竹、草结构 5. 其他	1. 自有 2. 租赁 3. 借用 4. 其他	______元	1. 彩色电视机 2. 电冰箱 3. 洗衣机 4. 电话 5. 电脑	______度

备　　注	
本户见面：____人 0—6 岁： 疑似残疾人： 疑似类别：	其他：

每个人都填报							6 岁及以上人口填报		15 岁及以上人口填报					定性结果
R1.姓名	R2.与户主的关系	R3.性别	R4.出生年月	R5.民族	R6.户口登记状况	R7.户口性质	R8.是否识字	R9.受教育程度	R10.婚姻状况	R11.当前是否有工作	R12.职业	R13.当前未工作状况	R14.未工作者主要生活来源	R15.属于何种残疾
	1. 户主 2. 配偶 3. 子女 4. 孙子女 5. 父母 6. 祖父母 7. 兄弟姐妹 8. 其他	1. 男 2. 女	______年 ______月 （____周岁）	族	1. 住本调查小区，户口在本乡、镇、街道。 2. 住本调查小区半年以上，户口在外乡、镇、街道。 3. 住本调查小区不满半年，离开户口所在地半年以上。 4. 住本调查小区，户口待定。（跳 R8）	1. 农业 2. 非农业	1. 是 2. 否（跳 R10）	1. 未上过学 2. 小学 3. 初中 4. 高中 5. 中专 6. 大学专科 7. 大学本科 8. 研究生	1. 未婚 2. 初婚有配偶 3. 再婚有配偶 4. 离婚 5. 丧偶	（3 月 25—31 日内是否从事过 1 小时以上有收入的工作） 1. 有工作 2. 无工作（跳 R13）	单位全称和做什么具体工作： ______ （跳 R15）	1. 在校学生 2. 离退休 3. 料理家务 4. 丧失劳动能力 5. 毕业后未工作 6. 因单位原因失去原工作 7. 因本人原因失去原工作 8. 承包土地被征用 9. 其他	1. 离退休金 2. 领取基本生活费 3. 家庭其他成员供养 4. 财产性收入 5. 保险收入 6. 其他	1. 视力残疾 2. 听力残疾 3. 言语残疾 4. 肢体残疾 5. 智力残疾 6. 精神残疾 7. 多重残疾
	2. 配偶 3. 子女 4. 孙子女 5. 父母 6. 祖父母 7. 兄弟姐妹 8. 其他	1. 男 2. 女	______年 ______月 （____周岁）	族	1. 住本调查小区，户口在本乡、镇、街道。 2. 住本调查小区半年以上，户口在外乡、镇、街道。 3. 住本调查小区不满半年，离开户口所在地半年以上。 4. 住本调查小区，户口待定。（跳 R8）	1. 农业 2. 非农业	1. 是 2. 否（跳 R10）	1. 未上过学 2. 小学 3. 初中 4. 高中 5. 中专 6. 大学专科 7. 大学本科 8. 研究生	1. 未婚 2. 初婚有配偶 3. 再婚有配偶 4. 离婚 5. 丧偶	（3 月 25—31 日内是否从事过 1 小时以上有收入的工作） 1. 有工作 2. 无工作（跳 R13）	单位全称和做什么具体工作： ______ （跳 R15）	1. 在校学生 2. 离退休 3. 料理家务 4. 丧失劳动能力 5. 毕业后未工作 6. 因单位原因失去原工作 7. 因本人原因失去原工作 8. 承包土地被征用 9. 其他	1. 离退休金 2. 领取基本生活费 3. 家庭其他成员供养 4. 财产性收入 5. 保险收入 6. 其他	1. 视力残疾 2. 听力残疾 3. 言语残疾 4. 肢体残疾 5. 智力残疾 6. 精神残疾 7. 多重残疾
	3. 子女 4. 孙子女 5. 父母 6. 祖父母 7. 兄弟姐妹 8. 其他	1. 男 2. 女	______年 ______月 （____周岁）	族	1. 住本调查小区，户口在本乡、镇、街道。 2. 住本调查小区半年以上，户口在外乡、镇、街道。 3. 住本调查小区不满半年，离开户口所在地半年以上。 4. 住本调查小区，户口待定。（跳 R8）	1. 农业 2. 非农业	1. 是 2. 否（跳 R10）	1. 未上过学 2. 小学 3. 初中 4. 高中 5. 中专 6. 大学专科 7. 大学本科 8. 研究生	1. 未婚 2. 初婚有配偶 3. 再婚有配偶 4. 离婚 5. 丧偶	（3 月 25—31 日内是否从事过 1 小时以上有收入的工作） 1. 有工作 2. 无工作（跳 R13）	单位全称和做什么具体工作： ______ （跳 R15）	1. 在校学生 2. 离退休 3. 料理家务 4. 丧失劳动能力 5. 毕业后未工作 6. 因单位原因失去原工作 7. 因本人原因失去原工作 8. 承包土地被征用 9. 其他	1. 离退休金 2. 领取基本生活费 3. 家庭其他成员供养 4. 财产性收入 5. 保险收入 6. 其他	1. 视力残疾 2. 听力残疾 3. 言语残疾 4. 肢体残疾 5. 智力残疾 6. 精神残疾 7. 多重残疾
	3. 子女 4. 孙子女 5. 父母 6. 祖父母 7. 兄弟姐妹 8. 其他	1. 男 2. 女	______年 ______月 （____周岁）	族	1. 住本调查小区，户口在本乡、镇、街道。 2. 住本调查小区半年以上，户口在外乡、镇、街道。 3. 住本调查小区不满半年，离开户口所在地半年以上。 4. 住本调查小区，户口待定。（跳 R8）	1. 农业 2. 非农业	1. 是 2. 否（跳 R10）	1. 未上过学 2. 小学 3. 初中 4. 高中 5. 中专 6. 大学专科 7. 大学本科 8. 研究生	1. 未婚 2. 初婚有配偶 3. 再婚有配偶 4. 离婚 5. 丧偶	（3 月 25—31 日内是否从事过 1 小时以上有收入的工作） 1. 有工作 2. 无工作（跳 R13）	单位全称和做什么具体工作： ______ （跳 R15）	1. 在校学生 2. 离退休 3. 料理家务 4. 丧失劳动能力 5. 毕业后未工作 6. 因单位原因失去原工作 7. 因本人原因失去原工作 8. 承包土地被征用 9. 其他	1. 离退休金 2. 领取基本生活费 3. 家庭其他成员供养 4. 财产性收入 5. 保险收入 6. 其他	1. 视力残疾 2. 听力残疾 3. 言语残疾 4. 肢体残疾 5. 智力残疾 6. 精神残疾 7. 多重残疾

（新增表户记录只填写“H1.本户编号”）　本户共___页，本页是第___页　申报人（签字）：______　调查员（签字）：______　填报日期：___年___月___日　装订页码第___页

（一）按人填报的栏目共有15个

R1.姓名：竖行填写本人的正式姓名，无正式姓名的，可填写乳名、小名或某某氏；未取名的婴儿可填写“未取名”。

R2.与户主的关系：指户内各成员与户主之间的关系，并不是指户内各成员与申报人之间的关系。

1.户主。表内所填写的第一人必须是户主。如果户主外出半年以上，按照调查对象标准规定，其不属于本调查小区的调查对象，则由本户另确定一位新的户主，并作为第一人填写，其他成员按照与新户主的关系据实圈填。一户中只能有一位户主。

2.配偶。户主的配偶指户主的妻子或丈夫，必须填在第二格。一户中只能有一个人填为户主的配偶。

3.子女。包括户主的儿子、女儿、儿媳、女婿，一般应按照年龄大小顺序填写。

4.孙子女。包括户主的孙子、孙女、孙媳、孙婿、重孙子女、重孙媳、重孙婿及外孙、重外孙子女等。

5.父母。包括户主的父亲、母亲、公公、婆婆、岳父、岳母、继父、继母。

6.祖父母。包括户主的祖父母、外祖父、外祖母、曾祖父、曾祖母、继祖父、继祖母。

7.兄弟姐妹。包括户主和配偶的兄弟姐妹、表兄弟姐妹等。

8.其他。指上述家庭成员之外的其他人员，如朋友、同事、同学、同乡、保姆等均圈填此项。

R3.性别：根据被调查人的性别据实圈填。

R4.出生年月：被调查人的出生年月按公历用阿拉伯数字填写；只知农历的，按农历月份+1视为公历填写。从出生日期到调查的标准时间为止，满12个月的算一周岁（即使少一天也不算一周岁），不满12个月的婴儿填写为0周岁。

R5.民族：指被调查人的民族成份。要按《各民族名称一览表》据实竖行填写，要填写全称而不要写简称。父母不是同一民族的，其不满18周岁的子女，民族未定的，由父母商定，选填父亲或母亲一方的民族；已满18周岁的子女，是填报父亲还是母亲的民族，由本人决定。如果确实有新出现的民族，则据实填报，在备注栏说明；外国人加入中国籍的，其本人的民族和我国某一民族相同，就填报这一民族，例如朝鲜人加入中国籍的，即填朝鲜族；没有相同民族的，按外国人加入中国籍填写，填报为“入籍”。

R6.户口登记状况：指被调查人的常住户口登记状况，设有四个标准答案，即为本次调查对象的四款人。

根据国务院批准的《第二次全国残疾人抽样调查方案》规定，“此次调查的对象是具有中华人民共和国国籍，并居住在被抽中调查小区内常住的人。调查采用按常住人口登记的原则，以户为单位填报，只调查家庭户，不调查集体户。单身居住独自生活的也作为一个家庭进行登记。本次不调查中国人民解放军现役军人和武装警察（包括部队管理的离退休干部）。”

确定被调查人是否属于本次调查的对象，关键是准确掌握调查的空间标准和时间标准。

空间标准：指户口是否在“本乡、镇、街道”所辖的地理区域。

时间标准：指常住本调查小区时间连续“半年”。

本次调查规定的连续“半年”是指从2005年10月1日0时到2006年4月1日0时。对于在本调查小区居住并从事商业、手工业、服务业、建筑业等活动的人，偶尔返回户口登记地或临时外出探亲访友（包括春节返乡探亲）、出差，判断其在本调查小区居住的时间和离开常住户口登记地的时间时，都不应扣除偶尔返回或临时外出的时间。

调查员可按以下四个标准答案根据调查对象的实际情况圈填。

1.住本调查小区，户口在本乡、镇、街道；

2.住本调查小区半年以上，户口在外乡、镇、街道；

3.住本调查小区不满半年，离开户口所在地半年以上；

4.住本调查小区，户口待定。

第一款人：包括两种情况，一是常住户口在本乡、镇、街道，居住在本调查小区的人；二是常住户口在本乡、镇、街道，但是人离开本乡、镇、街道不满半年的人（包括调查时临时出国考察、学习和旅游等情况

附录 5

第二次全国残疾人抽样调查《住户调查表》填写说明

一、《住户调查表》填写方法

《住户调查表》由调查员根据申报人的回答，如实填写。

（一）《住户调查表》的填写方法有两种：有标准答案的栏目，根据实际情况圈填；没有标准答案的栏目，用文字或阿拉伯数字据实填写。

（二）《住户调查表》以户为单位填写，每页可填写 4 人，超过 4 人的家庭户酌情增加调查表。增加的调查表只填写“H1.本户编号”和按人填报的栏目“R1－R15”以及表下方有关内容，不再填写其他按户填报的栏目“H2—H9”。增加的调查表要与首页表顺序保存，不要分开，以防散乱，发生差错。超过 9 人的家庭户分为两户进行填报，其中一户按新增户处理。

（三）调查表填写错误的更改方法。如果文字或数字填写错误，必须用直尺将错误的地方用双线划去。横行书写的，用双横线划去，在划线的上方另行填写；竖行填写的，用双竖线划去，在划线的右侧另行填写；圈填错误的，应将错圈序码连同文字答案用双横线划去，再据实圈填。

（四）表内每个栏目下边的小方格是编码格，调查员不得填写。

二、《住户调查表》填写注意事项

（一）调查表的栏目使用钢笔或签字笔填写，字迹要端正清楚。必须用国家统一规范的简化字书写，不得使用同音异体字和繁体字。阿拉伯数字必须按“0123456789”的正体书写。

（二）在调查登记家庭户中每个人的情况时，要力争与本人见面，无特殊情况，不得由他人代替申报。

（三）调查员应对被调查户申报的情况保密，不得对外提供。

（四）《调查底册》和家庭《户口簿》仅供调查时参考，不得照抄。

三、《住户调查表》的填写顺序

《住户调查表》要逐人逐栏进行询问填写，不得漏填或错填。《住户调查表》填写的顺序是：

第一步，填写左上角的“本户地址”和“H1.本户编号”。

第二步，填写按人填报的栏目 R1－R14，按户主、配偶、子女等顺序逐人逐项登记（“R15.属于何种残疾”暂不圈填，待医生检查评定后再圈填），并以本人登记的顺序作为“本人行号”。

第三步，填写按户填报的栏目，包括“H2.本户登记人数”、“H4.本户住房建筑面积”、“H5.本户住房建筑结构”、“H6.本户住房来源”、“H7.上年度本户全部收入”、“H8.本户拥有的主要家电”、“H9.本户月均生活用电量”。（“H3.本户残疾人数”暂不填写，待医生检查评定后再填写）。

第四步，与被调查户核对主要情况无误后，请家庭的主要申报人在表下方签名或盖章，调查员填写表下方的“本户共___页，本页是第___页”，然后签字并填写填报日期；“装订页码第___页”待本调查小区调查表装订成册后再填写。

第五步，根据医生检查的定性结果，填写“R15.属于何种残疾”，并据此填写本户户记录中的“H3.本户残疾人数”。

第六步，“备注”栏分为两部分填写。左栏属于规定的填写内容，包括本户见面人数，0~6 岁儿童姓名，疑似残疾人的姓名和残疾类别；右栏填写调查中发现的特殊情况。

四、《住户调查表》指标解释

第二次全国残疾人抽样调查的标准时间为：2006 年 4 月 1 日 0 时。此次调查的数据是反映标准时间点的人口状况。2006 年 4 月 1 日 0 时之前出生的人需要登记，之后出生的人则不登记；2006 年 4 月 1 日 0 时之前死亡的人不登记，之后死亡的人需要登记。准确地把握标准时间是防止重复登记和漏登记的重要措施。

不满半年的人)。

常住户口在本户、外出（离开本乡、镇、街道）已超过半年的人，不属于本调查小区的调查对象。

第二款人：是指调查时已在本调查小区常住时间半年以上，但常住户口在其他乡、镇、街道的人。

第三款人：是指调查时在本调查小区常住时间虽然不满半年，常住户口在其他乡、镇、街道，但已离开常住户口登记地半年以上的人。

第四款人：是指调查时居住在本调查小区，在任何地方都没有登记常住户口的人（包括手持户口迁移证、退伍证、出生证、劳改释放证等尚未办理常住户口登记手续的人）。填报此款人的直接跳问 R8。

本次调查对以下情况作了特殊规定：

1.高中及高中以下在校住宿的学生，凡是经常回家的（例如周六、日回家），本次调查规定按调查对象第一款人进行登记。

2.婚嫁、搬迁到本调查小区的人或户，即使来本调查小区居住不满半年而户口在外乡、镇、街道，但因其具有长期居住的意义，本次调查规定按调查对象第一款人进行登记。

3.凡是户口在集体户、人在家庭户居住的人，本次调查规定按调查对象第一款人在被调查户进行登记。

R7.户口性质：指被调查人的常住户口性质，按户口簿上常住户口性质据实圈填。取消了农业户口和非农业户口的地区，按照取消前的户口性质圈填。农民进城已办理了小城镇户口的，也圈填“2.非农业”；在“R6.户口登记状况”中填报为“4.住本调查小区，户口待定”的人不填报本栏。

R8、R9 两栏限 6 岁及以上的人填报。

R8.是否识字：指被调查人是否达到国务院规定的脱盲标准（城市居民和乡、镇企业职工识字 2000 个，乡村居民识字 1500 个）。调查登记时可询问是否具有阅读通俗书报刊或写便条、简单书信的能力。凡具有简单读写能力的人，圈填“1.是”，没有达到脱盲标准的人，则圈填“2.否”。圈填“2.否”的人，不再填报“R9.受教育程度”，跳问“R10、婚姻状况”。

R9.受教育程度：指本人接受国内外教育的最高学历。通过自学或成人学历教育经国家统一考试合格的，可分别归入相应的受教育程度。

1.未上过学。指被调查人识字，但从未接受过国家或其他办学机构实施的各级各类学校教育。参加过各种扫盲班或成人识字班的人，也圈填此项。

2.小学。指接受的最高一级教育为小学，无论其是在校、毕业、肄业或辍学均圈填此项。只读过私塾的也填报此项。

3.初中。指接受的最高一级教育为初中，无论其是在校、毕业、肄业或辍学均圈填此项。技工学校相当于初中的也圈填此项。

4.高中。指接受的最高一级教育为普通高中、职业高中，无论其是在校、毕业、肄业或辍学均圈填此项。

5.中专。指接受的最高一级教育为中等专业学校，无论其是在校、毕业、肄业或辍学均圈填此项。

6.大学专科。指接受的最高一级教育为大学专科。在普通高等学校学习大学专科的，无论其在校、毕业、肄业或辍学均圈填此项。

凡在国家授权承认学历的广播电视大学、职工大学、高等院校举办的函授大学、夜大学和其他形式的大学，按教育部颁布的大学专科教学大纲进行授课的，其毕业生圈填此项；其肄业生、在校生按原有受教育程度圈填。

通过自学，经国家统一举办的考试，并取得大学专科毕业证书的，也圈填此项标准答案。

7.大学本科。指接受的最高一级教育为大学本科。在普通高等学校学习大学本科的，无论其是在校、毕业、肄业或辍学均圈填此项。

凡在国家授权承认学历的广播电视大学、职工大学、高等院校举办的函授大学、夜大学和其他形式的大学，按教育部颁布的大学本科教学大纲进行授课的，其毕业生圈填此项；其肄业生、在校生按原有受教育程度圈填。

通过自学和进修大学课程，经国家统一举办的考试，并取得大学本科毕业证书的，也圈填此项标准答案。

8.研究生。指接受的最高一级教育为硕士、博士研究生，无论其是在校、毕业、肄业或辍学均圈填此项。

在职接受研究生教育的，其毕业生圈填此项，肄业生和在校生按原有受教育程度圈填。

凡是没有按教育部的教学大纲培训或只学单科的人，不能圈填“大学专科”、“大学本科”或“研究生”，一律按照原有受教育程度圈填。

R10-R14 栏限 15 岁及以上的人填报。

R10.婚姻状况：指被调查人在调查标准时间的实际婚姻状况。

1.未婚。指从未结过婚的人。

2.初婚有配偶。指本人有配偶，且属于第一次婚姻的人。对于没有办理结婚登记而未婚同居的人，按其申报的圈填。

3.再婚有配偶。指本人有配偶，但属于第二次及以上婚姻的人。

4.离婚。指夫妻间已办理了离婚手续，并在调查标准时间仍未再结婚的人。未办理离婚手续，而长期分居，不圈填此项，而应圈填“2.初婚有配偶”或“3.再婚有配偶”。

5.丧偶。指夫妇一方丧亡，在调查标准时间时还没有再结婚的人。

R11.当前是否有工作：指被调查人在调查标准时间前一周（即 2006 年 3 月 25—31 日），是否从事过不少于一小时有收入的社会劳动。工作时间不足一小时的，应视为无工作。填报无工作的则不再询问职业栏目，直接跳填“R13.当前未工作状况”。

有收入是指在该周内曾经得到或能够得到工资或家庭收益等，包括现金和实物收入。农民在承包的土地上劳动应视为有收入的工作；家庭成员在自家经营的商店、门市部、工厂劳动，既使没有任何收入，也应视同为有收入工作。

在职休假、培训学习、临时停工和季节性歇业而未工作，也视为当前有工作，包括如因生病或受伤而短期休息、休假和休养的人；脱产学习的人；由于天气原因、季节或电力故障、原料或燃料短缺等原因临时停工的人；从事季节性工作，正值歇业的人等。

R12.职业：指本人所从事的社会劳动工作种类。要求必须填写工作单位全称和所做的具体工作。

填写职业要注意以下几点：

1.填写职业要具体、详细。既要填写工作单位全称，也要填写具体做什么工作。例如“北京重型机床厂钳工”、“北京市公交总公司司机”等，不能笼统地填写“工人”；机关工作人员不能笼统填写“干部”，应填写其工作单位全称和职业，例如“北京市统计局主任科员”、“中国科学院工程师”等；农民不能笼统地填写“农民”或“种地”，而应具体填写为“粮农”、“菜农”或者“养鸡”等。

2.具有中级以上技术职称的行政领导人员，应按行政领导职务填写其职业；同时担任党和行政职务的领导干部，应按主要职务填写职业。

3.工种尚未确定，暂时又无具体工作的，可填“工种未定”。

4.农村就业人口中，凡在乡镇或村办企业中有比较固定的工作，既使在调查标准时间前一周干的是农活，仍要填报其比较固定的职业。

5.调查标准时间前一周内同时从事一种以上工作的，按所从事时间最长的工作种类填写；不能确定时间长短的，按其经济收入较多的工作填写。

6.没有固定性工作的个体经营者，进城务工经商和农闲时进行其他经济活动的人，企业停工停产自某出路从事一些临时性工作的职工，填写调查标准时间前一周主要从事的具体工作。

脱产进入学校学习者，不填职业栏，而应填写“R13.当前未工作状况”栏。

R13.当前未工作状况：此栏限十五岁及十五岁以上当前没有工作的人填写。

1.在校学生。指正在接受各级各类学校教育并有学籍的人。

2.离退休。指已办理离休、退休手续，依靠领取离退休金生活的人。离休、退休后又参加社会劳动并取得报酬的人，应视为有工作，不应圈填此项。

3.料理家务。主要从事家务劳动，且没有劳动收入的人圈填。离退休人员参加部分家务劳动的则不填此栏。农村中既料理家务又务农或从事家庭副业的人，应按在业人口填写职业，不应圈填此栏。

4.丧失劳动能力。指因心理、生理残疾和疾病等原因，在现有劳动条件下丧失了从事劳动的能力、不能参加社会劳动的人。也包括年老体弱生活不能自理的人员。但不包括领取退休金的人员。

5.毕业后未工作。指从学校毕业后从未工作过的人。

6.因单位原因失去原工作。指用人单位或雇主提出与劳动者本人中断劳动关系而失去原工作的人。包括：被原单位辞退、除名、开除的人；劳动合同到期后单位不同意续签劳动合同的人；因单位破产而失去工作的人；未办理正式退休手续的“内退”人员；仍与原工作单位保留劳动关系的下岗人员。

7.因本人原因失去原工作。指本人因各种原因提出与单位中断劳动关系而离开原工作岗位的人。包括辞职的人和劳动合同到期后本人不同意与单位继续签订劳动合同的人。

8.承包土地被征用。指本人承包或转包、租用集体或他人的土地，被有关部门和单位依据土地征用制度的规定征作公益性用地而失去工作。受雇在别人承包的土地上工作，因该土地被征用而失去工作的人，不圈此项，而应圈填“6、因单位原因失去原工作”。

9.其他。除以上八种人之外的未工作人口，圈填为“其他”。

R14.未工作者主要生活来源：根据被调查人情况据实圈填。如果同时有多项生活费来源，则选择其中最主要一项标准答案圈填。

1.离退休金。指办理了离休、退休手续的人，从原工作单位或社会保险部门领取的离退休生活费。

2.领取基本生活费。为了保证基本生活水平而领取的生活费。包括：企业下岗、内退职工领取的基本生活费，失业救济金；民政部门发放给烈军属的生活抚恤金，发给五保户和残疾人的生活补助费，以及发给城镇低收入户的最低生活保障金等。

3.家庭其他成员供养。指被调查人依靠家庭其他成员的经济收入生活。单独生活、由本家庭户外的其他亲属供养的也圈填此项。

4.财产性收入。指以资金储蓄、借贷入股以及财产经营、租赁等所取得的利息、股息、红利、租金等财产性收入生活。

5.保险收入。指主要靠从保险公司领取保险金生活。

6.其他。除以上几种情况之外的其他生活费来源。

R15.定性结果：此栏待医生对残疾人检查定性以后再由调查员填写。如果是残疾人，属于哪类残疾，就圈填哪类残疾；如果被调查人具有多种残疾现象，就圈填“7、多重残疾”；没有残疾的人不填报此栏。

（二）按户填报的栏目

按户填报的栏目共有 9 个。其中 H1 为本户编号，根据调查底册的序号填写；H2 和 H3 应与本户人记录中的有关栏目合计数相符；H4—H9 栏与人记录栏目无关，是以户为单位填报的项目。

H1.本户编号：按《调查底册》序号填写“H1 本户编号”。

在登记时，如果发现《调查底册》中某户为空户，则将本小区的最后一户前移，使用该户的“本户编号”；如果某户中实际居住着两户，其中一户使用原来的“本户编号”，另一户的“本户编号”续在本调查小区所有户编号的最后，按顺序编写户编号；居住三户或以上的，依次类推（上述户编号的改动须经调查队负责调查的副队长核定后进行，防止错乱）。

H2.本户登记人数：在本户调查登记的人数,应与人记录的合计人数一致。

H3.本户残疾人数：根据人记录的“R15.属于何种残疾”的定性结果，分男、女性别的残疾人数填写。

H4.本户住房　建筑面积：本户住房的建筑面积按住房的外墙计算。

1.知道建筑面积的可直接填报；不知道住房建筑面积，只知道使用面积的，则可使用公式换算：

建筑面积＝使用面积（包括扩建的使用面积）÷0.7

2.住旅馆或租借房屋的常住户，一律按现住房的实际情况填写其住房面积。

3.居住在工作场所的户，住房面积应该填写其居住房间的建筑面积。

4.合住在同一所住房里的住户，其建筑面积为各户所独立使用的房间面积加上公共使用面积（包括厨房、厕所、门厅、阳台等）的一部分；两户合用的面积，各按二分之一计算，三户合用的面积，各按三分之一计算；以此类推。

5.属于本小区调查对象，但居无定所的常住户（如进城的流动人口）睡在桥下、公园和车站等地方的人，其住房面积填“0”平方米。

H5.本户住房建筑结构：指本户住房建筑的结构（指承重结构，如承重墙、梁、柱等）所用的建筑材料。本栏目设有五个标准答案。

1.钢筋混凝土：指承重的主要构件是用钢筋混凝土建造的住房。包括薄壳结构、大模板现浇结构及使用滑模、升板等建造的钢筋混凝土结构的房屋。

2.混合结构：指承重的主要构件是用钢筋混凝土和砖、木建造的房屋。如一幢房屋的梁是用钢筋混凝土制成，以砖墙为承重墙，或者梁使用木材建造，柱是使用钢筋混凝土。

3.砖木结构：是指承重的主要构件是砖和木材。如一幢房屋是木制房架、砖墙、木柱建造的。

4.木、竹、草结构：指房屋的主要建筑材料为木、竹、草。如一幢房屋是木（竹）制房架、草顶。

5.其他：不属于上述结构类型的房屋都归此类。如砖拱结构、窑洞、蒙古包等。

H6.本户住房来源：指本户获取住房的途径，包括拥有全部产权或部分产权。本栏目设有四个标准答案，可根据住房的拥有情况，据实圈填。

1.自有：指本户住房的产权属于本户私人所有。既包括城镇和农村中私人自建的房屋，也包括私人从单位或房地产开发单位购买的房屋，还包括继承的私有遗产房等情况。

2.租赁：指本户住房属于交纳房租费后获有使用权。既包括由单位作为福利分配给本单位职工、产权归单位所有、个人交纳少量房租费的住房，也包括从市场上租用的房屋。

3.借用：指不用交房租费，临时借住单位或亲朋好友的房屋。

4.其他：指不属于以上几种房屋产权性质的住房，圈填此项。

H7.上年度本户全部收入：指被调查户2005年度全部经济收入，包括工薪收入、经营性净收入、财产性收入、转移性收入（如保险、奖金、抚恤金、资助、出租房收入等）。农村的全部收入包括各种农作物、养殖等实物收获，并要将实物折算成人民币，根据全户所有人的合计收入是多少就填报多少。但是，家中雇佣保姆和非亲属的经济收入不包括在内。

对亲属供养情况收入的计算，如果供养人与被供养人在同一户居住，供养费不计入总收入；如果不在同一户，供养费应计入被供养人所在户的总收入中。

H8.本户拥有的主要家电：本栏属于多选栏目，共列出五种家庭常用的主要电器名称。可根据被调查户拥有（指拥有所有权或使用权）并能使用的家用电器分别圈填。彩色电视机，不包括黑白电视机；电冰箱包括单门、双门和多门的；洗衣机包括全自动和半自动（含双缸和单缸的）；电话包括有线电话和无线电话（手机）；电脑指电子计算机。

H9.本户月均生活用电量：根据本户的月平均用电量填报。如果只知道用电费用，可根据当地每度电价换算成用电度数。

附录 6

第二次全国残疾人抽样调查残疾人调查表

经国务院批准进行第二次全国残疾人抽样调查
调查登记的标准时间：2006 年 4 月 1 日 0 时
调查登记的原始资料不向任何单位和个人提供，仅供汇总使用
公民应履行如实申报调查项目的义务

表　　号：残调 2 表
制表机关：第二次全国残疾人抽样调查办公室
批准机关：国家统计局
批准文号：国统函【2005】227 号
有效期截止时间：2006 年 6 月 30 日

H1.本户编号	R1.本人行号
________号	______号

本户地址：__________省（自治区、直辖市）__________县（市、区）__________乡（镇、街道）__________村（居）委会调查小区

残疾人姓名________　性别______　年龄______周岁　户主姓名________

C1.残疾类别	C2.残疾等级	C3.残疾发现时间	C4.致残主要原因（选择主要致残原因不超过两项）
1. 视力残疾	1. 一级 2. 二级 3. 三级 4. 四级	________年	01. 遗传、先天异常或发育障碍 02. 白内障 03. 青光眼 04. 沙眼 05. 角膜病 06. 视神经病变 07. 视网膜、色素膜病变 08. 屈光不正 09. 弱视 10. 外伤 11. 中毒 12. 其他 13. 原因不明
2. 听力残疾	1. 一级 2. 二级 3. 三级 4. 四级	________年	01. 遗传 02. 母孕期病毒感染 03. 传染性疾病 04. 自身免疫缺陷性疾病 05. 全身性疾病 06. 中耳炎 07. 老年性耳聋 08. 早产和低体重 09. 新生儿窒息 10. 高胆红素血症 11. 药物中毒 12. 创伤或意外伤害 13. 噪声和爆震 14. 其他 15. 原因不明
3. 言语残疾	1. 一级 2. 二级 3. 三级 4. 四级	________年	01. 唐氏综合症 02. 脑性瘫痪 03. 新生儿病理性黄疸 04. 早产、低体重和过期产 05. 腭裂 06. 智力低下 07. 脑梗死 08. 脑出血 09. 脑炎 10. 脑囊虫病 11. 喉、舌疾病术后 12. 听力障碍 13. 帕金森氏病 14. 多发性硬化 15. 脊髓侧索硬化 16. 脑外伤 17. 产伤 18. 孤独症 19. 癫痫 20. CO 中毒 21. 其他 22. 原因不明
4. 肢体残疾	1. 一级 2. 二级 3. 三级 4. 四级	________年	01. 脑性瘫痪 02. 发育畸形 03. 侏儒症 04. 其他先天性或发育障碍 05. 脊髓灰质炎 06. 脑血管疾病 07. 周围血管疾病 08. 肿瘤 09. 骨关节病 10. 地方病 11. 脊髓疾病 12. 工伤 13. 交通事故 14. 脊髓损伤 15. 脑外伤 16. 其他外伤 17. 结核性感染 18. 化脓性感染 19. 中毒 20. 其他 21. 原因不明
5. 智力残疾	1. 一级 2. 二级 3. 三级 4. 四级	________年	01. 遗传 02. 脑疾病 03. 内分泌障碍 04. 惊厥性疾病 05. 新生儿窒息 06. 早产、低体重和过期产 07. 发育畸形 08. 营养不良 09. 母孕期外伤及物理伤害 10. 产伤 11. 工伤 12. 交通事故 13. 其他外伤 14. 中毒与过敏反应 15. 不良社会文化因素 16. 其他 17. 原因不明
6. 精神残疾	1. 一级 2. 二级 3. 三级 4. 四级	________年	01. 痴呆 02. 其他器质性精神障碍 03. 使用精神活性物质所致的障碍 04. 精神分裂症 05. 妄想性障碍 06. 分裂情感性障碍 07. 其他精神病性障碍 08. 心境障碍 09. 神经症性障碍 10. 行为综合征 11. 人格障碍 12. 孤独症 13. 癫痫 14. 其他 15. 原因不明

T1.残疾人活动和参与评定（18 岁以上填报）					
理解和交流	身体移动	生活自理	与人相处	生活活动	社会参与
1. 无障碍/无适用 2. 轻度障碍 3. 中度障碍 4. 重度障碍 5. 极重度障碍/不能完成	1. 无障碍/无适用 2. 轻度障碍 3. 中度障碍 4. 重度障碍 5. 极重度障碍/不能完成	1. 无障碍/无适用 2. 轻度障碍 3. 中度障碍 4. 重度障碍 5. 极重度障碍/不能完成	1. 无障碍/无适用 2. 轻度障碍 3. 中度障碍 4. 重度障碍 5. 极重度障碍/不能完成	1. 无障碍/无适用 2. 轻度障碍 3. 中度障碍 4. 重度障碍 5. 极重度障碍/不能完成	1. 无障碍/无适用 2. 轻度障碍 3. 中度障碍 4. 重度障碍 5. 极重度障碍/不能完成

T2.今后康复建议		T3.是否持有残疾人证	T4.接受义务教育情况（在校生填报）	T5.社会保障情况		
康复形式 1. 机构康复 2. 延伸服务 3. 社区和家庭服务	康复内容 1. 医疗服务 2. 辅助器具 3. 康复训练与服务	1. 是 2. 否	1. 普通教育学校普通班 2. 普通教育学校特教班 3. 特殊教育学校 4. 其他	参加社会保险情况（16 岁以上填报）： 1. 养老保险 2. 医疗保险 3. 工伤保险 4. 失业保险 5. 未参加	是否领取低保金： 1. 是 2. 否	是否领取过救济： 1. 是 2. 否

T6.曾接受何种服务或扶助（填报最主要三项）	T7.本人主要需求（填报最主要三项）
01. 医疗服务与救助 02. 辅助器具 03. 康复训练与服务 04. 教育费用补助或减免（6 岁以上填报） 05. 职业教育与培训（12 岁以上填报） 06. 就业安置或扶持（16 岁以上填报） 07. 贫困残疾人救助与扶持 08. 法律援助与服务 09. 无障碍设施 10. 信息无障碍 11. 生活服务 12. 文化服务 13. 其他 14. 未曾接受任何服务或扶助	01. 医疗服务与救助 02. 辅助器具 03. 康复训练与服务 04. 教育费用补助或减免（6 岁以上填报） 05. 职业教育与培训（12 岁以上填报） 06. 就业安置或扶持（16 岁以上填报） 07. 贫困残疾人救助与扶持 08. 法律援助与服务 09. 无障碍设施 10. 信息无障碍 11. 生活服务 12. 文化服务 13. 其他 14. 不选择

备注：

医生（签字）：__________ __________ __________　　申报人（签字）：__________　　填报日期：______年____月____日　　装订页码第____页

附录 7

第二次全国残疾人抽样调查《残疾人调查表》填写说明

一、填写注意事项

（一）《残疾人调查表》由医生填写，填表人员要严格按照规定填写，保证本表的工整与清洁。

（二）本表要求使用铅笔填写，字迹要端正清楚，不得潦草模糊。不得用同音异体字；简化字必须按国家公布的《简化字总表》书写；阿拉伯数字必须按“0 1 2 3 4 5 6 7 8 9”的正体书写，不得用自由体。

（三）填表人员根据评定结果填写表中相关项目，不能遗漏。

（四）填表人员要对被调查的残疾人及家庭申报的情况严格保密，不得对外提供。

二、填写顺序

依据诊断情况完成《残疾评定记录表》的填报后，再开始填报《残疾人调查表》，填写要逐项进行，不得漏填或重复。填写顺序如下：

第一步：《残疾人调查表》的上沿部分“本户编号”、“本人行号”、“本户住址”和“残疾人姓名”、“性别”、“年龄”、“户主姓名”等项均对照《残疾评定记录表》的上沿内容。

第二步：本表中“C1.残疾类别”、“C2.残疾等级”、“C3.残疾发现时间”和“C4.致残主要原因”等按诊断残疾的实际情况填写。

第三步：遇到两种或两种以上残疾人，即多重残疾则复选填报。

第四步：“T1.残疾人活动和参与评定”、“T2.康复建议”、“T3.是否持有残疾人证”、“T4.接受教育情况”、“T5.社会保障情况”、“T6.曾接受何种服务或辅助”及“T7.本人主要需求”等逐项询问判断填写，遇多重残疾由最后诊断确诊某种残疾的医生填写。

第五步：本表下沿部分，完成逐项填写后，“本户包括住户调查表”、“医生”、“申报人”及“填报日期”均按《残疾评定记录表》的下沿内容填写完整。

另外，本表每个项目下面的方格为编码格，填写人员不得填写，由专业编码人员处理。

三、填写说明

C1.残疾类别

分为视力残疾、听力残疾、言语残疾、肢体残疾、智力残疾和精神残疾等六类。填表时在诊断确定为残疾后，请在残疾类别的左面编号上圈填，如多重残疾，则复选。例如，诊断为“视力残疾”，应圈填为（1.）视力残疾。

C2.残疾等级

各类残疾均分为四个等级。填表时，请在相应的残疾等级编号上圈填。例如：诊断为听力三级，应圈填为（3.）三级。

C3.残疾发现时间

残疾发生时间是指发现残疾或出现残疾的年份，如“1999 年”。针对 0～6 岁的儿童来说，是指发现残疾的时间；而针对其他人则为出现残疾的时间。填表时，请将残疾发现时间填在年前面的横线上。

C4.致残主要原因（选择主要致残原因不超过两项）

致残主要原因是指导致主要致残的原因，选择主要致残原因不超过两项。填表时请在相应项目前的编号上圈填。如填表人的致残原因在表中没有列出，请在“其他”前的编号上圈填。按照不同类别分为以下几类：

视力残疾

01.遗传、先天异常或发育障碍	05.角膜病	09.弱视
02.白内障	06.视神经病变	10.外伤
03.青光眼	07.视网膜、色素膜病变	11.中毒
04.沙眼	08.屈光不正	12.其他
		13.原因不明

听力残疾

01.遗传	06.中耳炎	11.药物中毒
02.母孕期病毒感染	07.老年性耳聋	12.创伤或意外伤害
03.传染性疾病	08.早产和低体重	13.噪声和爆震
04.自身免疫缺陷性疾病	09. 新生儿窒息	14.其他
05.全身性疾病	10. 高胆红素血症	15.原因不明

言语残疾

01.唐氏综合征	08.脑出血	15.脊髓侧索硬化
02.脑性瘫痪	09.脑炎	16.脑外伤
03.新生儿病理性黄疸	10.脑囊虫病	17.产伤
04.早产、低体重和过期产	11.喉、舌疾病术后	18.孤独症
05.腭裂	12.听力障碍	19.癫痫
06.智力低下	13.帕金森氏病	20.CO 中毒
07.脑梗死	14.多发性硬化	21.其他
		22.原因不明

肢体残疾

01.脑性瘫痪	08.肿瘤	15.脑外伤
02.发育畸形	09.骨关节病	16.其他外伤
03.侏儒症	10.地方病	17.结核性感染
04.其他先天性或发育性障碍	11.脊髓疾病	18.化脓性感染
05.脊髓灰质炎	12.工伤	19.中毒
06.脑血管疾病	13.交通事故	20.其他
07.周围血管疾病	14.脊髓损伤	21.原因不明

智力残疾

01.遗传	07.发育畸形	13.其他外伤
02.脑疾病	08.营养不良	14.中毒与过敏反应
03.内分泌障碍	09.母孕期外伤及物理伤害	15.不良社会文化因素
04.惊厥性疾病	10.产伤	16.其他
05.新生儿窒息	11.工伤	17.原因不明
06.早产、低体重和过期产	12.交通事故	

精神残疾

01.痴呆	06.分裂情感性障碍	11.人格障碍
02.其它器质性精神障碍	07.其它精神病性障碍	12.孤独症
03.使用精神活性物质所致的障碍	08.心境障碍	13.癫痫
04.精神分裂症	09.神经症性障碍	14.其他
05.妄想性障碍	10.行为综合征	15.原因不明

T1.残疾人活动和参与评定（18 岁以上填报）

T1.残疾人活动和参与评定（18 岁以上填报）					
理解和交流	身体移动	生活自理	与人相处	生活活动	社会参与
1.无障碍/无适用 2.轻度障碍 3.中度障碍 4.重度障碍 5.极重度障碍/不能完成	1.无障碍/无适用 2.轻度障碍 3.中度障碍 4.重度障碍 5.极重度障碍/不能完成	1.无障碍/无适用 2.轻度障碍 3.中度障碍 4.重度障碍 5.极重度障碍/不能完成	1.无障碍/无适用 2.轻度障碍 3.中度障碍 4.重度障碍 5.极重度障碍/不能完成	1.无障碍/无适用 2.轻度障碍 3.中度障碍 4.重度障碍 5.极重度障碍/不能完成	1.无障碍/无适用 2.轻度障碍 3.中度障碍 4.重度障碍 5.极重度障碍/不能完成

活动是由个体执行一项任务或行动，它代表了功能的个体方面。当个体在进行活动时可能遇到的困难，即是活动受限制，它根据完成活动时的质和量从轻微到严重偏差的变化范围。

参与是指投入到一种生活情景中，它代表了功能的社会方面，是衡量残疾程度的重要指标。

分六大类:理解和交流、身体移动、生活自理、与人相处、生活活动和社会参与。其中各类均有五种程度：无障碍、轻度障碍、中度障碍、重度障碍、极重度障碍。填表时请依据《残疾评定记录表》结果在相应项目前的数值上圈填。

T2.今后康复建议

康复形式：即残疾人实现康复的基本途径，包括以下三种：机构康复，延伸服务（上门服务），社区、家庭康复。

1.机构康复：指在康复中心、综合医院设置的康复科室等机构中，以门诊和住院的形式提供的康复服务途径。

2.延伸服务（上门服务）：延伸服务是指由康复机构派专业人员到实地，为康复对象提供专业性康复服务的途径。

3.社区和家庭康复：社区、家庭康复是指在社区和家庭为残疾人采取的康复措施，这些措施是利用和依靠社区和家庭的人力资源而进行的，包括依靠残疾人及其家庭成员和社会。

康复内容

指实现残疾人康复的方法或手段，包括：医疗服务、辅助器具、康复训练与服务等。

康复形式仅能选择其中一项圈填。选择康复形式后，康复内容至少选择一项圈填。填表时请在相应项目前的编号上圈填。

T3.是否持有残疾人证

指被调查人是否持有当地残联核发的残疾人证。填表时请在相应项目前的编号上圈填。

T4.接受义务教育情况（在校生填报）

1.普通教育学校普通班：指在普通义务教育学校随班就读。

2.普通教育学校特教班：指在普通义务教育学校专门为视力、听力言语、智力残疾和多重残疾人开办的特殊教育班中接受教育。

3.特殊教育学校：指在专门为视力、听力言语、智力残疾和多重残疾人开办的提供义务教育的学校。

4.其他：指通过社区服务、送教上门等多种形式接受教育。

填表时请在相应项目前的编号上圈填。

T5.社会保障情况

指被调查人是否纳入了社会保险、当地居民最低生活保障或集中供养、五保供养、临时救济、定期补助、残联系统专项补助等社会保障范围。

1.参加社会保险情况：指调查时被调查人是否参加了养老、医疗、工伤、失业等社会保险。此栏至少填写一项。

2.是否领取低保金：指调查时被调查人是否被纳入当地居民最低生活保障范围领取最低生活保障金。

3.是否领取过救济：指被调查人在调查标准时间前一年（即2005年4月1日至2006年4月1日）内是否享受当地民政、残联等部门所给予的集中供养、五保供养、临时救济、定期补助、残联系统专项补助等。

填表时请在相应项目前的编号上圈填。

T6.曾接受过何种服务或扶助(填报最主要三项)

指被调查人曾经接受过的当地残联、民政或其他部门、组织提供的康复、教育、就业、生活等方面的服务或扶助。选最主要的三项圈填。填表时请在相应项目前的编号上圈填。

01.医疗服务与救助：医疗服务指通过医院或专门医疗机构采用手术或其他诊断形式帮助残疾人恢复或补偿功能，提高生活自理和社会适应能力等。

医疗救助：指政府和社会对因病而无经济能力进行治疗的贫困残疾人实施专项医疗帮助和支持的行为。在农村开展新型农村合作医疗的地区，资助残疾人缴纳个人应负担的全部或部分资金，参加当地合作医疗，享受合作医疗待遇；因患大病经合作医疗补助后个人负担医疗费用过高的，再给予补助；尚未开展新型农村合作医疗的地区，对因患病难以负担费用的残疾人，给予适当医疗救助；对患国家所规定的特种传染病的残疾人，其救治费用按有关规定给予补助。在城市，通过发动社会力量资助、城市医疗救助基金给予适当补助、医疗机构自愿减免有关费用等多种形式对患病而无力承担治疗费用的贫困残疾人给予医疗救助。

02.辅助器具：(在我国习惯称为残疾人用品用具)，是指供残疾人个人使用的能够补偿、减轻或替代因残疾造成的身体功能缺失或障碍的产品和器械。

用于肢体残疾人的辅助器具有：假肢、轮椅、手摇轮椅车、电动动轮、机动轮椅车、助行架、腋杖、肘杖、多脚手杖、单脚手杖、握笔器、取物器、穿衣辅助、用餐辅助、刷牙辅助、梳头辅具等；用于听力残疾人的辅助器具有：助听器、语言训练器、骨导电话、闪光门铃等；用于视力残疾人的辅助器具有：助视器、电子语音报时器、盲文写字板、盲文打字机、盲文阅读器、盲杖等。

03.康复训练与服务：指残联、卫生或其他部门为残疾人及其亲友提供的包括肢残人功能、智残人能力、盲人行走导向、聋儿听力语言、助视器配用、精神病防治康复等多方面的培训、训练指导、康复护理、心理疏导、残疾预防知识普及、健康教育、科学与安全意识宣传及相关的咨询转介等多种康复训练与服务。

04.教育费用补助或减免(6岁以上填报)：指政府、教育部门、残联系统或其他部门，组织减免残疾人或其子女就学的费用或提供的补助金。

05.职业教育与培训(12 岁以上填报)：残疾人或其子女在各级各类职业学校或培训机构中接受学历教育（包括初等、中等和高等职业教育）或短期的职业培训。

06.就业安置与扶持(16岁以上填报)：指残疾人就业服务机构或其他社会机构提供的职业指导、就业安置或扶持扶助等服务。

07.贫困残疾人救助与扶持：

救助是指纳入当地居民最低生活保障或享受集中供养、五保供养、临时救济、定期补助、残联系统专项补助等。

扶持是指各级政府扶贫办、妇联、共青团、残联及社会团体等有关部门或信用社、扶贫社等开展的帮助贫困残疾人筹措资金、落实优惠政策、选项目、学技术等多种形式的带动贫困残疾人脱贫活动，包括扶贫经济实体、扶贫基地辐射带动到户；党员、干部、助残志愿者结对包户帮带活动；残疾人联合会利用康复扶贫贷款开展残疾人专项扶贫活动等。

08.法律援助与服务：指各级政府法律援助机构、各级司法行政部门、各级残疾人维权机构、公证机构和基层法律服务机构、律师、民间法律援助组织、法律专业网站和志愿者等为残疾人提供的免费法律服务、贫困残疾人诉讼费或其他费用减免缓、法律咨询、转介服务和法律帮助等。

09.无障碍设施：指为保障残疾人、老年人、伤病人、儿童和其他社会成员的通行安全和使用便利，在道路、公共建筑、居住建筑和居住区等建设工程中配套建设的服务设施。

10.信息无障碍：指公共传媒应使残疾人能够无障碍地获得信息，进行交流，如影视作品、电视节目的字幕和解说，电视手语，盲人有声读物，针对不同障碍的残疾人开发适合不同需要的通信技术和产品等。

11.生活服务：指社区组织、志愿者等为残疾人提供的不定期的日常生活服务，如日常家务的协助、代办等。

12.文化服务：指各级政府文化行政部门、各文化机构、基层组织、社会团体、志愿者等为残疾人提供或组织的旨在解决残疾人精神文化需求、提高残疾人素质的各项文化艺术活动及相应服务。如送书上门，爱心赠书，盲文及有声读物的借阅，参与社会文化活动时享受的便利、优惠服务等。

13.其他：除以上十四种之外的服务或扶助，圈填为“其他”。

14.未曾接受过何种服务或扶助。

T7.本人主要需求

指被调查人需要的康复、教育、就业、生活等方面的服务或扶助，选最主要的三项圈填。指标解释参见T6。填表时请在相应项目前的编号上圈填。

附录 8

第二次全国残疾人抽样调查社区（村、居委会）调查表

表　　号：残调 3 表
制表机关：第二次全国残疾人抽样调查办公室
批准机关：国家统计局
批准文号：国统函【2005】227 号
有效期截止时间：2006 年 6 月 30 日

地　址：__________省（自治区.直辖市）__________县（市.区）__________乡（镇.街道）__________社区（村、居委会）

地址码：□□　□□　□□　□

一、类别	二、总户数	三、总人口数	残疾人情况				残疾人组织情况		十、社区内无障碍设施
			四、残疾人数	五、持证残疾人数	六、享受定期救助人数	七、享受临时救助人数	八、残疾人协会（小组）	九、残疾人专职委员	
1. 社区（居委会） 2.村委会 □	________户 □□□□□	________人 □□□□□	______人 □□□	______人 □□□	______人 □□□	______人 □□□	1.有 2.无 □	1.有 2.无 □	1.有 2.无 □

十一、康复站	十二、社区康复协调员	各项公共服务机构覆盖情况（距本社区、村委会公里数）				十七、上年度本村人均收入
		十三、法律服务所（司法所）	十四、特教学校（班）	十五、文化活动站（室）	十六、卫生室（所、站）	
1.有 2.无 □	1.有 2.无 □	________公里 □□	________公里 □□	________公里 □□	________公里 □□	________元 □□□□□

填表人（签字）：__________　　　　填报时间：________年______月______日

附录 9

第二次全国残疾人抽样调查《社区（村、居委会）调查表》填写说明

《第二次全国残疾人抽样调查社区（村、居委会）调查表》（简称《社区调查表》），是为了获取调查小区所在社区的有关基础数据而制定的。数据可以反映残疾人生活的环境与条件，是本次调查数据的重要组成部分。

本表的填写要求：

一、本表以被抽中调查小区所在的社区（居委会）或村委会为单位，由陪调组组长负责收集资料，并在调查队长的指导下填报。

二、表中第十栏只由社区（居委会）填报，第十七栏只由村委会填报，其余项目栏社区（居委会）和村委会都填报。

三、指标解释：

1.“总户数”、“总人口数”，为 2005 年末社区（村、居委会）所辖范围内的常住人口统计数（如果确实没有常住人口数据，才能使用其他人口数据填报）。

2.“残疾人数”，为社区和村委会掌握的残疾人数（包括持证残疾人和无证的残疾人）。

3.“持证残疾人数”，指社区和村委会掌握的持有残联系统发放的残疾证的人数。

4.“享受定期救助人数”，指上一年度民政、残联等部门给予的居民最低生活保障、集中供养、五保供养等定期性救助人数。

5.“享受临时救助人数”，指上一年度民政、残联等部门给予的临时性费用减免、临时救济等形式的救助人数。

6.“社区内无障碍设施”，是本社区范围内是否设有坡道、盲道等无障碍设施。

7.“残疾人康复站”，指社区（村、居委会）依托社区服务中心学校、幼儿园、福利企业事业单位、工疗站、残疾人活动场所的等现有机构和设施，建立的满足残疾人全面康复需求的社区康复站。

8.“社区康复协调员” 指社区（村、居委会）配备的专（兼）职人员，可会同社区卫生服务机构调查康复需求，建立康复服务档案，向残疾人提供康复服务信息和转介服务，协调组织社区内有关机构、人员为残疾人提供康复服务和相应支持。

9.“卫生室（所、站）”，在农村指卫生室（所、站），在城市指社区卫生服务中心（站）。

四、“十三”至“十六”栏是指本社区（村、居委会）距最近的、可使用或能提供服务的各项公共服务机构的公里数。凡是本社区（村、居委会）范围内有的，填写“0”公里；若周围没有或不知道，则填写“无”。

附录 10

湖北省第二次全国残疾人抽样调查抽样实施方案

一、全省行政区划和人口状况

近几年来，我省行政区划变动较大。这次残疾人抽样调查的样本设计方案和抽取的样本，以 2004 年行政区划和人口统计数为抽样框。

按 2004 年的行政区划，全省有 12 个地级市、1 个自治州；其下有 38 个市辖区、24 个县级市、37 个县、2 个自治县、1 个林区，共 102 个县级单位。因黄石市（黄石港区、西塞山区、下陆区、铁山区）、十堰市（茅箭区、张湾区）、宜昌市（西陵区、伍家岗区、点军区、猇亭区）、鄂州市（梁子湖区、华容区、鄂城区）、荆门市（掇刀区、东宝区）所属各区，人口规模小，残联系统工作力量弱，为确保样本质量和后续调查工作顺利进行，将上述 5 市列入县级抽样框，代表 15 个区参加抽样。据此，全省 102 个县级单位，改为 92 个县级单位编制抽样框。

据 2004 年人口统计年报，全省总人口为 6001 万人。其中城镇人口为 2622.4 万人，占总人口 43.7%；乡村人口为 3378.6 万人，占总人口 56.3%。

二、全省的样本量和抽取单位数

按照第二次全国残疾人抽样调查领导小组的分配结果，我省样本量为 10 万人左右，占全省 6001 万人口的 1.67‰。全省抽取 31 个县级单位，占全省抽样框 92 个单位的 30%左右。

二级以下样本的抽取采用 4 × 2 × 1 的模式，即在被抽中县级单位（县、市、市辖区）中抽取 4 个乡级单位（乡、镇、街道）；在被抽中乡级单位中抽取 2 个村级单位（村民委员会或居民委员会）；在每个被抽中村级单位中根据人口规模，按 400 人左右划分调查小区，随机抽取 1 个调查小区。

按照以上模式，全省共抽选 124 个乡级单位、248 个村级单位、248 个调查小区，样本人数为 10 万人左右。

三、分层情况

（一）分层要求

1、分层的原则：对第一级样本的县级单位进行分层。分层的原则应尽可能使层内各单位之间调查指标差异小，各层间调查指标的差异大，以便降低总体的抽样误差。

2、分层的标志：根据分层的原则以及湖北省各地的具体情况，对县级单位采用二次分层方法分层。第一次按城乡分层，将市辖区和县级市归为一层，称为“城市层”；县归为一层，称为“县层”。第二次分层采用不同指标归类。

3、各层样本人数的确定：每层调查的样本人数，均按该层人口数占全省总人口的比例分配。

（二）分层结果

为了使样本有较好的代表性，将全省抽样框内的 92 个单位分为 7 层：

1、城市层：细分为“城市 1 层”（人均地方财政收入较高地区）、“城市 2 层”（人均地方财政收入中等地区）、“城市 3 层”（人均地方财政收入较低地区）。

＊城市 1 层：本层共 22 个县级单位，总人口数为 13082525 人，按人口数降序，含黄陂区、潜江市、武昌区、新州区、洪山区、黄石市、江夏区、石首市、江岸区、硚口区、夷陵区、老河口市、赤壁市、丹江口市、当阳市、汉阳区、蔡甸区、江汉区、青山区、宜都市、东西湖区、汉南区。

＊城市 2 层：本层共 16 个县级单位，总人口数为 13146573 人，按人口数降序，含仙桃市、麻城市、汉川市、鄂州市、钟祥市、大冶市、松滋市、恩施市、武穴市、樊城区、宜昌市、应城市、宜城市、枝江市、

十堰市、黄州区。

＊城市 3 层：本层共 14 个县单位，总人口数为 12588816 人，按人口数降序，含天门市、曾都区、枣阳市、襄阳区、洪湖市、广水市、孝南区、利川市、荆门市、安陆市、荆州区、咸安区、沙市区、襄城区。

2、县层，细分为“县 1 层”（大山区层）、“县 2 层”（小山区层）、“县 3 层”（平原层）、“县 4 层”（丘陵层）。

＊县 1 层：本层共 18 个县级单位，总人口数为 21185213 人，按人口数降序，含郧县、建始县、郧西县、房县、巴东县、竹山县、长阳县、秭归县、咸丰县、竹溪县、宣恩县、来凤县、保康县、鹤峰县、五峰县、远安县、兴山县、神农架林区。

＊县 2 层：本层共 10 个县级单位，总人口数为 5744658 人，按人口数降序，含阳新县、红安县、大悟县、罗田县、南漳县、谷城县、崇阳县、通城县、通山县、英山县。

＊县 3 层：本层共 7 个县级单位，总人口数为 5412624 人，按人口数降序，含监利县、公安县、黄梅县、沙洋县、云梦县、江陵县、嘉鱼县。

＊县 4 层：本层共 5 个县级单位，总人口数为 3628747 人，按人口数降序，含浠水县、蕲春县、孝昌县、京山县、团风县。

四、抽样方法

以湖北省为总体，采用分层、多级、概率比例、整群的抽样方法（PPES 抽样方法）。

（一）第一级抽样

抽取县级样本单位。经分层后，在每层内按县级单位人口数降序排队进行累计。在人口累计数中，采用与县、市、市辖区人口估计规模成比例的概率抽样。

具体做法:

1、在层内各单位按人口数量多少由大到小降序排队，进行人口累计。以各层人口累计数为分母，本层应抽县级单位数为分子，计算抽样组距（包括总组距和各层组距）。

$$层抽样组距=\frac{层内县、市、市辖区人口累计数}{层内抽取的样本数}$$

2、在 1－抽样组距之间选择随机起点，如查得随机数字落在 1－抽样组距之间，就定为随机起点；如查得随机数字超过抽样组距，则继续查表，到满足条件为止。

3、等距抽取单位。若随机起点小于人口累计栏中第一个单位，则第一个单位被抽中；用随机起点加抽样组距，再确定下一个被抽中单位。以此类推，抽取所需的样本单位数。如某层抽取 M 个县级单位，算法如下:

$R+0\times K$

$R+1\times K$

$R+2\times K$

……

$R+(M-1)\times K$

4、县级单位抽样结果。全省抽中的 31 个单位为:

（1）城市 1 层共 22 个县级单位，抽中黄陂区、武昌区、黄石市、江夏区、硚口区、丹江口市、江汉区等 7 个县级单位;

（2）城市 2 层共 16 个县级单位，抽中仙桃市、汉川市、鄂州市、大冶市、武穴市、宜昌市、枝江市、等 7 个县级单位;

（3）城市 3 层共 14 个县级单位，抽中天门市、曾都区、襄阳区、广水市、利川市、咸安区等 6 个县级单位;

（4）县 1 层（大山区层）共 18 个县级单位，抽中巴东县、竹溪县、神农架林区等 3 个县级单位;

（5）县 2 层（小山区层）共 10 个县级单位，抽中红安县、南漳县、通城县等 3 个县级单位;

（6）县3层（平原层）共7个县级单位，抽中监利县、黄梅县、江陵县等3个县级单位；

（7）县4层（丘陵层）共5个县级单位，抽中蕲春县、京山县等2个县级单位。

（二）第二级抽样

1、样本单位和样本数量

第二级抽样在抽中县内进行，样本单位是乡、镇、街道。每个被抽中县级单位抽取4个乡级单位。

2、抽样框编制

在每个被抽中县级单位，将第二级样本单位按照乡、镇、街道分层，使用实际人口数量编制本县乡级单位的抽样框。

3、各层样本数量分配

按人口比例分配乡、镇、街道各层的样本量，四舍五入取整。

4、抽样计算方法

在各层内按人口数量按降序排队，累计人口数，计算组距，选择随机起点，计算各抽中点数，抽取样本（各抽中点数据计算方法同上）。

（三）第三级抽样

1、样本单位和样本数量

在被抽中的乡（镇、街道）内各抽取2个村（居）民委员会。

2、抽样方法

按居委会和村委会的人口数量降序排队编制抽样框。计算抽样组距，按人口降序排队，随机等距抽取村（居）委会样本单位。

（四）第四级抽样

1、样本单位和样本数量

在被抽中的村（居）民委员会各抽取1个调查小区。

2、村级单位的合并

凡抽中村级单位人口规模小于400人的，以接壤或临近为原则，选择一个村级单位与其合并。

3、调查小区的划分

用村（居）民委员会人口数除以400人，得到可以划分的小区数，利用本村级单位的户口底册或平面图大致划分，划分好的小区人口数量应在400人左右。

4、调查小区的抽取

而后，给每个调查小区编升序加1序号，在序号范围内使用简单随机抽样方法抽取样本（例如抓阄）。

附录 11

湖北省第二次全国残疾人抽样调查领导小组组成人员名单

组　　长	蒋大国	省政府副省长
副 组 长	李元江	省政府副秘书长
	邹成贵	省残联理事长
	杨海涛	省统计局副局长
	文增显	省民政厅副厅长
	黄利鸣	省卫生厅副厅长
成　　员	徐金山	省政府教育督导室副主任督学
	肖安民	省发展和改革委员会副主任
	周腊元	省劳动和社会保障厅助理巡视员
	唐国清	省公安厅副厅级总队长
	周顺明	省财政厅副厅长
	刘望清	省人口和计划生育委员会副主任
	乔青云	省质量技术监督局副局长
	袁军晶	省妇联副主席
	邓务贵	团省委纪检组长
	陈火文	省残联副理事长
	黄传泽	省委宣传部宣教处处长

湖北省第二次全国残疾人抽样调查办公室人员名单

主　　任	陈火文（兼）	省残联副理事长
副 主 任	江传曾	省残联办公室副主任
	王平安	省残联组联处副处长
	鲍　谦	省统计局人口社科处副处长
	陈云清	省统计局人口社科处助理调研员
	阮小明	省卫生厅医政处处长
	曾新民	省民政厅社会福利事务处副处长

工作人员　夏克金　唐利娟　任小中　郭雪娜　任杰军　曾京哲　李国友

第二次全国残疾人抽样调查专家委员会人员名单

尤春景	华中科技大学同济医学院附属同济医院	康复科主任
刘登华	华中科技大学同济医学院附属同济医院	神经内科主治医师
师　洪	华中科技大学同济医学院附属协和医院	耳鼻喉科副教授
陈　雯	华中科技大学同济医学院附属协和医院	眼科主治医师
刘志超	湖北省人民医院	神经内科副教授
翁深宏	湖北省人民医院	精神病学科主治医师
王　欣	武汉大学中南医院	骨科副主任医师
丁莉华	湖北省妇幼保健院	儿童保健科主管技师

附录 12

湖北省第二次全国残疾人抽样调查样本县（市、区）领导小组，办公室主任、副主任，调查队名单

武昌区

领导小组	组　长	吴天祥	区人民政府巡视员
	副组长	方少绅	区政府办公室副调研员
		姜建秋	区残联理事长
		孙先润	区统计局副局长
		付文芳	区民政局副局长
		熊旺萍	区卫生局副局长
	成　员	刘建新	区委宣传部副部长
		胡元成	区发展和改革委员会副主任
		李章安	区公安分局副局长
		费保平	区人口和计划生育委员会副主任
		王文珊	区财政局副局长
		钱　晖	区劳动局副调研员
		魏麟祥	区质量技术监督分局副局长
		李　伟	区残联副调研员
		谢世华	徐家棚街办事处副主任
		何学军	积玉桥街办事处副主任
		余纯德	首义路街办事处副主任
		梅　皓	白沙洲街办事处副主任
办公室	主　任	李　伟	区残联副调研员（兼）
	副主任	孙先润	区统计局副局长（兼）
	成　员	于衍平	区卫生局医政科科长
		付冬云	区民政局生产办主任
		郑　芬	区财政局社保科科长
		周　静	首义路街残联干部
		邢自力	徐家棚街残联干部
		郝恒强	积玉桥街残联干部
		杨　明	白沙洲街残联干部
调查队	队　长	李　伟	区残联副调研员
	副队长	孙先润	区统计局副局长
		熊旺萍	区卫生局副局长

成　员　彭　斌　陈　颖　李　红　万金意　陈　海　张　盛　周少怀　邢自力　李胜梅　邓　凯　郝恒强　吴桂萍　吴　萍　周　静　詹细香　朱清玉　杨　明　叶　燕　徐立祥　付冬云　胡卫权

江汉区

领导小组	组　长	殷玉梅	区政府副区长
	副组长	周清元	区政府办公室副主任
		程　进	区残联理事长
		龙少云	区统计局局长
		喻　骞	区民政局副局长
		廖　峡	区卫生局副局长
	成　员	曾舟记	区委宣传部
		王孟夷	区教育局
		夏春蓉	区发展计划委员会
		郭志解	区劳动局
		杨爱国	区公安分局
		常汉英	区财政局
		孟　虹	区人口和计划生育委员会
		沈越新	区妇联
		胡　娟	团区委
		刘明德	区残联
办公室	主　任	刘明德	区残联助理调研员
	副主任	郭少明	区残联办公室主任
调查队	队　长	刘明德	区残联助理调研员
	副队长	郭少明	区残联办公室主任
		薛新民	江汉区卫生局
		谭湘平	区统计局
	成　员	魏　波　刘传佳　郭晓燕　何　毅　郑婵娟　王　颢　张　杰　王　静 邱泽俊　李少华　金星梅　刘爱蓉　冯玲驹　李红静　胡　洁　马建华 陈　兵　刘　莉　樊　峥　付娅玲　明汉武	

硚口区

领导小组	组　长	郑朝忠	区政府副区长
	副组长	李　光	区政府办公室副主任
		王爱渝	区残联理事长
		何中波	区统计局局长
		张安群	区民政局副局长
		李　斌	区卫生局副局长
	成　员	刘传翎	区委宣传部
		宫志中	区发改委
		袁运道	区财政局
		吉广心	区教育局
		祝顺清	区公安分局
		杨富华	区劳动局
		李满珍	区计生委
		陈芙蓉	硚口质监分局

		鲁翠玲	团区委
		吴　红	区妇联
		周　华	区残联
办公室	主　任	周　华	区残联副理事长
	副主任	唐书贵	区卫生局医政科科长
		肖忠舫	区统计局城调队队长
		杜泽新	区民政局基层政权科科长
		金桂云	区残联组联科科长
		匡　明	区残联办公室主任
		李耀武	宗关街社事办主任
		付　怡	汉水桥街社事办主任
		何社成	宝丰街社事办主任
		梁瑞红	汉中街社事办主任
调查队	队　长	匡　明	区残联办公室主任
	副队长	曹　洁	区统计局干部
		毛忠民	医生
	成　员	章媛媛　李文学　饶浩乾　彭建凯　陈　亮　王红星　罗　浩　陈启国 陈　方　庄　丽　沈奕凌　刘承婕　陈　静　成翠明　罗淑兰　杨秀芝 王来运　张启和　黄稀平　陈友谊　刘克金	

江夏区

领导小组	组　长	韩定茂	区人民政府副区长
	副组长	秦时金	区人民政府办公室副主任
		帅业淼	区残联理事长
	成　员	卢德耀	区委宣传部
		张家新	区发展改革委员会
		蒋功夏	区统计局
		孙会学	区财政局
		杨长发	区民政局
		阮世伯	区卫生局
		曾建辉	区教育局
		张贵云	区劳动局
		乔　方	区公安分局
		张友文	区计生委
		黄亚萍	区妇联
		蔡小玲	区残联
		戈光建	山坡乡人民政府
		张先凯	法泗镇人民政府
		艾　进	郑店街办事处
		程秀珍	金口街办事处
办公室	主　任	蔡小玲	区残联副调研员
调查队	队　长	蔡小玲	区残联副调研员

副队长 刘 兆

成 员 陈会斌 素芬 罗秀英 付 毅 曲 艺 邓 芸 李 燕 胡志泉 黄 亮 杨光春 谭声华 曾 权 程宏顺 郭 清 张 灿 黄敢泽 李慧兰 胡 红 王震华 童凤梅 陈吉文 万才波

黄陂区

领导小组	组 长	陈 伟	区人民政府副区长
	副组长	冯发言	区政府办公室副主任
	成 员	胡华基	区残联理事长
办公室	主 任	胡华基	区残联理事长
	副主任	李天道	区残联副理事长
调查队	队 长	李天道	区残联副理事长
	副队长	喻小文	区残联劳部副主任
	成 员	胡华基 胡象周 李天道 陈金顺 刘海顺 张 宏 谢建明 黄 波 喻气娥 熊一丁 陈 璠 喻小文 陈 专 陈玉娟 杨 波 彭 萍 陈 欣 喻紫晨 冯明芳 匡 宇 李春丽 李中建 杜 雷 李庆华 郭琼丽 雷玉荣	

黄石市

领导小组	组 长	周蔚芬	市政府副市长
	副组长	罗应中	市政府副秘书长
		胡名胜	市残联理事长
		刘修华	市统计局副局长
		钱望明	市民政局副局长
		高 潮	市卫生局副局长
	成 员	廖国政	市教育局
		黄辉军	市发改委
		黄国志	市劳动和社会保障局
		朱兴无	市公安局
		曹祥珠	市财政局
		刘庆平	市人口和计划生育委员会
		葛学礼	市质量技术监督局
		任世萍	市妇联
		郭 波	团市委
		胡建中	市残联
		吴跃东	市委宣传部
办公室	主 任	胡建中（兼）	市残联副理事长
	副主任	曹向明	市统计局社会科科长
		张丽霞	市卫生局医政科副科长
		许绍东	市民政局社会福利事务科科长
		刘向春	市残联组宣科科长
		李 龙	黄石港区残联理事长

		柯有广	西塞山区残联理事长
		陈爱英	铁山区残联副理事长
调查队	队　长	刘向春	市残联组宣科科长
	副队长	曹向明	市统计局社会科科长
		张丽霞	市卫生局医政科副科长
	成　员	尹叶强　柯国梁　左金山　刘雅芳　乔　静　张凤林　张　涛　管　迪 吴小平　韩剑亚　李雪桂　姜嗯桃　刘淑琴　江前涛　陈　丽　赵红艳 李　为　罗国玲　李妙玉　陈小玲　曾文香　刘增玉	

大冶市

领导小组	组　长	曹茂旗	市政府副市长
	副组长	肖建华	市政府办副主任、扶贫办主任
		肖佳平	市残联党组书记、理事长
	成　员	余正鸣	市发展和改革局
		石继相	市教育局
		丁经胜	市劳动和社会保障局
		雷新水	市公安局
		黄鹏云	市财政局
		左水坤	市民政局
		彭方勋	市卫生局
		陈　冬	市人口和计划生育局
		叶运栋	市质量技术监督局
		黄惠仙	市妇联
		黄学诗	团市委
		陈茂林	金牛镇党委
		纪宏祺	陈贵镇
		柯丽芳	金湖街办
		曹雪冰	汪仁镇政府
		罗　蕾	市委宣传部
		刘　娟	市残联
		黄秀莲	市统计局
办公室	主　任	肖佳平	市残联党组书记、理事长
调查队	队　长	彭中林	市残联副理事长
	副队长	刘　娟	市残联副科级干部
		段辛伟	市卫生局医政科科长
	成　员	刘学民　叶江敏　柯昌晚　张娅妮　李　韬　雷玫瑰　朱　丹　欧阳燕 左　玲　何西霞　杨云仙　余海兵　孙　明　柯尊胜　吴亚杰　彭书渊 王　力　聂爱军　方雪梅　石俊生　石世倡　蔡细能	

襄阳区

领导小组	组　长	王士金	区政府副区长
	副组长	吴世斌	区政府办副主任

		舒克宪	区残联理事长
		尚育新	区统计局工会主席
		张志刚	区民政局副局长
		姜建成	区卫生局副局长
	成　员	王顺满	区教体局副局长
		杨建鹏	区发展计划局副局长
		郭明清	区劳动和社会保障局副局长
		崔明友	区公安分局治安大队长
		张明荣	区财政局副局长
		孙素珍	区计划生育局副局长
		胡　芳	区质量技术监督局纪检组长
		罗金成	区妇联副主席
		毕雪芳	团区委副书记
		邓志国	区残联副理事长
		曾兆斌	区委宣传部科长
办公室	主　任	邓志国	区残联副理事长
调查队	队　长	舒克宪	区残联理事长
	副队长	尚育新	区统计局工会主席
		姜建成	区卫生局副局长
		陈立军	区医院医教办副主任
	成　员	陶春山　刘王月　周风玲　王社会　骆向东　刘　青　熊元波　杨贺斌 张雪娟　徐　倩　李少辉　王凌云　马再华　袁燕波　李根清　陈礼涛 唐小波　邓志国　肖其平　肖　静　魏盛军　王　睿	

南漳县

领导小组	组　长	张应发	副县长
	副组长	余允坤	县政府办公室副主任
		柏益民	县残联理事长
		宋远弟	县统计局副局长
		胡海涛	县民政局副局长
		陈世清	县卫生局副长
	成　员	刘昌盛	县财政局
		邹三星	县教育局
		刘鹏飞	县发展计划局
		张春荡	县公安局
		何国玉	县广电局
		李家普	县计生局
		向德国	县劳动和社会保障局
		冯德观	县残联
办公室	主　任	柏益民	县残联理事长
	副主任	冯德观	县残联副理事长
		宋远弟	县统计局副局长

调查队	队　长	柏益民	县残联理事长
	副队长	宋远弟	县统计局副局长
		赵守法	县卫生局医政股长
	成　员	李启强　晏世坤　石同平　罗　炜　张玉辉　李菊翠　全克峰　廖海军 郑祖泉　周军明　全世广　宋得先　郝治强　李万福　张庭友　刘建华 周玉清　张继敏　秦国军　周云峰　鲁红明　张　强	

丹江口市

领导小组	组　长	王清堂	市政府副市长
	副组长	周群翱	市政府办公室副主任
	成　员	吴凤陆	市残联理事长
		周国仁	市财政局副局长
		王传江	市教育局副局长
		毛明清	市卫生局副局长
		李保有	市公安局副局长
		王志坚	市人口与计划局副局长
		程　魏	市劳动和社会保障局副局长
		孙爱林	市民政局副局长
		刘　敏	团市委副书记
		梁祝明	市统计局副局长
		王君丽	市妇联副主席
		吕大国	市残联副书记
		张孝红	市委宣传部宣传科科长
办公室	主　任	吴凤陆（兼）	市残联理事长
	副主任	吕大国	市残联副书记
		蒲清华	市卫生局医政科科长
		陈青山	市统计局农村统计科科长
		张　程	市民政局社会福利事务科科长
		杨金玲	市残联办公室主任
调查队	队　长	吴凤陆	市残联理事长
	副队长	吕大国	市残联副书记
		江新建	市卫生局医政科副科长
	成　员	熊玉敏　赵　斐　郑小雨　王　立　熊学秀　黄　明　陈　辉　何俊波 朱延平　柯有文　罗化莲　杨金玲　陈　华　张　新　王　飞　朱桂林 王春改　李　凯　徐家远　陈平莲　刘抗美　袁　英	

竹溪县

领导小组	组　长	尹熙祥	副县长
	副组长	柯昌松	县政府办副主任
		熊继中	县残联理事长
		刘胜文	县统计局副局长
		刘　枫	县卫生局副局长

		罗传仁	县民政局副局长
	成　员	陈方文	县教育局副局长
		柏自成	县发展和改革局副局长
		邓太明	县劳动和社会保障局副局长
		曾庆兵	县公安局副局长
		郭丽娟	县财政局副局长
		程玉庭	县人口和计划生育局副局长
		姜兆新	县质量技术监督局副局长
		黎　明	县妇联副主席
		李　芳	团县委副书记
		邹修燕	县残联副理事长
办公室	主　任	邹自年	县残联书记
	副主任	张宝勇	县残联办公室主任
调查队	队　长	余以才	县人民医院副院长
	副队长	许彩宏	县人民医院主治医师
	成　员	刘远吉　王大奎　陈寿新　周林奎　张凤军　朱启山　陈　宏　魏明星　柏远生　罗安卫　王大秀　谭祥富　余以勇　李正林　颜学娣　熊大山　康传斌　刘军国　郭丽梅　宋启林	

监利县

领导小组	组　长	张道毅	县政府副县长
	副组长	黄元林	县政府办公室主任科员
		杨成锋	县残联理事长
		杨松青	县统计局副局长
		姜大胜	县民政局副局长
		刘荣贵	县卫生局副局长
	成　员	周五一	县教育局
		黄明泰	县发展和改革局
		王甘林	县劳动和社会保障局
		袁道树	县公安局
		胡大鑑	县财政局
		李　洪	县人口和计划生育局
		刘扬明	县质量技术监督局
		张　渺	县妇联
		朱　姝	团县委
		常和平	县残联
		黄任芹	县委宣传部科长
办公室	主　任	常和平	县残联副理事长
	副主任	杨松青	县统计局副局长
		杜祖文	县残联副理事长
		张新春	县卫生局医改股长
		刘　钧	县残联办公室主任

		王元清	县统计局股长
调查队	**队　长**	常和平	县残联副理事长
	副队长	杨松青	县统计局副局长
		杨　辉	县卫生局副局长
	成　员	唐良卫　余明发　余江平　吴立发　查　鹏　张潘霞　杨先义　李伯银 杜祖文　刘　钧　沈炳炎　杨少华　李维凤　梅海芳　王梅林　施敏香 王元清　柳祚国　王忠明　余　华　夏　文　陈西平　严端国　何　志 何建军	

江陵县

领导小组	**组　长**	李宜孝	副县长
	副组长	倪世平	县政府办公室副主任
	成　员	顿圣新	资市镇党委副书记
		窦德华	白马寺镇副局级助理
		严奉珍	普济镇副局级助理
		张金香	秦市乡宣传委员
		黄发典	县统计局副局长
		张友元	县卫生局副局长
		李国权	县财政局副局长
		朱光荣	县残联理事长
办公室	**主　任**	朱光荣	县残联理事长
	副主任	陈艳霞	县残联康复科科长
调查队	**队　长**	朱光荣	县残联理事长
	副队长	黄发典	县统计局副局长
		张友元	县卫生局副局长
	成　员	庄光林　陈艳霞　杨长波　周　建　崔　英　马一霞　严奉珍　谭绍典 薛明忠　童家彬　语述正　秦宏忠　王良学　董元华　黄凤标　陈文洲 许安平　叶　文　赵　鹏　汤河山　程　闯　吴　军	

宜昌市

领导小组	**组　长**	廖达凤	市政府副市长
	副组长	谢永和	市政府副秘书长
		袁家福	市残联理事长
		刘三水	市统计局副局长
		高明金	市民政局副局长
		祝开荣	市卫生局副局长
	成　员	李　伟	市教育局
		罗志勇	市发展改革委
		黄逊志	市劳动保障局
		王洪章	市公安局
		黄正银	市财政局
		陈昌福	市人口计生委

		冯玉萍	市质量技术监督局
		廖忠民	市妇联
		高 杰	团市委
		黄昌林	市残联
		陈华洲	市委宣传部
办 公 室	**主 任**	黄昌林（兼）	市残联副理事长
	副 主 任	孙国秀	市卫生局医政科主任科员
		陈新良	市统计局社会科副科长
		毛良民	市民政局社会福利事务科副主任科员
调 查 队	**队 长**	王 燕	市残联
	副 队 长	陈新良	市统计局
		孙国秀	市卫生局医政科主任科员
	成 员	刘 钰 王学元 何 芳 李晶晶 冬 陈 刚 吕新池 周小红 王 祥 聂耀东 刘国柱 罗 成 徐 涛 周 斌 李 兵 王乐英 赵 琴 裴 智 蔡谋善 张瑞晓	

枝江市

领导小组	**组 长**	陈 燕	市政府副市长
	副 组 长	郑玉志	市政府研究室副主任
		陈世华	市残联理事长
		罗卫国	市统计局副局长
		周小平	市卫生局副局长
		周宜发	市财政局副局长
		胡兴国	市民政局党组副书记
	成 员	陈少华	市教育局
		陈早娇	市发展和改革局
		周四清	市劳动和社会保障局
		杨相春	市公安局
		屈联合	市人口和计划生育局
		吕保平	市质量和技术监督局
		张 联	市妇联
		董庆华	团市委
办 公 室	**主 任**	陈世华	市残联理事长
	副 主 任	罗卫国	市统计局副局长
		周小平	市卫生局副局长
		胡兴国	市民政局党组副书记
		张永涛	市残联办公室主任
调 查 队	**队 长**	陈世华	市残联理事长
	副 队 长	周小平	市卫生局副局长
		徐厚柱	市统计局退休干部
	成 员	陈发益 鲜于树平 张星滔 付卫鹏 李道洋 刘祖凤 颜 青 李绪静 董先全 李 艳 杨培志 刘 进 吴志刚 毕元军 彭传发 张代林	

闫 贵 王玉修 刘官胜 卞于柱 戴小平 肖艳丽 肖 青 罗红梅
李 琼 王立铭 孙红芹

京山县

领导小组	组 长	王顺波	县政府副县长
	副组长	王汉丰	县政府办公室副主任
		程德勋	县残联理事长
		张文峰	县统计局局长
		梁卜清	县卫生局局长
	成 员	刘传斌	县残疾人联合会
		黄天俊	县民政局
		聂天亮	县政府教育督导室
		刘源明	县发展和改革局
		张维善	县劳动和社会保障局
		孙晓清	县公安局
		祝德忠	县财政局
		邓 涛	县人口和计划生育局
		吴昌军	县质量技术监督局
		黄德燕	县妇联
		易红梅	团县委
		高世义	县委宣传部
办公室	主 任	刘传斌	县残联副理事长
	副主任	邱新宏	县残联康复部副主任
调查队	队 长	程德勋	县残联理事长
	副队长	张金玉	县统计局股长
		庹成保	县卫生局主任
	成 员	张少波 王青松 危金松 谢孙伟 罗 辉 陈 浩 邓军荣 邱新宏 吕 静 郑万斌 周声红 郭天生 皮开云 曾清香 郑万才 郑代明 黄卜赋 程幸福 程金梅 徐迎春 龚时清	

鄂州市

领导小组	组 长	汪鸿雁	市政府副市长
	副组长	余争鸣	市政府副秘书长
		苏顺成	市残联理事长
		余介波	市统计局副局长
		柯 红	市民政局副局长
		洪高明	市卫生局副局长
	成 员	丁永辉	市教育局
		吴友安	市发展和改革委员会
		姜孝生	市劳动和社会保障局
		汪先艳	市公安局
		高 平	市财政局

		廖元华	市计划生育委员会
		段正良	市质量技术监督局
		倪志秀	市妇联
		陈　攀	团市委
		赵良华	市委宣传部
		潘中祥	市残联
办公室	主　任	潘中祥	市残联副理事长
	副主任	胡民强	市统计局综合科科长
		王国平	市民政局社会福利科科长
		王　进	市卫生局医政科副科长
		周海涛	市残联办公室副主任
调查队	队　长	周海涛	市残联办公室副主任
	副队长	万国正	鄂城区残联理事长
		卫　琴	市中心医院医务科副科长
	成　员	王　战　张　鹏　胡全喜　陈俊波　黄　静　马作明　胡建高　冯志良 朱正兵　皮合明　肖桂华　陈云安　徐　莉　郑　娟　曹桂荣　胡　媛 刘丽红　夏国强　张小平　肖　露　姚天芬　汤林涛	

汉川市

领导小组	组　长	朱光洪	常务副市长
	副组长	曾令刚	市政府办副主任
		张佑林	市残联理事长
	成　员	王新潮	市统计局
		张正钧	市卫生局
		张开元	市教育局
		马全斌	市发改局
		张天顺	市劳动局
		王德才	市民政局
		张建国	市公安局
		张绍斌	市财政局
		许　平	市质监局
		胡绍钧	市计生局
		张　霞	市妇联
		宋　淼	团市委
		丁先贵	市委宣传部
办公室	主　任	张佑林	市残联理事长
	副主任	涂同刚	市卫生局医政股长
		魏天武	市统计局农调队副队长
		杨卫红	市民政局救灾股长
		何祥红	市残联办公室主任
调查队	队　长	何祥红	市残联办公室主任
	副队长	魏天武	市统计局农调队副队长

		涂同刚	市卫生局医政股长
	成　　员	吴志学　陈　志　刘红艳　张立华　刘志华　庄传泽　孙兆红　王　正 黄齐国　高雪峰　杨继洲　王少华　张国华　陈长红　蓝满堂　欧阳娟 刘再光　汪　敏　让文中　孙光全　陈自新　李旭华	

武穴市

领导小组	组　　长	郭西侯	副市长
	副 组 长	彭建萍	市政府办公室纪检组长
		方锡发	市残联理事长
		周焰君	市统计局副局长
		张洪良	市民政局副局长
		余召炎	市卫生局副局长
	成　　员	刘继胜	市教育局
		周跃华	市发改局
		伍志勇	市劳动和社会保障局
		雷金祥	市公安局
		王必文	市财政局
		郭端阳	市计生局
		饶扬喜	市质量技术监督局
		吴锦秀	市妇联
		朱永康	团市委
		郭茂兴	市残联
		吴定保	市委宣传部
办 公 室	主　　任	方锡发	市残联理事长
	副 主 任	郭茂兴	市残联副理事长
		梅秀新	市卫生局医政科科长
		文　献	市统计局人口与社会统计科副科长
		刘红妮	市残联纪检员
		吴春珍	市残联康复部部长
调 查 队	队　　长	郭茂兴	市残联副理事长
	副 队 长	饶爱民	市统计局农调队副队长
		梅秀新	市卫生局医政科科长
	成　　员	刘红妮　吴春珍　张慧敏　刘　青　陈慧君　熊志刚　朱灿敏　冯鹏程 陶玉渊　袁洪斌　毛竹青　周志强　郭茂发　田桃兰　朱云勇　吴家寿 刘汉齐　何永国　朱成刚　张正发　陈中喜　刘春生	

红安县

领导小组	组　　长	林志刚	县委常委、县政府常务副县长
	副 组 长	卢忠安	县政府办公室副主任
		翟　建	县统计局局长
		秦永生	县残联理事长
	成　　员	程时红	县民政局

		罗卫国	县卫生局
		张 钧	县财政局
		张春勇	县老促会
		徐永生	县教育局
		吴碧田	县劳动和社会保障民局
		樊应乐	县残联
办公室	**主 任**	樊应乐	县残联副理事长
	副主任	戴盛家	残联办公室主任
		陈红梅	统计局股长
调查队	**队 长**	樊应乐	县残联副理事长
	副队长	陈红梅	统计局股长
		汪飞琴	县残联康复部主任
	成 员	吴胜娥 刘长安 韩剑梅 刘文莉 戴盛家 周显锋 李学文 张冬英 张 杰 汪秀荣 袁业波 姜春英 周德清 许申杰 李述利 向家元 吴杏芳 雷 波 阮东华 陈胜利	

蕲春县

领导小组	**组 长**	程桃英	县人民政府副县长
	副组长	陈海鸥	县人民政府办公室副主任
		陈保国	县残联理事长
		伊育群	县委宣传部副部长
		柳建新	县统计局副局长
		田晓春	县民政局党总支书记
		徐家琪	县卫生局副局长
	成 员	王杰平	县发展和改革局
		刘 红	县劳动和社会保障局
		陈盛喜	县教育局
		田辉忠	县财政局
		王明生	县旅游局
		周佑民	县人口和计划生育局
		胡锦春	县妇联
		张志凤	团县委
		胡 兰	县公安局
		陈宗学	县质量技术监督局
		张名楚	县赤东镇镇政府
		田建军	县大同镇镇政府
		陈益敦	县檀林镇镇政府
		邓炳祥	县狮子镇镇政府
办公室	**主 任**	陈保国	县残联理事长
	副主任	刘建新	县统计局副局长
		姜国平	县民政局募办主任
		王贤友	县残联办公室主任

		陈富生	县卫生局医政股股长
		叶陈洁	县残联康复部副主任
调查队	队长	刘彬	县残联副理事长
	副队长	刘建新	县统计局副局长
		陈富生	县卫生局医政股股长
	成员	王立红 张天喜 李德军 田红卫 余先国 郦幸福 徐汉祥 左明进 何金叶 高永贵 董娟 董水华 余芳 顾平 董卫 陈超 李威 李斌 石翔 韩慧 游浩然 田汇林 洪国强 顾汉涛 白海英 占婉娟 柯花兰 张跃华 王平 陈欢乐	

黄梅县

领导小组	组长	郭小野	县政府副县长
	副组长	张忠于	县政府办公室纪检组长
		王岗青	县残联理事长
		胡德桥	县统计局副局长
		王刚	县民政局副局长
		柯妹牛	县卫生局副局长
	成员	吴国防	县政府教育督导室
		刘永航	县发展和改革局
		徐习华	县劳动和社会保障局
		黄志超	县公安局
		伊凡	县财政局
		宛国文	县人口和计划生育局
		周晶萍	县妇联
		陈进军	县残联
		张小平	县委宣传部
办公室	主任	王岗青	县残联理事长
	副主任	陈进军	县残联副理事长
调查队	队长	王岗青	县残联理事长
	副队长	胡德桥	县统计局副局长
		许自珍	县卫生医政股股长
	成员	李丽娟 王丽琴 胡宝荣 李小艳 石军 吕响超 黄天明 李宏峰 石小明 项小平 余琼 洪小平 程朝红 於育兰 陈问武 陈礼记 戴德友 余全汶 易爱芳 郭水金 王妁明 石少文	

咸安区

领导小组	组长	石玉华	区政府副区长
	副组长	王勇	区政府办公室副主任
		刘应超	区残联理事长
		黄洋	区统计局党组成员
		余家寿	区民政局副局长
		陈克俭	区卫生局副局长

	成　员	邹卫国	区公安局副局长
		陆晓琴	区预算外资金管理局局长
		王　艳	区妇联副主席
		王顺荣	团区委副书记
		万卷来	区残联副理事长
		邹　军	区委宣传部干部
办公室	主　任	万卷来	区残联副理事长
	副主任	黄　洋	区统计局党组成员
调查队	队　长	刘应超	区残联理事长
	副队长	黄　洋	区统计局党组成员
		凡天平	区卫生局
	成　员	陈晓萍　张建萍　梁　曦　鲁　波　夏吉星　陈燕华　王磊刚　吕　平 余学钊　胡金花　周友才　孙亚丽　杨仕龙　万卷来　顾　平　张晓红 卢　静　王大春　胡广庆　吴立赛　郑宏胜　周新武	

通城县

领导小组	组　长	黎九龙	县委常委、常务副县长
	副组长	方国金	县人民政府办公室副主任
		曾　娴	县残联理事长
		冷清平	县统计局局长
		易道应	县民政局副局长
		雷明顺	县卫生局副局长
	成　员	金凌应	县人民医院
		黎育四	县财政局
		胡金和	县劳动和社会保障局
		傅和平	县公安局
		黄　秀	县教育局
		刘红卫	县发展和改革局
		童立宏	县统计局
		徐自特	县质量技术监督局
		傅艳文	县妇联
		宋昵荔	团县委
		黄金龙	县残联副理事长
		吴　斐	县委宣传部
		李清坦	县直机关计划生育管理办公室
办公室	主　任	曾　娴	县残联理事长
	副主任	黄金龙	县残联副理事长
		曾春仪	县残联副理事长
		黎　刚	县卫生局医政股股长
		李　林	县农调队副队长
		李　葛	县民政局基政股股长
		丁莺莹	县残联办公室主任

调查队	队　长	曾　娴	县残联理事长
	副队长	李　林	县农调队副队长
		黎　刚	县卫生局医政股股长
	成　员	林国贤　黄金龙　曾春仪　黎成长　丁莺莹　葛秋平　罗雄燕　黎雄豪 熊黎明　李卫星　胡有贵　易松敏　胡劲松　杨文斌　吴建华　葛耀先 胡安情　皮四明　徐祥甫　柳栋梁　吴淑球　皮丹丽	

曾都区

领导小组	组　长	舒启敏	区委常委、区政府常务副区长
	副组长	张承志	区政府办公室副主任
		常　健	区民政局党组副书记、区残联理事长
		黄波涛	区统计局工会主席
		张立平	区卫生局纪检组长
	成　员	任席义	区财政局
		张青山	区委宣传部
		关英廷	区教育局
		谭刚伦	区劳动和社会保障局
		刘忠新	区公安分局
办公室	主　任	谭刚海	区残联副理事长
	副主任	黄波涛	区统计局工会主席
		张立平	区卫生局纪检组长
调查队	队　长	谭刚海	区残联副理事长
	副队长	黄波涛	区统计局工会主席
		张立平	区卫生局纪检组长
	成　员	刘　华　姚　杰　陈　平　闪汉东　周　浩　张艾军　杨　勇　徐三军 何祖顺　金爱蓉　钟祖平　杨　烨　肖思会　张云州　齐丽娜　沈瑞忠 董仕菊　王开广　郭远红　姜庆斌　胡守国　徐品堂　吴正万　李昌纬 沈瑞全	

广水市

领导小组	组　长	周新华	市委常委、常务副市长
	副组长	王立国	市政府办公室主任
	成　员	汪建成	市残联理事长
		陈顺志	
		刘　艳	
		张自国	
办公室	主　任	汪建成	市残联理事长
	副主任	罗明清	市统计局副主任科员
		蔡　源	市卫生局医政科长
		陈　清	市统计局综合科科长
		李玉屏	市残联理事长
		李莱清	市残联群宣部部长

调查队　队　长　汪建成　广水市残联理事长
副队长　李莱清　广水市残联群宣部部长
蔡慧莲　广水市红十字会副秘书长
成　员　戈华云　李宏涛　曹　丹　潘方庆　陈　凤　汪新元　丁代云　陈延清
江　俊　杨　玲　张成海　成　涛　刘自友　李冬宏　万小彦　李自洁
周凤华　吴本宽　王新民　黄远胜　徐玉兰　刘传朗　姚永东

利川市

领导小组　**组　长**　郭益超　市人民政府副市长
副组长　陈显祥　市人民政府办公室副主任
杨开槐　市残疾人联合会理事长
办公室　**主　任**　杨开槐　市残疾人联合会理事长
副主任　杨　琼　市残联副理事长
谭宗镜　市统计局信息科科长
高丽华　市卫生局医政科科长
调查队　**队　长**　杨　琼　市残联副理事长
副队长　谭宗镜　市统计局信息科科长
高丽华　市卫生局医政科科长
成　员　黄佐斌　周志梅　李富荣　张登轩　叶　苹　王正宽　叶　涛　韩学荣
陈远品　李启芬　蒋兆友　李昇辉　邹　敏　向承会　盘志权　杨志勇
覃吉勇　张芙蓉　李运芳　邓　雷

巴东县

领导小组　**组　长**　向延河　县人民政府副县长
副组长　田恒虎　县人民政府办公室副主任
邢文清　县残联理事长
黄　林　县统计局局长
胡才芳　县卫生局局长
成　员　杨立勇　县公安局
刘晋鄂　县妇联
卢　静　县团委
张世斌　县民政局、
谭学早　县民委
郑远红　县教委
办公室　**主　任**　邢文清　县残联理事长
副主任　张孝勇　县统计局副局长
谭明金　县卫生局副局长
调查队　**队　长**　邢文清　县残联理事长
副队长　张孝勇　县统计局副局长
谭明金　县卫生局副局长
成　员　彭庆宝　薛承国　贾世梅　邓彩琼　谭荣辉　谭绍志　黄光会　李学坤
陈向阳　向小辉　田代清　邓兴考　谭　斌　向家书　谭明艳　谭　蓉

谭魁晓　谭大敏　严慧生　王　福　谭红萍

仙桃市

领导小组　组　　长　黄祥国　市委常委、常务副市长
副 组 长　肖家帮　市政府副秘书长
杨仁俊　市民政局副局长
陈京文　市卫生局副局长
荣延彬　市残联理事长
王先进　市统计局总统计师
成　　员　叶志环　市委宣传部副部长
关凤章　市发展和改革委员会副主任
雷本质　市财政局副局长
王章爽　市教育局副局长
刘泽恒　市质量技术监督局副局长
夏可爱　市劳动和社会保障局副局长
郭新姑　市人口和计划生育委员会副主任
李　艳　市妇联副主席
朱慧玲　团市委副书记
罗泽洪　市公安局治安大队大队长
张伦想　市残联副理事长

办 公 室　主　　任　张伦想（兼）　市残联副理事长
副 主 任　高　慧　市卫生局医政科科长
龚　勇　市统计局人口社会科科长
胡逢祥　市一人民医院副主任医师
任贵诊　市民政局社会福利科科长
张彩虹　市残联办公室主任

调 查 队　队　　长　张伦想　市残联副理事长
副 队 长　龚　勇　市统计局人口社会科科长
胡逢祥　市一人民医院主任医师
成　　员　张彩虹　程翠荣　王长明　罗　勇　刘汉军　周中华　印爱军　刘体军
袁木祥　李建木　汪保勤　杜治军　金仁传　高洪章　李井堂　熊　军
赵中武　张小芹

天门市

领导小组　组　　长　徐　慢　市委常委、市人民政府副市长
副 组 长　程志雄　市人民政府副秘书长
熊利民　市民政局局长、残联理事长
郑先华　市统计局副局长
闵永红　市卫生局副局长
蒋元瑛　市民政局副局长
成　　员　黄兆祥　市教育局
王义德　市发展和改革委员会

		龚嫦娥	市劳动和社会保障局
		张新华	市公安局
		龚　鹏	市财政局
		雷慧华	市人口和计划生育委员会
		陈新发	市质量技术监督局
		汪发琼	市妇联
		黄祥斌	团市委
		李晓明	市委宣传部
		白云虎	市残联
办公室	**主　任**	熊利民	市残联理事长
	副主任	白云虎	市残联副理事长
调查队	**队　长**	蒋元瑛	市民政局副局长
	副队长	罗仁清	市统计局科长
		姚茂生	市卫生局科长
	成　员	张永林　程本义　熊庆立　肖罗志　刘如义　刘国海　彭虎啸　彭炎仿 谢汉仿　胡培枝　曹天举　陈小毛　刘保国　史火元　王少仿　赵新明 鲁德祥　吴望保　闵　锋　肖年生　王贤庆　刘国雄　李雄飞　李健勇 李洪斌	

神农架林区

领导小组	**组　长**	李本华	林区人民政府副区长
	副组长	孙三治	林区人民政府副秘书长
		向培专	林区民政局副局长
		郑文刚	林区卫生局副局长
		谢先英	林区统计局副局长
		刘继权	林区残联理事长
	成　员	王荆州	林区发展和改革委员会副主任
		陈建国	林区教育局副局长
		刘国根	林区财政局副局长
		刘俊先	林区劳动和社会保障局副局长
		陈献忠	林区人口和计划生育局副局长
		冯　威	林区团委书记
		吴长谊	林区妇联副主席
		朱圣悦	林区残联副理事长
		钱尚明	林区质量和技术监督管理局副局长（已故）
		尹维东	林区党委宣传部新闻科科长
办公室	**主　任**	刘继权	林区残联理事长
	副主任	张秀琴	林区卫生局办公室科长
		房　勇	林区民政局福利科科长
		方吉双	林区统计局综合科干部
		袁作瑛	林区残联办公室主任
调查队	**队　长**	朱圣悦	林区残联副理事长

副 队 长	谢先英	林区统计局副局长						
	张秀琴	林区卫生局办公室科长						
成　　员	江厚林	文新林	袁作瑛	谢辉艮	刘　明	鲁德祝	姚植三	张守东
	袁丰强	李　猛	王天波	吴长学	许　庆	罗志煌	张玉蓉	李　进
	王顺基	刘晓艳	祁颜珍	黄乔生	付兴举	蒋　祥	张友新	向　涛
	康　勇							